水清木華

清華的故事

【增訂版】

陳力俊——著

目次
CONTENTS

新竹清華

兩岸清華

推薦語

該書富故事性，交代近代中國教育史之核心大學之發展，內容雋永知識兼之，為近年來難得之作，其視野及識見，與校長治學之宏博相互輝映，是不可多得之著述。

——李弘祺 清華大學榮休講座教授

解讀清華前世今生，見證作育英才輩出，自強不息行勝於言，厚德載物無遠弗屆——強力推薦「清華的故事」。值得細讀，引發省思。

——林聖芬 前中國時報社長

寫清華故事，清新生動。令讀者對清華歷史和人物，及其彰顯之厚德載物，自強不息，生出無限嚮往，有益於世道人心甚多。

——孫震 前台灣大學校長

史實廣詳，文筆流暢，而且短期內累積豐富，至深佩服。

——劉炯朗 前清華大學校長

陳力俊校長從清末民初清華、抗戰清華，講到兩岸清華，寫出國際級清華大學的源頭、風格、苦難、成就、與願景，以及清華大師們的風采與苦悶。本書百餘篇短故事更勾勒出，清華如何面對時代及兩岸變局，在科技與人文互動下，交織出一片多元卓越的迷人風景。

——黃榮村 考試院院長

水清木華的故事，橫跨一世紀。陳校長親自導覽北京和新竹清華園的人物傳奇與辦學密碼，見證清華的魅力；也為我熱愛的這所大學，添增另一頁美麗的篇章。

——彭宗平 前元智大學校長

《水清木華──清華的故事》增訂版序

　　《水清木華──清華的故事》於2020年6月由「致出版」策劃初版，並於同年6月二刷。該書雖廣受清華校友歡迎，囿於廣宣，未能普遍接觸一般民眾，尤其是莘莘學子，略感遺憾，由於原版頗有值得編修補遺之處，適得國內主要出版業者之一「時報出版」青睞，乃有「增訂版」之推出。

　　本書「增訂版」得以出版，除感謝「時報出版」與「致出版」充分合作外，原書編輯黃鈴棋小姐協助編修與處理庶務以及負責本書編務的謝翠鈺主編功不可沒。同時也要深深感謝多位名家碩彥同意具名推薦加持，較為遺憾的是，原書曾謬得清華大學劉炯朗前校長來函鼓勵，而劉前校長已於2020年11月仙逝，謹錄於此以表追思。

陳力俊 謹識
2022年8月於清華園

《水清木華——清華的故事》自序

　　《清華行思與隨筆》（上）與（下）分別於2019年10月及11月出版，迄今約兩年半期間，登載在本人各部落格累積的文稿已約達原兩書的篇幅，本著「紀錄與紀念」的想法，決定付梓出版，承蒙黃鈴棋小姐在新婚後，同時亦忙於撰寫博士論文之際，仍願意擔負編校重責，因而得讓《清華行思與隨筆》（三）問世。

　　由於在2010-2014年擔任清華大學校長期間，養成撰寫在各種場合致詞或演講文稿習慣，到2018年中已累積相當數量，導致《一個校長的思考》（一）於同年9月出版，《一個校長的思考》（二）、（三）則分別於2019年4月與5月出版。

　　根據出版演講文集的經驗，體認最好的留存「紀錄與紀念」方式就是集結出書，因而也將歷年於不同場合及情境撰述的文稿整理出版，除「清華行思與隨筆」系列外，另於2020年6月出版《水清木華——清華的故事》。

　　本書內容包括「細說清華歷史」，為《水清木華：清華的故事》增補部分，「新竹、清華花鳥逸趣」是在地賞花觀鳥的隨筆，另有「清華材料各項活動」、「清華校友活動」、「兩岸清華交流」、「各項清華活動」、「各項初、中等教育活動」、「科學與科技講座」、「地景旅遊與漫談」、「筆墨名人故居」、「閱讀札記與心得」、「各項紀念與緬懷」、「台灣聯大系統活動」為擔任「台灣聯大」系統校長以後活動紀言以及「煮字集」為《工業材料》雜誌專欄等。其中也包括以往未出版，由2019年10月開始在各種場合致詞稿，作為迄今階段之文稿整理。

　　2020年1月20日方自緬甸倦遊歸來，不料三天後即逢武漢封城，展開全球性的「百年大疫」序幕，迄今至少有四億五千萬人確診，六百萬人死亡，仍看不到終點，讓人感嘆科學昌明時代仍不免受「黑暗騎士」肆虐。期間看到國內

外的疫情發展，延續近年來養成習慣，針對疫情執筆來整理思緒、發抒感想，也擴展到其他議題：由於部分文章攸關公共事務，認為或值得與社會大眾分享，因而試投《聯合報》「民意論壇」，也蒙編者採用多篇，開始有了投稿經驗；在被採用文章中，大多是略加更動，僅少部分經編者大幅編修，另外則有多篇由編者改動標題，通常是大有改進，學習到在大眾媒體發表文章「下標題」的一些原則；同時因為有一千字篇幅限制，如撰文字數過多，投稿前會自行先加精簡，如壓縮較大，則會兩篇文稿並刊，以能較完整呈現原意。這些公開的文章，基於「對事不對人」，提到人則針對其政策的原則，自始即以筆名「曾士宇」發表，以免少數讀者會為筆者身分模糊焦點。按「曾士宇」取自「語真事」諧音，謬仿《紅樓夢》中，「甄士隱」取「真事隱」以及「賈雨村」取「假語村言」之意。

最後仍要特別再次感謝黃鈴棋小姐的精心編輯與校對，才使本書得以順利出版。

2022年4月6日 星期三

北京清華

從國民政府還台前的北京清華說起，彙整增補北京清華發展簡史，並漫談庚子賠款與運用、校長事紀、國學院四大導師、知名教師與校友以及及西南聯大二三事等史事。回首北京清華創校以來的點滴耕耘，見證動亂時期的艱辛，奠定清華培育人才的教育偉業。

清華簡史

　　清華大學歷史可回溯至民國前一年（1911年），校址為北平西郊的清華園，最初名稱為「清華學堂」。民國14年（1925年），開始招收大學部學生。民國十七年（1928年），正式定名為「國立清華大學」。對日抗戰爆發後，遷校昆明，與北京大學、南開大學合組為西南聯合大學，勝利後復員北平。

　　民國45年（1956年）在梅貽琦校長主持下又在台灣新竹建校。清華大學復校初期重點為原子科學，其後則擴展至理工方面，近十幾年來更積極發展人文社會、生命科學、電機資訊與科技管理；逐漸成為一文、理、工均衡發展的學府。105年（2016年）11月1日起，國立清華大學與國立新竹教育大學合併為「國立清華大學」。[1]

[1]　整理編撰：國立清華大學圖書館

▶ ①北京清華舊校門
②新竹清華校門
③西南聯大校門

清華學校成立經過

　　1909年（清宣統元年），美國開始退還
庚款。為統籌考核留學生，外務部與學部上
奏設立「遊美學務處」並附設「肄業館」，
並設址於「清華園」。7月17日遊美學務處
正式建立，後任命外務部署左丞、左參議兼
學部丞參上行走周自齊擔任總辦，學部員外
郎范源濂和外務部候補主事唐國安，駐美

▲ 「清華學堂」成立

公使館參贊容揆任駐美學生監督，三年間共組織三批近200人（1909、1910、
1911年各47、70、53人）赴美留學。（從1909年到1918年，共有499名學生使
用庚子賠款的返還部分留學美國。）

　　1911年2月，肄業館改稱「清華學堂」，總辦周自齊兼任監督，會辦范源
濂、唐國安兼任副監督。3月30日（三月初一）暫行開學儀式（中等科），4月
1日高等科開學，教師多從美國聘請，遊美學務處也遷入工字廳辦公。10月，
武昌起義爆發，清政府挪用退還賠款彌補軍費，學堂經費斷絕，原定正式開學
儀式取消，11月9日正式停課。

　　辛亥革命後，中華民國建立。1912年5月1日，學堂改名「清華學校」開
課，裁撤遊美學務處。唐國安為第一任校長，周詒春為教務長，在校生約500
人，教員30餘人，以「培植全材，增進國力」為宗旨培養「領袖人才」。[1]

[1] 蘇雲峰，《從清華學堂到清華大學，1911-1929》，中央研究院近代史研
　　究所專刊，臺北（1996年）。

清華因何得名？

　　民國前三年（宣統元年，西元1909年），學部奏准將北京西直門外「清華園」作為遊美學務處興建「肄業館」館舍之用，是為清華得名之始。後將肄業館改稱「清華學堂」，於民國前1年（西元1911年）4月初1日（陽曆為4月29日，是為清華校慶日之由來）正式開學，在工字廳舉行開學儀式，遊美學務處亦遷入工字廳辦公。民國成立之後，將「清華學堂」改名為「清華學校」。民國17年北伐成功，8月，國民政府改「清華學校」為「國立清華大學」。

　　至於「清華園」的命名，則有兩種說法，一為取義於「水木清華」，工字廳北側建築主體景觀後廈，正廊上懸掛「水木清華」匾額，為清聖祖玄燁康熙皇帝御筆。史載康熙題匾出自東晉謝混〈遊西池〉詩句：「景昃鳴禽集，水木湛清華」[1]，一般清華人都以為取名自這裡。

　　另外有一種說法，是出自唐太宗李世民在〈大唐三藏聖教序〉[2]的幾句話：「松風水月，未足比其清華；仙露明珠，詎能方其朗潤。」根據記載，「清華園」在明代為私家花園。清康熙四十六年（1707年），為誠親王胤祉（允祉）賜園，本名「熙春園」。道光二年（1822年），熙春園被劃分為東、西兩園，東為春澤園，西為涵德園，分別賜給惇親王綿愷、瑞親王綿忻。咸豐二年（1852年），文宗皇帝奕詝在其將「朗潤園」匾連同其詩賜給其兄弟恭親王奕訢之後，也照樣給他的另一兄弟敦郡王奕誴的涵德園題匾，賜名「清華園」，所以「清華」出自〈大唐三藏聖教序〉反較可能，尤其「水木清華」雖為康熙皇帝御筆，康熙朝並無「清華園」之名；「朗潤園」現為與清華大學毗鄰的北京大學一部分；至於真正源於何者，尚待進一步考證。

▲「水木清華」匾額，為清康熙皇帝御筆

謝混是山水詩先驅者，在中國古代文學史上佔有一席地位，他首開玄言詩向山水詩轉移的先河，曾作詩鼓勵族姪謝靈運的詩文，說頗有創意、又有通達風度，名家風格，如果能加以雕琢、渲染，將是篇篇美文瓊詩，是山水詩鼻祖謝靈運的引路人。

　　謝混〈遊西池〉全詩如下：

　　　　悟彼蟋蟀唱，信此勞者歌。
　　　　有來豈不疾，良遊常蹉跎。
　　　　逍遙越城肆，願言屢經過。
　　　　回阡被陵闕，高臺眺飛霞。
　　　　惠風蕩繁囿，白雲屯曾阿。
　　　　景昃鳴禽集，水木湛清華。
　　　　褰裳順蘭沚，徙倚引芳柯。
　　　　美人愆歲月，遲暮獨如何？
　　　　無為牽所思，南榮戒其多。

▲ 西安大雁塔

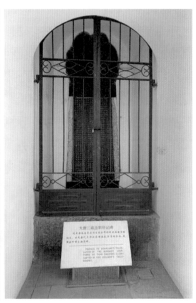

▲ 大雁塔藏〈大唐三藏聖教序〉碑

本詩開頭借《詩經》的兩首詩言志抒懷，最後兩句出自《楚辭》與《莊子》，通過寫景抒發了時光易逝、人生苦短的玄言義理，又側重於對景物的精微描繪；謝混的詩歌對東晉詩風的推移有一定影響。至劉宋謝靈運繼起，以清新的山水詩取代了枯燥的玄言詩，遂完成了詩風的變革。他的〈遊西池〉詩「景昃鳴禽集，水木湛清華」句，明朝萬曆年間學者胡應麟認為可與謝靈運「池塘生春草」、「清輝能娛人」等名句媲美。

[1] 謝混字叔源，為謝安之孫，「少有美譽」，又「善於屬文」，曾為時人認為「風華江左第一」，被晉孝武帝司馬曜看中為女婿，娶晉陵公主，不幸在政爭中，得罪了以後篡晉的宋武帝劉裕，被迫在獄中自盡。劉裕篡位後曾表示後悔說：「吾甚恨之，使後生不得見其風流！」

[2] 〈大唐三藏聖教序〉，有趣的是全文見於《西遊記》第一百回「徑回東土　五聖成真」：「嘗聞二儀有象，顯覆載以含生；四序無形，潛寒暑以化物。是以窺天鑑地，庸愚皆識其端；明陰洞陽，賢哲罕窮其數。然天地包乎陰陽而易識者，以其有象也；陰陽處乎天地而難窮者，以其無形也。故知象顯可證，雖愚不惑；形潛莫睹，在智猶迷。況乎佛道沖虛，乘幽控寂。宏濟萬品，典御十方。舉威靈而無上，抑神力而無下。大之則彌於宇宙，細之則攝於毫釐。無滅無生，歷千劫而互古；若潛若顯，運百福而長今。妙道凝玄，遵導莫知其際；法流湛寂，挹挹莫測其源。故知蠢蠢凡愚，區區庸鄙，投其旨趣，能無疑惑者哉？然大教之興，基乎西土。騰漢庭而皎夢，照東域而流慈。古者卜形卜跡之時，言未馳而成化。當常見常隱之世，民仰德而知遵。及乎晦影歸真，遷移越世，金容掩色，不鏡三千之光；麗像開圖，空端四八之相。於是微言廣被，拯禽類於三途；遺訓遐宣，導群生於十地。佛有經，能分大小之乘；更有法，傳訛邪正之術。我僧玄奘法師者，法門之領袖也。幼懷真敏，早悟三空之功；長契神清，先包四忍之行。松風水月，未足比其清華；仙露明珠，詎能方其朗潤？故以智通無累，神測未形。超六塵而迥出，使千古而傳芳。凝心內境，悲正潛靈；栖慮玄門，多門訛謬。思欲分條，是以翹心淨土，策杖孤征。積雪晨飛，途間失地；驚沙夕起，空外迷天。萬里山川，撥煙霞而進步；百重

寒暑，歷霜雨而前蹤。誠重勞輕，求深欲達。周遊西宇，十有四年。窮歷異邦，詢求正教。雙林八水，味道餐風；鹿苑鷲峰，瞻奇仰異。承至言於先聖，受真教於上賢。探賾妙門，精窮奧業。三乘六律之道，馳驟於心田；一藏百篋之文，波濤於海口。爰自所歷之國無涯，求取之經有數。總得大乘要文凡三十五部，計五千四十八卷，譯布中華，宣揚勝業。引慈雲於西極，注法雨於東陲。聖教缺而復全，蒼生罪而還福。溫火宅之乾焰，共拔幽途；朗金水之混波，同臻彼岸。是知惡因業墜，善以緣昇。昇墜之端，惟人自作。譬之桂生高嶺，凌雲方得泫其華；蓮出綠波，飛塵不能染其葉。非蓮性自潔而桂質本貞，由所負者高，則微物不能累；所憑者淨，則濁類不能沾。夫以卉木無知，猶資善而成善，矧以人倫有識，寧不緣慶而成慶哉？方冀茲經傳佈，並日月而無窮；景福遐敷，與乾坤而永大也歟！」

美國退還多索庚款興學始末

　　「辛丑合約」規定清政府賠款白銀四億五千萬兩（以當時中國人口每人一兩計），年利息4厘，分三十九年付清，本利合計共九億八千二百多萬兩，加上地方賠款兩千萬兩以上，總數超過十億兩，以清國關稅和鹽稅作擔保，此即「庚子賠款」。辛丑合約賠款在清朝滅亡中華民國建立之後，最初須由中華民國承受；之後，各國由於考慮到中華民國支付賠償的壓力，擔心國際輿論批判及損及本國在中國的權益，部分賠款得以免除或廢除。

　　美國部分：

　　1905年至1909年任美國駐華大使的柔克義（William Woodville Rockhill）先生，成功協助清廷駐美公使梁誠先生運作，在美國國會通過法案中，指明將美國退還多索的庚款作為高等教育之用，而為歷史上所稱的「庚款興學」由來。1908年12月28日，美國免除了折合11,961,121.76美元的賠款，將其用於清華大學的建設。這筆款項，連本帶利，共達28,992,261美元，分三十二年撥付，1909-1910各483,095美元，1911-1914各541,198.78美元，1915為724,993.42美元，1916-1931各790,196美元，1932-1940各1,380,378美元。由後來掌管清華基金之「中基會」帳目來看，詳細數目雖有出入，但也大致達標。

　　1924年5月21日，美國國會同意免除賠款中美國部分最後一部分，折合6,137,552.90美元，退回餘款本利1250餘萬美元，作為「中國教育文化基金」，並成立「中國教育文化基金會」管理。[1]

[1] 王樹槐，《庚子賠款》，中央研究院近代史研究所專刊（31），台北（1974）。

年份	每年原賠額	保留額	退還額
1909－1910	1,022,683	539,588	483,094
1911－1914	1,080,787	539,588	541,198
1915	1,264,582	539,588	724,993
1916－1931	1,329,784	539,588	790,196
1932－1939	1,919,967	539,588	1,380,378
1940	1,923,374	539,588	1,380,378
總計	46,189,359	17,266,840	28,922,519

▲①「辛丑合約」會議商定庚子賠款
　②美國政府頒發之八國聯軍之役功績紀念章
　③辛丑合約
　④王樹槐著《庚子賠款》
　⑤美國退還多索庚子賠款（美元）

清廷駐美公使梁誠是促使美國退還庚款
有功第一人嗎？

　　1904年年底由於銀價下跌，金價上升，一些列強國家覺得以銀為準還款不划算，向中國政府提出以金為準來還款。清廷駐美公使梁誠[1]於12月1日銜命與美國國務卿海約翰（John Hay）商議庚子賠款維持以白銀賠償，海約翰以需得國際共識為由，未予正面回應，但梁誠得知，美國政府內部早知「庚款實屬多索」，在12月5日與海約翰會談時「婉切琢磨，動以大意，感以邦交」，海約翰為之動容，允諾研議退款；梁誠乃積極活動，遊說美國朝野，「運動議紳、報館發論贊成，以期決可」，建議美國政府，重新核算，將多索部分的賠款退還給中國。1905年上半年，梁誠活動取得顯著效果，新任美國駐華大使柔克義（William Woodville Rockhill）對此表示同情[2]，老羅斯福總統與新國務卿路提（Elihu Root）會商後，也在1905年5月2日同意重核，並將結果告知梁誠。

▲ 梁誠是促使美國退還庚款有功第一人

▲ 美國駐華大使柔克義與梁誠配合無間

其後兩年，中美外交因諸多事端與爭議，陷入低潮，退款一事遭老羅斯福政府擱置，直到1907年6月15日，路提正式通知梁誠，對賠款數字核實修正，並告知總統答應在下次國會召開時，將建議討論退還庚款餘額一事，庚子賠款「凡超出實際賠償美國和美國人所需數額部分，自願解除中國法律上的償付責任」，歸還中國。在1907年12月3日，美國總統老羅斯福提出，並於1908年5月25日，由美國國會通過法案，核准退款，12月28日，美國政府發布退款命令，退款將於1909年1月1日生效。

根據1905年4月8日梁誠致外務部的信函內載「似宜聲告美國政府，請將此項賠款歸回，以為廣設學堂遣派遊學之用，在美廷既喜得歸款之義聲，又樂觀育才之盛舉。縱有少數議紳，或生異議，而詞旨光大，必受全國歡迎。……在我國以已出之資財，造無窮之才俊，利益損益已適相反。」此建議遭到當時北洋大臣袁世凱反對，提出用退款辦實業，開發路礦，時值美國的排華法案餘波導致中國國內抵制美貨運動以及粵漢鐵路正議收回，中美邦交陷入低潮，退款交涉陷於停頓狀態。此後，美國的宗教界和教育界的人士，尤其是駐華大使柔克義在1905年中國發生抵制美貨運動之際，向羅斯福總統建議用退還庚款餘額的方式平息中國人的憤怒，並建議將退還之款供中國政府派遣學生赴美留學，持續力主專款專用，從美國的長遠利益出發，倡議退款興學和接受中國留學生對美國的好處，遊說總統，接受了退款興學計劃。

梁誠是第一個正式向美國政府提出退還多索庚款的建議者，也是多方積極及有效遊說美國朝野支持者，歷盡艱辛，克服困難，終於在符合兩國共同利益的情形下使中美達成退款興學決議，是「美國退還庚款有功第一人」，當之無愧。

[1] 梁誠（1864年－1917年）（Sir Chentung Liang Cheng），廣東番禺黃埔村（今廣州海珠區）人。12歲成為清政府向美國派遣官費留學生之一，因清廷政策改變，1881年，梁誠與其他留學生一起尚未畢業就被召回國。梁誠留學六年，為他以後的外交生涯奠定了堅實的基礎。起初在總理衙門做事，不久隨張蔭桓公使赴美，後任使館參贊，從此開始了他的外交官生涯。在1903年至1908年間，曾擔任晚清駐美國公使（當時清廷駐外使節，

尚無大使銜，駐美公使為清廷駐美最高外交使節），並代表清政府出訪美洲多個國家，獲美國耶魯大學、麻州庵莫斯特學院榮譽博士學位。由於為清廷爭回部分庚子賠款，用以支持學生赴美留學。而當年所設的遊美肄業館，後改稱清華學堂，為清華大學前身，有「清華之父」之稱。他還協助張之洞從美國手中爭回了粵漢鐵路的築路權。後任駐德公使，1912年2月5日，聯合駐英公使劉玉麟奏請速頒詔旨決定共和。[3]

[2] 柔克義（William Woodville Rockhill, 1854-1914年），美國外交官、曾任美國駐清廷（1905-1909年）、俄羅斯（1909-1911年）、土耳其（1911-1913年）大使，為知名漢學家、藏學家。柔克義成功協助清廷駐美公使梁誠先生運作，在美國國會通過法案中，指明將美國退還多索的庚款作為高等教育之用，首先用於培養赴美留學的留學生，而清華學堂即是留美預備學堂，前往美國留學的留學生，在這裡先了解美國的口語、習俗等，而為歷史上所稱的「庚款興學」由來。

[3] 梁碧瑩，《梁誠與近代中國》、中山大學出版社，廣州（2011年）。

慈禧太后、袁世凱與美國退還多要的庚款的牽連

　　清華是運用美國退還多要的「庚子賠款」建立的，根據官方文書，1907年12月，老羅斯福（Theodore Roosevelt）總統在致國會的咨文中，要求國會授權退還多要的中國庚子拳亂賠款（庚款），作為中國人的教育費用。在他的努力下，這項提案在國會順利通過。到了1908年，羅斯福簽署法案，退還了庚款，主要用在興辦清華學堂，支持中國官派留美學生。

　　慈禧太后早年在清咸豐帝病逝於熱河夏宮後，以雷霆之勢，拔除了肅順等權臣，逐漸獨攬大權，在同治、光緒兩朝呼風喚雨，但中國卻無力抵制歐洲強權，甚至敗於新興的日本之手；戊戌政變雖似鬧劇一場，也增加對外國強權的疑懼，終於導致「義和團拳亂」，幾致亡國，所以在中國歷史上，慈禧是典型的反面人物；但她在其後發動外交攻勢，包括熱情款待來華訪問的美國老羅斯福總統愛女愛麗思羅斯福（Alice Roosevelt），與美國老羅斯福總統交好，應與美國最終退還庚款不無關係，歷史的吊詭，莫盡於此。

▲ 慈禧太后與美國大使夫人Sarah Conger等

▲ 袁世凱曾建議以庚款興辦路礦

袁世凱在美國研議退還多索庚款時，任北洋大臣，曾建議以庚款興辦路礦，獲利之後再做興學打算，幸好未能得逞；但他在美國國會通過庚款法案後，調回力主將美國退還多索的庚款作為教育之用的清廷駐美公使梁誠先生，加以冷凍，以示懲戒。另一方面，美國為確保中國學生留學美國的基金，避免清政府將部分退款改做他用，採用了一套繁瑣的「先賠後退」方式來保證「專款專用」。[1]但也有分析，認為袁世凱雖任北洋大臣，權傾一時，也確曾建議以庚款興辦路礦，但畢竟是地方官員，無法定奪調派使臣之事。[2]

[1] 蘇雲峰，《從清華學堂到清華大學，1911-1929》，中央研究院近代史研究所專刊（79），臺北（1996年）。

[2] 孟凡茂：http://www.tsinghua.org.cn/publish/alumni/4000382/10085451.html

「晚清四大名臣」之一的張之洞對清華有什麼貢獻？

　　張之洞是清末四大名臣之一，以主張「中學為體，西學為用」出名，1907-1909年任軍機大臣，兼管學部；「促使美國退還庚款有功第一人」梁誠曾協助張之洞從美國手中爭回了粵漢鐵路的築路權。張之洞以「才識兼優，中時衛國，規劃辯論，妙協機宜」十六字讚譽他。並說：「此事仰賴閣下，志趣正大，謀劃精密，識力堅定，挽壞局，保主權，洵為奇偉之功」，有很高的評價。

　　張之洞要求所有清華直接留美生須要有相當的國學素養；1909年6月2日以外務部主稿的《收還美國賠款遣派學生赴美辦法大綱》奏摺稿送交學部，但學部並未立即同意會同上奏，而是就選派學生的年齡問題等方面提出了不同的意見。外務部主張招收15歲以下幼年生赴美留學，這樣才能使其英語達到專精、成熟的程度。學部則認為幼年生「國學既乏根基，出洋實為耗費」，主張招收30歲以上的中年人出國。雙方諮函往復，直至7月8日，學部才最後同意與外務部以折衷方案會同上奏，強調「國文通達」。觀諸後來直接留美生，包括擔任清華校長的梅貽琦先生，返國後，許多成為各行業的領袖，發揮極大影響力，與他們具有深厚的國學根底，養成卓越識見與善於表達應有密切關係，也可窺見張之洞先生之不同凡響器識。

　　中央研究院院士、清華大學歷史系1938年畢業校友何炳棣曾在蘇雲峰著《從清華學堂到清華大學，1911-1929》一書序言中寫

▲ 張之洞要求所有清華直接留美生須要有相當的國學素養

道：「清華在採取美國學制的原則下，從未忽視國學基礎的重要。儘管當時的呼聲是工程實業救國，清華始終認為留美預備學校的基本任務是奠定通才教育的基礎。這正說明如何在人文學科、自然科學和工程技術等方面，清華所培育的人才數目是相當平衡的，清華對中國現代化所做出的貢獻在全國高等學府中是首屈一指的。」

[1] 何炳棣院士序，蘇雲峰，《從清華學堂到清華大學，1911-1929》，中央研究院近代史研究所專刊（79），臺北（1996年）。

清華基金沿革

　　清華源於辛丑條約約定的庚子賠款。1904至1905年，美國國務卿海約翰認為賠款已超過清廷可承受之範圍。清廷駐美公使梁誠獲知後，聯合美國有些外交人士、教育家及傳教士呼籲美國政府，將部分的賠款退還給中國，作為推廣中國教育之用。1905年至1909年任美國駐華大使的柔克義（William Woodville Rockhill）先生，成功協助梁誠運作，在1907年12月，美國總統老羅斯福提出、美國國會通過法案中，指明將美國退還多索的庚款用於人才培養和赴美留學，而為歷史上所稱的「庚款興學」由來。1908年，老羅斯福簽署法案，該法案決定返還賠款基數定為一千餘萬美元，逐年退還。此為「清華大學基金」的由來。

　　「清華大學基金」的保管在北洋政府時代是由外交部總長、次長和美國公使三個人組成的，國民政府成立後改為外交部總長、大學院院長、美國公使三人組成，基金保管的機構還在外交部手裡。羅家倫在就任清華校長之前，曾隨北伐軍北上，他當時的職務是戰地政務委員，並代表大學院兼管該會教育處。該會可以代表中央接收機關，調閱檔案。1928年夏初，他進入北平後發現了湯姆生會計事務所查清華基金帳目的報告。發現清華的基金在外交部管理者的揮霍、投機、公債生意之下損失極多，其帳目長期以來是一筆糊塗賬。1929年4月，羅家倫到南京開董事會時，提出自己的行政報告和下學年擴充計畫，結果是件件被否決。他感到十分憤懣，決心以辭職來換取清華基金的安全與獨立，和清華隸屬系統的正軌化（即改屬教育部）。他認清這兩個問題要一道解決。4月11日，羅家倫提出辭職。羅家倫在離開北平時和美國公使馬慕瑞（John Van Antwerp MacMurray）談妥，清華基金不歸保管委員會管，也不歸清華大學校長管，而交給中美人士共同組成的有良好信譽的「中華教育文化基金董事會」（中基會）代管。後來在會議上，順利地通過了這一方案。自1929年起由

「中基會」永久保管運用，其年收入除「中基會」收取的管理費外，均交付新國立清華大學運用。清華的基金從此得到安定和增長。[1]

　　按「中華教育文化基金董事會」（中基會）之成立，乃由於美國有志之士，如參議員Henry Cabot Lodge、哥倫比亞大學教授Paul Monroe及在華傳教的M. E. Wood女士，認為成效良好，遂繼續推動「第二次退還庚款運動」。於是美國總統Calvin Coolidge於1924年下令逐年退還中國從1917年至1940年間的庚款，總計約美金一千二百五十萬元。為管理此款項，遂於1924年成立「中華教育文化基金董事會」，簡稱「中基會」。由美國政府將中國賠付予之美國之庚款直接撥付予「基金會」。設立時期，因正值動亂，又各界推薦董事人選甚眾，難以決定，故中美兩國政府決定最初由中國政府遴派十位本國籍董事、五位美國籍董事負責保管此筆款項，並訂定章程明文規定「基金會」的獨立自主性，嗣後本會歷屆董事均須由選舉產生，未再由政府遴派，因此「中基會」是個具有永久性質、獨立自主的基金會。[2]

[1]　蘇雲峰，《抗戰前的清華大學，1928-1937》，中央研究院近代史研究所專刊（84），臺北（2000年）。

[2]　〈1924-2018業務報告〉，財團法人「中華教育文化基金會」，台北（2019年3月）。

▶ 1930年中基會第六次董事年會合影（前排左起：趙元任、孫科、蔡元培、蔣夢麟、徐謨（外交部代表）；後排左起：翁文灝、任鴻雋、胡適、孫本文（外交部代表））。（「胡適紀念館」授權)

1928年「中基會」改組始末

汪精衛與孫科曾任「中基會」董事嗎？任期各有多久？

汪精衛與孫科是民國政界重要人物，分為「中基會」任期最短（1929，6個月）與最長（1929-1974，46年）的董事。

汪精衛擔任董事只有6個月與胡適有關。汪精衛是國民政府在1928年7月底函令，企圖改變原來北洋政府時代成立的「中基會」章程時所提名的，並逕行任命十五名新董事，但外交部陸續收到駐美使館來電，如果中國片面改訂「中基會」章程，則美方會將庚款停付。最後由時任「中基會」董事的胡適，替從10月24日起任教育部長的蔣夢麟起了一份呈稿，重點為：

「若取消原有董事會，如要美方繼續付款，曠日持久，擬令原有之董事會開會，將應行改組事宜，妥善辦理，以期於款項交替上不致發生障礙」，而由行政院院會議決照辦。

由於國民政府7月底命令形同作廢，舊董事會得於1929年1月4日如期在杭州召開第三次常會，主要任務有二，一是修改章程，二是改選董事。修改章程部分，尚稱順利，改選董事，則因美國董事對汪精衛之加入多持反對態度，又由胡適想出辦法，選擇「一上一下」之法，讓任期僅剩半年的郭秉文辭職，選出汪精衛繼任，到1929年6月任滿。而胡適雖前由政府提名續任，自請辭職，由會中舉人繼任，可以證明會章缺額由「中基會」董事選補一條仍然有效。董事會以蔡元培為主席，通過了胡適所提修正章程案五條，同時董事的辭職與改選，也全照胡適所擬名單通過。胡適後來在數家英文報紙上以「『中基會』重獲獨立」為題，詳述「中基會」改組始末，他認為杭州會議最大的收穫是「擺脫了政治干擾，重建了一個教育基金會的獨立與自由的基本原則」。但「中基

▶ 1930年中基會第四次董事常會合影（前排
左起：李石曾、翁文灝、蔡元培、蔣夢麟、
孫科、貝克；後排左起：任鴻寯、顧臨、胡
適、趙元任）。

會」的改組，終究是政治干預的結果，只不過在改組過程中，董事們所秉持的
教育學術獨立之理想得以堅持。其中最關鍵的影響即在於經費的獨立。若非美
方以停付庚款相要脅，胡適等人恐亦無招架之餘地。[1]

從此事件可看出胡適在「中基會」成立初期，即扮演重要角色，並發揮關
鍵影響力。至於為何美國董事對汪精衛之加入多持反對態度，則未得知。汪精
衛董事一職，於1929年6月29日董事會改選，票選胡適繼任，並任秘書之職。

另一方面。「中基會」歷屆董事中，除有多位閣揆，外交、教育、財政部
長外，學界有多位曾任清華大學、北京大學與台灣大學校長：

清華大學：周詒春（1924-1929年，1931-1952年），梅貽琦（1950-1962
年），陳可忠（1965-1969年），閻振興（1969-2005年），劉兆玄（1996-），
毛高文（2012-2018年），陳力俊（2019-）。

北京大學：蔡元培（1927-1940年），蔣夢麟（1924-1930年；1940-1965
年），胡適（1927-1929年，1929-1962年）。

台灣大學：傅斯年（1945-1951年），錢思亮（1952-1984年），閻振興
（1969-2005年），孫震（1992-），陳維昭（2005-）。[2]

[1] 楊翠華：《中基會對科學的贊助》，中央研究院近代史研究所專刊65，台北
     （1991年10月）。

[2] 1924-2018業務報告，財團法人「中華教育文化基金會」，台北（2019年
     3月）。

趙元任是第二屆直接留美生「榜眼」，「狀元」是誰？

　　楊錫仁（1992-1974），江蘇吳江人，早年入上海南洋中學讀書，為著名人類學家費孝通八舅。宣統二年，時年18歲，參加第二批庚子賠款留美學生選拔考試並以第1名的成績被錄取，平均分數高達79.35。同批參加考試的趙元任考了第2名，平均分數為73.4，後來任浙江大學校長、中央研究院院士竺可楨考了第28名，平均分數為63.8，胡適只考了第55名，平均分數為59.175。

　　楊錫仁赴美留學後，先在麻省的沃斯托工學院，攻讀電機工程，後入哥倫比亞大學學習機械，再入麻省的羅威爾紡織學院。據清華校友胡光麃敘述：「民國前歷屆留美學生共五六百人中，只有楊先生一人選攻範圍尚狹，但為民生亟需的紡織工程。」獲碩士學位後回國，決心實業救國，到天津、上海等地開辦工廠、開設洋行，參與「抵羊」（「抵洋」的意思）牌毛線品牌的創立工作，充分發揮學識，成為中國最早的一位紡織工業權威。民國二十五年，曾為菲律賓總統奎松禮聘往菲諮商發展紡織事業。抗戰期間，曾擔任中國物產公司總經理，1943年任外交部長宋子文駐美國特使，並參與組織了我國抗戰時期著名的「駝峰航線」的物資保障供應。國民政府遷臺後，舉家來台定居，成為台灣地毯工業先驅，並擔任手工業中心董事，於1974年辭世。

　　楊錫仁曾與梅貽琦校長同在沃斯托工學院，攻讀電機工程，並為室友，對梅貽琦校長的印象是：「成績優良，性極溫良、從無怨怒，永遠輕聲細語，篤信基督教。」

　　胡適先生與楊錫仁同級，常譽其聰明絕頂，自嘆弗如遠甚，於1960年5月9日，手書「五十年前榜單，給我們的狀元公。」[1]

　　《胡適日記全編》1959年3月1日記載「今年三月一日，我同當年同船出洋而現在都在臺北的六個老朋友（1910級）——楊錫仁、趙元任、周象賢、程遠

帆、陳伯莊和我——在錫仁家裡聚餐一次」，並與1909級的梅貽琦校長與李鳴
龢共同留影紀念。

　　另一記載是，楊錫仁在1962年5月23日，清華同學會在臺北追悼梅貽琦校
長時，擔任主祭。

[1]　楊恢（楊錫仁子）：《懷舊散記》，楊啟端譯（2012）。

▲ 留美時代的楊錫仁

▲ 胡適贈楊錫仁手跡

▲ 清華校友聚會，右前：09級周象賢、梅貽琦、李鳴
龢，後：10級楊錫仁、趙元任、胡適、陳伯莊、程
遠帆、浦薛鳳。

胡適是清華校友嗎？對清華有什麼貢獻？

　　胡適先生是「直接留美班」第二屆校友。曾建議清華成立國學院，並接受曹雲祥校長委請協助規劃；胡氏略仿昔日書院與英國大學制度擘劃，以現代科學方法整理國故。同時胡適先生也幫忙勸說清華國學院「四大導師」（梁啟超、陳寅恪、王國維、趙元任）接受清華的聘請，震動學術界。清華原來是培育學生到高中畢業，然後送到國外的預備學校，後來才與國學院同步成立大學；國學院的成立，讓清華快速步入國內一流大學之林，功不可沒。[1]

▲ 胡適建議清華成立並協助規劃國學院

　　王國維屬於世人眼中的舊派人物。此前，曹雲祥校長曾托胡適向王國維轉交過一封印刷體的「研究院院長」聘書，王氏予以拒絕。胡對王就研究院性質與教授任務等做了一番解釋，又動用自己的汽車專門拉著王到清華園轉了一圈。王國維向來寡言少語、見園內風景優美，校內頗具規模與秩序，始有進清華的念頭。[2]

　　胡適先生曾擔任自1929年起，負責永久保管運用清華大學基金的「中華教育文化基金董事會」（中基會）的董事（1929-1962年）兼幹事長多年，在推動「中基會」的業務上不遺餘力，對該會的補助方針與人事安排有主導性影響，並負責編譯工作。到臺灣後，胡適先生更協助梅貽琦校長保護庚子賠款。新竹清華教職員工通用名片上「國立清華大學」與「清華名人堂」建築題字都是以胡適先生墨寶集字而成；同時「清華名人堂」內建有胡適先生半身銅像，為雕塑大師謝棟樑先生作品，足式典範。

[1] 蘇雲峰，《從清華學堂到清華大學，1911-1929》，中央研究院近代史研究所專刊（79），臺北（1996年）。

[2] 岳南，《「大學與大師」（上冊）1910-1930，民初學人如何在洪流中力挽狂瀾》繁體字版，時報出版，台北（2019）。

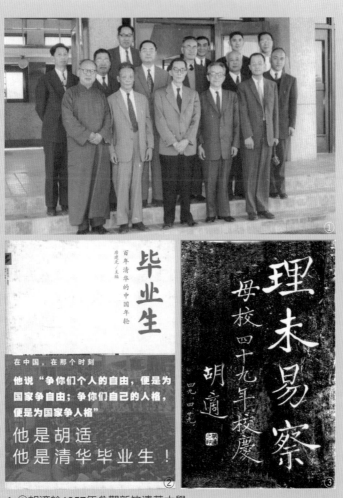

▲ ①胡適於1957年參觀新竹清華大學
　②胡適是清華畢業生
　③胡適贈母校字幅手跡

清華直接留美生為什麼南方人遠比北方人多？

　　根據宣統元年五月二十三日「外務部為擬定收還庚子賠款遣派學生赴美辦法大綱事奏摺」略謂「至於學生名額，自應按照各省賠款數目分勻攤給，以示平允。其滿洲、蒙古、漢軍旗籍，以及東三省、內外蒙古、西藏亦應酌給名額，以昭公溥。」奉朱批：依議。欽此。由於南方各省賠款數目攤給遠比北方多，因此清華直接留美生南方人也遠比北方人多。

　　根據胡適先生統計，1910級直接留美生同榜生70中，以省分計，南方江蘇、浙江、廣東、福建、四川、貴州、湖南、廣西各29、14、10、3、2、1、1人，達63人，北方直隸、安徽、山東各3、3、1人，才共7人，可見南北稅收差異的懸殊。

　　另1909級直接留美生同榜生47人中，南方江蘇、浙江、廣東、湖南、福建、湖北各21、9、6、3、1、1人，達41人，北方直隸、安徽、山東、河南各3、1、1、1人，才共6人，情況相似。

▲ 胡適先生手稿

▲ 胡適先生統計同榜學生籍貫手稿

如看1911級直接留美生同榜生63人中，南方江蘇、浙江、廣東、福建、四川、江西、湖北、湖南各15、13、8、8、3、2、2、1人，共52人，北方山東、安徽、直隸、甘肅各5、4、1、1人，共11人，與1910級相較，總人數變化不大（70人變為63人），但江蘇自29人降為15人、福建自3人增為8人、山東自1人增為5人，變化甚大，應與各省賠款數目攤給比率調整有關。

▲①清華第一屆直接留美生
　②清華第二屆直接留美生

何謂「清華大學早期特別生」，有哪些類別？包括那些名人？

　　所謂「清華大學早期特別生」，從建校初直到1937年南遷之前的特別生，主要指北洋政府統治時期，在民國留學風潮和庚子賠款的激勵之下，以官費、代培、其他學堂轉入等方式培養派出留學的學生，包括特別官費學生，使館學生，教育部稽勛局學生，北洋學堂學生，稅務處學堂學生，軍諮處學生，貴冑學堂學生，研究醫學學生，袁裔學生。主要流向美國、日本、英國、法國、德國等。[1]

　　這些特別生，比較知名的有：曹雲祥（特別官費學生），任鴻雋、宋子文、楊銓（杏佛）（教育部稽勛局學生），馬寅初（北洋學堂學生），袁裔學生（袁克安、袁克堅、袁克久）等。

▲ 曾任行政院長宋子文是清華大學早期特別生

▲ 著名人口學家馬寅初也是清華大學早期特別生

另據清華校史館金富軍所撰：

中華民國成立後，部分地區和部門公派了許多學生留美，由於種種原因，部分公派留學生出現經濟困難。清華擇優資助了一批學生，共70人，稱為特別生。其中，特別官費生10人，如曹雲祥等；使館學生7人，如王景春等；教育部稽勳局學生22人，如宋子文、任鴻雋、楊杏佛等；北洋學堂學生22人，如馬寅初等；稅務處學堂學生4人；軍諮處學生2人；貴冑學堂學生2人；研究醫學學生1人。此外，還有袁氏後裔生3人。[2]

[1] 《清華同學錄》，1937年。

[2] 金富軍：〈1949年前清華大學資助留學生類型考察〉，《江蘇師範大學學報》（哲學社會科學版）2015年第1期。

何謂「稽勳留學生」，清華人中有哪些是「稽勳留學生」？

　　民國政體初易，孫中山先生倡議選派稽勳學生出國留學，避免以官賞功，另一方面又可培訓人才，後由北京政府辦理派遣事宜，為首次正式由政府選派留學生出國，嗣因國內政局的影響，稽勳學生派遣暫行中止。稽勳學生的選派，是以建立民國有功者為標準，以廣東及重要起義省分居多；平均薦送年齡二十餘歲；選派原則是以南京臨時政府解散時秘書處職員為主，加上原留學國外輟學回國襄助革命者、原先在國內各學堂肄畢業者或在國內親與戰役者、勳人子弟，及擔任其他職務或華僑本身從事奔走革命者。[1]他們出國留學雖由國家提供公費，但不歸教育部按一般留學生辦理，而由臨時稽勳局按「酬勳」辦

▲ 中國科學社主要發起人之一任鴻雋是稽勳留學生　▲ 著名政治學者張奚若也是稽勳留學生

理。據當時臨時稽勳局給大總統的呈文稱：「竊查該員等多留學外洋，聞風慕義，輟學歸來，各表所長，相助為理，勤勞數月，厥績實多。即未曾出洋留學諸員，亦多在本國學堂肄業有年者。」留學國以美、法為重心；學習科別以攻讀理工、法政、財經者為多，符合民初倡行實業的潮流。民初「稽勳留學生」名額共有100餘人，當時臨時稽勳局因財政困難，決定分三期派遣。但不久二次革命失敗，一部分留學生未能成行。[2]就已知稽勳學生總數77人計，明確知道取得博、碩士學位者20人，約占1/4。就返國服務的層面而言，有部分人士是繼續協助孫中山的革命事業，相當程度符合派遣初意。[1]

這稽勳留學的緣起，據說是民國臨時政府秘書處的年輕人所倡議。留日時參加革命的任鴻雋說革命成功後他不想做官，「和幾個在秘書處的同事，決定再到國外去繼續求學，將來再以所學報效國家。因此，我便擬了一個呈文，請求總統予以批准。此次列名的大約不過十數人，後來增加到30餘人。如宋子文、曾廣智（曾廣勳的弟弟）、馮偉（馮自由的弟弟），還有胡漢民的兩個妹妹，他們既未在政府任過事，有的還在學堂讀書，此次各以私人的關係，得到出洋留學的機會，不知何以對其他學生。」當時稽勳局的局長是馮自由，任鴻雋對名單裡安插私人以及稽勳學生越來越多頗有微詞。袁世凱當上總統之後，沒有廢除民國革命者自創的稽勳留學，還當作籠絡的手段。後來稽勳學生越來越多，到1913年反袁世凱的二次革命失敗而後才停止。之後這些已去了外國的稽勳學生的留學費用，不知道從哪裡來，有人認為恐怕不少後來轉為庚款留學。[2]

「稽勳留學生」中有一部分日後也享受了清華的庚款津貼，成為清華人的一份子。較知名者包括楊杏佛，任鴻雋及張奚若。

[1] 賴淑卿：〈民初稽勳局與稽勳留學生的派遣（1912-1913）〉，《國史館館刊》第22期2009年12月，頁57-96。

[2] 張倩儀：《大留學潮》，香港：商務印書館，2015年。

清華從一門一樓開始，有何歷史滄桑？

　　清廷外務部選定清華園後，建造校門（現為二校門），於1911年竣工，1913-24年清華擴建，而有了新校門，原校門命名為二校門。文化大革命期間，二校門於1966年8月24日，被紅衛兵拉倒，1991年校慶前，方由校友捐資重建二校門。

　　「清華學堂」，在清華園內，西部始建於1909年。東部於1916年始建，青磚紅瓦、坡頂陡起，帶有濃郁的德國古典風格。1925年起，清華大學在清華學堂增設國學研究院，著名的國學「四大導師」──梁啟超、王國維、陳寅恪、趙元任，著名考古學家李濟、文學家吳宓在此任教；樓不在高，有史則名，是清華大學標誌性建築之一。雖然高僅兩層，「清華學堂」為當時清華園內第一座「大樓」，號稱「百年清華第一樓」。大門上正額端書「清華學堂」四字是清末文淵閣大學士軍機大臣那桐於1911年所題，選清華園為校址就是他於外務部會辦大臣任內批准的。

　　2010年11月13日晨，「清華學堂」修繕工地突然起火，學堂磚石結構雖未受到影響，但其內部木結構基本被毀，東半部房頂完全被燒。所幸在緊急修繕下，於百年校慶前，即2011年4月14日按期完工，現作為人才培養計劃的專用教學場所。

▲ 新竹清華園中等比複製二校門

▲ 樓不在高，有史則名

清華以「自強不息，厚德載物」為校訓是受誰影響？

　　民國三年（1914年）11月5日，梁啟超先生來清華演講，以「君子」為題，引述《易經》中之「天行健，君子以自強不息」及「地勢坤，君子以厚德載物」勉勵同學。梁啟超慷慨激昂的演講深深激勵了清華學子，後來「自強不息，厚德載物」就成為清華校訓：其發展，有據可考的為：1918年4月25日出版的《清華週刊》總138期封面上出現內含「自強不息　厚德載物」八個字的圓形圖示，1926年11月25日，由校評議會議決正式確定為清華學校校徽。1928年，清華學校正式命名為清華大學，校徽依然沿用以上八字校訓。[1]

　　2004年中國青年報和新浪微博「我最欣賞的十大校訓」評選中，清華校訓居首。清華老學長錢耕森教授解讀清華校訓時提到，哈佛大學杜維明教授認為清華校訓是世界所有大學最好的校訓。台灣企業家林百里也認同清華校訓是台灣所有大學最有意義的校訓。[1,2]

▲ 清華校訓有是世界所有大學最好的校訓之譽

〔附記〕

梁先生演講大要為「乾象言：君子自勵猶天之運行不息，不得有一暴十寒之弊，且學者立志尤須堅忍強毅，雖遇顛沛流離，不屈不撓；若或見利而進，知難而退，非大有為者之事，何足取焉。人之生于世猶舟之航海，順風逆風，因時而異。如必順風而後帆，登岸無日矣。」

「坤象言：君子接物度量，寬厚猶大地之博，無所不載。君子責己甚厚，責人甚輕。孔子曰：『躬自厚而薄責于人』蓋惟有容人之量，處世接物，坦然無所芥蒂，望之儼然，此所以為厚也，此所以為君子也。」

接著，梁先生又引申勉勵清華學生說，「清華學子，薈中西之鴻儒，集四方俊秀，為師為友，相磋相磨，他年邀遊海外，吸收新文明，改良我社會，促進我政治，所謂君子人者，非清華學子，行將焉屬？雖然君子之德風，小人之德草，今日之清華學子，將來即為社會之表率，語、默、作、止，皆為國民所仿效，設或不慎壞習，慣之傳行，急如暴雨，則大事僨矣。深願及此時機，崇德修學，勉為真君子，異日出膺大任，足以挽既倒之狂瀾，作中流之砥柱，則民國幸甚矣！」[3]

[1] 胡顯章，《談清華校訓》，清華新聞網（2019年1月9日）。

[2] 陳力俊，《清華行思與隨筆（上）》，128-129，致出版，台北（2019）。

[3] 新竹清華大學圖書館：http://archives.lib.nthu.edu.tw/history/emblem/emblem02.html

清華以紫色為校色代表什麼？

紫色是紅色與藍色混合色，分別代表大陸與海洋，有中西會通之意，亦是清華的歷史與文化特徵。另有一說是紅色與藍色分別象徵熱血與冷靜，取智勇雙全之意。

北京清華許葆耕教授著有《紫色清華》一書[1]，內云「紫色系由紅、藍兩色混合而成。紅色是火焰，藍色是海水；紅色是慾望，藍色是理智；紅是我們的國色，藍是西土的象徵；紅藍相融就是中西文化的匯通。」

▲ 紫色取智勇雙全之意

另據季羨林教授說法：「清華一詞有引申義，從物之華美，擴大到人之清高顯貴，在這四時變換、景色隨時改變的情況下，有一個永遠不變的背景，那就是西山的紫氣。『煙光凝而暮山紫』，唐朝王勃已在一千多年前在〈滕王閣序〉中讚美過這美妙絕倫的紫色了。」

▲ 紫色有中西會通之意

有清華校友詮釋：「從顏色的情感含義，紫色是由溫暖的紅色和冷靜的藍色化合而成。紅色代表著激情、活力和充沛，而藍色代表著有序、深刻和獨立，是真理和和諧的顏色。喜歡紫色的人追求完美，渴求知識，富於理性。在中國傳統裡，紫色代表著優雅和高貴，如「紫禁城」、紫氣東來，是王者之氣。紫色也是浪漫和神秘的色彩，是夢的顏色。」

清華以紫色為校色，是否經過學校正式決議，目前尚未查知。

[1] 許葆耕，《紫色清華》，立緒文化事業有限公司，台灣台北（2002）。

清華的校徽

　　清華大學的校徽分為圓形校徽與鳥形校徽[1]；現今兩岸清華的圓形校徽基本形制一樣，新竹清華沿用原始校徽，北京清華於1949年後調整校徽，在細節上作了變更。

　　清華大學的圓形校徽由來甚早，雛型源於1916年，清華學堂為兵操訓練營製作的軍旗中央圖案，1916年12月28日《清華週刊》中刊載：「兵操軍旗式現已繪定。旗系紫色，中間置白色圓圈，內有『自強不息，厚德載物』八個字。圈下繪槍兩支，亦系白色。光彩奪目，頗壯觀瞻。」

　　1926年11月25日，校評議會議決：「通過校徽之格式：圓形、斜十字」，1928年改制為清華大學後，似有意重新徵求校徽的設計，是故有段時間並無正式的校徽。1934年6月1日《清華週刊》（第13-14期）嚮導專號刊登了清華大學校徽圖案，即現今新竹清華的圓形校徽。最中心為五角星，中間層為校訓「自強不息，厚德載物」，圈內外層則為校名中英文字樣，最外層為光芒狀圖案。北京清華於1949年後調整校徽至今；校徽沿用原校徽基本形制，但細節作了以下的變更：

　　一、省略最外層的光芒狀圖案，

　　二、圓形外圈內下端加入建校年份之1911字樣，

　　三、英文將 TSING HUA合併為TSINGHUA，

　　四、中英文校名間左右兩側之十二光芒圖案改為點狀。

　　鳥形校徽[2]

　　鳥形校徽在北京清華時期就已出現，但具體時間與創作者現已不可考。黃延復在《二三十年代清華校園文化》及《清華園風物志》二書中，稱此標誌為清華舊校徽，然而僅提到其在當時是用於配戴，詳細的使用情形並未多作說明。目前可見的資料，最早在1935年《清華年刊》（具現今畢業紀念冊性質）

刊載的照片中，鳥形校徽就已印製在體育服上，當時的五大學越野賽中，清華越野隊服即印有此標誌。另外，在《講古清華》一書中，7級（1935）校友曾這樣描述過當時的球隊隊服：「足球校隊制服是白背心和白襯衣上縫紫色清華鷹翅校徽或紫色斜條。……越野隊當年是五大學的冠軍隊，……越野隊的制服最不起色，只是一件縫有校徽的背心。文中指的「鷹翅校徽」，參照《清華年刊》照片，應即是指此鳥形校徽。新竹清華的大型校旗，亦是印製此圖騰為代表。

　　清華鳥形校徽的結構可分為兩部分，中間有一個「清」字，兩旁則有似鳥翅的符號。此鳥翅形狀，一說是英文字母TH所組成的圖案，一說是取自「華」篆體字中間形似鳥翅的結構。鳥翅上托著「清」字，象徵著展翅高飛的清華，似也能與聞一多〈園內〉詩中所述：「白雲扶著的紫氣喲！氤氳在這『水木清華』的景物上。」互相呼應。

[1]　本文內容主要取材於清華校史館有關校徽記述

　　　https：//archives.lib.nthu.edu.tw/history/emblem/emblem03.html，參考資料亦同。

[2]　黃亭惇；陳華、陳信雄審閱，清華校史館

　　　https：//archives.lib.nthu.edu.tw/history/emblem/，參考資料亦同。

▲ 新竹清華大學校徽

▲ 北京清華大學校徽

▲ 鳥形校徽

清華大學現行校歌由來與沿革

　　清華大學校歌在清華建立初期制定。第一首校歌詞曲皆由1913年始在清華任教的美籍音樂教師凱薩琳・西里小姐（Miss Katharine E. Seelye）所作，詞為英文，題名「Tsing Hua College Song」。1923年前後，開始出現重視中國文化的呼聲，清華大學重新公開徵集中文校歌，[1] 最終採用了國文科教師汪鸞翔先生[2]用文言文寫成的歌詞，並由英文文案處主任何林一夫人張麗珍女士[3]譜曲。

　　汪鸞翔先生所撰歌詞如下：[4]

（一）

西山蒼蒼，東海茫茫，吾校莊嚴，巋然中央。[校歌1]

東西文化，薈萃一堂，大同爰躋，祖國以光。

莘莘學子來遠方，莘莘學子來遠方，

春風化雨樂未央，行健不息須自強。

自強，自強，行健不息須自強。

（二）

左圖右史，鄴架巍巍，致知窮理，學古探微。

新舊合冶，殊途同歸，儁核仁義，聞道日肥。

服膺守善心無違，服膺守善心無違，

海能卑下眾水歸，學問篤實生光輝。

光輝，光輝，學問篤實生光輝。

（三）

器識為先，文藝其從，立德立言，無問西東。

孰紹介是，吾校之功，同仁一視，泱泱大風。[校歌2]

　　水木清華眾秀鍾，水木清華眾秀鍾，

　　萬悃如一矢以忠，赫赫吾校名無窮。[校歌3]

　　無窮，無窮，赫赫吾校名無窮。

[校歌1] 北京清華、新竹清華官網和大多數地方常寫為「巍然中央」，原
稿應為「歸然中央」。

[校歌2] 新竹清華官網寫為「孰介紹是」，原稿應為「孰紹介是」。

[校歌3] 北京清華、新竹清華官網寫為「無穹」，原稿應為「無窮」。

　　為幫助學生理解，汪鸞翔於1925年秋在《清華周刊》上發表了《清華中文校歌之真義》，並簡述清華中文校歌誕生的過程：「本校中文校歌選擇於前兩年徵求校歌之時，在作者對於世界學術思想之變遷，以及我校教育方針之擇定，頗費一番斟酌，而後敢於發言。即學校採用之時，亦幾經請北京名人之審定，而後乃毅然採定。採定後，復請何林一夫人精心制曲，始琅然可歌。」[5]

　　在《清華週刊》307期（1924年3月28日）的尾頁有校歌歌譜（簡譜），其標題為「清華學校校歌 汪鸞翔先生撰歌 何林一夫人作」。並在歌譜的下方有「1924年3月18日下午十二點半第一次全體練習，1924年3月20日下午三點一刻第一次正式合唱」。該期還有：「要聞（一）上星期四（3月20日）舉行全體大會，會序除唱國歌校歌外，由曹校長致演說詞。…（三）新中文校歌已編就，暫定每星期一、三、五午飯後在大禮堂練習。」從後續記載還可以看到，新校歌誕生後，規定了每星期一、三、五午飯後在大禮堂前練習新校歌，而且校長和外籍教師也來參加，可見當時大家對新校歌的重視。同時中文校歌誕生後非常受師生的歡迎，當時在重要的集會上都要唱中文校歌，有時是中英文校歌並唱。[5]

　　在首次發表清華中文校歌的《清華週刊》第307期（1924年3月28日）中，第一頁就是《社論 新校歌之教訓（果）》。作者應為李惟果，當時為高一級學生、《清華週刊》編輯。作者對新的中文校歌則聞之而志舒、聞之而心怡，讚美之情溢於言表。[5]

　　另一篇文章發表于《清華週刊》第358期（1925年11月6日），即賀麟（當時為高四級學生、《清華週刊》總編輯）的文章〈「清華中文校歌之真意義」書

後〉：「清華現在的中文校歌，實儒家學說之結晶，可以表示中國文化之精神。而同時又能符合校訓，達出清華教育宗旨。且校歌措辭，亦頗得體。故自次校歌公佈後，雖無人撰文正式批評，而大家均覺欣賞此歌。無惑乎學校開全體大會時，總是唱中文校歌，無形中中文校歌，已取英文校歌之地位而代之了。」[5]

1928年學校改名為「國立清華大學」。1931年《清華大學二十周年紀念刊》刊載了《校歌》的歌譜，這個校歌就是清華大學校歌了。這個歌譜只取了《清華學校校歌》歌詞的第一段。[5]

抗戰期間，清華與北大、南開合組西南聯合大學，為此需要新的校歌。1939年，西南聯大常委會核定《滿江紅》為聯大校歌，作詞者為聯大中文系教授羅庸，作曲者為由清華研究院畢業生張清常。[5]

1949年後，汪鸞翔先生作詞的校歌在大陸不再為人提起。但在1956年建校的新竹清華，則自始沿用原校歌。大陸在改革開放特別是進入新時期以後，這首歌逐漸在校友活動以及學校重大活動中傳唱，並為廣大師生所喜愛，也成為清華歷史文化傳承的一種象徵。雖然在正式檔記載中都稱之為《清華大學老校歌》，但實際上它已經是清華人心目中的校歌了。2014年大陸教育部批准了新的《清華大學章程》，其中規定了校歌為《清華學校校歌》。汪鸞翔先生作詞的這首校歌作為北京清華大學正式校歌又一次載入史冊，可謂清華校歌在大陸的重生。

參考資料

[1] 1923年前後，清華大學重新公開徵集校歌，1921年11月25日，在《清華周刊》227期有徵求新校歌的啟事：

茲接校長處送來啟事一則，特為披露於下：

徵求國文校歌

查本校校歌只有英文，而無國文，現在徵求國文校歌。校中教職員暨學生，不乏精於詩歌之士，或就原有英文校歌，譯為國文校歌，或用國文，另作校歌，均所歡迎，如有佳稿請交校長處，以便擇優採用為荷。

最終採用了汪鸞翔先生用文言文寫成的歌詞，並由何林一夫人張麗珍女士譜曲，趙元任編合唱。三段歌詞，氣勢宏偉，涵義深刻。於1924年3月18日全體練習試唱，3月20日在大禮堂正式合唱，刊載於1924年3月27日《清華周刊》。

[2] 汪鸞翔（1871-1962）先生，為前清舉人，曾為清末封疆大吏張之洞幕僚，協助張之洞編纂《勸學篇》。該書充分反映張之洞「中學為體，西學為用」思想。汪鸞翔深受其影響，這些思想在清華校歌中有所體現。汪先生精於國學，長於中國詩、畫，而且熟悉西方科學，1918年暑假後到清華學校任課，直至1928年離校退休。

[3] 為「清華早年的津貼生……1923年前後嫁給清華學校英文文案處職員何林一（後為英文文案處主任）。因當時學校有禁止教職眷屬在校中任職的規定，所以何林一夫人張麗珍不是學校正式的音樂教師，但她熱心於音樂教育，曾擔任中學部唱歌團、中等科音樂班的指導教師，還經常積極參加學校舉辦的各種音樂會，有學生稱之為『難得的好教員』。」（北京清華校史館館員劉惠莉提供）。[6]

[4] 國立清華大學圖書館，〈校歌〉，國立清華大學數位校史館、國立清華大學 [2017-07-27].（原始內容存檔於2017-07-26）（中文（台灣））.

[5] 汪端偉，〈清華大學校歌的前世與今生〉，清華大學校史研究室，2018-09-04 [2020-04-06].（原始內容存檔於2020-04-05）（中文（中國大陸））.〔作者為汪鸞翔先生的長孫〕。

[6] 國立清華大學圖書館，〈校歌的由來〉，國立清華大學數位校史館、國立清華大學 [2010-11-01].（原始內容存檔於2016-09-16）（中文）.

清華大學校歌註釋及佳評

　　1924年3月清華中文校歌誕生了，中文校歌的詞作者是汪鸞翔先生，曲作者是何林一夫人（即張麗珍女士）。由於是以文言文作詞，其中的典故、涵義對許多人來說難以一看即知，如《清華週刊》總編輯賀麟所言，當時有些同學「歌焉而不審其義，唱焉而不究其旨」，[1]因此汪鸞翔先生在1925年寫的〈清華中文校歌之真義〉一文（以下簡稱〈真義〉），發表在《清華週刊》第353期（1925年10月2日）。〈真義〉中說：「本校歌意在詞旨雋永，故用文言發表。其中恐有不能一覽即了之處，故為解剖如下。」[2]同時汪先生長孫與多位前賢也加以闡釋，[3-5]今擇其要以釋義：

　　汪鸞翔先生編寫的中文校歌有三段歌詞，1924年發表的原歌詞及註釋如下：

第一段：

此首述本校所在之地點，與學生來學之狀況揭出。

西山蒼蒼，東海茫茫，吾校莊嚴，巋然中央。

〔註釋：「西山蒼蒼，東海茫茫」，首先是指示了學校所在地。北京的西邊和北邊是太行山餘脈的燕山山脈。西邊的山脈距離北京城約20公里，北京人把這些山脈就叫做西山。清華學校距西山大約是10公里。

「巋然」是高大獨立的樣子。〕

東西文化，薈萃一堂，大同爰躋，祖國以光。

〔註釋：〈真義〉言：「救人之法，萬別千差。今在校言校，且先從力所能及者做起，略為整頓學術焉可矣。與本校最適宜，且今世最亟需之學術，尤莫亟於融合東西之文化。故本校歌即以融合東西文化為所含之『元素』，是校歌的主旨之一。」

世界大同，這是中國人幾千年來對理想的社會狀態的一個夢想。「爰」：

於是，「躋」登、向上。

「大同爰躋，祖國以光」的意思就是：於是達到（登上）世界大同（最高境界），祖國得以光輝。這是校歌的主旨之一，也是校歌中的最強音。

清華學校有其特殊性，學校是在庚子賠款美國退款的基礎上建立的，學校大權掌握在美國人為首的董事會手中，畢業生都留學美國，所以校風受美國的影響很重，比較重視英文教學。但在這種愛國主義的激勵下，也激起了清華學生的反思。為了在留學回國後更好地為祖國服務，也開始更重視國學的學習，中西貫通的思想成了師生的共識。為了國家的尊嚴，對中文校歌也有了更迫切的要求。在這樣的背景下，清華校歌的主旨也就自然而然地形成了。〕[3]

莘莘學子來遠方，莘莘學子來遠方。

春風化雨樂未央，行健不息須自強。

〔註釋：〈真義〉中說：「天行健，君子以自強不息」，見《周易·乾卦》，亦本校校訓也。「春風化雨」用孔孟教學故事，吾校師生時時念此，則衝突可少，愛情自深矣。

「未央」是未盡、無已，無邊無際的意思。〕

自強，自強，行健不息須自強！

自強，自強，行健不息須自強！

第二段：

〈真義〉中說：「此首述本校設備之大凡，及學生用功之次序。」

左圖右史，鄴架巍巍，致知窮理，學古探微。

〔註釋：〈真義〉中有：「左圖右史」指圖書館閱覽之便。唐李鄴侯家多藏書，故以為比。「鄴架」即鄴侯之架；

〈真義〉中說：「致知窮理，學古探微」，指科學、文學、哲學，各大系統所包含者言之。學科名目太繁，不便入歌，故以此八字渾括一切。言外有並行不悖，並任人選擇自由之意。「格物致知」的意思是深入研究事物，探索事物的規律和原理。「窮理」：窮究事物之理的意思。〕

新舊合冶，殊途同歸，肴核仁義，聞道日肥。

〔註釋：詞作者在校歌中表達了救國救民的途徑，在學校就要「教育救國」，尤其是針對清華學校的特點，要「中西融匯，古今貫通」。「中西文化，薈萃一堂」、「新舊合冶，殊途同歸」是校歌的另一主旨。

「肴核仁義，聞道日肥」，在〈真義〉中，有這樣的解釋：有不忘古訓，並注重德育之意；

肴是指肉菜，核是指果類。談論美味飲食，現代常用詞有菜肴、酒肴，而在古文中，也常用「肴核」。

「仁義」已成為傳統道德的別名，而且常與「道德」並稱為「仁義道德」。「肴核仁義」就是把仁義比做是和日用飲食一樣日不可缺的事情，只不過一是精神上的，一是物質上的。

聞道表示要追求真理、修身養性，是中國傳統文人的至高境界。

「肥」在這裡是在精神的意義上使用的，猶厚也。精神豐富，和個人的修養聯繫起來。〕

服膺守善心無違，服膺守善心無違。

〔註釋：「服膺」：謹記在心，衷心信服。〈真義〉中有：此藉以表示學生讀書有得，怡然自樂之狀態。〕

海能卑下眾水歸，學問篤實生光輝。

〔註釋：〈真義〉中有：「海能卑下眾水歸」，此句用意深遠，期望無窮。古人常以此來讚揚謙卑的人品，今人之不能大成者，皆一得自封害之也，故拈出此意，願與學者共勉之。「學問篤實生光輝」，此句言既用苦功，必有效果，此為學者最後之實獲，將來能照耀大地者，即仗此光輝耳。〕

光輝，光輝，學問篤實生光輝！
光輝，光輝，學問篤實生光輝！

第三段：

此首再將東西文化讚歎一番。

器識為先，文藝其從，立德立言，無問西東。

〔註釋：1925年《清華週刊》上，賀麟的〈書後〉一文中，特別對「器識為先，文藝其從」一句做了解釋。其文中寫道：「這是古人作學問的步驟，關係極為重要。器是度量，識是識見。曾文正公發揮此理最為透澈。曾氏之意以為為學首重器識，次重事業，末重文藝，因他認為器識第一為事業之根本，第二為自拔於常人者之基礎。而文藝乃器識與事業之副產。」〕

孰紹介是，吾校之功，同仁一視，泱泱大風。

〔註釋：「紹介」：介紹。〈真義〉中說：「地有東西之分，文有豎橫之

別，然而好美惡醜，好善惡惡，人之心理，大略相同。由此可見眾生之本性同一，所不同者，風俗習慣上之差別耳。本性既同一，則彼此之文化，皆易交換灌輸。而況乎文與行交修，德與言並重，東聖西聖，固有若合符節者哉？吾人一旦觀其會通，且身負介紹之任，其有無窮之樂也。而之所以能做出這樣的貢獻，在於我校觀點一視同仁的『泱泱大風』。」〕

水木清華眾秀鐘，水木清華眾秀鐘。

〔註釋：「秀」：優秀的人才，「鐘」：鍾愛。「水木清華」為清華大學的形象標誌。

〈真義〉中有：「水木清華眾秀鐘」一句，表示吾校人材眾多，各種異能，無不悉備，優秀分子，皆由此出。歌聲至此，已覺要義搜盡，無可再說，只可用頌禱之詞收束之。〕

萬悃如一矢以忠，赫赫吾校名無窮。

〔註釋：「悃」：真心誠意，「矢」：發誓。〈真義〉中有：如此莊嚴境界，如何能使之永垂不敝？所恃者，人人對於本校心頭之一點「忠」耳。名者，實之賓也。吾校苟能實際如斯，則嘉名無窮，乃當然之理。可謂言有盡而意無盡矣。〕

無窮，無窮，赫赫吾校名無窮！

無窮，無窮，赫赫吾校名無窮！

詞作者汪鸞翔先生的〈真義〉一文最後說：「以上歌分三章，每章各有用意，不相複逕，故以全歌為最上。至於每章末了重疊之句，必以最響之韻為之，如『自強』、『光輝』、『無窮』等……亦讀者所宜知也。」

通過仔細閱讀〈真義〉一文，並且結合上述的注釋，我們就可以體會到清華大學校歌的立意深邃、氣勢宏偉、情感充沛、詞句典雅。因此清華校歌能夠流傳久遠，經歷近百年而不衰。

有清華學者也評論說：「清華老校歌歌詠的主題：一是博學，二是愛國，三是修德，四是自強。這四層含義是老清華傳統中的現代性精粹。今天，歷史條件不同了，但我們面臨的任務依然是民族復興這個莊嚴的主題。我們應該唱響的依然是這個四重變奏。這也許就是清華老校歌的歌詞至今依然葆有生命力的原因。」

在首次發表清華中文校歌的《清華週刊》第307期（1924年3月28日）中，

編輯李惟果所寫〈社論 新校歌之教訓〉評論「吾聞之而志舒，吾聞之而心怡」，讚美之情溢於言表。[4]

另一篇文章發表於《清華週刊》第358期（1925年11月6日），即賀麟（當時為高四級學生、《清華週刊》總編輯）的文章〈「清華中文校歌之真意義」書後〉（以下簡稱〈書後〉）：「清華現在的中文校歌，實儒家學說之結晶，可以表示中國文化之精神。而同時又能符合校訓，達出清華教育宗旨。且校歌措辭，亦頗得體。故自次校歌公佈後，雖無人撰文正式批評，而大家均覺欣賞此歌。無惑乎學校開全體大會時，總是唱中文校歌，無形中中文校歌，已取英文校歌之地位而代之了。」[1]

清華大學教授陳新宇認為，該歌詞具有三大特徵：其一，格局宏大，眼光獨到。該新校歌以學術救國為清華己任，並結合清華特點與世界潮流，提出「融合東西文化」的目標定位，對中國文化和外來文化持一種相容並蓄、平等視之的立場。其二，用典雅致，寄望殷殷。「大同」出自《禮記》，寄寓極樂世界理想；「自強」、「行健」出自《周易》，契合校訓；「春風化雨」出自《孟子》，以孔孟教學期許師生之間情感融洽。其三，理念先進，意義雋永。以「致知窮理，學古探微」攬括科學、文學和哲學各類學科，寓意並行不悖，任人選擇，體現自由教育之風；以「器識為先，文藝其從」教誨學生注重內在德性修養，切勿只特外在技藝和小聰明，造成本末倒置。以上種種理念，對於今天努力要建設世界一流大學的主政者，苦惱於精緻利己主義盛行的教育者，或許不無啟發意義。

參考資料

[1]　賀麟，〈「清華中文校歌之真意義」書後〉，《清華週刊》第358期（1925年11月6日）。

[2]　汪鸞翔，〈清華中文校歌之真義〉，《清華週刊》第353期（1925年10月2日）。

[3]　汪端偉，〈清華大學校歌的前世與今生〉，清華大學校史研究室.2018-09-04 [2020-04-06].（原始內容存檔於2020-04-05）（中文（中國大陸））.〔作者為清華大學校歌詞作者汪鸞翔先生的長孫〕。

[4] 李惟果，〈社論 新校歌之教訓〉，《清華週刊》第307期（1924年3月28日）

[5] 徐葆耕，〈校歌與清華傳統〉，清華大學新聞網，2001-04-09 [2017-01-29].（原始內容存檔於2017-11-02）

清華第一任校長是誰？

　　1909年（清宣統元年），美國開始退還庚款。為統籌考核留學生，外務部與學部上奏設立「遊美學務處」並附設「肄業館」，並設址於「清華園」。7月17日遊美學務處正式建立，後任命外務部署左丞、左參議兼學部丞參上行走周自齊擔任總辦，學部員外郎范源濂和外務部候補主事唐國安，駐美公使館參贊容揆任駐美學生監督。

　　1911年2月，肄業館改稱「清華學堂」，總辦周自齊兼任監督，會辦范源濂、唐國安兼任副監督。3月30日（三月初一）暫行開學儀式（中等科），4月1日高等科開學，教師多從美國聘請，遊美學務處也遷入工字廳辦公。

　　辛亥革命後，中華民國建立。1912年5月1日，學堂改名「清華學校」開課，裁撤遊美學務處。唐國安為第一任校長，周詒春為教務長。

　　因此以「清華學堂」而言，監督周自齊等同校長，而唐國安為「清華學校」第一任校長。

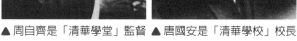

▲ 周自齊是「清華學堂」監督 ▲ 唐國安是「清華學校」校長

〔附記〕

　　周自齊（1869-1923年），早年入廣州同文館和京師同文館學習，後到美國哥倫比亞大學留學。曾任駐美公使館秘書、紐約領事、駐古巴代辦、駐舊金山總領事、駐美公使館一等秘書。1908年任駐美公使館代辦，遊美學生監督。1909年，署外務部左參議、署左丞，兼任學部丞參上行走、遊美學務處總辦，主持籌建了遊美學務處肄業館（後改名為清華學堂，即清華大學前身）。1911年4月清華學堂正式開學，周自齊任監督。

　　1911年，任袁世凱內閣財政次長，1913年任交通部總長、代理陸軍部總長。1914年任稅務處督辦兼中國銀行總裁。1915年任農商總長，支持袁世凱稱帝，任大典籌備處委員。1916年6月列為帝制禍首「十三太保」之一被黎元洪通緝而亡命日本。次年回國。1918年特赦後，任參議院副議長、總統府高等顧問、總統府財政委員會委員長、幣制總裁。1920年任北京政府財政總長。次年，以中國代表團顧問身份出席華盛頓會議。

　　1922年任國務院總理兼教育總長，後不滿直系軍閥，退出政界，出遊歐美考察實業，回國後擬籌辦孔雀電影製片公司。1923年10月21日在上海病故。

　　唐國安（1858-1913年），少時讀私塾，作為第二批中國留美幼童前往美國康乃狄克州哈特福德市新不列顛中學，後考入耶魯大學法律系，1881年因清政府終止留學而肄業回國，先後任教於上海梵王渡約翰書院等地。1908年作為翻譯員，隨同軍機大臣毓朗在廈門迎接美國太平洋艦隊。1909年作為中國政府代表團專員代表參加在上海舉行的首屆萬國禁煙會議。

　　由庚子賠款還款建立的遊美學務處建立後，任會辦。1910年任外務部考工司主事，1911年兼任清華學堂副監督，1912年任清華學堂監督，5月，清華學堂改辦清華學校，任校長，在任期間選派大批學生赴美留學。1913年8月逝世。

清華學校第二任校長周詒春簡歷

　　周詒春（1883-1958年）先生，1904年從上海聖約翰學院畢業後，自費留美，就讀於威斯康辛大學和耶魯大學，獲碩士學位。回國後，在聖約翰學院等校講授英語，曾協助顏惠慶編纂《標準英漢雙解大辭典》，曾於1911年參加清廷留學生考試，中進士，點為翰林，被人稱為「洋翰林」。

　　1912年出任南京臨時政府外交部秘書、孫中山英文秘書。1912年4月，他被派往清華學堂接替張伯苓任清華學堂教務長，後任副校長。1913年，清華首任校長唐國安心臟病發、遽然辭世，周詒春臨危受命，任清華學校第二任校長。周詒春任清華學校校長4年多，他著眼於民族教育獨立，最先提出把清華由留美預備學校改辦成完全大學的計劃，於1916年4月，呈文外交部。請逐漸擴充學程，設立大學部，並得到批准。他籌劃並主持修建了清華園內著名的早期四大建築——圖書館、科學館、體育館和大禮堂。為清華發展成為大學初創基礎。在教育方面他倡導「著重德智體三育」的方針，推行「端品勵學」和體育「強迫運動」，「素以養成完全人格為宗旨」。[1]1918年卸任。老一代的清華人，包括清華大學最著名的一任校長梅貽琦，始終以「老校長」稱之。清華校友陳宏振曾高度評價周詒春：「他是母校的拓荒者，母校的創建人，篳路藍縷，慘澹經營，播下精選的種子，收穫到豐碩的果實，建立了優良的傳統，奠定下鞏固的基礎，尤其是培育出母校同學個個引為自豪的清華精神。」

　　1920年代初，先後任中孚銀行北京分行經理、全國財政整理委員會秘書長等職。1925-1928年任「中華教育文化基金委員會」總幹事，創立「靜生生物調查所」和「北京圖書館」，並利用

▲ 周詒春有「清華大學的奠基人」之譽

庚款資助選送一批優秀人才出國深造。1933年擔任燕京大學代理校長。1935年任國民政府實業部次長。1938年擔任貴州省府財政廳長，在貴陽市郊籌建了清華中學。1945年後，任國民政府農林部長及衛生部長。1948年冬辭職赴香港。1950年8月返回北京。1956年被特邀為全國政協會議代表。[2]

[1] 清華數位校史館，北京清華時期校長：http://archives.lib.nthu.edu.tw/history/people/old.html

[2] 百度百科：http://baike.baidu.com/view/1933544.htm

▲①1915年清華學校教職員，前排左五為周詒春校長
　②新竹清華成功湖寄梅亭
　③校友胡光麃書寄梅亭匾額

清華早期任期最長的兩位校長周詒春與曹雲祥學經歷有何相似之處？

周詒春（1913.8-1918.1）與曹雲祥校長（1924.5-1928.1，1922.4-1924.5代理）為1931年梅貽琦校長就任以前，任期最長的兩位校長（4年6個月與5年10個月，其餘均不滿兩年），巧合的是，兩人均為聖約翰大學畢業生，周、曹分為1904與1900年聖約翰書院畢業，同在耶魯大學求過學，並且與顏惠慶有師生或同學情誼，周曾從顏惠慶編纂《標準雙解英翰大辭典》，曹且是顏惠慶的表弟，曾於1925年末表示要辭職，隨顏惠慶赴駐英使館工作，後因安排接任校長發生困難，時局又生變化，顏惠慶取消赴英之行，而作罷。

▲ 曹雲祥有「清華大學之父」美稱

周詒春有「清華大學的奠基人」之譽。老一代的清華人，包括梅貽琦校長，始終以「老校長」稱之。由於清華經費來自庚款，故與北京政府外交部有隸屬關係，1918年1月，周因與外交部新掌權親日派意見分歧，忿而辭職，將校務移交給副校長趙國材，離開了清華。

周詒春任校長時，已經有了將清華改辦成正規大學的計畫，到了1922年曹雲祥擔任校長後，又把這個計畫向前大大推進了一步，正式成立了大學部，曹因而有「清華之父」之稱。曹雲祥在任近6年，做成的另一件事就是成立了日後名滿天下的國學院，聘任了梁啟超、陳寅恪、王國維、趙元任「四大導師」。所以到1925年時，清華已同時存在三個學制：遊美預備部、大學部和國學研究院。1928年1月，因擬於清華大學正式成立後，停辦國學院糾紛聲中辭職。

▲1927年同學會，前排右三梅貽琦，右五周詒春，右六曹雲祥

羅家倫校長在清華的興革與貢獻

　　羅家倫先生於1928年初秋出任「國立清華大學」首任校長,在校時間不足兩年,但進行多項興革,對清華未來發展有重大貢獻。

一、改校名為「國立清華大學」,將清華納入國立大學管理體制

　　1928年6月,蔣介石所率領的北伐軍收復北京,北洋政府控制清華的歷史一併結束。經過一番爭執後,大學院和外交部達成一致:一、將清華學校改名為「清華大學」,直接受國民政府管轄;二、由大學院和外交部共同組成新的校董事會,掌管清華大學;三、原「清華學校暨留美學務基金保管委員會」改由大學院院長(恢復教育部後為教育部長)、外交部長和美國公使三人組成。是年8月29日,31歲的羅家倫被國民政府任命為清華大學校長。羅家倫認為按國內大學體制,清華大學前面應冠以「國立」二字,可當時的外交部長王正廷深恐美國方面不高興,而不贊同,但在羅家倫看來,清華是否國立,意義重大,是涉及到國家教育主權和教育獨立的大是大非問題,非堅持冠以「國立」二字無以體現。經過努力,羅的提議在蔡元培的支持下得以在國務會議通過。

　　清華更名為「國立清華大學」時,行政院會議已決定由大學院和外交部共同組成新的校董事會,掌管清華大學,羅家倫要改變這樣的隸屬關係,意識到教育部長為避免爭權之嫌,不願與外交部長直接衝突,極可能採取折中辦法而於事無補。羅家倫為貫徹清華發展之念,多方運作,

▲ 羅家倫在清華推動多項興革

終獲成功。1929年5月10日，國民政府第28次會議順利通過由羅家倫設計的議案，從此，清華在行政系統上真正納入到國立大學的正軌，從制度上清除了阻礙清華大學發展的束縛和羈絆。對此，陳寅恪有一段很公正的評價：「志希在清華，使清華正式成為一所國立大學，功德是很高的。光論這點，像志希這樣的校長，在清華可說是前無古人，後無來者的。」瞭解陳寅恪的為人，誰都知道，陳寅恪是不會輕易給予這樣高的評價。

二、解決清華教育經費由外交部控制的問題

這一畸形現象主要是由於其經費是美國退還庚子賠款所致。北洋政府時期，中國外交總長、外交次長與美國駐華公使三人共同組成清華基金保管委員會。三人中外交部占了二人，故外交部對於這筆基金基本上是可以運用自如的。所以，外交部始終不肯放棄清華的管轄權。這種體制成為清華發展的瓶頸，要破除這種體制，必須解決清華基金的獨立。但這牽涉到中央部門的利益，雖弊端叢生，但解決問題的阻力極大。他克服困難，最後得將基金直接交由中美人士合組的「中華教育文化基金會」代管。1929年4月30日，行政院訓令外交部、教育部將這項基金移交中華教育文化基金會。8月2日交接清楚，清華基金從此得以安全與增長。

三、推動學術化

羅家倫理想中的大學，應能夠匯聚優良教師，形成良好學術氛圍，在具體工作中，教學研究並重，並適度強調研究。認為「羅致良好教師，是大學校長第一個責任」、「以往中國學校皆過借貸生活，缺少獨立精神，此後當使清華成為中國學術策源地。第一集中本國學者，不當有絲毫派別觀念。第二聘請國外專家，使與本校教員學生共同研究。第三提倡教員學生熱心研究的風氣。以上三點，當努力做去，五年以後，或可有相當的成效」，以「使清華為中國現代化的第一流大學，俾與世界先進大學抗衡」為職志。除爭取主管部門的政策支持與經費保障外，致力於延攬人才、提升學術風氣，建立制度與充實設施，使清華從留美預備學校轉型為高深學府。

羅家倫在接掌清華時，大刀闊斧的改革人事制度，提高教師待遇，貫徹中學與西學平等，體現教師優先於職員之導向，改變外籍教員高於中國教員而享有特權之殖民地遺風；在他的就職演說中說：「要國家在國際間有獨立自由平等的地位，必須中國的學術在國際間也有獨立自由平等的地位。我今天在就職宣誓的誓詞中特別提出『學術獨立』四個字，也正是認清這個深意。……我們要共同努力，為國家民族樹立一個學術獨立的基礎。」同時裁汰有名無實的學系，如農學系、音樂系、體育系；校內職員由1927年度的95人，減為1928年度的72人；另一方面，重新規定學術標準與選擇教授。羅家倫宣佈教授一律重新聘用，未收到聘書的請主動走人。清華當時的55位教師，僅有18位教師接到聘書，留聘王文顯、陳寅恪、趙元任、金岳霖、陳達、葉企孫、朱自清、吳宓等十幾位教授。如此大調整，自然引來不滿與抗議，羅家倫頂住了壓力不為所動。與此同時，羅家倫開始引進人才，一口氣網羅了30多位真才實學者。如國文系教授楊振聲、錢玄同、沈兼士；歷史系教授朱希祖、張星烺；地理系教授翁文灝、葛利普；政治系教授吳之椿、浦薛鳳及美國籍克爾文；經濟系教授陳錦濤；哲學系教授馮友蘭、鄧以蟄；數學系教授孫鎔；物理系教授吳有訓、薩本棟；化學系教授謝惠；生物系教授陳楨；工程系教授孫瑞林等。半年後又相繼聘請具有學術聲望的薩本鐵、周培源、楊武之、張子高、熊慶來、李繼侗、俞平伯、楊樹達、劉文典、蔣廷黻、葉公超、陳總、張溪若、蕭遽等入校任教（到校時間不同），一些新課程得以開設。這些人的到校，大大強化了教授陣容。梅貽琦校長的名言「大學者，非有大樓之謂也，有大師之謂也。」而這些大師不少是在羅家倫任上聘請來的。

在硬體建設方面，首先是擴充圖書館，一次性就投入105萬元，大量採購儀器、圖書，規定今後每年經費的20%用於購置圖書資料，種種措施使得清華圖書館成為與北平（京）大學、國立北平圖書館鼎足而立的三大圖書館之一。這期間還修建了生物館、氣象臺。

羅家倫亟力倡導研究，營造濃厚學術風氣，鼓勵發表成果，強化學術休假；學校建成一系列的近代化實驗室，在設備上全國領先，使清華成為與老牌名校並駕齊驅的最重視實驗工作的大學，促成物理系迅速發展，得到一系列國際矚目的成果；清華也形成了普遍重視實驗的學術風氣，為日後打造領先全國的工學院奠定了基礎。

四、招收女生

　　清華是留美預備學校，向來不招女生，羅家倫開放女禁，於是到校的那年秋季招生，羅家倫在招生簡章上大筆一揮加了4個字：「男女兼收」。他說：「我想不出理由，清華的師資設備，不能嘉惠於女生。我更不願意看見清華的大門，劈面對女生關了！」這年招到了15個女生。從此改變了清華不招女生的傳統。清華大學在羅家倫手裡順利實現了男女同校。

參考資料

[1] 趙映林，〈羅家倫於清華大學的開拓之功〉，清華校史館轉自民國春秋網（2011-04-17）。

[2] 劉超，《學府與政府，清華大學與國民政府的衝突與合作》，天津人民出版社，天津（2015）。

[3] 岳南，《大學與大師：清華校長梅貽琦傳（上下冊）》，中國文史出版社，北京（2017）。

正名國立清華大學的羅家倫校長為何與清華僅有兩年之緣？

　　1928年9月，南京國民政府取代北洋政府掌控北京後，任命羅家倫為清華大學校長，在其推動下，易名「國立清華大學」，任職期間，羅家倫強調「以學術標準為衡」，廣羅名師，開始招收女生，整頓清華基金，積極進行基礎建設，為清華迅速崛起奠立了基礎。「國立清華大學」原由外交部與教育部共管，清華基金的保管是由外交部總長、大學院院長、美國公使三人組成。基金保管的機構則在外交部手裡，1929年4月，羅家倫因查出清華基金帳目虧空，要求改革，與清華大學董事會發生矛盾，決心以辭職來換取清華基金的安全與獨立，和清華隸屬系統的正軌化（即改屬教育部）。1929年5月，在他積極運

▲ 羅家倫校長與清華教師，右三梅貽琦教務長

作下，南京國民政府決定，清華專屬教育部管轄；1928年5月17日，羅家倫接到國民政府的第二次慰留令，6月12日回到清華復職。同時羅家倫促成清華基金交給中美人士共同組成的有良好信譽的「中華教育文化基金董事會」代管，使清華基金從此得到安定和增長。

　　羅家倫對清華做了不少重大貢獻，但與清華的教師、學生關係都不大好。他帶來的清華大學組織條例，大大地削弱了教授會、評議會的權力。羅家倫雖然自稱在國民黨內不屬任何派別，但他畢竟帶有濃厚的政治色彩，而且有意借重這層關係。這是歷來主張學術獨立於政治之外的清華人無法容忍的。他當時三十出頭，年輕氣盛，好展才華，本人在校著戎裝，在學生中推行軍訓等都不得人心。1930年5月20日，學生代表大會通過驅逐羅家倫校長，而時逢中原大戰，閻錫山、馮玉祥等控制華北，身為國民黨人的羅家倫在此背景下去職，只當了不到兩年校長。[1]

[1]　岳南，《大學與大師：清華校長梅貽琦傳（上下冊）》，中國文史出版社，北京（2017）。

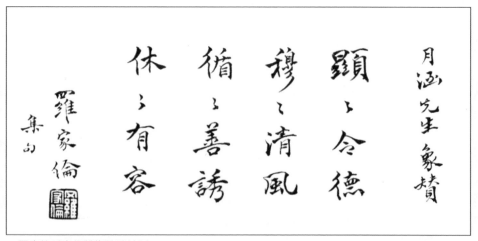

▲ 羅家倫手書象贊梅貽琦校長

震動學術界「國學院四大導師」是如何成局的？

　　清華國學院的設立是當時曹雲祥校長委請「直接留美班」第二屆校友胡適先生設計的。胡氏略仿昔日書院與英國大學制度擘劃，以現代科學方法整理國故。

　　清華與大師相連，始自1925年成清華國學院。一舉延攬梁啟超、王國維、陳寅恪、趙元任、李濟五位大師，震動學術界，對同年方成立大學部的清華大學而言，是與學術大師聯結之始，並為清華成為學術重鎮奠立基礎。

　　籌備處主任吳宓先生為國內第一個學、教比較文學，並用比較文學的理論和方法研究中國文學的人，後來他在清華國學院開比較文學課，亦開風氣之先。

▲ 北京清華藝術學院前四大導師雕像

清華國學院四大導師中，梁啟超先生學貫中西，集傑出思想家、政治家、教育家、史學家、文學家於一身，是百科全書式巨人，認為新民必須新小說，掀起翻譯小說的熱潮，而中國比較文學是以小說的翻譯和研究為開端；

王國維先生精通英文、德文、日文，在研究宋元戲曲史時獨樹一幟，成為用西方文學原理批評中國舊文學的第一人，是連接中西美學的大家，在文學、美學、史學、哲學、金石學、甲骨文、考古學等領域成就卓著，有學問深不可測之譽；

陳寅恪先生通十三種語文，為吳宓先生推崇為「合中西新舊各種學問而統論之，為全中國最博學之人」，胡適與傅斯年先生亦對其有類似評價；

趙元任為世界知名之語言學家，音樂家，並在文學、數理、哲學各方面均有所成就，會講三十三種漢語方言，會說英、法、德、日、西班牙語等多種外語，為中國語言學之父。曾為膾炙人口的歌曲〈叫我如何不想她？〉作曲。在他晚年時，有次應邀高歌一曲後，大家追問他：「她是誰？」他說：「是清華。」雖然聽者半信半疑，仍足見趙元任校友對清華感情之深。

清華國學院在成立四年後，因王國維與梁啟超兩位大師相繼去世，學校又有學制的考量而停辦，但其間已培養七十餘位傑出人才，據統計日後成為知名學者的有五十餘人，是清華歷史上光輝的一頁。[1,2]

[1] 蘇雲峰，《從清華學堂到清華大學，1911-1929》，中央研究院近代史研究所專刊（79），臺北（1996年）。

[2] 岳南，《「大學與大師」（上冊）1910-1930，民初學人如何在洪流中力挽狂瀾》繁體字版，時報出版，台北（2019）。

「教授的教授」陳寅恪上課三不講是什麼？

　　陳寅恪先生被傅斯年先生譽為「三百年來史學第一人」，吳宓先生稱其「合中西新舊各種學問而統論之，為全中國最博學之人」。胡適在日記中寫道：「寅恪治史學，當然是今日最淵博，最有識見，最能用材料的人」。[1,2]

　　1937年，日本全面侵華。在陳先生由香港輾轉前往昆明國立西南聯合大學時，所攜帶的書籍和稿件不幸被盜。雖然書稿盡失，但第一堂課上，他這樣對學生說：「前人講過的，我不講；近日講過的，我不講；外國人講過的，我不講；我自己過去講過的，我不講。現在，只講未曾有人講過的。」簡言為：「書上有的不講，別人講過的不講，自己講過的不講。」[3]

　　陳先生通十三種語文，要「書上有的不講，別人講過的不講」，誠非易事；試想大學教師上課，能做到三不講，治學功夫必須廣博精深，能融會貫通，講述創新思想，將無與倫比。至於「自己講過的不講」，就更須學問淵博，充滿創意。同時對象應為飽學之士，方能充分領受。根基不夠的學生聽得霧煞煞，素養高的學生卻覺得「字字精金美玉」。後來的國學大師的季羨林對

▲ 陳寅恪全家福

▲ 三百年來史學第一人

他的課甚是痴迷，這樣描述：「寅恪師講課，同他寫文章一樣，根據材料進行考證、分析、綜合，如剝蕉葉，愈剝愈細愈剝愈深，不武斷、不誇大、不歪曲、不斷章取義，仿佛引導我們走在山陰道上，盤旋曲折，山重水複，柳暗花明，最終豁然開朗，把我們引上陽關大道。聽他的課，是無法比擬的享受。在中外學者中，國內只有陳師一人。」

因為治學講課常有新解和宏論，陳寅恪之名聲很快響徹北平城。他的課，不但清華的教授，如朱自清、吳宓等經常前來聽，因而有「教授的教授」之稱。[4]

在今日網路發達時代，資訊的取得無遠弗屆，極為迅捷，要有「現代陳寅恪」難度將更高，陳先生的風範，恐成絕響。

陳寅恪很特別的是，他就讀過德國柏林大學、瑞士蘇黎士大學、美國哈佛大學、巴黎高等政治學校，在這些著名學府，他皆以天才聞名，但從未獲得過一個學位，文憑在他眼裡，不過是一張廢紙。據《吳宓自編年譜》：「俞大維君又多稱道其姑表兄陳寅恪君之博學與通識，並述其經歷。（宓按，陳寅恪君1890庚寅年生。年十一，留學日本。兩度遊學歐洲，先居巴黎，後居柏林。中間民國三年、四年，在北京為經界局局長蔡鍔之秘書。又再赴歐洲、美國。計其在外國留學之時期，凡十八年〔與玄奘同〕。）宓深為佩仰。「1919年一月底二月初，陳寅恪君由歐洲來到美國，由俞大維君介見。以後宓恒往訪，聆其談述。則寅恪不但學問淵博，且深悉中西政治、社會之內幕。……述說至為詳切。其歷年在中國文學、史學及詩之一道，所啟迪、指教宓者，更多不勝記也。」吳宓更在日記中寫道：「陳君學問淵博，識力精到，遠非儕輩所能及。而又性氣和爽，志行高潔，深為傾倒。新得此友，殊自得也。」[4]

在聘請「國學研究院」導師時，多人推薦陳寅恪。校長曹雲祥不知陳寅恪，便問梁啟超：「陳寅恪是哪一國博士？」梁答：「他不是博士，也不是碩士。」曹又問：「他有沒有著作？」梁答：「也沒有著作。」曹說：「不是博士，又沒著作，這就難了！」梁說：「我梁啟超雖然著作等身，但所有著作加一起，不及陳先生三百字有價值。」曹雲祥也從善如流決定聘陳寅恪為導師，成為一段佳話。[5]

[1] 吳應瑜，《陳寅恪家族舊事》，中國文史出版社，北京（2016）。

[2] 岳南，《南渡北歸（套書），南渡》，時報出版，台北（2011）。

[3] 〈他沒有文憑，被譽為三百年才出一個的大師〉：原文網址：https://kknews.cc/history/qa46vo.html

[4] 吳學昭，《吳宓與陳寅恪（增補本）》繁體版，三聯書店，香港（2016）。

[5] 蘇雲峰，《從清華學堂到清華大學，1911-1929》，中央研究院近代史研究所專刊（79），臺北（1996年）。

「中國比較文學之父」吳宓與陳寅恪

　　吳宓（1894-1978）於1911年入清華學堂（1912年改名清華學校）中等科，1916年畢業於清華留美預備學校高等科。1924年到清華大學外文系任教授，1925年任清華學校研究院籌備主任，以後又在昆明西南聯大擔任教授。於1941年被教育部聘為首批部聘教授。1943年至1944年吳宓代理西南聯大外文系主任，，1944年秋到成都燕京大學任教。總計在清華大學就學六年，任教（包括西南聯大）達二十年，緣分匪淺。吳在清華期間，曾於1930年遊學歐洲，遍歷蘇、英、法、德、比、瑞士諸國，又在牛津大學和巴黎大學修學年餘，所學極博。執教清華期間，吳宓是「清華的一個精神力量。」

▲ 國學研究院四大導師與吳宓

吳宓是比較文學家、著名西洋文學家，學衡派代表人物。1917年，23歲的吳宓赴美國留學，攻讀新聞學，1918年改讀西洋文學，畢業於維吉尼亞大學英文系，獲文學學士學位；後入哈佛大學研究生院比較文學系，師從白璧德（Irving Babbitt），獲碩士學位。留美五年間，吳宓對19世紀英國文學尤其是浪漫詩人作品的研究下過相當的功夫，有過不少論著。與陳寅恪、湯用彤並稱為「哈佛三傑」。

　　1921年，吳宓回國，即受聘在南京高師與國立東南大學（後更名國立中央大學、南京大學）文學院任教授，講授世界文學史等課程，並且常以希臘羅馬文化、基督教文化、印度佛學整理和中國儒家學說這四大傳統作比較印證。吳宓在東南大學與梅光迪、柳詒徵共同主編於1922年創辦之《學衡》雜誌，11年間共出版79期，於新舊文化取徑獨異，持論固有深獲西歐北美之說，未嘗盡去先儒舊義，故分庭抗禮，別成一派。這一時期他撰寫了「中國的新與舊」、「論新文化運動」等論文，採古典主義，抨擊新體自由詩，主張維持中國文化遺產的應有價值，嘗以中國的白璧德自任。他曾著有《吳宓詩文集》、《空軒詩話》等專著。被稱為「中國比較文學之父」，中國紅學的開創人之一。[1]

　　1923年下學期開學後，清華學校高等科四年級（本年畢業留美）學生梁實秋等人到南京東南大學遊覽、參觀，順便聽了吳宓幾堂課，梁為吳之風采和學問傾倒，回到清華後作了積極反應。據吳宓日記載：「梁君本人，連聽宓課兩三日。適值宓講授《歐洲文學史》，正至盧梭之生活及其著作。梁君回校後，即在《清華週刊》中著論，述東南大學學風之美，師飽學而盡職，生好讀而勤業。又述其聽宓講盧梭課，宓預先寫大綱於黑板，講時，不開書本，不看筆記及紙片，而內容豐富，講得井井有條，滔滔不絕。清華今正缺乏良好教授，此人之所共言。吳先生亦是清華畢業遊美同學，而母校未能羅致其來此，寧非憾事哉！云云。」受到正準備創辦研究院國學門的校長曹雲祥重視，以致後來發函致聘，並與梅貽琦等同列的大學籌備會委員。[2]

　　1925年任清華學校「國學研究院」籌備主任，根據學生的回憶：「吳通曉國學與西洋文學，擅長用舊體詩來表達現代人的心理，尤其是中國人的思想與感情，他講課生動，對學生富有熱情與關懷」，應是主持「國學研究院」的適當人選。[3]吳力薦知友，也是哈佛同窗陳寅恪為導師，稱其「合中西新舊各種學問而統論之，為全中國最博學之人」，而吳宓與陳寅恪兩位先生的學術活動

及友誼，為二十世紀學術史上最重要的篇章之一。吳宓幼女吳學昭，以父親的日記、書信、遺稿為據，忠實的記錄了吳陳兩位先生從哈佛同窗、清華同事、聯大流亡、燕京授業，直到抗戰勝利後勞燕分飛、遠山相隔、粵蜀相望、魚雁往還，一段長達半個世紀的曠世友誼。細緻入微地敘述了吳宓與陳寅恪的學術思想與社會活動，真切反映了他們對世局及知識分子命運的種種思考，特別是對中華文化，對中國傳統價值觀念的至死堅守。兩位老人均在「文化大革命」中受盡摧殘折磨去世。

　　吳宓與陳寅恪的深情厚誼橫跨半個世紀，除了兩位先生的相交與相知，包括王國維、梁啟超在內的中外幾代知識人，也都或隱或顯地在兩位先生的交往與生平中留下過身影。同時，作為歷史共同的親歷者，兩位先生自身的境遇，以及身邊故友、同事、學生的際遇，恰可以看見二十世紀二十年代至七十年代中國知識界真實而鮮活的一面。[4]

〔附記〕

　　吳學昭為吳宓幼女，為曾任清華大學校長蔣南翔續絃，本人爭議甚多。

[1]　維基百科：https://zh.wikipedia.org/wiki/吳宓

[2]　岳南，《「大學與大師」（上冊）1910-1930，民初學人如何在洪流中力挽狂瀾》繁體字版，時報出版，台北（2019）。

[3]　蘇雲峰，《從清華學堂到清華大學，1911-1929》，中央研究院近代史研究所專刊（79），臺北（1996年）。

[4]　吳學昭，《吳宓與陳寅恪（增補本）》繁體版，三聯書店，香港（2016）。

「中國新學術的開拓者」王國維傳略

　　王國維（1877-1927）與梁啟超、陳寅恪、和趙元任是「清華國學研究院」的「四大導師」之一。中國新學術的開拓者，連接中西美學的大家，在文學、美學、史學、哲學、金石學、甲骨文、考古學等領域成就卓著。王國維精通英文、德文、日文，使他在研究宋元戲曲史時獨樹一幟，成為用西方文學原理批評中國舊文學的第一人。陳寅恪認為王國維的學術成就「幾若無涯岸之可望、轍跡之可尋」。著述甚豐，有《海寧王靜安先生遺書》、《紅樓夢評論》、《宋元戲曲考》、《人間詞話》、《觀堂集林》、《古史新證》、《曲錄》、《殷周制度論》、《流沙墜簡》等62種。

　　王國維研究方向涵蓋哲學、文學、經史、小學。以古文字學為基礎，研究古代中國歷史，從古器物到古代書冊、服裝、建築，各方面皆有涉及，著述極豐。所著《宋元戲曲考》是中國最早的一部關於戲曲歷史的書籍。持續從事甲骨文、考古學研究。1917年，著《殷周制度論》，指出「中國政治與中國文化之變革，莫劇於殷周之際。」。

　　1923年，應遜帝溥儀之召，北上就任「南書房行走」，食五品祿。王國維得以窺見大內所藏秘籍，曾檢理景陽宮藏書。

　　1925年，應聘為清華大學國學研究院教授，講授經史小學，並研究漢魏石經、古代西北地理及蒙古史料。1927年6月2日，王國維留下遺書，言道「五十之年，只欠一死。經此事變，義無再辱」。當日自沉於頤和園昆明湖，原因說法不一。

　　王國維的《人間詞話》之二六：「古今之成大事業、大學問者，必經過三種之境界。『昨夜西風凋碧樹，獨上高樓，望盡天涯路』，此第一境也；『衣帶漸寬終不悔，為伊消得人憔悴』，此第二境也；『眾裡尋他千百度，驀然回首，那人卻在燈火闌珊處』，此第三境也。此等語皆非大詞人不能道。然遽以

此意解釋諸詞，恐晏、歐諸公所不許也。」是非常有趣的見解。後人常以此三種境界象徵奮鬥路上的心路歷程。

王國維為何自溺，至今仍爭論不論，一般學者論點有所謂的：「殉北洋說」、「反共及痛恨北伐說」、「逼債說」、「性格悲劇說」、「文化衰落說」。陳寅恪《王觀堂先生挽詞》的序言中寫道：「或問觀堂先生所以死之故。應之曰：近人有東西文化之說，其區域分劃之當否，固不必論，即所謂異同優劣，亦姑不具言；然而可得一假定之義焉。其義曰：凡一種文化值衰落之時，為此文化所化之人，必感苦痛，其表現此文化之程量愈宏，則其所受之苦痛亦愈甚；迨既達極深之度，殆非出於自殺無以求一己之心安而義盡也。」、「吾中國文化之定義，具於白虎通三綱六紀之說，其意義為抽象理想最高之境，猶希臘柏拉圖所謂Idea者。若以君臣之綱言之，君為李煜亦期之以劉秀；以朋友之紀言之，友為酈寄亦待之以鮑叔。其所殉之道，與所成之仁，均為抽象理想之通性，而非具體一人一事。」[1,2]

王國維自溺之因，據其幼女王東明推測，較接近「反共及痛恨北伐說」；1927年春，北伐軍進逼北方，而馮、閻兩軍易幟，京師震動。又誤傳在北伐途中有殺戮王氏所熟悉學者之舉，王國維甚為驚懼，恐為原因之一。

[1]　維基百科：https://zh.wikipedia.org/wiki/王國維

[2]　岳南：《「大學與大師」（上冊）1910-1930，民初學人如何在洪流中力挽狂瀾》繁體字版，時報出版，台北（2019）。

▲ 學術成就「幾若無涯岸之可望、轍跡之可尋」

▲ 北京清華園中紀念碑

「百科全書式學者」梁啟超傳略

「清華國學院」四大導師之一的梁啟超先生是百科全書式學者，是百年來中國最重要的思想家、哲學家、教育家、史學家、文學家、新聞出版家和政論家之一。二十二歲時，即領導「公車上書」，反對清廷簽訂《馬關條約》，二十五歲時，因參與戊戌變法失敗而流亡。一生除積極參與社會與政治改革運動，倡導新文化外，浸淫古今中外多家學說，文思泉湧，著作等身，最膾炙人口的是曾應邀為蔣百里先生《歐洲文藝復興時代》作

▲百科全書式學者梁啟超

序，寫成之後，序的篇幅和蔣百里書相當，於是以《清代學術概論》為題，單獨成書。日後更對《清代學術概論》作了重要的補充，出版《中國近三百年學術史》，計25萬餘字，反請蔣百里先生作序，一時傳為佳話。

梁啟超先生〈新民說〉，〈論新民為今日中國第一急務〉等宏文，曾有多篇載入台灣中學課本中。梁啟超先生以「飲冰室」為齋號。源自，《莊子・人間世》中「我朝受命而夕飲冰，我其內熱歟」，意為早上接受任命，晚上就得飲冰，以解心中之焦灼。梁啟超先生用此號表現出他一貫的憂國憂民之心。

民國三年冬，梁啟超先生來校演講，以「君子」為題，引述《易經》中之「天行健，君子以自強不息」及「地勢坤，君子以厚德載物」勉勵同學，學校遂將「自強不息、厚德載物」採為校訓，作圖制徽，永久流傳。

許多年後，已成為文學家、名教授的梁實秋在回憶清華求學時代聆聽梁啟超某次演講時說：「那時候的青年學子，對梁任公先生懷著無限的景仰，倒不是因為他是戊戌政變的主角，也不是因為他是雲南起義的策劃者，實在是因為他的學術文章對於青年確有啟迪領導的作用。過去也有不少顯宦，以及叱吒風雲的人物，蒞校講話，但是他們沒有能留下深刻的印象。」對這一歷史因緣，

梁啟超曾自言：「我與清華學校，因屢次講演的關係，對於學生及學校情感皆日益深摯。」除了演講，梁氏還不時來清華休假「小住」，著書立說，並對國學的前途有所關注。他在一次校方組織的教授座談會上直言不諱地說：「清華學生除研究西學外，當研究國學。蓋國學為立國之本，建功之業，尤非國學不為功。」因有了這樣的感情與私誼，梁啟超常在清華兼課和講演。

正因為有了如此深厚的歷史淵源和情感交結，梁啟超接到聘書之後立即萌動了應聘之心。當然，除了梁氏與清華在感情上的瓜葛，還有另外一個插曲。這便是，出於對國學的摯愛和對國學發揚光大的目的，此時梁啟超正準備在天津籌辦一個專門用來培養國學人才的「文化學院」，正在他苦其宏願而總不得實現之際，清華國學研究院鳴鑼開張且適時來聘，於是便有了梁啟超放棄舊構，欣然前往的抉擇。[1]

近代史上應想中國人思想與梁啟超齊名的胡適曾寫道；「我個人受了梁先生無窮的恩惠：第一是他的《新民說》，第二是他的《中國學術思想變遷之大勢》。」[2]在梁啟超與胡適的關係中，始終存在著一種承前啟後的關係。青少年時代的胡適是把梁啟超當作精神、學術方面的導師或引路人。梁啟超對胡適的影響成了胡適「日後思想的濫觴，平生所學的抉擇，終身興趣的所在。」

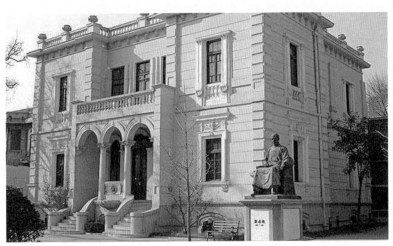

▲ 天津梁啟超故居

胡適對於梁啟超的評價，始終不離他的思想，認他是先知先覺的啟蒙者，思想界的領袖，沒有梁啟超的這支筆，就沒有民族思想、政治思想在中國的深入人心，就沒有今日的思想解放，也就沒有神州革命。[3]

[1] 岳南：《「大學與大師」（上冊）1910-1930，民初學人如何在洪流中力挽狂瀾》繁體字版，台北：時報出版（2019）。

[2] 胡適，《四十自述》，五南出版社，台北（2013）。

[3] 解璽璋，《梁啟超傳（全二冊）》，上海文化出版社，上海（2012）。

梁啟超為何鼓勵其二子梁思成與梁思永分別赴美研習建築學與考古人類學？

　　梁啟超決心以學術薪火傳家，在兒子思成、思永於清華學校畢業後，讓長子思成赴美國賓夕法尼亞大學修習建築，次子思永入美國哈佛大學攻讀考古專業。這一安排，皆是為了讓當時不受中國學術界重視的冷僻專業，能夠在中國大地生根、發芽、成長、壯大，「為中華民族在這一專業學問領域爭一世界性名譽」。

　　梁氏昆仲返國後，在各該領域大放異采，於1948年，同時膺選中央研究院第一屆院士，傳為佳話，不負梁任公當年期望。[1]

▲梁思成（左）與梁思永

〔附記〕

一、梁思成[2]

梁思成（1901-1972）是中國建築史學家、建築師、城市規劃師、教育家，一生致力於保護中國古代建築和文化遺產。1915年入北平清華學校，1923年畢業於清華學校高等科。1924年和林徽因一起赴美國費城賓夕法尼亞大學建築系學習，1927年獲得學士和碩士學位，又去哈佛大學學習建築史，研究中國古代建築（未畢業）。

1928年與林徽因在渥太華結婚後赴歐洲考察各地建築，回國後在瀋陽東北大學任教，創立了中國現代教育史上第一個建築學系。同時成立了建築師事務所，設計建造了東北大學主樓，並測量考察了清昭陵的建築，當時就試圖保護瀋陽鐘鼓樓，但不被當地政府採納，終於被拆毀。

梁思成和中國營造學社同人，還收集和整理清代匠作則例中建築師傅歷代相傳的《營律大木做法》、《大木分法》、《小木分法》等手抄本，1932年出版梁思成編訂的《營造算例》。為了著手研究《營造法式》，必須收集宋代建築的資料。1937年時有關宋代建築的資料，有如鳳毛麟角，梁思成、林徽因和中國營造學社的同人，決定到中國各地找尋中國古代建築的實例。在交通不便、兵荒馬亂時代，他冒很大風險和妻子林徽因等一起，在十幾年間，踏遍中國十五省，二百多個縣，測繪和拍攝二千多件從唐、宋、遼、金、元、明、清各代保留下來的古建築遺物，為他日後注釋《營造法式》，和編寫《中國建築史》，準備良好的基礎。

1937年9月5日，梁思成離開北京前往天津踏上了他的避難之路。隨後在昆明和四川宜賓李莊定居。整個過程中，他培養了許多建築師，並繪製了重點保護文物地圖，將它們提供給美國援華飛行員，以便在轟炸敵後時注意避開這些地點。

1945年日本投降後，回北平擔任清華大學建築系主任，創辦營建（建築城市規劃）學系，畢生志力教育工作。1949年在《文匯報》發表「清華大學營建學系學制及學程計劃草案」。1946年10月－1947年應邀作為美國耶魯大學客座教授，並獲普林斯頓大學名譽博士學位，被指名作為紐約聯合國總部大廈設計

諮詢委員會的中華民國代表。平津戰役中，繪製北平古物保護的地圖區塊，避免受到炮擊。1948年3月被選為第一屆中央研究院院士。

1949年中華人民共和國成立後，梁思成兼任北京市規劃委員會副主任，主持了首都人民英雄紀念碑的建築設計。1950年和陳占祥發表《關於中央人民政府行政中心位置的建議》（梁陳方案）。他堅決主張保護北京古建築和城牆，建議在西郊建新北京，保護舊北京城，不在舊城建高層建築，他的遠見不能為那時代的人理解，這些建議沒有被採納。

文化大革命中，他被作為「復古」的典型而被批判並抄家，其所收藏的全部圖書資料都被沒收。抄家者在其家中發現屬於其故妻林徽因的胞弟林桓的中正式軍刀上刻有「中正贈」，這也成了他的一大罪狀。1972年，梁思成在貧病交加中去世。中共在文革後宣布對梁思成恢復名譽。

二、梁思永[3]

梁思永（1904-1954），著名考古學家。幼年曾在日本念小學，回國後進入清華學校留美班，1924年畢業後赴美國留學，攻讀考古學及人類學，1930年獲得哈佛大學碩士學位後，回國進入中央研究院史語所考古組。1930年至1931年先後參與黑龍江昂昂溪遺址、通遼河新石器時代遺址、河南安陽小屯和後岡、山東歷城龍山鎮城子崖等地的考古發掘工作。隨後因患烈性肋膜炎臥病兩年，1934年漸癒後即赴安陽主持西北岡的發掘工作，直至抗日戰爭爆發始隨史語所遷往四川。

他在殷墟第四次發掘過程中，確認柱礎石、窖穴等考古遺跡，復原建築遺址，確認了仰韶文化、龍山文化和商代文化的疊壓關係，成為中國考古學的典範。1948年，獲選為第一屆中央研究院院士。

1954年4月2日，長期帶病堅持工作的他心臟病發作在北京逝世，終年50歲。

[1] 岳南：《「大學與大師」（上冊）1910-1930，民初學人如何在洪流中力挽狂瀾》繁體字版，時報出版，台北（2019）。

[2] 節錄自維基百科：https://zh.wikipedia.org/wiki/梁思成

[3] 節錄自維基百科：https://zh.wikipedia.org/wiki/梁思永

「漢語言學之父」趙元任傳略

趙元任（1892-1982）為著名語言學家、哲學家、作曲家，被稱為漢語言學之父，中國科學社創始人之一。先後任教於康乃爾大學、哈佛大學、清華大學、夏威夷大學、耶魯大學、密西根大學，長期任教於加州大學柏克萊分校（UC Berkeley）並在柏克萊退休。先後獲得美國普林斯頓大學（1946年）、加州大學（1962年）、俄亥俄州立大學（1970年）頒發榮譽博士學位。他的六世祖趙翼是乾隆二十六年辛巳恩科進士[1]。

▲ 漢語言學之父趙元任

1892年於天津出生，1907年入南京江南高等學堂預科，學習英語、德語、音樂，學會多種漢語方言。1910年7月考取清朝政府遊美學務處招考的第二期庚款遊美官費生。8月入美國康乃爾大學，主修數學，選修物理、音樂，1914年畢業。1915年參與發起中國科學社，同年考入哈佛大學讀研究所，修讀哲學，並選修音樂，1918年獲哲學博士學位。1919年回到康乃爾大學擔任物理系講師。1920年8月返國，在清華大學任教。[2]

1920年哲學家伯特蘭·羅素（Bertrand Russell）來清華參觀講學，趙元任任翻譯，陪同羅素周遊全國各地，每到一個地方，就用當地方言翻譯。1921年6月，與醫生楊步偉結婚。1921年－1925年在哈佛大學任教。1925年－1929年應聘清華大學清華國學研究院導師，為當時時稱的四大導師（王國維、梁啟超、陳寅恪、趙元任）中最年輕的一位。開設國學研究院時，清華教務長張彭春積極薦舉與他同期留美，時年34歲，才華超群，號稱「漢語言學之父」的哈佛博士趙元任前來任教。曹雲祥校長聞知，欣然同意，立即發聘。[3] 1932年2月－1933年10月，任清華留美學生監督處主任。1939年起，在美國多所名校任

教。1947-1965年專任加州大學柏克萊分校教授，1965年退休，任該校離職教授至逝世。

在《早年自傳》（Life with Chaos）記錄當年為羅素翻譯的故事：「我和羅素一行經杭州、南京、長沙，然後北上北京。我利用這種機會演習我的方言。在杭州我以杭州方言翻譯羅素的講詞。去湖南長沙途中，在江永輪上有湖南贊助人楊瑞六，我從他那裡學了一點湖南方言。10月26日晚，我翻譯了羅素的講演，講完後，一個學生走上前來問我：『你是哪郡人？』我學湖南話還不到一個星期，他以為我是湖南人，說不好官話，實際上我能說官話，而說不好湖南話。」

趙元任一生會講33種漢語方言，會說英、法、德、日、西班牙語等多種外語。他自己說：「在應用文方面，英文、德文、法文沒有問題。至於一般用法，則日本、古希臘、拉丁、俄羅斯等文字都不成問題。」具有「錄音機的耳朵」和學說語言的能力。[3]

[1]　趙翼（1727-1814）是清朝文學家、史學家。有「李杜詩篇萬口傳，至今已覺不新鮮。江山代有才人出，各領風騷數百年」名詩。

[2]　節錄自維基百科：https://zh.wikipedia.org/wiki/趙元任

[3]　岳南：《「大學與大師」（上冊）1910-1930，民初學人如何在洪流中力挽狂瀾》繁體字版，時報出版，台北（2019）。

▲ 趙元任夫婦與梅貽琦校長（右二）

▲ 教我如何不想他由趙元任作曲

「清華國學院」聘用李濟為講師始末

　　李濟（1896-1979）是中國考古學史上首次正式進行考古發掘工作的學者，被認為是「中國考古學之父」。所主持震驚世界的河南安陽殷墟發掘，使殷商文化由傳說變為信史，並由此將中國的歷史向前推移了數百年。直至今日，它依舊被視為人類文明史上最重大的發掘之一。[1]

　　李濟14歲（1910年）考入清華學堂，1918年，畢業後留學美國，先在麻塞諸塞州沃賽斯特市的克拉克大學攻讀心理學，獲碩士學位。1920年，轉入哈佛大學攻讀人類學專業。1923年，李濟以《中國民族的形成》論文獲得哈佛大學哲學（人類學）博士學位。

　　1924年，美國華盛頓史密森學會弗利爾藝術館（The Freer Gallery of Art），派畢士博（C.W. Bishop）率領一個代表團到中國進行考古發掘和研究，邀請李濟加入他們的工作隊。不久後，受聘為清華大學籌備處顧問的丁文江與梁啟超共同出面向清華校長曹雲祥推薦到「清華國學院」為導師。李濟到清華與「國學院」籌備主任吳宓及曹雲祥、教務長張彭春交談後，校方「擬請其任教授，惟恐有礙Bishop（畢士博）先生方面之考古事業，則李先生暫任講師云云。」於是，時年29歲的李濟，以講師的身份出任國學研究院導師。[2]

[1]　維基百科：https://zh.wikipedia.org/wiki/李濟

[2]　岳南：《「大學與大師」（上冊）1910-1930，民初學人如何在洪流中力挽狂瀾》繁體字版，時報出版，台北（2019）。

▲①清華國學院教師,前排
　右起,李濟、王國維、
　梁啓超與趙元任
②中國考古學之父李濟
③李濟與趙元任夫婦於台
　北

對日抗戰前清華學制沿革

一、於1909、1910、1911年各選送47、70、63名直接留美生。第一屆在1909年8月通過留美考試後，當年11月即赴美留學，在「肄業館」內求學的時間僅三個月。第二屆留美考試在1910年8月舉行，在9月就直接出國赴美，國內講習時間只有一個月。

二、1911年2月，遊美學務處將附屬「肄業館」改為學堂，依據所在地而定名「清華學堂」（Tsing Hua College）。3月30日暫行開學儀式（中等科），4月1日高等科開學，採五三制。第一批中等科學生有300人，高等科學生130人，甄選後從中錄取63人直接赴美，除去不及格與缺考的12名高等科學生，其餘則留在學堂內修業。是以實際在學堂內學習的中高等科學生只有367人。清華學堂的首批學生。1911年秋，學堂正準備迎接第二學期的開始，10月卻發生辛亥革命，美籍老師出國避難，學生紛紛離校返家，「清華學堂」在運行一學期後即告夭折。

三、辛亥革命後，中華民國建立。1912年5月1日，清華學堂重新開學，10月，更名為「清華學校」（Tsing Hua School），裁撤遊美學務處。在校生約500人，教員30餘人。

四、1913年，清華學制恢復為四四制，中等科與高等科相連。

五、1923年，停辦中等科。

六、1924年，停辦高等科。

七、1925年春成立國學研究院，從派遣留學逐步轉為培養本國人才，始創四年制大學教育。

八、1925年5月，清華學校大學部成立，分成普通科與專門科，分別修業兩年或三年，第一批普通科學生實際報到者有93人。因實辦成效不佳，故於1926年將「大學部」課程重新調整，比照國內的一般大學學制，成為四年

一貫的正規大學。

九、1928年8月13日，國民政府接管，改名「國立清華大學」。

十、1929年，留美預備部結束，國學研究院停辦，第一屆大學部學生畢業。

十一、1930年，設立中國第一個綜合性研究生院。

〔附記〕

　　根據宣統元年（1908年）五月二十三日「外務部為擬定收還庚子賠款遣派學生赴美辦法大綱事奏摺」，附有「遣派遊學學生辦法大綱」，開列清單，包括：

一、設肄業館。約容學生三百名，延用美國高等、初級各科教習，所有辦法均照美國學堂，以便學生熟悉課程，到美入學可無扞格，此館專為已經選取各省學生暫留學習，以便考察品學而設。詳細章程另擬。

二、考選學生各條。所取學生擬分兩格，第一格年在二十以下，國文通達，英文及科學程度可入美國大學或專門學；第二格年在十五以下，國文通達，姿稟特異。以上二項均須身體強壯，性情純正，相貌完全，身家清白，始為合格。每年擬取第一格學生一百名，除由外務部、學部在京招考外，並分諮各省提學使，在各該省招考錄取合格學生，不拘額數，諮送外務部、學部複考，選取實在合格者，送入「肄業館」學習，或數月，或一年，再行由館甄別。擬取第二格學生二百名，凡二十二行省民籍、滿蒙漢旗人及內外蒙古、西藏等處，參照省分大小，賠款多寡，以及有無賠款，斟酌衷益，定為額數，由學部行知各省提學使，各按單開定額，選取送京，入「肄業館」學習，或數月，或一年，再行由館甄別。甄別辦法系將考試分數及平日分數合計，甄別之後，於兩格學生內各選五十名，送赴美國留學，其不入選之生，仍留館肄業。本年應派學生為時已迫，擬電行各省選取合格學生各若干名，克期送部考試，擇優送往美國，仍一面在京招考派送。

　　經核定，於1909、1910、1911年各選送47、70、63名直接留美生。第一屆在1909年8月通過留美考試後，當年11月即赴美留學，在「肄業館」內求學的時間僅三個月。第二屆留美考試在1910年8月舉行，在9月就直接出國赴美，國內講習時間只有一個月。

1911年2月，遊美學務處將附屬肄業館改為學堂，依據所在地而定名「清華學堂」（Tsing Hua College）。3月30日暫行開學儀式（中等科），4月1日高等科開學，教師多從美國聘請，遊美學務處也遷入工字廳辦公。第一批中等科學生有300人，高等科學生130人，甄選後從中錄取63人直接赴美，除去不及格與缺考的12名高等科學生，其餘則留在學堂內修業。是以實際在學堂內學習的中高等科學生只有367人。清華學堂的首批學生。1911年秋，學堂正準備迎接第二學期的開始，10月卻發生辛亥革命，美籍老師出國避難，學生紛紛離校返家，清華學堂在運行一學期後即告夭折。

宣統三年（1911年）7月14日遊美學務處「改行清華學堂章程緣由」致外務部申呈略謂：

查清華學堂章程，前經本處申請奏明立案。奉朱批：依議。欽此欽遵在案。按原章內開，本學堂章程有應變更之處，得隨時修正，呈請外務部、學部備案。等語。

今該學堂開辦數月，據稱：體察情形，宜將原訂章程酌加修改，自係實在情形。檢閱所改各條內，如中等科畢業年限原定四年，今改五年，高等科畢業年限原定四年，今改三年，正與部定中學堂暨高等學堂畢業年限相符。又如該學堂每年擇高等科學行最優美之學生，按照經費數目酌定名額，諮請本處送往美國遊學，以及每年擇中等科畢業學行最優美之學生，升入高等科，其餘中等科畢業生須與堂外新招之學生同受升學考試錄取者，乃得升入各節，自係為慎重學務拔取真才起見，事屬可行。

依「清華學堂章程」三十七條中第四條　本學堂參合中國及美國中學以上辦法，設高等、中等兩科。高等科三年畢業，中等科五年畢業。其他相關條文有：

第六條　每年由遊美學務處考取學生送本學堂分班入學。

第七條　學生入學年齡，高等科在十六以上二十以下，中等科在十二以上十五以下。

第十條　學生入學均先試學數月，甄別去留。以後如再有學行太劣，體質太弱，請假過久等事者，每遇學期考試時仍照甄別辦理。

第十四條　高等、中等兩科學生畢業者，本學堂分別給與畢業文憑。

第十五條　本學堂每年擇高等科學行最優美之學生，按照經費數目酌定名

額，諮請遊美學務處送往美國遊學。

第十六條　每年擇中等科畢業學行最優美之學生升入本學堂高等科，其餘中等科畢業生須與堂外新招之學生同受升學考試，錄取者乃得升入。

辛亥革命後，中華民國建立。1912年5月1日，清華學堂重新開學，10月，更名為「清華學校」（Tsing Hua School），裁撤遊美學務處。在校生約500人，教員30餘人。

1913年，清華學制恢復為四四制，中等科與高等科相連。

1914-1921年，專科留美學生，直接送赴美國留學，分為男女二科，共八十人。1921年起，改為每二年考選十名，實際僅選送五名，至1929年始招滿十名。

1921年，留美舊制依教育部新頒學制，改為三三二制，即中等科、高等科各為三年，餘二年為大學一年級與二年級，舊制生大學二年級結業，直接留美。

1922年，改為四三一制，即中等科保持原來的四年制至結束為止、高等科改為三年，及大學一年級，結業後直接留美。。

1924年，停辦高等科。

1925年春成立國學研究院，從派遣留學逐步轉為培養本國人才，始創四年制本科教育，分文、理、法三院，十一學系（國文、西洋文學、歷史、政治、經濟、教育心理、物理、化學、生物、農學、工程）

1925年5月，清華學校大學部成立，分成普通科與專門科，分別修業兩年或三年，第一批普通科學生實際報到者有93人。因實辦成效不佳，故於1926年將「大學部」課程重新調整，比照國內的一般大學學制，成為四年一貫的正規大學，並設17個學系（新增東方語文、哲學、社會、數學、體育軍事、音樂六系）。

1928年8月13日國民政府接管，改名「國立清華大學」，有文、法、理3個學院，14個系。

1929年，留美預備部結束，國學研究院停辦，第一屆大學部學生畢業。

1930年，設立中國第一個綜合性研究生院。

1932年，增設工學院（由土木、機械、電機三系組成）、法律學系和農業研究所，共計4個學院16個系。

1933年，設心理、社會、地理三個研究所。

1934年，在北京有四院十七系，即文學院：中國文學系、外國語文系、哲學系、歷史學系、社會學及人類學系；理學院：物理學系、化學系、算學系、地學系、生物學系、心理學系；法學院：法律學系、政治學系、經濟學系；工學院：土木工程學系、機械工程學系、電機工程學系。文學院五系，理學院六系以及政治、經濟學系均設研究所，隸屬研究院。另在江西南昌設立航空研究所，在湖南長沙成立無線電研究所。

　　1936年，停辦法律學系。[1,2]

[1] 蘇雲峰，《從清華學堂到清華大學，1911-1929》，中央研究院近代史研究所專刊（79），臺北（1996年）。

[2] 岳南：《「大學與大師」（上冊）1910-1930，民初學人如何在洪流中力挽狂瀾》繁體字版，時報出版，台北（2019）。。

▲1926年研究院與大學本科

1926年，清華成立17學系，有哪些特色與變遷

1926年，清華成立17學系：國文、西洋文學、東方語文、歷史、哲學、社會、政治、經濟、教育心理、物理、化學、生物、農學、工程、數學、體育軍事、音樂系。

▲ 1926年設十七學系

其中：

一、**政治系是清華第一大系**，共有教授4人（余日宣、鄭廳、劉師舜、錢端升），學生29人，名列全校各系之首，與政治系名教授之努力密不可分。到1929年，據政治系學生潘如澍在「校刊」上報導：「全系學生101人，占全校學生五分之一，教授連主任、教授、講師共十位，是全校專任教授最多的一系。」

二、**哲學系曾險遭關門**；1927年，哲學系唯一教授趙元任赴美，急派金岳霖支援，才免了該系關門的尷尬。

三、**1932年，成立工學院**，增設土木工程學系、機械工程學系、電機工程學系，並增辦法律學系。

四、**1934年，在北京有四院十七系，即文學院**：中國文學系、外國語文系、哲學系、歷史學系、社會學及人類學系，理學院：物理學系、化學系、算學系、地學系、生物學系、心理學系，法學院：法律學系、政治學系、經濟學系，工學院：土木工程學系、機械工程學系、電機工程學系。

五、**1936年，在教育部指令下，停辦法律學系**。[1,2]

[1] 蘇雲峰，《從清華學堂到清華大學，1911-1929》，中央研究院近代史研究所專刊（79），臺北（1996年）。

[2] 岳南，《「大學與大師」（上冊）1910-1930，民初學人如何在洪流中力挽狂瀾》繁體字版，台北：時報出版，2019。

從1909到1929年，舊制清華留學生總體情況如何？

　　據王樹槐於《庚子賠款》一書中統計，從1909-1929年，清華留學生約1289人。分別為高等科畢業1157人（89.76%），中等科畢業12人（0.93%），專科生67人（5.20%），女生53人（4.11%）；各生所學，雖以理工醫農商占多數（62.69%），但與原計畫之百分之八十，仍相去甚遠。其餘社會人文以及軍事與不詳各占33.59%與3.72%。同時留學生籍貫，亦未完全符合按賠款負擔比例原則分配，其原因是：原定之分配比例，並未嚴格按賠款多少而分配，後復限於中等科者，中等科學生在校八年，時有淘汰；若干省分，開始時即不能招足定額；其他類別留學美國者，則以公開招考方式率取學生。

　　清華留學生中獲得博士學位者254人，占總數19.7%；獲得碩士學位者544人，占總數42.2%；獲得學士學位者336人，占總數26.1%；未得學位者151人，占總數的11.7%。未得學位者，不全因為成績不良，亦有因病亡故者。得

▲ 蔣夢麟曾任北京大學校長　▲ 外交長才蔣廷黻曾在清華任教

博士學位者近20%，比例甚高。自1913年清華學生開始獲得學位，到1936年，中國留美學生中獲得博士學位者共602人，其中清華學生255人，占42.36%，而清華學生約占當時中國留美學生總數的30-35%左右。可見，清華學生的讀書成就較高。[1]更重要的是，這些留學生大部分學成回國後，為我國的社會、經濟、文化、科技等事業發展和進步做出了重要貢獻。[2]

此外清華亦給予自費留美者部分補助。前後共津貼自費生499人；其中知名者有蔣夢麟、蔣廷黻、林語堂、沈宗翰等。[1]

[1] 王樹槐：《庚子賠款（再版）》，研究院近代史研究所專刊（31），台北（1985）。

[2] 金富軍：〈1949年前清華大學資助留學生類型考察〉，《江蘇師範大學學報》（哲學社會科學版）2015年第1期。

1929-1945國立清華大學時期，資助留學概況如何？

　　1925年清華成立大學部，定位於「純以在國內造就今日需用之人材為目的，不為出洋遊學之預備。」但清華仍將面向全國招考留美學生作為既定政策，「俟舊制學生畢業後，留美學額之給與以公開考試定之。全國各大學之畢業生均得投考。」1925年，曹雲祥校長表示：「四年之後，公開留美考試，並非專派清華學生。凡國立大學畢業之學生，成績優良，並本所習學科，在社會服務二年者，均可應試。每次考送以三十名為限。」

　　但1928年國民黨北伐勝利後，國民政府改清華學校為國立清華大學。由於清華校務出現動盪，直到1931年梅貽琦出任校長後風波才告一段落。校務穩定後，清華自1933年起，開始選拔、派遣留美公費生、研究院生、中德交換生、津貼生等類型留學生。

▲ 考古學大師夏鼐是留美公費生　　▲ 語言學家季羨林是中德交換留學生

（一）清華大學留美公費生

1933-1936、1941、1944年，清華大學面向全國招收了六屆132名留美公費生，是這個時期派出人數最多的留學生類型。在130餘名留美公費生中，包括錢學森、趙九章、楊振寧、沈申甫、林同驊、何炳棣、夏鼐、郭曉嵐、葉玄等知名人士。

（二）清華大學中德交換留學生

1935年，清華大學與德國遠東協會及國外學術交換處達成協議，選派交換留學生。清華每年選派5名研究生赴德作研究，學習期限為2年。1935、1936年，清華大學選送了兩批7名交換留學生。1937年，抗日戰爭全面爆發後，交換研究生計畫終止。中德交換留學生中，包括季羨林、喬冠華、呂鳳章等知名人士。

交換留學生制度具有開創性，改變了此前中國只是留學生輸出國的局面，使得中德兩國文化實現互動。梅貽琦曾評論：「本校自二十四年夏起，與德國大學會訂立互派研究生辦法，去年本校派出三人，已分在德國大學作專門研究，進行良好；德國派來學生二人，亦均到校受教。此亦學術界互會之盛舉也。」

（三）清華大學研究生公費留學

1929年，清華成立研究院並開始招收研究生，開始更高層次的人才培養。在研究院畢業生中，學校擇優派遣留學。每年至多不得過十名。每部每年至多不得過2名。留學期限不超過2年。

1933年選送3人，1934年選送4人，1935年選送4人，留學期限均為2年。而自1929年研究院設立到1937年間，畢業研究生為27人。與這一時期公費留美生、中德交換生等相比，研究生公費資送比例高達41%，相當可觀。主要原因

在於與本科生相比，清華大學研究院研究生招生、畢業等較為嚴格，研究生培養品質較高。

（四）津貼生（留美自費生）

1940年2月5日，清華大學第六次評議會通過《清華大學留美自費學生獎學金給予辦法》，規定：凡中國自費留美學生已在美國大學研究院肄業成績優良、經濟確屬困難者，可以申請本項獎學金；每年至多資助15名。

自費生獎學金共實行3年，據已有資料統計，清華共資助自費生48人次，基本符合《獎學金給與辦法》中每年至多15人的規定。津貼生中，包括張捷遷等知名人士。1942年12月16日，清華第19次評議會議決：自下學年起，留美自費生獎學金辦法暫停。

從選派、資助人數看，國立清華大學時期比清華學校時期大為減少，主要原因是沒有此前留美預備部畢業生那樣穩定的逐年派送。但從派送、資助留學生層次看，這個時期留學生層次比清華學校時期有較大提高。清華學校時期，留美預備部學生程度較高，大多能插入美國大學二三年級；但畢竟是大學本科層次。國立清華大學時期，無論是留美公費生，還是研究院生、中德交換生，均為本科畢業或本科畢業工作數年以上。從學生留學地選擇看，這個時期主要考慮學術水準，兼顧學生興趣；派出學生雖然大部分仍赴美留學，但也有部分學生赴歐留學。而清華學校時期，則定向派送留美。尤其值得一提的是，中德交換研究生的出現，體現出了這個時期文化交流由此前單項變成雙向，這在近代中國留學史上具有標誌性意義。[1]

[1] 金富軍：〈1949年前清華大學資助留學生類型考察〉，《江蘇師範大學學報》（哲學社會科學版）2015年第1期。

廈門大學為什麼有「南方清華之譽」？

廈大第一任校長是薩本棟先生，而薩先生原是清華教授，同時期廈大五十一位教授中有四十七位是清華人！

〔附記〕

新竹清華大學與廈門大學關係源遠流長；據薩本棟先生哲嗣薩支唐教授告知，薩校長初任清華物理系教授時，「兩岸清華永久校長」

▲ 薩本棟是南方清華第一任校長

梅貽琦校長擔任物理系系主任，並為薩校長於1931年結婚時的男儐相，薩梅兩家有通家之好；另一方面，1949年後，廈門大學第一任校長，任期長達二十年的王亞南先生也曾是清華教授，這是兩校關係又一佳話。

歷數兩校交流，包括2010年四月廈大校長來訪，2011年清大校長赴廈門慶祝廈大成立九十周年，2012年十月廈門鄔大光副校長來校參加「梅貽琦校長逝世五十周年紀念會」並作演講，十二月廈大楊振斌書記等協助在鼓浪嶼舉辦「馬約翰教授誕生一百三十周年紀念會」，2013年四月廈大譚紹濱教授到清華來參加「科學園區首任局長何宜慈先生逝世十周年紀念會」並以「廈大學子臺灣之光——深切緬懷　何宜慈博士」為題演講；何宜慈先生是科學園區首任局長，而科學園區成立於1980年12月，從醞釀、籌備到設立，都是在清華大學徐賢修前校長擔任國科會主委任內，也是清華大學有榮幸主辦紀念會主要原因；同時兩校已進行學期交換生交流，2012年度上、下學期各有四位學生，交流相當密切；在廈大處處感受到與清華校訓相近的「自強不息，止於至善」風氣，又多了一份親切感。

▲ 薩本棟 (左四) 曾是清華教授「北院七號飯團」成員

▲ 廈門大學薩本棟紀念碑

西南聯大與清華有何淵源？現址為哪一所大學？

西南聯大全名為「國立西南聯合大學」，是抗戰時期由南開大學、北京大學與清華大學聯合組成之大學，當時位於天津的南開大學被日軍炸成廢墟，北京大學與清華大學均在北京淪陷前決定南遷，教育部遂於1937年8月與三校聯合商定，在長沙成立「長沙臨時大學」，是為日後「西南聯合大學」的前身。

「長沙臨時大學」以北大校長蔣夢麟、清大校長梅貽琦、南開校長張伯苓為常務委員，於該年的1937年11月1日正式開始上課，當時共有教師148人（其中清華73人，北大55人，南開20人）、學生1,496人（清華學生631人，北大342人，南開147人等）。三校規模與人數，以清華為盛，北大次之，南開又次之。教員與學生人數，三校依次的比例約為7：5：2。校內不設校長，由三名常務委員與教育部代表楊振聲組成「校常務委員會」，進行校內行政的各項決策，而三名常務委員略有分工，蔣校長負責總務、梅校長負責教務，張校長負責建築設備。[1]

▲ 國立西南聯合大學校門

▲ 國立西南聯合大學組織概況表

「長沙臨時大學」共設文、法、理、工四學院十七學系，系別與課程和盧溝橋事變前的清華大學相近，只有個別學系與專業予以調整。主持校務的臨大常委梅貽琦，深感「烽火連天，弦歌未輟，雖校舍局促，設備缺乏，然倉卒得此，亦屬幸事。」[2]「長沙臨時大學」的運作時間不長，在1937年12月，南京淪陷，長沙進入日軍的空襲範圍，於是常務委員會決議將學校遷至距離前線較遠的雲南昆明。1938年1月中旬，根據國民政府指令，「長沙臨時大學」遷往昆明，另行組建國立西南聯合大學。2月15日，蔣夢麟飛赴昆明，主持建校事宜，臨時大學事務由梅貽琦坐陣指揮。[3]在1938年4月進入昆明，並於4月2日正式更名為「國立西南聯合大學」，設文、理、法商、工、師範5個院26個系，兩個專修科與一個選修班，學生共有993人。

　　由於西南聯大為三校聯合組成，因此在組織管理上亦多採共議制，並無單一決策者，而三校皆有的系所，也因應教學需要合併，由三校原本的老師共同授課，形成當時西南聯大百家爭鳴的特殊狀況。西南聯大下轄理、工、文、法商、師範共5個學院26個學系，全校教師約有350人，在校學生約有3,000餘人，在當時的大學規模中可謂相當龐大。在西南聯大時期，三校雖然同樣隸屬於西南聯大，但三校各自在聯大內仍然設有辦事處，也各自舉行招生工作。期間教師除了由聯大發給聘書外，三校也會各自頒發聘書。

　　1945年8月14日日本投降，23日學校決定北遷復員。次年5月4日，「國立西南聯合大學」的歷史任務正式結束，期間畢業、肄業者達8,000餘人。日後隨著整體情勢的變遷，清華歷史也展開了新的一頁。[4]

　　三校決定北歸後，與教育部以及雲南當局協議，師範學院留在昆明獨立設院，改稱昆明師範學院，現為雲南師範大學。

[1]　《長沙臨時大學籌備委員會工作報告書》（1937年11月17日），清華大學檔案館藏。

[2]　梅貽琦，《抗戰期中之清華》，載《清華校友通訊》第五卷、三期，1939年5月1日。

[3]　岳南，《大學與大師：清華校長梅貽琦傳（上下冊）》，中國文史出版社，北京（2017）。

[4] 國立清華大學數位校史館：國立清華大學圖書館整理編撰。（撰述內容改寫自以下參考書目：

車銘、林毓杉、符開甲，〈戰爭烽火中誕生的西南聯合大學〉，收錄於《抗戰時期內遷西南的高等院校》，1-43，貴州民族出版社，貴陽（1988）。

劉克選編著，《北大與清華》，246-276，國家行政學院，北京（1998）。

朱自清與清華的淵源為何？

　　朱自清與清華人結緣達二十三年之久，他原名自華，改名自清，常言「飽讀詩書氣自華」，但「飽讀詩書氣自清」對他的風格與著作形容更為貼切，也巧與「水木清華」合趣。1925年，朱自清進入清華中文系教書，一直到1948年去世，都不曾離開過清華。自1932年開始擔任中文系系主任後，殫精竭慮注重「古今會通，中外會通」，並親自開課達十六門之多。

〔附記〕

　　朱自清的學問「博大精深」，閱讀朱先生的大作宛如置身寶庫之中；他的成就，並不限於散文創作，並是一位傑出的學者；朱先生到清華後，即「以國學為職業，文學為娛樂。」以北京大學出版社所出崔樹強先生所編《荷塘清韻》中，編選他在文學創作以外最有代表性的學術研究成果與學術隨筆，可謂「洋洋大觀」；第一編「經典常談」，選錄其編定出版的古代文化的普及讀物，「包括群經、先秦諸子、幾種史書、一些集部」，也就是經、史、子、集四部要籍的簡要介紹。第二編「生命吟詠」，收錄其在詩歌、歌謠與朗讀等方面的研究心得，第三編「語文影輯」，搜集其關於日常語言的精微意義的討論，第四編「雅俗共賞」，討論的是文學舊的標準與新的尺度的問題，第五編「人生一角」，對人生與生命深刻感悟，他說「我自己只站在『一角』上冷眼看人生，並不曾跑到人生的中心去」；由此選集可看出朱先生為

▲ 文學大師朱自清

學的廣度與深度；另一方面，他除是散文大家外，既寫新詩，也寫舊體詩，同時寫了不少校歌班歌，同時也留下日記、書信與譯文，「博通古今，學貫中西」，豐富而多元。

在1950年代以後數十年間，在台灣長大的學子們，應都在教科書中讀過朱自清先生的散文〈匆匆〉、〈春〉、〈背影〉與〈荷塘月色〉等。〈匆匆〉開頭「燕子去了，有再來的時候；楊柳枯了，有再青的時候；桃花謝了，有再開的時候。但是聰明的，你告訴我，我們的日子為什麼一去不復返呢？——是有人偷了他們罷：那是誰？又藏在何處呢？是他們自己逃走了罷：現在又到了哪裡呢？」〈春〉起頭「盼望著，盼望著，東風來了，春天的腳步近了。一切都像剛睡醒的樣子，欣欣然張開了眼。山朗潤起來了，水長起來了，太陽的臉紅起來了，小草偷偷地從土裏鑽出來，」〈背影〉裡「這時我看見他的背影，我的淚很快流下來了。」〈荷塘月色〉裡「月光如流水一般，靜靜地瀉在這一片葉子和花上，薄薄的青霧浮起在荷塘裡，葉子和花彷彿在牛乳中洗過一樣；又像籠著輕紗的夢。」都給人留下不可磨滅的印象，有人形容「讀他的文字常使人感到靈魂被蕩漾一番」，是很真切的寫照，堪稱現代白話文的經典作品。

以世俗眼光看，朱自清先生不是一個很幸運的人；他唸大學時，因父親出事引發家庭變故，家道中落，大學畢業後，生活不穩定，五年中，至少任

▲ 1925年，朱自清（左二）在清華園，右二為俞平伯

▲ 清華園荷塘邊朱自清雕像

教七所中學，年紀輕輕，家庭負擔很重，而妻子武氏早逝，留下三子三女，後娶陳氏，又添了三子女；到清華十一年後，隨抗戰後撤，流離到昆明「西南聯大」，雖弦歌不輟，入不敷出，生活至為艱困，他的同事，著名的文學家沈從文回憶：「沒有散文沒有詩，默默過了六年，憔悴清瘦的影子，在同住老同事記憶中，終生不易消失」；繼而在國共戰爭方酣，憂慮時局中病逝；甚至在身後三年，長子朱邁先被以莫須有的「匪特」罪處死，年僅33歲。直到1984年平反。

朱自清先生只活了五十歲，創作時間並不長，他為人清雋，為文清新雅潔、文風樸實清新、文筆清麗、意境清雅絕塵、如荷塘清韻、姣月清輝，如一股清風，永遠令人懷念。他的作品「都使人感到是那麼實在、平易、透澈，而沒有絲毫的虛、浮、躁、厲之氣，頗有一些『溫柔敦厚』之風」。郁達夫評價朱自清：「他的散文，能夠貯滿一種詩意。」可代表多數方家的看法。

江蘇教育出版社1997年出齊的12卷本《朱自清全集》，凡400萬字，是迄今收納朱自清作品最齊全、最完整的作品總集；其中共收入日記70萬字，自1924年7月至1948年8月，中間有些殘缺。從中可知朱自清遺留下來的書信是很多的，朱自清生活、思想和感情的世界都鮮明地反映在這裡。

附錄：「朱自清：文學教育與清華記憶」演講致詞

2012年11月21日　星期三

　　很歡迎與感謝香港教育學院語文學院陳國球院長蒞臨通識講堂以「朱自清：文學教育與清華記憶」為題演講；今年六月人社院舉辦「文學與語言：中國文學批評研究工作坊」，有幸首度結識陳國球院長；在那次聚會上，我曾對朱自清先生〈文學的標準〉一文，將標準分為直接承受不自覺的標準與經過衡量的尺度兩類，略有闡述。從蔡院長處喜聞陳院長對朱自清先生很有研究，因此今天的演講至少對我個人而言是盼望已久的。

　　在一九五零年代以後數十年間，在台灣長大的學子們，應都在教科書中讀過朱自清先生的散文〈匆匆〉、〈春〉、〈背影〉與〈荷塘月色〉等，〈匆匆〉開頭「燕子去了，有再來的時候；楊柳枯了，有再青的時候；桃花謝了，有再開的時候。但是聰明的，你告訴我，我們的日子為什麼一去不復返呢？──是有人偷了他們罷：那是誰？又藏在何處呢？是他們自己逃走了罷：現在又到了哪裡呢？」〈春〉起頭「盼望著，盼望著，東風來了，春天的腳步近了。一切都像剛睡醒的樣子，欣欣然張開了眼。山朗潤起來了，水長起來了，太陽的臉紅起來了，小草偷偷地從土裏鑽出來，」〈背影〉裡「這時我看見他的背影，我的淚很快流下來了。」〈荷塘月色〉裡「月光如流水一般，靜靜地瀉在這一片葉子和花上，薄薄的青霧浮起在荷塘裡，葉子和花彷彿在牛乳中洗過一樣；又像籠著輕紗的夢。」都給人留下不可磨滅的印象，有人形容「讀他的文字常使人感到靈魂被盪漾一番」，是很真切的寫照，堪稱現代白話文的經典作品。

　　近年來很驚喜的發現朱自清先生是清華人，而且結緣達二十三年之久，因此不免刻意選購閱讀朱先生的著作，一方面知道他原名自華，改名自清，想是

因為常言「飽讀詩書氣自華」，而「飽讀詩書氣自清」對他的風格與著作形容更為貼切之故，但也巧與「水木清華」合趣；另一方面發現他的學問「博大精深」，閱讀朱先生的大作宛如置身寶庫之中；他的成就，並不限於散文創作，並是一位傑出的學者；朱先生到清華後，即「以國學為職業，文學為娛樂。」自1932年開始擔任中文系系主任後，殫精竭慮注重「古今會通，中外會通」，並親自開課達十六門之多；以北京大學出版社所出崔樹強先生所編《荷塘清韻》中，編選他在文學創作以外最有代表性的學術研究成果與學術隨筆，可謂「洋洋大觀」；第一編「經典常談」，選錄其編定出版的古代文化的普及讀物，「包括群經、先秦諸子、幾種史書、一些集部」，也就是經、史、子、集四部要籍的簡要介紹。第二編「生命吟詠」，收錄其在詩歌、歌謠與朗讀等方面的研究心得，第三編「語文影輯」，搜集其關於日常語言的精微意義的討論，第四編「雅俗共賞」，討論的是文學舊的標準與新的尺度的問題，第五編「人生一角」，對人生與生命深刻感悟，他說「我自己只站在『一角』上冷眼看人生，並不曾跑到人生的中心去」；由此選集可看出朱先生為學的廣度與深度；另一方面，他除是散文大家外，既寫新詩，也寫舊體詩，同時寫了不少校歌班歌，同時也留下日記、書信與譯文，「博通古今，學貫中西」，豐富而多元。

就做人而言，朱自清先生是一個有真情、很謙虛、很敏感、富正義感的人：

一、真情：他在《新詩雜話》後，自云：「愛不釋手，說我敝帚自珍也好、舐犢情深也好，我認了」，可見一般，他的〈背影〉與〈給亡婦〉寫父子與夫妻之情，極富有真情實感。

二、謙虛：他在一篇序中說「二十五歲以前，喜歡寫詩；近幾年詩情枯竭，擱筆已久。我覺得小說非常的難寫，不用說長篇，就是短篇，那種經濟的，嚴密的結構，我一輩子也學不來！至於戲劇，剪裁與對話，都有謹嚴的規律，必須精心結撰，方能有成，我更是始終不敢染指；我所寫的大多是散文，即不能運用純文學的那些規律，而又不免有話要說，便只好隨便一點說著，我是自然而然採用。」

三、敏感：他在1931年日記中記載兩次夢到因研究不夠，而被解聘，1936年又夢到被學生縛手，痛責其從不讀書，研究毫無系統，要求他辭職，對一個名滿天下，又長期任清華中文系系主任的學者，從這些夢魘，可看出他對自己的要求很高，部分也反應他在「大師如林」的清華所受的壓力。

四、正義感：他不是激進的革命者，他的政治立場，既非保守，也不激進，只是一種基於超然的溫和；但親身參與「五四運動」以及反對政府乖張措施行動、他庇護逃避軍閥追捕的同學，在被刺的同事聞一多教授紀念會致詞，主動承擔起整理編輯聞一多遺著的重任，抗議美國扶植日本而拒購美援麵粉，倡導知識分子「向民間去」。

以世俗眼光看，朱自清先生不是一個很幸運的人；他唸大學時，因父親出事引發家庭變故，家道中落，大學畢業後，生活不穩定，五年中，至少任教七所中學，年紀輕輕，家庭負擔很重，而妻子武氏早逝，留下三子三女，後娶陳氏，又添了三子女；到清華十一年後，隨抗戰後撤，流離到昆明「西南聯大」，雖弦歌不輟，入不敷出，生活至為艱困，他的同事，著名的文學家沈從文回憶：「沒有散文沒有詩，默默過了六年，憔悴清瘦的影子，在同住老同事記憶中，終生不易消失」；繼而在國共戰爭方酣，憂慮時局中病逝；甚至在身後三年，長子朱邁先被以莫須有的「匪特」罪處死，年僅33歲。直到1984年平反。

朱自清先生只活了五十歲，創作時間並不長，他為人清雋，為文清新雅潔、文風樸實清新、文筆清麗、意境清雅絕塵、如荷塘清韻、姣月清輝，如一股清風，永遠令人懷念。他的作品「都使人感到是那麼實在、平易、透澈，而沒有絲毫的虛、浮、躁、屬之氣，頗有一些『溫柔敦厚』之風」。郁達夫評價朱自清：「他的散文，能夠貯滿一種詩意。」可代表多數方家的看法。

最後要向大家介紹兩部大書，一為《朱自清經典大全集（超值白金版）》，為中國華僑出版社於2010年12月首印，收入了朱自清的所有經典力作，分為散文和詩歌兩部分，「散文篇」收入《蹤跡》、《背影》、《你我》、《歐遊雜記》、《倫敦雜記》、《標準與尺度》、《論雅俗共賞》、《語文影及其他》等集子。此外，「補遺」還收入了朱自清生前未曾編成集子的散文、雜文、論文、書評、小說等100餘篇。「詩歌篇」共收新詩、歌詞和舊體詩300餘首，所收新詩大部分曾收入朱自清親自編定的集子《蹤跡》以及他與其他詩人作品的合集《雪朝》中，歌詞大部分是校歌或某一年級的級歌，舊體詩絕大部分收在朱自清生前編定的《敝帚集》和《猶賢博弈齋詩鈔》裡，共約一百萬字。編輯甚為細心，印刷也在水準之上，離譜的是定價不到人民幣三十元，可謂「以白金當銅板賣」，絕對超值，也要佩服中國華僑出版社的大

手筆。另一為江蘇教育出版社1997年出齊的12卷本《朱自清全集》，凡400萬字，是迄今收納朱自清作品最齊全、最完整的作品總集；其中共收入日記70萬字，自1924年7月至1948年8月，中間有些殘缺。從中可知朱自清遺留下來的書信是很多的，朱自清生活、思想和感情的世界都鮮明地反映在這裡。[1]

[1] 陳力俊，《一個校長的思考（三）：科學技術與人文藝術》，160-163，致出版，台北（2019）。

▲ 盼望著，盼望著，東風來了，春天的腳步近了

西南聯大校訓與校歌為何，有何緣由？

　　根據國民政府指令，原「長沙臨時大學」常委蔣夢麟、梅貽琦、張伯苓等三人被任命為「國立西南聯合大學」常委，共同主持校務。為鼓勵師生精神，堅持文化抗戰的決心，表達中華民族不屈的意志，西南聯大成立專門委員會，向全體聯大師生徵集警言、歌詞，制定新的校訓、校歌。從眾多來稿中，專門委員會經過反復篩選和討論，最後以「剛毅堅卓」四字作為聯大校訓。同時選定由聯大文學院院長馮友蘭用《滿江紅》詞牌填寫的歌詞，清華出身的教師張清常譜曲的詞曲作為校歌，歌詞為：

　　　　萬里長征，辭卻了，五朝宮闕。暫駐足，衡山湘水，又成離別。絕徼移栽楨幹質，九州遍灑黎元血。盡笳吹，弦誦在山城，情彌切。

　　　　千秋恥，終當雪。中興業，須人傑。便一成三戶，壯懷難折。多難殷憂新國運，動心忍性希前哲。待驅除仇寇，復神京，還燕碣。

　　這是一曲20世紀中國大學校歌的絕唱，它凝聚了中國文人學者、莘莘學子在民族危難時刻最悲壯的呼喊，濃縮了聯大師生在國危家難之際所具有的高尚情感和堅強意志。[1]

---

[1] 岳南，《大學與大師：清華校長梅貽琦傳（上下冊）》，中國文史出版社，北京（2017）。

▲ 弦誦在山城，情彌切

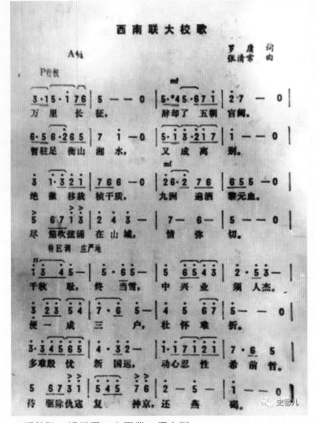

▲ 千秋恥，終當雪。中興業，須人傑

「國立西南聯合大學紀念碑」緣由與內容為何？

國立西南聯合大學紀念碑，簡稱西南聯大紀念碑，是1946年「國立西南聯合大學」正式結束，清華、北大、南開即將回到天津、北平復校之際，西南聯大師生在校址上樹立的，以紀念西南聯合大學，如今該紀念碑作為重點文物保護單位矗立在昆明原聯大校址（今雲南師範大學校內）。[1]

西南聯大紀念碑碑座為圓拱形，高約5米，寬約2.7米，碑身嵌在其中。碑文由西南聯大教授馮友蘭撰寫、聞一多篆刻、羅庸手書，因而享有「三絕碑」的美譽。

西南聯大紀念碑碑文共計1178字，通篇記敘聯大建校始末及歷史意義，碑後刻錄了834位西南聯大參軍同學的姓名，碑文全文如下：

▲西南聯大紀念碑享有「三絕碑」的美譽

「中華民國三十四年九月九日，我國家受日本之降於南京，上距二十六年七月七日盧溝橋之變為時八年，再上距二十年九月十八日瀋陽之變為時十四年，再上距清甲午之役為時五十一年。舉凡五十年間，日本所鯨吞蠶食於我國家者，至是悉備圖籍獻還。全勝之局，秦漢以來所未有也。

國立北京大學、國立清華大學原設北平，私立南開大學原設天津。自瀋陽之變，我國家之威權逐漸南移，惟以文化力量與日本爭持於平津，此三校實為其中堅。二十六年平津失守，三校奉命遷於湖南，合組為國立長沙臨時大學，以三校校長蔣夢麟、梅貽琦、張伯苓為常務委員主持校務，設法、理、

工學院於長沙，文學院於南嶽，於十一月一日開始上課。迨京滬失守，武漢震動，臨時大學又奉命遷雲南。師生徒步經貴州，於二十七年四月二十六日抵昆明。旋奉命改名為國立西南聯合大學，設理、工學院於昆明，文、法學院於蒙自，於五月四日開始上課。一學期後，文、法學院亦遷昆明。二十七年，增設師範學院。二十九年，設分校於四川敘永，一學年後併於本校。昆明本為後方名城，自日軍入安南，陷緬甸，乃成後方重鎮。聯合大學支持其間，先後畢業學生二千餘人，從軍旅者八百餘人。

河山既復，日月重光，聯合大學之戰時使命既成，奉命於三十五年五月四日結束。原有三校，即將返故居，復舊業。緬維八年支持之苦辛，與夫三校合作之協和，可紀念者，蓋有四焉：我國家以世界之古國，居東亞之天府，本應紹漢唐之遺烈，作並世之先進，將來建國完成，必於世界歷史居獨特之地位。蓋並世列強，雖新而不古；希臘羅馬，有古而無今。惟我國家，亙古亙今，亦新亦舊，斯所謂「周雖舊邦，其命維新」者也！曠代之偉業，八年之抗戰已開其規模、立其基礎。今日之勝利，於我國家有旋乾轉坤之功，而聯合大學之使命，與抗戰相終始，此其可紀念一也。文人相輕，自古而然，昔人所言，今有同慨。三校有不同之歷史，各異之學風，八年之久，合作無間，同無妨異，異不害同，五色交輝，相得益彰，八音合奏，終和且平，此其可紀念者二也。萬物並育而不相害，道並行而不相悖，小德川流，大德敦化，此天地之所以為大。斯雖先民之恆言，實為民主之真諦。

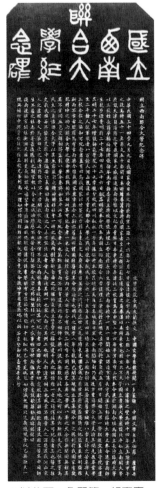

▲ 以此石，象堅節，紀嘉慶，告來哲

▲ 碑文由哲學大師馮友蘭撰寫

聯合大學以其兼容並包之精神，轉移社會一時之風氣，內樹學術自由之規模，外來民主堡壘之稱號，違千夫之諾諾，作一士之諤諤，此其可紀念者三也。

　　稽之往史，我民族若不能立足於中原、偏安江表，稱曰南渡。南渡之人，未有能北返者。晉人南渡，其例一也；宋人南渡；其例二也；明人南渡，其例三也。風景不殊，晉人之深悲；還我河山，宋人之虛願。吾人為第四次之南渡，乃能於不十年間，收恢復之全功，庾信不哀江南，杜甫喜收薊北，此其可紀念者四也。聯合大學初定校歌，其辭始歎南遷流難之苦辛，中頌師生不屈之壯志，終寄最後勝利之期望；校以今日之成功，歷歷不爽，若合符契。聯合大學之始終，豈非一代之盛事、曠百世而難遇者哉！爰就歌辭，勒為碑銘。銘曰：痛南渡，辭宮闕。駐衡湘，又離別。更長征，經嶠嶸。望中原，遍灑血。抵絕徼，繼講說。詩書喪，猶有舌。儘笳吹，情彌切。千秋恥，終已雪。見仇寇，如煙滅。起朔北，迄南越，視金甌，已無缺。大一統，無傾折，中興業，繼往烈。維三校，兄弟列，為一體，如膠結。同艱難，共歡悅，聯合竟，使命徹。神京復，還燕碣，以此石，象堅節，紀嘉慶，告來哲。」[1]

[1]　〈國立西南聯合大學紀念碑〉：https://zh.wikipedia.org/wiki/國立西南聯合
　　大學紀念碑

西南聯大二三事（一）
——敘永分校

　　1940夏天起至1941秋天，日機幾乎天天轟炸，緬甸與越南相繼淪陷，國民政府下達指令，宜作萬一之準備，向安全地區遷移；西南聯大最後決定在重慶以西的四川敘永設立分校，初步將一年級新生遷往上課。1940.11.13，一年級近700名新生在敘永分校報到上課。至1941.1.6，西南聯大敘永分校開始上課。但敘永分校生活環境較昆明尤為艱困，師生對此均不滿意。[1]

　　梅校長在日記中[2]，從1941.2.12，到1941.8.31，至少有十四次提及敘永分校問題：

▲ 梅貽琦校長與鄭天挺總務長西南聯大日記均對敘永分校有
　　諸多記載

1941.2.12：「開常委會，至下年分校問題，僅提出請大家注意。」

1941.3.26：「下午五時起開聯大校務會議，所討論最久問題為下年是仍設分校？如設應在何處？結果以反正兩案付表決，各得七票，眾意仍請常委作最後之決定，但一時似難即定。此事之最要觀點為：

1. 分校在物質與精神上皆有不一之處，
2. 無分校對於時局變化更難應付，
3. 為招收好學生則分校不分校皆可有辦法，
4. 用費方面則分校人、物運輸與修繕等費較補助學生由川黔來昆之路費要多數倍，
5. 倘欲以分校作較永久之佈置則是另一個問題，但亦可考慮者。」

1941.4.16：「晚六點至九點開聯大常委會。上午適接楊今甫（主任）函，謂昆明有不公允之待遇，敘委會乃決定加給遷移津貼，使人不快，而益感覺敘永分校之設立不宜。」

1941.4.23：「下午六點開聯大常委會，敘永分校近來措施多有不合，會中皆有同感。余亦有不滿之詞，但話語似太多矣。」

1941.5.7：「下午七點開聯大校務會議，暫定下年取消分校（八比七票），仍集中於昆明上課。」

1941.5.19：「在重慶見陳立夫部長，陳問及分校問題是否有決定？余謂：如夏間時局無大變化，擬將分校結束，學生全在昆明上課。陳謂：『還是在昆明好些』（意兼指生活問題）。」

1941.5.25：「陳立夫部長再問及分校計畫，告以二年級決遷回昆明，一年級生如夏間雲南無變化，亦在昆明上課，敘永房舍仍設法保留。陳表示頗以為然。」

1941.6.9：往敘永，「晚與楊今甫（主任）共談校事各問題。」

1941.6.10：「視察各單位，與校務委員會諸君會談。為諸君報告關於分校問題之決議，後由諸君發言表示意見，可歸納以下八點（略）。余除簡單說明外，未多辯論，但允為轉達昆明，並儘速決定通知各方。」

1941.6.11：「約集分校教職員全體與眷屬茶敘，到者數百人。」

1941.6.12：「國民月會，報告關於分校問題之決議外，特勉勵學生注意勞作精神、團體生活、選系意義。」

　　1941.6.13：「敘校教授十七八人公宴余等，飯後提議再談分校問題，數人輪流發言，頗有辯論會態勢。有人提議試作表決，余謂無此需要，他人亦言不必，遂未續談。後由余敬每位三五菸一支，就此歡散。」

　　1941.8.26：「清華校務會議，報告敘永問題。」

　　1941.8.31：「正之（吳友訓）來，再談敘永分校問題。」

　　可見在敘永設立分校，自始即問題重重。在，敘永分校於1941.1.6開始上課，到3.26時，聯大校務會議，對下年是仍設分校問題，以反正兩案付表決，各得七票，意見甚為分歧；4.16，聯大常委會前，適接分校楊今甫（主任）函，謂昆明有不公允之待遇，敘委會乃決定加給遷移津貼，使人不快，而益感覺敘永分校之設立不宜；到4.23提到開聯大常委會，會中皆有同感敘永分校近來措施多有不合，到5.7，聯大校務會議，即八比七票以暫定下年取消分校，仍集中於昆明上課。

　　5.19，梅校長到重慶見教育部陳立夫部長，報告如夏間時局無大變化，擬將分校結束，學生全在昆明上課。隔幾天（5.25），陳立夫部長再問及分校計畫，告以二年級決遷回昆明，一年級生如夏間雲南無變化，亦在昆明上課，敘永房舍仍設法保留。陳表示頗以為然。

　　其後（6.9）梅校長赴敘永視察與溝通，於6.10，視察各單位，與校務委員會諸君會談。為諸君報告關於分校問題之決議，後由諸君發言表示意見。除簡單說明外，未多辯論，但允為轉達昆明，並儘速決定通知各方。到6.13，敘校教授十七八人公宴余等，飯後提議再談分校問題，數人輪流發言，頗有辯論會態勢。有人提議試作表決，梅校長謂無此需要，他人亦言不必，遂未續談。顯見此時分校人員意見仍然紛紜。

　　西南聯大校務會議先是決定撤銷西南聯大敘永分校，學生遷返昆明上學，仍在敘永辦先修班。10月下旬，又決定將先修班遷返昆明。因此敘永分校之存在，前後不到一年。

　　另一方面，中國共產黨黨史網有下列記載：「從昆明來敘永之前，中共雲南省委書記等宣布由學生徐樹仁等五人組成西南聯大敘永分校臨時黨支部，

任命徐樹仁為支部書記。支部通過公開合法的進步社團『社會科學研究會』，團結進步學生，大力宣傳革命主張。在群眾運動中，宿舍曾被荷槍實彈駐軍包圍、搜查。4月12日，國民黨四川當局向敘永縣政府發出查禁密令，徐樹仁等被迫撤離。」[3]這部分是否對撤銷分校決策有影響，則無法從日記中得到線索。

[1] 岳南，《大學與大師：清華校長梅貽琦傳（上下冊）》，中國文史出版社，北京（2017）。

[2] 梅貽琦，《梅貽琦日記（1941-1946）》，清華大學出版社，北京（2001）。

[3] 〈抗日救亡運動中的西南聯大敘永分校〉，原文網址：http://dangshi.people.com.cn/BIG5/n/2015/0416/c85037-26856216.html

西南聯大二三事（二）
——昆明「一二、一」事件

1945年11月19日國，共難內戰風雨欲來。重慶各界反對內戰聯合會成立，消息傳到昆明，各校學生反應強烈，蠢蠢欲動。中共雲南省工作委員會抓住時機，決定立即出馬，悄悄潛入校園，暗中支持學生運動。[1]

此時的西南聯大三個常委均不在校，梅校長已由重慶轉赴北平接收清華校產，為學校復員作準備。想不到就在這個空隙，學潮爆發，昆明軍治機構鎮壓結果，造成四死一傷慘案，學潮更為擴大。

政府急電人在北京的梅校長返昆明處理，日記[2]中記有：

12.6：「覆部電，待機即返」，「下午又接部電促歸」。

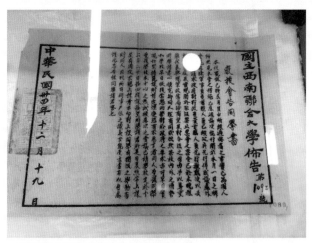

▲ 西南聯大教授會於事件尾聲告同學書

12.8：「訪王叔銘，允為訂機赴渝」。

12.10：「中午訪王叔銘，承允明早必有機返渝」。

12.11：飛重慶，「至教育部與（朱）騮先部長談半時許」，「部長似甚緊張」。「本週如不能安定復課，則與其經政府解散，毋寧自請停辦耳」。

12.12：「再與朱部長詳談」，「搭貨機抵昆」。

12.13：「與（傅）孟真、（朱）經農晤談，經方自盧漢主席處歸，述及重慶密電告盧，有十五日以後如不復課即準備舉動之語」，「至雲大醫院慰問受傷學生四人」。

12.14：「約常委會諸君商定佈告十七日上課」，「約（聞）一多來談一時許，一多實一理想革命家，其見解、言論可以煽動，未必切實際，難免為陰謀者利用耳」。

12.15：「與常委會全體召集學生代表在辦事處談話，說明學校規定十七日上課之原因，及屆時不上課後果之嚴重」。

12.16：「學生代表八人來送一書面答覆，為昨晚代表大會議決『在條件未完滿解決前不能復課』」，「至新校巡視，情況甚亂，至圖館向死者四人致祭後即出」，「飯後九點，（潘）光旦偕一多來，一多告學生方面可有轉機。甚喜，即走告孟真」。

12.17：「無上課者」，約教授會同仁茶話：「報告最近數日經過及本人（與傅）感覺無望，不能不退避賢路之意」，「余先退出，諸君隨改開教授會，議決請緩辭」，「明日各教授向本系學生勸告，如無效，將總辭職」。

12.18：「各系諸君有來報告談話情形，似無大把握」。

12.19：「教授會，先考慮提案事由，但難斷定學生代表開會提出條件，遂未予考慮」，「決即以書面勸告諸生」，「並請盧漢主席取消禁止自由開會之令」，「文告擬就，即付印貼出。隨訪盧，允即做聲明」。

12.20：「聞今早上課頗不整齊，但未有阻撓情勢」，「教授會，先由上課教師報告各班情形」，「學生會理事答詞仍甚閃爍，明日情恐仍不能樂觀也」。

12.21：「巡視各班上課秩序，似不如昨日之安靜。學生張貼頗亂，有涉及師長個人者，傅、查（良釗）等為撕去」。

12.22：「下午三點教授會，學生會又有函，報告『罷聯會』對於復課條

件再加修改，其意似欲得早日結束者。聞未到會，派（劉）壽民暫代。孟真頗示焦躁，蓋已決於明日返渝，校事不過問矣。會散後留周、馮、趙晚飯，草『談話』之二。飯後又隨周、趙訪傅，勸其稍緩返渝，未得諒允。以後只好仍自支撐耳」。

12.23：「教授會聲明文告登報未洽妥，急函盧請設法刊出」，「盧信謂宜先有上課聲明始好登其他文件」。

12.24：「上課情形大致如前二天」，「工學院教授二十餘人已有辭職意，當即勸慰稍耐至後二日再看」，「下午四點與新聞界茶敘，諸人表示為難，即廣告似不欲照登」，「飯後九點與新聞界諸君再商談，初仍表示困難，最後由錢昌碩提議以談話方式發表，允與同仁考慮」。

12.25：「共商談話文稿，於下午油印送去」，「李宗黃昨赴渝」。

12.26：「早見報『談話』悉照原文登出，『罷聯會』亦有即日復課之啟事。校中學生已大部上課，工院全體上課，師範專修科則全未上課」。

12.27：「上午全體學生上課矣」。

12.28：「錢端升亦認聞一多十七日在會中之言詞已有使校中當局不能忽視者」。

12.31：「審閱關於校產損失報部文件」。

可見梅校長於12.12趕回昆明後，在中央威脅解散學校、職業學生唯恐天下不亂下，處理事件之各項折衝，包括以辭職明志、教授集體辭職等，歷盡艱難，最後得以於12.27「上午全體學生上課矣」落幕。期間在與教育部、省政當局、新聞界、教授、學生等多方折衝、歷盡艱辛，高潮迭起，甚至一度（12.17）「本人（與傅）感覺無望」，有退避賢路之意，教授們「向本系學生勸告，如無效，將總辭職」，情勢險峻。最後獲得中央支持，將被指為元凶之一的雲南代主席李宗黃調赴重慶，始得峰迴路轉。而由其他資料顯示，也得力於暗中推動學潮的中共認為「運動已在政治上獲得重大戰果，應改變鬥爭方式，及時復課，以便鞏固勝利，積蓄力量，把民主運動引向深入。」[1]在約半月時間，要靠梅校長「剛毅堅卓」，才能帶領西南聯大再一次度過難關。

[1] 岳南，《大學與大師：清華校長梅貽琦傳（上下冊）》，中國文史出版社，北京（2017）。

[2] 梅貽琦，《梅貽琦日記（1941-1946）》，清華大學出版社，北京（2001）。

第一屆中央研究院院士八十一人中，有幾位清華校友？幾位清華教授？

第一屆中央研究院院士中，有二十九人是清華人（約36%），他們是：

數理組八人：周仁（1910）、竺可楨（1910）、姜立夫（1911）、侯德榜（1912）、茅以昇（1916）、葉企孫（1918）、曾昭掄（1920）、薩本棟（1922）；

生物組九人：秉志（1909）、錢崇樹（1910）、戴芳瀾（1913）、陳克恢（1918）、陳楨（1919）、李先聞（1923）、鄧叔群（1923）、湯佩松（1925）、馮德培（1929）；

人文組十二人：胡適（1910）、趙元任（1910）、馬寅初（特別生）、金岳霖（1914）、陳達（1916）、湯用彤（1917）、李濟（1918）、蕭公權（1919）、錢端升（1919）、梁思成（1923）、梁思永（1924）、李方桂（1924）。

時任清華教授則有九人，恰比北京大學十人少一人，因而有「北大幫」刻意運作之說。

另梁啟超先生二子梁思成（1923）、梁思永（1924）為唯一的「兄弟檔」。

▶ 第一屆中央研究院院士有二十九人是清華人

為什麼清華在現代中國新詩發展中有不可磨滅的地位？

清華第二屆直接留美生胡適先生以提倡白話文出名，同時也於民國八年出了中國第一本個人新詩集《嘗試集》，開拓了與古典詩歌涇渭分明的詩歌形態，不少人開始創作新詩；最負盛名的「新月詩社」，除徐志摩外，胡適、梁實秋、聞一多、沈從文、葉公超、林徽因等人都是清華人，連「新月」之名也是受時任清華教務長的張彭春先生建議所取；張教務長一向崇拜印度大詩人泰戈爾，喜愛他的詩歌，因泰戈爾著有詩集《新月集》，不僅先將女兒取名「新月」，並推薦給共同籌備組織文學社的朋友，大家欣然接受，於是就產生了「新月社」；新月派不滿於「五四」以後，「自由詩人」散文化傾向以及忽視詩藝的作風，舉起了「使詩的內容及形式雙方表現出美的力量，成為一種完美的藝術」，也就是「使新詩成為詩」的旗幟。

聞一多與徐志摩並稱「新月雙璧」、「新月詩神」，為詩學理論大師，在《詩的格律》中提出了著名的「三美」主張，即「音樂美、繪畫美、建築美」，音樂美指每節韻腳都不一樣，好像音樂一樣，建築美是指格式好像建築一樣，繪畫美指的是每節都是一個可畫出的畫面；新月派糾正了早期新詩創作過於散文化弱點，也使新詩進入了自主創造的時期，其詩學主張和藝術成就，對整個新詩的發展，有著深遠的影響；另一方面，長期擔任清華中文系系主任的朱自清先生除為散文大家外，新舊詩都很有造詣，曾於1935年主編《中國新文學大系詩集》，在對日抗戰期間，西南聯大時代的教師陳夢家、穆旦等都是有名詩人。[1]

---

[1] 陳力俊，《一個校長的思考（三）：科學技術與人文藝術》，16-18，致出版，台北（2019）。

▶ ①「新月」之名是清華張彭春教務長建議所取
　②沈從文蜚聲文壇
　③林徽因有民國第一才女之稱

清華素無外交專業系所，而外交人才輩出，是由於甚麼因緣際會？代表性人物有誰？

　　部分答案應可追溯到清華大學前身「清華學堂」、「清華學校」由美國退還多索庚子賠款而成立為源頭；自1909年起，在庚款支持下，有計畫的考選大批國內菁英學子赴美深造，開風氣之先；這些校友與清華教師，通稱為「清華人」，多獲有名校高等學位，具有較佳的英語能力，而二十世紀肇始，我國全球視野民智初開，在常以強勢英語為背景的國際外交舞台，大放異彩，是生逢其時，而占有相當優勢，得以從容接受大時代的招喚。另外清華人文社會學科有不少曾接受嚴格外交學理薰陶、孕育的名師，有多人最後轉入外交界，同時也培育可觀的相關人才。

　　可能很多人知道，在我國駐美大使中，胡適是清華校友；也許較少人知道葉公超、蔣廷黻也是清華人，大概更少人知道曾參與籌辦清華學校，協助建立遊美學務處肄業館以及清華學校教學制度，並主持成立了清華學校校董會的顏惠慶曾任駐美特命全權公使（當時無大使銜）；而其他曾擔任我國外交部部長、次長以及大使、公使等要職的清華人亦所在多有，構成「民國職業外交官中最大的一個群體」。

　　據謝小芩等人所著《清華外交學人小傳》[1]，整理出1949年前，清華學人在外交上有貢獻，或曾擔任重要外交職務者80人。同時新竹清華畢業生在台灣外交部任職，包括大使、參事等至少十餘人，清華外交學人故事正在開展中。

[1] 謝小芩、方天賜、張棋炘、李雅雯、張筱梅，《清華外交學人小傳》，國立清華大學出版社（2018）。

▲ 葉公超與美國國務卿杜勒斯簽約

▲ 蔣廷黻任駐聯合國大使

附錄：「清華外交學人小傳」序

2017年9月19日　星期二

　　可能很多人知道，在我國駐美大使中，胡適是清華校友；也許較少人知道葉公超、蔣廷黻也是清華人，大概更少人知道曾參與籌辦清華學校，協助建立遊美學務處肄業館以及清華學校教學制度，並主持成立了清華學校校董會的顏惠慶曾任駐美特命全權公使（當時無大使銜）；在謝小芩教授所領導的團隊所整理的《清華外交學人小傳》一書中，可看到這些前輩僅是大批「清華外交學人」的代表人物，而其他曾擔任我國外交部部長、次長以及大使、公使等要職的清華人亦所在多有，構成「民國職業外交官中最大的一個群體」。

　　許多人可能會因而產生「清華素無外交專業系所，而外交人才輩出，是由於甚麼因緣際會？」的疑問。部分答案應可追溯到清華大學前身「清華學堂」、「清華學校」由美國退還多索庚子賠款而成立為源頭；自1909年起，在庚款支持下，有計畫的考選大批國內菁英學子赴美深造，開風氣之先；這些校友與清華教師，通稱為「清華人」，多獲有名校高等學位，具有較佳的英語能力，而二十世紀肇始，我國全球視野民智初開，在常以強勢英語為背景的國際外交舞台，大放異彩，是生逢其時，而占有相當優勢，得以從容接受大時代的招喚。另外清華人文社會學科有不少曾接受嚴格外交學理薰陶、孕育的名師，有多人最後轉入外交界，同時也培育可觀的相關人才。作者團隊在種種困難之下，爬梳整理，完成這本「清華外交學人小傳」，有系統的具體呈現「清華人」在我國外交工作上的努力、影響與貢獻，甚為難能可貴。

▲ 清華外交人才輩出

清華建校是由美國退還多索庚子賠款而起；而這獨特的歷史事件正是由巧妙的外交折衝而來，並以當時清廷駐美公使梁誠是美國退還庚款有功第一人。梁誠在1904年與美國接洽庚款賠款辦法中得知，美國政府內部早知「庚款實屬多索」，乃積極活動，遊說美國朝野，重新核算，將多索部分的賠款退還給中國。根據1905年4月8日梁誠致外務部的信函內載「似宜聲告美國政府，請將此項賠款歸回，以為廣設學堂遣派遊學之用，在美廷既喜得歸款之義聲，又樂觀育才之盛舉。縱有少數議紳或生異議，而詞旨光大，必受全國歡迎。……在我國以已出之資財，造無窮之才俊，利益損益已適相反。」此建議遭到當時清廷重臣反對，提出用退款辦實業，開發路礦，時值中美邦交陷入低潮，退款交涉陷於停頓狀態。梁誠鍥而不捨，多方運作，歷經兩年多，直到1907年12月3日，美國政府發布退款命令，退款將於1909年1月1日生效。梁誠是第一個正式向美國政府提出退還多索庚款的建議者，也是多方積極及有效遊說美國朝野支持者，歷盡艱辛，克服困難，終於在符合兩國共同利益的情形下使中美達成退款興學決議，是「美國退還庚款有功第一人」，當之無愧，並寫下我國外交史上光輝的一頁。同時清華成立之初由外務部與學部共同監理，直到1929年改制為國立清華大學才完全隸屬教育部。[1]

[1]　陳力俊，《清華行思與隨筆（上）》，121-123，致出版，台北（2019）。

▲ 胡適與美國羅斯福總統（「胡適紀　　▲ 羅家倫與印度尼赫魯總理
　念館」授權）

美國「中國通」第一人費正清與清華大學

    如果要數二十世紀後半期美國「中國通」第一人，圈內人會同指費正清（John King Fairbank），而費氏與清華頗有淵源。

    費正清[1]曾是美國最負盛名的中國問題觀察家，美國中國近現代史研究領域的泰斗，「頭號中國通」，哈佛東亞研究中心創始人。從1936年到1991年，費正清以哈佛大學為基地，培養了一大批中國通，長期在美國重點大學裡，一大半以上的中國歷史教授出自其門下。著作絕大部分都是有關中國問題論述。在半個多世紀裡，費正清以自己獨特的視角審視、考察中國，他的研究、著作和主要觀點代表了美國主流社會的看法，不僅影響了幾代美國漢學家和西方的中國學界，而且直接或間接地影響了美國政界和公眾對中國的態度、看法以及美國對華政策的制定。

    費正清早年到哈佛大學上大學時，決定研究中國清末時期的外交史，重點放在鴉片戰爭以後的中國海關，並在倫敦和北平查看了大量的清季外交檔案。1932年初以牛津大學研究生身分來到北京；一開始領有羅德斯獎學金（Rhodes Scholarship），1933年該獎學金到期後，他兩次申請哈佛燕京學社獎學金都失敗，得到1929年至1934年清華歷史系主任蔣廷黻的關照，到清華大學兼課。據他在自傳中敘述，他一星期教三門三學分的課：包括「經濟史」、「文藝復興與宗教改革運動」以及「中國海關史」。他對清華的描述是：「男女合校的全體學生都是來自全國各地的英才，各系的教授講師也是這樣。周圍的氣氛是平靜的，但又是嚴肅而緊張的」。費氏夫婦於1935年12月離華，次年獲得牛津大學博士學位，並開始在哈佛大學任教。[2]

    費正清在此期間和當時風流一時的「清華人」梁思成、林徽因夫婦結為極好的終身朋友。費正清與其夫人費慰梅中國名字就是梁氏夫婦替他們取的。費正清的英文原名John King Fairbank一般譯為約翰・金・費爾班克，梁思成告訴

他叫「費正清」好，意思是費氏正直清廉，而且「正」、「清」兩字又跟英文原名John King諧音。「使用這樣一個漢名，你真可算是一個中國人了」。[2-4] 晚年費慰梅並撰寫了梁思成林徽因傳記。[5]

1941年從哈佛大學被徵召至美國情報協調局（情報與宣傳單位）研究分析處，前往華盛頓工作。1942年被美國情報協調局任命為駐華首席代表，1942年9月至1943年12月駐重慶，擔任美國戰略情報局官員，並兼美國國務院文化關係司對華關係處文官和美國駐華大使特別助理。1945年10月至1946年7月再度來華，任美國新聞署駐華分署主任。1946年返回哈佛大學任教。

費正清1942年來華的第一站是昆明，任務是了解「西南聯大（主要是清華）」的情況。他首先拜會清華梅貽琦校長（聯大的三位常委之一，實際主持聯大工作），也見見一些老朋友，特別是金岳霖、陳岱孫、張奚若、錢端升、陳福田這些曾經留學美國的教授。

▲ 對華回憶錄

▲ 費正清夫婦與梁思成夫婦

▲ 費慰梅著梁思成林徽因傳記

後來他在報告中寫道「作為西南聯大的重要組成部分，清華大學的教授講師，正在緩慢地陷於精神和肉體兩方面的飢餓狀態之中」，令人動容。當年11月他到四川李莊中央研究院會晤梁氏夫婦時，對他們繼續從事學術研究工作所表現的堅韌不拔的精神深受感動：他同時寫道：「美國培養的昆明清華大學教授」，他們「代表了美國在華的一種投資和財富」；「這些曾在美國接受訓練的中國知識分子，其思想、言行、講學都採取與我們一致的方式和內容，他們構成了一項可觸知的美國在華權益」。是一位對中國有深厚感情美國學人的看法，很值得參考。[4]

參考資料

[1] https :// zh.wikipedia.org/wiki/費正清

[2] https :// kknews.cc/history/kzznbab.html

[3] https :// kknews.cc/history/vovg9q4.html

[4] 費正清，《費正清對華回憶錄》（Chinabound：A Fifty Year Memoir，HarperCollins，1983），陳惠琴、陳祖懷、陳維益、宋瑜譯，知識出版社，上海（1990）

[5] 費慰梅，《林徽音與梁思成：一對探索中國建築的伴侶》（Liang and Lin：partners in exploring China's architectural past；Wilma Fairbank ；University of Pennsylvania Press, 1994）成寒譯，時報出版，台北（2000）

1950年前清華大學物理系發展盛況

　　清華大學物理系始建於1926年，首任系主任為中國著名教育家、物理學家、中國近代物理學奠基人之一的葉企孫。成立時僅有梅貽琦、葉企孫兩位教授，本科生兩個年級共7人。至抗戰爆發前，先後有吳有訓（1928年）、薩本棟（1928年）、周培源（1929年）、趙忠堯（1932年留學結束回到清華）、任之恭（1934年）、霍秉權（1935年）等教授。1934年，葉企孫推薦吳有訓接任系主任。

　　清華物理系迅速發展，與1928-1930年擔任校長的羅家倫與其後的梅貽琦校長致力擘劃與經營有密切關係；羅、梅二校長亟力倡導研究，營造濃厚學術

▲ 1936年物理系部分師生合影，照片中師生有13人後來成為中國科學院院士

風氣，鼓勵發表成果，強化學術休假；學校建成一系列的近代化實驗室，在設備上全國領先，使清華成為與老牌名校並駕齊驅的最重視實驗工作的大學，促成物理系迅速發展，得到一系列國際矚目的成果；清華也形成了普遍重視實驗的學術風氣，為日後打造領先全國的工學院奠定了基礎。

羅家倫校長在1929年初，延攬被目為中國物理學界「第一把交椅」的吳友訓以及薩本棟加盟；吳到職後不久即觀察：「中國現在物理實驗室以清華大學為第一」，這在當時乃是共識；清華當時著手組建國內第一個近代物理實驗室，開始高水準的原創性研究，吳友訓本人即在1931以及1932年連續在國際頂尖期刊Nature上發表專業論文；開中國本土物理學家在國際頂尖期刊發表成果之先；李政道先生曾說：「清華大學物理系在當時梅貽琦校長領導下，在以葉企孫為代表的一群年輕教授努力下，不到十年，就明居全國物理系之前列」。

大致而言，從1928到1952年院系調整為止，清華物理系始終居於中國理工學界領先地位以及物理學界的核心地位；一項統計顯示，1930-1950年間，中國物理學界在Nature上發表專業論文共13篇，其中9篇署名的第一作者單位是清華大學物理系或關係密切的金屬研究所，4篇由清華大學物理系畢業生及系友完成。

從1929到1938年，清華物理系共畢業本科生71人，其中多人成為大師級人物，如核物理學家王淦昌、錢三強，理論物理學家彭桓武，力學專家林家翹、錢偉長，光學專家王大珩，固體物理學家葛庭燧，氣象學家趙九章，地球物理學家傅承義、翁文波、秦馨菱。71人中，中國科學院院士有21人。

1937年抗日戰爭爆發。清華師生於1937年10月撤到長沙，與北京大學、南開大學組成「國立長沙臨時大學」。1938年4月又撤到昆明，改名為「國立西南聯合大學」。

西南聯大物理系集中三校精華，中國物理學界許多學術造詣很深的知名教授在這裡執教：有來自清華的葉企孫、吳有訓、周培源、趙忠堯、王竹溪、霍秉權、任之恭和孟昭英；有來自北大的饒毓泰、朱物華、吳大猷、鄭華熾、馬仕俊；有來自南開的張文裕；還有聯大師範學院聘請的許湞陽。從1938年至1946年，西南聯大物理系（含清華、北大、南開物理系）共畢業本科生130人。聯大期間共有7名物理學研究生畢業，其中畢業於清華研究院的有謝毓章、黃授書、楊振寧、張守廉、應崇福和楊約翰。

1946年5月4日聯大結束。聯大物理系學生10人選擇到北大物理系繼續學習，53人到清華物理系繼續學習。至1952年院系調整前，物理系教工共46人，其中教授10人，副教授1人，講師6人，助教17人，技術員3人，職員工人9人。1946-1952年期間，清華大學物理系主任先後由霍秉權、葉企孫、錢三強、王竹溪等擔任，孟昭英在王竹溪出國學術休假期間也代理過一年系主任。

　　1952年秋，中國高等學校經歷了一次「院系調整」。中國高校理科與工科分家，文科與工科分家，清華大學變成一所多科性工科大學。清華物理系絕大部分教師和全部學生，和原北京大學、燕京大學物理系以及清華地質地理氣象系的氣象部分合併成北京大學物理系。

參考資料

[1] 清華大學物理系：https://zh.wikipedia.org/wiki/國立清華大學物理系

[2] 劉超，《學府與政府，清華大學與國民政府的衝突與合作》，天津人民出版社，天津（2015）。

大陸中國物理學會認為對中國物理發展最有貢獻的五位物理學家都是清華人嗎？

2014年9月10日　星期三

　　公元2000年時，大陸中國物理學會為紀念胡剛復等五位物理學界前輩，設立了胡剛復、饒毓泰、葉企孫、吳有訓、王淦昌物理學獎，這五位物理學家中胡剛復是第一屆清華直接留美生，葉企孫、吳有訓、王淦昌是清華教師，饒毓泰是廣義的清華人（在西南聯大任教）。

〔附記〕

　　根據吳大猷先生的說法，中國近代物理學的巨頭、奠基雙雄為饒毓泰與葉企孫兩位先生，他們同為第一屆中央研究院院士，分別於1922與1923年在美國普林斯頓與哈佛大學獲得物理博士學位，隨即返國任教。饒毓泰先生後來擔任北京大學物理系系主任、理學院院長、西南聯大物理系系主任，葉企孫先生前後擔任清華大學物理系系主任、理學院院長、西南聯大理學院院長。

　　1926年葉企孫先生創辦清華大學物理系，全系教授僅他自己一人，學生4位。1926年到1938年西南聯大創立前，物理系延攬教師包括吳有訓、薩本棟、周培源、趙忠堯、任之恭等，十屆畢業生，共69人及研究生1人，包括王淦昌、錢三強、林家翹、錢偉長、戴振鐸等。

　　胡剛復（1892-1966）先生為清華第一屆直接留美生（與梅貽琦校長同屆），進入哈佛大學物理系，從事X射線光譜研究工作，1918年獲哈佛大學博士學位，而後回國。胡剛復將X射線標識譜、吸收譜和原子序數之間的實驗規律擴展到25號至34號元素，並測定了X射線頻率和光電子速度的關係，對X射線學的發展做出了重要的貢獻。此外，曾在1923年陪同德國科學家普朗克

（Max Planck）來中國講學。講學時用到entropy一詞，胡剛復在翻譯時靈機一動，把「商」字加火旁來意譯此詞，創造了「熵」字，發音同「商」。

吳有訓（1897-1977年）先生，1922年赴美國芝加哥大學物理系學習，師從康普頓（A.H. Compton）。期間實驗驗證「康普頓效應」，1925年以此博士論文獲物理學哲學博士學位。1928年任清華大學物理系教授，後兼系主任、理學院院長。1937年，清華大學和北京大學、南開大學組成長沙臨時大學，1938年更名西南聯合大學，吳有訓任理學院院長。

王淦昌（1907-1998年）先生，1929年清華大學物理系畢業，後留校任助教，1934年王淦昌獲德國柏林大學獲博士學位。為核物理學家，參與中國大陸核武器研製的主要科學技術領導人之一，被授予兩彈一星功勛獎章。

中央研究院院士、物理學家嚴濟慈曾統計，1930年到1933年，中國在國際上發表重要論文16篇，其中9篇來自清華物理系。值得一提的是，1931年趙忠堯訪問Cavendish實驗室，歸國臨行前諾貝爾物理獎得主，發現原子結構的Rutherford提起，他以前有一些很優秀的中國學生，回國後似乎都從物理學界消失，很是可惜，而趙忠堯返國第二年，即有成果在英國Nature期刊發表最新研究論文，Rutherford知道後，撰文嘉許，傳為佳話。

1938年西南聯大成立，物理系集三校精華，名師雲集，培養李政道、黃昆，朱光亞、鄧稼先等大學部學生。研究院在清華部分，培養楊振寧等6人。1946年10月，清華在北京復校，依學生志願，繼續到北京與清華大學就讀的各為10人與53人。

▲ 饒毓泰　　　▲ 葉企孫　　　▲ 吳友訓　　　▲ 胡剛復　　　▲ 王淦昌

「清華四大才子」有「天妒英才」之痛嗎？

　　很多人會以為清華「四大才子」就是清華國學院「四大導師」，而「四大導師」無一不是頂尖才子，但一般所稱的「四大才子」卻另有其人。王國維[1]、聞一多[2]、梁實秋[3]、吳晗[4]因各自在學術上的精湛造詣，上世紀二、三十年代即被公認為「清華四大才子」。至於如何在「才子如林」的清華園得此美名則待考。據徐虹主編《清華四才子》[5]：「清華園中的飽學之士，燦若晨星，欲說秀中之秀，一代怪才者，當推此四才子。」

　　《清華四才子》著者認為：「能夠被世世代代人稱作為『才』而受人尊敬的，大抵都有過人長處」，「才子都是怪的、傲的、自鳴不平的、自強不息的，才子們的怪毛病應該得到芸芸眾生的容忍與謙讓。」但在「四大才子」中，除梁實秋得享高壽外，王國維於51歲自沉，聞一多於48歲遭暗殺，吳晗在61歲被迫害而死，皆死於非命，讓人不無「天妒英才」之嘆。

▲「新詩魂的主導與學界鬥士」聞一多 ▲「三家村裡的現代太史公」吳晗

[1] 「中國最後一個士大夫」王國維（1877-1927）與梁啟超、陳寅恪、和趙元任是「清華國學研究院」的「四大導師」。中國新學術的開拓者，連接中西美學的大家，在文學、美學、史學、哲學、金石學、甲骨文、考古學等領域成就卓著。王國維精通英文、德文、日文，使他在研究宋元戲曲史時獨樹一幟，成為用西方文學原理批評中國舊文學的第一人。陳寅恪認為王國維的學術成就「幾若無涯岸之可望、轍跡之可尋」。著述《人間詞話》等流傳甚廣。

[2] 「新詩魂的主導與學界鬥士」聞一多（1899-1946），著名詩人、作家、學者、民主主義者。因家傳淵源，自幼愛好古典詩詞和美術。1912年考入北京清華學校中等科一年級。1916年開始在《清華周刊》上發表系列讀書筆記，總稱《二月廬漫記》。同時創作舊體詩。1919年五四運動時積極參加學生運動，曾代表學校出席全國學聯會議（上海）。1921年清華學校畢業，11月與梁實秋等人發起成立清華文學社。歷任清華大學、西南聯合大學教授。1945年為中國民主同盟會委員兼雲南省負責人，投身民主運動。1946年7月15日遭國民黨特務暗殺身亡。

[3] 「散文大師、美食大家」梁實秋先生（1903-1987）是一位中外聞名的文學大師。1915秋考入清華學校，1923年8月赴美留學，先後進入科羅拉多大學、哈佛大學深造。馳騁於文壇五十多年，集散文家、翻譯家、評論家、學者與教育家於一身，有「中國新文學的瑰寶」、「國之寶」的美譽。

[4] 「三家村裡的現代太史公」吳晗（1909-1969），歷史學家。1930年因寫成《胡應麟年譜》，受到胡適賞識，1931年順利錄取清華大學史學系（主任蔣廷黻）。胡適寫信推薦其當工讀生，專治明史。1934年畢業並留校任校，專講明史，著有《朱元璋傳》。吳晗先加入民盟，再入中國共產黨，曾任西南聯合大學、清華大學教授，中國科學院歷史研究所學術委員，中國科學院哲學社會科學部學部委員，北京市政協副主席，北京市副市長。文化大革命期間因為所編《海瑞罷官》戲劇而被當權者批鬥，1968年3月被捕入獄，1969年10月在獄中去世。

[5] 徐虹主編，《清華四才子》，東北師範大學出版社（1997）。

中國科技界的三錢與清華有何淵源？

▲ ①中國近代力學奠基人錢偉長
　②「中國原子彈之父」錢三強與夫人
　③「中國飛彈之父」錢學森

　　中國科技界的三錢是近代力學奠基人錢偉長、「中國飛彈之父」錢學森、「中國原子彈之父」錢三強，均於1950年代從海外返國，時任總理的周恩來稱他們為「中國科技界的三錢」。錢偉長是清華校友及教授，錢三強夫婦皆是清華校友，錢學森則是清華大學庚款留美公費生，也曾在清華創辦工程力學研究班。

〔附記〕　中國科技界的三錢傳略

一、錢偉長[1]

　　錢偉長（1912-2010）；力學家、應用數學家、教育家，中國科學院院士，上海大學校長。1931年考入清華大學。1935年，以優異的成績從清華大學

物理系畢業，並錄取為清華物理系的研究生。1939年赴昆明在西南聯合大學講授熱力學。1939年，通過第七屆中英庚款會公費留學力學專業的考試，1940年1月赴加拿大多倫多大學學習。1941年10月，錢偉長完成以薄板薄殼統一內稟理論為內容的博士學位論文。於1942年春季參加了加拿大國家研究會主持的應用數學特種委員會的工作。

1942年，在美國加州理工學院和噴射推進研究所做博士後研究，在馮·卡門教授指導下從事航空航天領域的研究工作，參加火箭和飛彈實驗。抗日戰爭結束後，錢偉長於1946年5月回國。應清華大學之邀，擔任機械系教授。直到1949年，他幾乎包辦了清華、北大、燕京大學所有的應用力學、材料力學的課程。

1949年3月，清華大學成立委員會，錢偉長為常委兼副教務長。1952年院系調整後，錢偉長被任命為純工科的清華大學教務長。1954年，當選為中科院學部委員兼中科院學術秘書。1980年代被任命為清華大學副校長，仍兼教務長和力學教授。

1957年1月發表《高等教育的培養目標》，反對蘇聯教育體制中的一些工作思路，提倡理工合校，重視基礎學科，在清華大學內引發三個月的大討論，並最終在反右中被劃為右派分子，批判為反動學術權威、萬能科學家，停止一切工作。1979年中央撤銷把錢偉長劃為右派分子的決定。

1980年恢復為中國科學院學部委員，1983年被鄧小平親自下調令，調任至上海工業大學，任校長一職，並寫明此任命不受年齡限制。2010年在上海逝世，享年98歲。[1]

二、錢三強[2]

錢三強（1913-1992），原子核物理學家，中國原子能事業的主要奠基人和組織領導者之一，在中華人民共和國的「兩彈一星」工程中作出了重大貢獻，1999年被中國政府追封為「兩彈一星元勛」。

錢三強於1932-1936年就讀清華大學物理系，1937年留學法國，在法國巴黎大學居里實驗室和法蘭西學院原子核化學實驗室從事原子核物理研究工作，獲博士學位，師從諾貝爾獎獲得者伊雷娜·約里奧—居里及其丈夫弗雷德里克·約里奧—居里。自此期間，在研究鈾核三裂變中取得了突破性成果。

1948年回國後，他先後擔任了中國科學院近代物理研究所（後改名原子能研究所）的副所長、所長，計劃局局長，二機部副部長、中國科學院副院長。

他作為原子能學科的學術帶頭人和科技計劃的制定者，對中國原子能事業、「兩彈一星」計劃做出了巨大貢獻。文化大革命期間，錢三強被打成「反動學術權威」，受到批鬥和迫害，之後和太太何澤慧一起被下放到陝西的五七幹校，對核物理的研究也因此中斷。

晚年的錢三強，擔任了浙江大學校長、中國科協副主席、中國物理學會理事長、中國核學會名譽理事長等職務。1992年6月28日逝世。1999年，他被追授了由515克純金鑄成的「兩彈一星功勳獎章」，以表彰其貢獻。

其妻何澤慧（1914-2011）為中國最早女性原子物理學家，中國科學院資深院士。被譽為「中國的居里夫人」。1932-1936年就讀清華大學物理系，與錢三強同班。

三、錢學森

錢學森（1911-2009），浙江杭州人，空氣動力學家和系統科學家（工程控制論創始人之一），前美國空軍上校，中國科學院院士暨中國工程院院士。錢學森在中華人民共和國的「兩彈一星」工程中扮演了重要角色，為中美兩國的火箭、飛彈和航天計劃都做出過重大貢獻，1991年被中國政府授予「國家傑出貢獻科學家」榮譽稱號，1999年被中國政府評為「兩彈一星元勳」。

錢學森1935年考取清華大學庚款留美公費生赴美進修，並在清華大學導師空氣動力學教授王士倬指導下到南京的航空工廠和南昌的航空學院進行為期一年的實地考察，決定未來留美的學習方向。1936年起師從西奧多·馮·卡門；1945年被派赴德調查納粹德國火箭科技；1955年以韓戰空戰中被俘的多名美軍飛行員交換回中國大陸。曾任麻省理工學院及加州理工學院教授，是加州理工噴氣推進實驗室和中華人民共和國國防部第五研究院和中國科學院力學研究所的主要創建者之一，長期擔任第七機械工業部副部長和中國人民解放軍國防科學技術委員會副主任。[3]

1957年錢學森創辦工程力學研究班，開始真正在清華任教，但無清華教授頭銜。據其子錢永剛回憶，2009年錢學森曾引為憾事，經清華研究，決定立即續聘錢學森為清華大學教授，擬安排儀式由顧秉林校長將聘書當面交到本人手

裡。轉告錢永剛商量結果，錢家決定暫緩，把此事放到錢學森百年誕辰慶祝會上作為其中一項辦理，為慶會添彩。結果因錢學森年底辭世，終未能將聘書交到本人手中，列入履歷，成為遺憾。[4]

[1]　節錄自維基百科：https://zh.wikipedia.org/wiki/錢偉長

[2]　節錄自維基百科：https://zh.wikipedia.org/wiki/錢三強

[3]　節錄自維基百科：https://zh.wikipedia.org/wiki/錢學森

[4]　張克澄：〈三錢與力學雙子星〉，《人民週刊》，第15期，2019年，頁84-85。

利用庚款清華基金留學美國一共有多少人？在中國現代化過程中扮演何種角色？

　　中日甲午戰爭後，中國力求追隨日本而發奮圖強，日本成為中國人的偶像，留日學生一度高達五萬人，而到歐美留學的很少；但不久發現，日本值得效法的東西多是從歐美學習而來，巧在美國退還庚款，中國利用庚款選派了許多留美學生，而在學成歸國的留美學生人數逐漸增加之後，開始掌握政府、工商業以及教育界許多重要職位；據統計，由庚款選派出國的「清華人」自1909到1929年共1289人，對中國現代化發揮了巨大的影響力。

　　在此1289人中，在美期間，獲得博士學位的有254人，占19.7%，獲得碩士學位的有544人，占42.2%，獲得學士學位的有336人，占26.1%，未得學位的有151人，占11.7%，未得學位者，並不只因成績不良，也有因病亡故者。

　　另據統計，至1925年止，歸國庚款留美學生約620人，它們的職業分布是：教育界占33.78%，工程實業界占13.8%，政界占2.24%，新聞界占11.9%，軍界占0.64%。其他各界占1.7%，無職業者占4.6%，其餘已故或不詳。

　　但1928年國民黨北伐勝利後，國民政府改清華學校為國立清華大學。由於清華校務出現動盪，直到1931年梅貽琦出任校長後風波才告一段落。校務穩定後，清華自1933年起，開始選拔、派遣留美公費生、研究院生、中德交換生、津貼生等類型留學生，各132、11、7、48人。

▲1918 年，清華學生在上海登船赴美

清華大學1929-1947年畢業生知多少

　　清華大學於1925年成立大學部，1929年有了第一屆畢業生，由於國共內戰亂局，清華未曾呈報教育部1948及1949年兩屆畢業生名冊，目前有完整紀錄的，在兩岸分治前，僅止於1947年畢業生，而1929-1947年畢業生名錄資料盡載於蘇雲峰先生編撰《清華大學1927-1949師生名錄資料彙編》（《彙編》）中。[1]

　　《彙編》於2004年出版，歷經十餘年的努力，才得以問世，為蘇先生所著《抗戰前的清華大學，1928-1937》[2] 一書的副產品，補充說明清華大學之所以為國內一流大學，除有良好的領導人、充沛的經費、優良的教研環境和充實的圖書儀器設備外，主要有堅強的師資陣容和優秀的學生。由於清華採取精英主義，文法理工四學院在校學生最多時不過千餘人，1929-1947年間之大學部畢業生人數也不過2,264人，研究所畢業生61人，和六屆清華留美公費生132人，但他們對兩岸三地和美國的學術、教育、科學研究及工業建設，均有卓越的表現和貢獻。本書便是一個最有力的佐證。

　　根據蘇先生導言：「經歷二十餘年之努力，終於完成了《從清華學堂到清華大學，1911-1929》[3] 及《抗戰前的清華大學，1928-1937》二書；在進行研究清華校史時，不斷搜集有關清華教師和歷屆畢業生的生涯資料，作為《抗戰前的清華大學》之附錄，佐證清華教育之成就。然而專刊審查人以該師生名錄資料份量過大，建議另以資料彙編形式出版。這就是本書的由來。」、「曾在清華執教之教師七百餘人，歷屆畢業生二千四百餘人，要搜尋他們的出身背景、學經歷和生涯資料，的確是件難事。幸得國科會支持，和兩助理積年累月，廣泛搜尋，細心摘錄編輯，雖有漏網之魚，成績亦甚可觀。在世界教育史上亦可能是一項創舉。」、「本資料彙編之特點，在羅列個人資料外，還分別作教師的各項統計分析，和畢業生年齡、籍貫統計，及職場時空分佈與成就貢

獻。這些統計分析，有一部分取自《抗戰前的清華大學》一書，因移植於此，使讀者更了解這份資料彙編的意義，凸顯清華大學教育在中國近代史上的地位。」

《彙編》分析1929-1947畢業生資料：

一、大學本科畢業生2,264人（含女生158人），其中「文學院」426人，「法學院」683人，「理學院515人」，「工學院」640人。

二、「文學院」以「外文系」和「歷史系」人數較多，「法學院」以「經濟系」人數最多，「理學院」以「化學系」和「地學系」人數較多，「工學院」則以「土木系」和「機械系」人數較多。

三、「清華研究院」共有13個研究所，1933-1947年間，僅有畢業生61人。

四、於1944年以前，舉行過六屆公費留學考試，共錄取132人。

對照「新竹清華」在2022年有1910人獲頒學士學位，2505人獲頒碩士學位，250人取得博士學位，共有4,665人畢業，往昔今日有很大的差異。

就時空分布及職場成就而言：

一、抗戰期間：因應戰時需要，多在中國西南和西北部，從事公路、兵工、機械、採礦、美軍翻譯等基礎工作。

二、抗戰勝利後四年：分散於東北、華北、華中、華東和華南等地的政府單位，從事工礦、交通、金融和教育等工作。

三、1949-1980年：是事業成就巔峰期，不論在大陸、台灣、香港和美國等地，都居於各行業中高階層領導地位。

四、1949年以後：留有完整生涯紀錄者約三分之二，1,519人，留在大陸者，1,169人，約占77%，在台灣者，192人，在美國及其他地區者，115人，在香港者，僅43人。

在大陸以外地區，有十人被選為中央研究院院士，二人被選為歐美科學院院士；在台灣，學文法者多從事教學與學術研究，學理工者多投入公營企業單位，如中油、台肥、台糖、中紡、港務、中船、台機服務。

[1] 蘇雲峰，《清華大學1927-1949師生名錄資料彙編》，中央研究院近代史研究所史料叢刊（49），台北（2004）。

本資料彙編之資料來源，主要依據者為：《國立清華大學教職員錄1927-1949》、《國立西南聯大31年度教員名冊》、《清華大學一覽》（教職員錄，1947）、《清華機械工程系概況》（1936）、《清華大學1929-1947年度畢業生名冊》、《清華同學錄》（1937）、北京及新竹兩地清華大學出版的《清華校友通訊》、《清華大學1938級六十週年紀念集》（1998）、橋川時雄編纂之《中國文化界人物總鑑》、劉紹唐主編之《民國人物小傳》、黃延復、王小寧整理之《梅貽琦日記，1941-1946》、《吳宓日記》7冊、《清華人物志》4冊、《中央研究院第一屆院士錄》（1948）、《中央研究院院士名錄》（1996）、《中國科學院院士自述》（1996）、《國立西南聯合大學校史—1937-1946》、中國科學技術協會編纂之《中國科學技術專家傳略》。以及其他清華大學出版物與清華師生傳記、回憶錄和各級同學週年紀念集（尤以1938級最翔實）等文獻。

[2] 蘇雲峰，《抗戰前的清華大學，1928-1937》，中央研究院近代史研究所專刊（84），台北（2000）。

[3] 蘇雲峰，《從清華學堂到清華大學，1911-1929》，中央研究院近代史研究所專刊（79），台北（1996）。

來台灣的清華1929-1947年畢業生成就一瞥

　　根據蘇雲峰先生編撰《清華大學1927-1949師生名錄資料彙編》（《彙編》）[1]，清華1929-1947年間之大學部畢業生2,264人，研究所畢業生61人，以及六屆清華留美公費生132人；1949年以後：留有完整生涯紀錄者約三分之二，1,519人，留在大陸者，1,169人，約占77%，在台灣者，192人，在美國及其他地區者，115人，在香港者，僅43人。

　　1950年後的台灣，正值戰後經濟重建，由於資源有限，為求突破，政府必須發展教育與經濟，於1970年代創造台灣經濟奇蹟。在政策指引下，政府早期特別重視台電、台糖、台肥、中油、中紡、台機、港務等的整頓經營和各港埠的建設，清華人數雖少，多能發揮所學，因而對台灣整體經濟的復甦，作出了貢獻。此外，在教育與學術、國防以及私人企業，也多表現卓越。蘇雲峰先生在《抗戰前的清華大學，1928-1937》[2] 一書中曾對1949-1980年間表現卓著之約400人作過簡單介紹，以下僅列來到台灣192人中所知較有成就者：

　　一、理學院有29人，

　　物理系2人：賓果（1932級）為中油煉油廠廠長，顧伯岩（1938級）為台北工專校長，師大教授，

　　化學系15人：

　　學術界：錢思亮（1935級）為台大校長、中央研究院院士、院長，張明哲（1935級）為中油高雄廠廠長，清華大學校長，國科會主任委員，朱樹恭（1936級）為經濟部聯合工業研究所所長，清華大學教務長，

　　政府單位或公民營企業：趙焜雍（1929級）為台灣紙業公司總經理，張光世（1935級）為經濟部部長，余昌梧（1935級）為台糖廠長，陳端格（1935級）為台糖彰化廠廠長，費自圻（1939級）為中台化工、台灣氯乙烯公司總經理，黃達河（1939級）為台肥總工程師等，

生物系2人：劉發煊（1931級）為台灣省水產公司總經理，台大訓導長，香港新亞書院院長，

算學系3人：徐賢修（1935級）為清華大學校長，國科會主任委員，中央研究院院士。

二、工學院有69人，

土木系26人：

學術界：閻振興（1935級）為清華、台大、成大校長、中央研究院院士、教育部部長、原能會主委、中山科學研究院院長，馬惕乾（1938級）為淡江大學教授、建築師等，

政府單位或公民營企業：張昌華（1929級）為華泰建築師事務所創辦人，葉明升（1932級）為花蓮港務局總工程師，衣復得（1933級）為台灣省新聞處處長，張連榮（1936級）為高雄港務局總工程師，王忠漢（1936級）為台電總工程師，曹嶽雄（1938級）為觀光局局長，范純一（1939級）為台灣建設廳總工程師，馮鍾豫（1939級）為水資源規畫委員會主委、石門水庫副總工程師等，

航空系4人：

李家驤（1940級）為航空研究院院長、逢甲大學教授，嚴國泰（1941級）為清華特約講座等，

機械系29人：

學術界：盛健（1936級）為清華特約講座，葉衍鑫（1937級）為空工區部廠長和總工程師、空軍機校教授，田長模（1938級）為清大、成大等教授、中國工業學會理事長，孫方鐸（1938級）為清大、台大、成大等教授、中國力學學會理事長，黃雄盛（1938級）為空軍官校教育長，葉上芃（1938級）為東海、中興大學教授等，

呂鳳章（1936級）為聯合耐隆及華隆公司總經理、華夏樹膠公司董事長，王友彬（1936級）為光華工程公司總經理，李登梅（1936級）為台灣航勤服務處總經理，孫葆銓（1937級）為聯勤第三汽車廠廠長和總工程師，彭長松（1937級）為永康水泥公司總經理，楊德增（1940級）為基隆港務局船舶修理廠廠長，張有琮（1947級）為台泥昌工業公司機械廠廠長等，

電機系10人：

王修瑜（1936級）為台灣鋁業公司電廠廠長、鋁能技術顧問工程公司總經理、華夏樹膠公司董事長，王載（1938級）為成功大學教授、電子工程函授學校校長，徐永齡（1938級）為台灣興馬公司董事長，張去疑（1939級）為清大教授、國科會副主委，負責籌建新竹科學園區等。

三、法學院有64人，

社會系10人：田保生（1932級）為駐加拿大使館一等秘書，陳元屏（1932級）為駐約旦以及韓國大使館參事，葉琴（1932級）為立法委員，洪維溥（1936級）為私立世界新聞專科學校校長，居浩然（1936級）為私立淡江英文專科學校校長，台大、中興、東吳教授，周榮德（1937級）為北密西根大學教授等，

政治系17人：高士銘（1933級）為駐海地大使，王之珍（1934級）為駐阿根廷、烏拉圭、委內瑞拉大使，吳世英（1934級）為駐日本公使，駐伊朗大使，陳樂橋（1934級）為中華徵信公司總經理，俞國華（1936級）為中央銀行總裁、財政部長和行政院院長，萬膚年（1936級）為政治大學教授，鄒文海（1936級）為政治大學法學院院長，劉振鵬（1938級）駐土耳其、菲律賓、希臘等國大使館參事，郭鐸（1938級）為中花蓮市市長等，

經濟系37人：孫碧奇（1929級）為駐牙買加、巴貝多、菲律賓大使，謝兆芬（1929級）為中信局駐韓代表，王元照（1930級）為國際貨幣基金業務部處長，李植泉（1931級）為台灣省政府統計處長、私立致理商專創辦人，張人傑（1931級）為台灣省菸酒公賣局板橋廠廠長，梁學彬（1933級）為交通銀行駐菲律賓宿霧分行總經理，劉全忠（1933級）為立法委員，高德超（1934級）為經濟部統計長，師大及淡大教授，陳斯愷（1938級）為台糖公司財務副總經理等。

四、文學院有31人，

中文系8人：曲顯功（1932級）為台大教授，許世英（1934級）為台大、師大教授，趙賡颺（1934級）為師大教授，譚任淑（1934級）為師大教授，董童穌（1936級）為台大教授等，

外文系13人：饒餘威（1933級）為香港浸信書院院長，楊知禮（1937級）為曼谷公富公司總經理，唐雲壽（1938級）為外交部駐紐約領事、海陸企業總經理，鄧文禮（1938級）為師大教授，李慧可（1939級）為台大教授等，

歷史系10人：周培智（1929級）為政大、成大教授，新加坡南洋大學商學院院長，張貴永（1929級）中研院研究員、台灣大學教授，羅香林（1930級）為香港中文大學教授，楊紹震（1933級）為中研院研究員、東海大學教授，陶音（1933級）為師大教授，翁同文（1939級）為東吳大學教授，靳廣濂（1943級）為經濟部主秘、國營事業委員會執行長等。

清華留美公費留學生
第一屆（1933年）
夏勤鐸（國防化學門）為中油公司駐美代表，曾任紐約清華同學會理事長，美國森美進出口公司創辦人，
顧光復（飛機製造門）為航空研究院院長、空軍中將航空發展中心主任、台機公司總經理、工業技術研究院副院長。

第二屆（1934年）
宋作楠（成本會計門）為台糖公司協理、東吳大學教授，創立勤業會計師事務所，
楊紹震（美國史）為中央研究院研究員、東海大學教授。

第三屆（1935年）
方聲恒（儀器製造門）為台灣大學教授，
李慶遠（地理門）為中央大學教授。

第四屆（1936年）
王兆振（實用無線電學門）為中研院院士，工業技術研究院首任院長兼董事長，
孫晉三（英國文學門）為中央大學教授，
孫觀漢（玻璃製造學門）為清華大學原子科學研究所首任所長，
張明哲（化學門）為中油高雄廠廠長，清華大學校長，國科會主任委員。

第五屆（1941年）

葉玄（汽車工程門）為中研院院士，工業技術研究院能源研究所所長，光華開發科技公司董事長。

第六屆（1944年）

沈申甫（航空工程門）為中研院院士，台灣大學特約講座教授。

由上可見，在台灣，學文法者多從事教學與學術研究，學理工者多投入公營企業單位，如中油、台肥、台糖、中紡、港務、中船、台機服務。

[1] 蘇雲峰，《清華大學1927-1949師生名錄資料彙編》，中央研究院近代史研究所史料叢刊（49），台北（2004）。

[2] 蘇雲峰，《抗戰前的清華大學，1928-1937》，中央研究院近代史研究所專刊（84），台北（2000）。

梅貽琦校長名言思緒源流與英譯

　　梅貽琦校長的名言：「所謂大學者，非謂有大樓之謂也，有大師之謂也」，是否有所本？有無適當英譯？

　　梅校長在1931年在清華的就職演說中說的是：「一個大學之所以為大學，全在於有沒有好教授。孟子說：『所謂故國者，非謂有喬木之謂也，有世臣之謂也』。我現在可以仿照說：『所謂大學者，非謂有大樓之謂也，有大師之謂也』」。

　　如依照孟子相關篇章《孟子·梁惠王下·第七章》：「所謂故國者，非謂有喬木之謂也，有世臣之謂也。王無親臣矣！昔者所進，今日不知其亡也。」英譯：

▲ 梅貽琦校長名言是大學最適切的嘉言

「When men speak of "an ancient kingdom," it is not meant thereby that it has lofty trees in it, but that it has ministers sprung from families which have been noted in it for generations. Your Majesty has no intimate ministers even. Those whom you advanced yesterday are gone to-day, and you do not know it.」

梅校長名言可譯為「When men speak of a great university,it does not mean that it has magnificent building, but it has great scholars.」

另劉真先生的《教育問題平議》（台北：商務印書館，1987年）一書中，曾提到「美國教育史上著名的霍普金斯大學（The Johns Hopkins University）大學創校校長吉爾曼（Daniel Coit Gilman），即著重於如何遴聘優良教授主持學術研究工作。」吉爾曼在就職演講中曾說：「好的大學必須有好的教授」（We cannot have a great university without great professors）。他另有一句三個字的名言是：「Man, not buildings」，也就是「大學所需要的是宏大的人，而非大廈」，引申可為「所謂大學者，非謂有大樓之謂也，有大師之謂也」，較適切英譯是「The essence of a great university is to have top scholars, not big buildings」，另或可譯為「A great university may not have magnificent buildings, but must have great scholars.」

梅貽琦校長為什麼於1948年12月搭政府專機離開北京，從此永久告別清華園？

　　1948年12月初，國共內戰接近尾聲，戰局對國民政府十分不利。蔣介石手諭指令傅斯年與朱家驊負責制定《搶救大陸學人》計畫，並在具體執行和實施上由傅斯年、陳雪屏與蔣經國三人組成小組，負責具體搶救事宜的研究謀劃和具體操作。

　　按照蔣介石的指令，此計畫中以下學人是要必須「搶救」出來經南京送赴臺灣的：一是大陸各大專院校的負責首長；二是原中央研究院院士；三是因政治原因必須限令離開大陸的高級知識份子；四是在國內外學術上有傑出貢獻者等。而搶救的名單上幾乎全是清一色當時國內卓有成就的傑出知識份子，

▲ 1954年梅貽琦校長在台北搭機赴美

而以北大校長胡適與清華校長梅貽琦領銜。梅校長適於12月21日乘專機飛抵南京。[1]

據資料統計，當時國民政府中央研究院共擁有81位院士，僅有十位院士跟隨去了臺灣，有十二位旅居國外，而有60餘位院士選擇繼續在大陸。選擇離開的知識份子是少數，大多數還是選擇留下來。因此有梅貽琦校長為何會選擇離開他「生斯長斯，吾愛吾廬」的清華園？

事實上，梅貽琦校長在條件成熟之下離校出走，是早已有「定案」在胸的。11月28日，他的夫人攜長女及兩個外孫搭乘軍界親友的飛機離開北平，經廣州抵香港暫駐；這期間，梅貽琦還在北平城裡設了一個「校產保管小組」，把一批重要帳目和物資轉移到城裡……。

據時任清華教務長吳澤霖先生回憶說：「有一天早上，在門口兒梅乘車出去，我剛走進來，他車停下來，我先問他：『怎麼樣？聽說你是不是要走？』他說，『我一定走，我的走是為了保護清華基金，假使我不走，這個基金就沒有法子保護起來』。」[2]

另一方面，梅校長自由民主理念，與共產極權主義格格不入。尤其在北京治校期間，校務備受由中共指揮的職業學生不斷的鼓動學潮，無所不用其極；梅校長雖基於職責，盡力保護學生安全，但對其作為是十分不以為然的。為政治學潮罷課事件，曾採取斷然措施，於民國25年6月29日，給發動罷課風潮和阻撓考試，並「違反校規，不知悔改」的「救國會」頭頭和成員予以嚴厲處分。開除4人學籍；12人各記大過二次；1人記大過一次。

同時抗戰復原不久，國共內戰隨即展開，由中共指揮「反內戰」、「反飢餓」、「反美帝」等學潮再度轟起；梅校長既痛心於復員後興起之全國騷動，又感多年抱持之大學教育理想再次破滅，頻頻與教育界人士聯名發表對國事之呼籲，希望國人明辨是非善惡，珍重國家民族前途，配合世界局勢，避免無謂之叫囂，與擾亂社會治安、動搖戰後人心望治之群體活動。但終因大局扭轉，無補於事，他於1945年，談時局與學校將來問題：「蓋倘國共問題不得解決，則校內師生意見將更分歧，而負責者欲於此情況中維持局面，實大難事。民主自由將如何解釋？學術自由又將如何保持？使人憂惶！盼短期內有所解決，否則非但數月之內，數年之內將無真正教育可言也！」後來果然「漸乃認定畢生辦學之理想，至此皆成為絕無可能之幻想。……先生之慨歎者屢矣。」[3]

〔後記〕

　　梅貽琦乘機離平後，當天抵達南京。第二天，孫科行政院長便發表了他為教育部長的委任令。他堅辭不就，由陳雪屏代理，但允主持「南來教授接待委員會」。不久，局勢進一步急劇變化，蔣介石於1949年1月「引退」，李宗仁將南京政府南移廣州，孫科辭職，何應欽接掌「行政院」，「教育部長」一職由杭立武接替。梅貽琦完全脫離「教育部長」虛銜，移居上海。未久，廣州教育部邀約歷任教育部長商討「教育前途大計」，梅於3月由滬抵穗。會議餘暇赴港與夫人會面。期間曾向人透露說，他已經答應杭立武的邀約，聯繫有名的教授學人在臺灣籌組編譯館，他本人先赴巴黎出席聯教組織的科學會議……[2]

[1]　搶救學人，維基百科：https://zh.wikipedia.org/wiki/搶救學人
[2]　黃延復、鐘秀斌著：《一個時代的斯文——清華校長梅貽琦》，九州出版社，北京（2011）。
[3]　岳南，《大學與大師：清華校長梅貽琦傳（上下冊）》，中國文史出版社，北京（2017）。

新竹清華

聚焦新竹清華，整理增修在台發展簡史，藉由問答方式
介紹校園景觀地理與建物、名人事蹟、教學情形等內容；並
有多篇書序、各項典禮與紀念會致詞等附錄，資料多元豐
富。建構新竹清華文理、五育並重的教育風格，及積極邁向
華人首學的目標。

新竹清華建校經過

　　1954年3月，梅校長回台參加國民大會，留台期間，曾環島考察，並與教育部商定，籌辦新興科學研究機構。

　　1955年，「中美合作研究原子能和平用途協定」正式簽字，政府決定設立原子科學研究機構，發展原子科學之研究，乃電召梅貽琦校長返國籌議。1955年11月，抵台籌辦「原子科學研究所」。並於同年12月，由行政院組設「清華大學研究院籌備委員會」，以教育部長張其昀與清華大學校長梅貽琦為共同主席，國防、外交、財政、經濟四部代表，暨蔣夢麟、浦薛鳳、錢昌祚，陳雪屏、錢思亮、金開英、洪紳諸先生為委員，教育部高教司司長孫宕越及趙賡颺為秘書。1956年1月，第二次籌備會中決定：

一、校址設於新竹市東郊赤土崎。
二、先設原子科學研究所，將來設三研究所，招收研究生。
三、開辦費、建築費與經常費由政府核發，圖書設備費由清華基金利息支付。

　　1956年1月，即在台北成立籌備處，以陳可忠為主任；清華在台復校工作由此開始。名為復校，實為建校：擇地、建屋、購置圖書儀器、裝配實驗室，一切都得從頭做起。復校後，梅貽琦繼任校長，1958年7月，副總統陳誠獲任命兼行政院長組閣，力邀梅校長出任教育部長，梅校長數度堅辭，均不被接受，最後不得不以「不離清華，不辭校長」為條件勉為答應，直到1962年5月病逝為止，自1931年任北京清華校長，為清華之最高負責人，前後共32年之久。

　　清華復校的校址設於新竹市，土地由中國石油公司（今台灣中油公司）撥讓42甲，連同新竹縣政府贈送土地約34甲，又陸續收購民地，總校址面積達86

甲餘。接收之後，即著手興建校舍，其建築完成先後依次為辦公大樓及東院教授宿舍（1957年）、天然氣櫃、物理館（1958年）、新南院教授宿舍、單身教授宿舍、反應器館、核工館（1960年）、科儀館（1962年），建設速度，被台灣學界稱之為「魔術師般神速」。

　　建設校舍之同時，亦著手準備招生授課。1956年9月，即招考原子科學研究所首屆研究生，錄取21人，先假國立台灣大學上課。課程為二年制，畢業授理學碩士學位。次年，首批校舍（辦公室、教授住宅及職員、學生宿舍）完工，秋季即開始在新竹上課。

　　在籌備儀器設備方面，梅校長於1956年3月赴美洽聘教授的同時，亦洽訂原子反應器及訂購儀器，並洽撥基金年息，結束清華在美未了事務。「在美教育文化事業顧問委員會」主委交程其保代理，洽妥美國贈送原子爐價款、有關原子研究機構合作事宜；同年，向美國訂購范氏加速器，於1958年7月開始安裝，次年春安裝完成。當時原子科學研究所最重要的設備為清華水池式反應器，於1961年4月13日達到臨界。這座反應器係於1958年3月和美國奇異公司簽約，1958年冬開始興建，1961年12月2日（世界第一座原子爐臨界日）在台北舉行正式啟用典禮，梅校長因病篤，僅能在病床上接收音訊。

　　1962年夏，因鑒於數學之重要性與日俱增及國內缺乏大專學校的師資，為培植數學研究人材、充實大專數學師資、並加強原子科學研究之數學課程，增設了數學研究所，於1963年春季招考第一屆研究生。1964年，恢復大學部，先設置核子工程及數學兩系，參加聯合招生。1965年，增設物理系，1966年又增設化學系。同年7月，成立物理研究所，隔年設立博士班。1968年成立化學研究所，招收第一屆研究生，後又繼續成立各種所系。[1]

[1]　趙賡颺編著，《梅貽琦傳稿》，邦信文化資訊公司，台北（1989）。

◀ ①1954年梅校長與胡適參加蔣中正總統茶會（「胡適紀念館」
　授權）
　②1956年視察新竹赤土崎校地

▶ ①1956年與第一屆研究生合影
　②1957年與第一批教職員合影

清華在台灣何時以「國立清華大學」為名運作？

清華曾是「一所大學」嗎？

清華於1956年在台建校，雖僅設「原子科學研究所」一所，自始即以「國立清華大學」為名運作。由於當時教育部有大學有三學系方可設院、三學院方可設校規定，特准清華成為「一所大學」，可謂破格。事實上，到1960年代，大學法仍規定，具備三個學院以上的條件，才可成立大學。同時部定標準：設置九個以上學系，依其性質，可以成立三個以上學院。

另一方面，與清華緊鄰的「國立交通大學」建校名稱則遠較曲折，1958年，成立時名為「國立交通大學電子研究所」。1967年，電子研究所改制為工學院，稱「國立交通大學工學院」。1979年，才恢復校名為「國立交通大學」。

據時任梅校長秘書的趙賡颺記述1956年1月「國立清華大學研究院籌備委員會」第二次會議決議：「先辦原子科學研究所，將來設三研究所」，會後教育部秘書室傳達張其昀部長指示：「（一）交通大學同時復校，另設一研究所，故稱『交通大學電子研究所』；清華經費充裕，能辦三個研究所，故稱『大學』；且已列入會議記錄，宜加籌畫。（二）交大主要研究電子，清華先研究核子（nuclear），宜改稱核子研究所，（三）清華從速招收研究生」等。梅貽琦校長認為：「（一）增設研究所，須俟原子科學研究所成立後，視設備經費情形，再行籌議，（二）nuclear譯為核子或原子皆可，惟原子流行較早，涵義似亦廣些；況報告、提議、決議、紀錄，皆已先通用在案，更改似無必要」，並以此回應教育部，而得以照原計畫進行。[1]另一方面，梅貽琦校長本

來計劃，待新竹校地建築完工，教學設備初具，再行招生；但因最高當局關切，教育部長催促，並有年度預算及員額編制等問題，必須預先確定，不能等待，即先招考研究生。

梅校長預計建築與購置設備費時，乃與台大錢思亮校長洽商合作，原則上研究生先借台大上課，並藉台大師資與設備。因清華人手不足，報名事務委託師大註冊組辦理。考題與閱卷，由梅校長約聘學者擔任，考卷之製作及彌封編號，試題之打、印，皆由梅校長親自主持。錄取及註冊者十五人，九月底全部住入台大宿舍，十月三日正式上課。[1]

至於「國立交通大學電子研究所」要到1958年才正式成立。清華成立時，僅有「原子科學研究所」，成為有人戲稱「一所大學」的由來。

[1] 趙賡颺編著，《梅貽琦傳稿》，邦信文化資訊公司，台北（1989）。

▲ 教育部令知清華設置大學部公文及核工、數學系暫定課表

新竹清華是否因持有清華創校大印而為兩岸清華正統？

　　中國人講求正統，正統往往看是否持有大印，比如皇帝的玉璽就代表天命，如果玉璽丟失就可能就要由別的人做皇帝。有很長一段時期，傳說梅校長是帶著清華的校印到新竹，因此新竹清華可被認為是正統的清華大學。但後來在檔案中找到一份公文，說明梅校長離開北京清華時太匆忙，未及帶出校印，新竹現用的校印是後刻的。

▲ 國立清華大學關防

▲ 國立清華大學印信

清華大學庚款基金還存在嗎？
它的孳息是怎麼分配的？

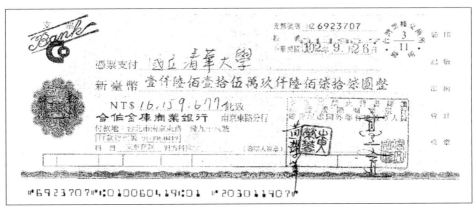

▲ 2013年「中基會」支付清華大學「清華大學基金」利息支票

　　庚款基金清華大學部分自1929年起由「中華教育文化基金會」（「中基會」）保管經營。1949年，國內局勢動盪，有收益之資產，只剩美元資產。此後幾年，因為清華大學尚未在台復校，每年支出較少，所以基金累積頗為迅速，直到清華大學核原子科學研究所成立後，才逐漸減緩。至2017年，「清華大學基金」資本額市場價值達美金3,670萬元，每年收入達美金百萬元。

　　由於歷史原因，新竹清華是現今庚子賠款清華大學基金唯一使用者；根據與教育部訂定之「清華大學基金」永久保管辦法中規定，基金只能動用利息收入，「中基會」僅負基金保管與營運之責，基金每年之收益，接根據教育部核准之清華大學預算逐年撥付，不過問其預算內容。[1]

　　國民政府於遷台後，物力維艱，擬關教育財源，有人建議當局，謂美庚款原本供清華大學及清華留美生之用，北京清華既已陷落，似宜將在美之庚款基

金，全數移撥台灣，作為教育之外匯來源。政府乃正式諮詢時任農復會主委之「中基會」董事蔣夢麟，將當局旨意通知該會後，「中基會」代幹事長胡適回函，澄清當年中美政府協議成立「中基會」要旨，目前清華基金利息，未與北京清華，只以一部分在美國用作中美文化事業及補助台灣高等教育之用。當局遂命教育部電告梅校長，囑將清華基金利息，盡量用於國內文化教育事業，並邀梅校長回台一行，詳加計議。梅校長於1954年3月首途抵台，開展了清華在台建校之契機。[2]

[1] 〈1924-2018業務報告〉，台北；財團法人「中華教育文化基金會」，2019年3月。

[2] 趙賡颺編著，《梅貽琦傳稿》，邦信文化資訊公司，台北（1989）。

「清華大學基金」與「中華教育文化基金董事會」

　　由於義和團事變導致滿清政府與八國聯軍作戰，失敗後屈辱地簽署「「辛丑合約」，包括「庚子賠款」。後來美國發現，美國部分原索過多，在清廷駐美公使梁誠先生積極運作下，決定退還多索部分。

　　在美國國會通過法案中，指明將美國退還多索的庚款作為高等教育之用，而為歷史上所稱的「庚款興學」由來。1908年12月28日，美國免除了折合11,961,121.76美元的賠款，將其用於選送留美學生，逐漸演變為支持清華大學的建設。這筆款項，連本帶利，共達28,992,261美元，分三十二年撥付，1909-

▲2018年「中基會」董事合影

1910各483,095美元，1911-1914各541,198.78美元，1915為724,993.42美元，1916-1931各790,196美元，1932-1940各1,380,378美元。

　　北洋政府時期，中國外交總長、外交次長與美國駐華公使三人共同組成「清華基金」保管委員會。三人中外交部占了二人，故外交部對於這筆基金基本上是可以運用自如。所以，外交部始終不肯放棄清華的管轄權。這種體制成為清華發展的瓶頸，要破除這種體制，必須解決「清華基金」的獨立。因牽涉到中央部門的利益，雖弊端叢生，但解決問題的阻力極大。羅家倫校長克服困難，最後得將基金直接交由中美人士合組的「中華教育文化基金會」代管。1929年4月30日，行政院訓令外交部、教育部將這項基金移交「中華教育文化基金會」（「中基會」）[1]。8月2日交接清楚，清華基金從此得以安全與增長。

　　按「中基會」係1924年5月21日，美國國會同意免除賠款中美國部分最後一部分，折合6,137,552.90美元，退回餘款本利1250餘萬美元，作為「中國教育文化基金」，並成立「中基會」管理。

　　「中基會」於1929年6月29日第5次年會，議決接受國民政府教育部及清華基金保管委員會之委託，負責永久保管與營運「清華大學基金」。同年7月9日第18次執行委員會修正通過接收「清華大學基金」及代管「清華大學基金」每月退還庚款的辦法。

　　「清華大學基金」自「中基會」接管後，截至中日戰爭開始前，情況逐漸改善，基金總數不斷增加。這種趨勢在戰時受到很大挫折。1949年，國內局勢動盪，有收益之資產，只剩市場價值美金455萬元資產。此後幾年，因為清華大學尚未在台復校，每年支出較少，所以基金累積頗為迅速，直到清華大學核子科學研究所成立後，才逐漸減緩。

　　在清華建校初期，「中基會」曾擔保貸款美金100萬元，另於1974年（民國63年）貸款美金150萬元予清華大學，用以充實建設。以上貸款均清償完畢。至2017年，「清華大學基金」資本額市場價值達美金3,670萬元，每年收入達美金百萬元。相較「中基會」自有基金約美金917萬元，達四倍之多。

[1] 〈1924-2018業務報告〉，台北：財團法人「中華教育文化基金會」，2019年3月。

清華校地有多大？原來屬於那個單位？

清華復校曾「一元購地」嗎？

　　清華復校的校址設於新竹市，起初由中國石油公司提撥約42甲（40公頃）原屬日本海軍燃料廠的土地，名義上由教育部增列預算三百六十餘萬，再由中油將等價繳庫對銷，坊間傳聞「一元購地」並不正確。

　　另由新竹縣長朱盛淇同意再撥約34甲（33公頃）土地，加上清華自身向周邊民家收購者，此時校地共約86公頃。

　　據1950-56在新竹中油公司任職的校友，而在1956年1月轉任清華大學工務處主任的朱樹恭教授回憶，他與新竹縣交涉，敲定撥40甲。另早期清華光復路北面還有一大塊約兩百甲土地，為日據時代的海軍燃料廠，原來也屬中國石油公司，但在清華建校一年前，撥交台灣銀行。所以後來中油公司有人說假使清華早來一年，光復路南北兩邊的地可能都給清華。[1]

▲ 1960年代空拍圖（「清大圖書館」授權）　　▲ 2010年空拍圖

另一方面，清華從1989-2003年，歷經約十五年，總預算超過十五億元，完成開發總面積達16.7公頃的南校區。其中約三分之二原為墓地區，其餘三分之一為聚落區。清華大學於1986年即提出都市計畫變更申請，1991年，公告為學校用地，1996年，完成私地徵收與公地撥用程序。公地撥用獲當時新竹市長童勝男的大力支持。[2]

[1]　陳華、倪瓊湘，《朱樹恭教授訪談稿》，清華大學圖書館數位校史館（2008）。

[2]　國立清華大學圖書館特藏組策劃整理；吳泉源主編：《話說清華》，206，國立清華大學圖書館出版社，新竹，（2011）。

成功湖是人工湖嗎？在日據時代有何用途？名稱由何而來？

　　成功湖是日本海軍第六燃料廠的蓄水池（滅火湖），今稱消防水池，是煉油廠必須的設備。據曾任教務長的朱樹恭教授說：「當時是海軍燃料廠的蓄水池，跟北面日本海軍燃料廠是通的，在水中有個開關，一放水，就通到北面工廠。我們到新竹有時要放水，水通通流到馬路上。」成功湖位於清華與現為「工業技術研究院」眷區光明新村交界地方，朱樹恭教授說：「光明新村因地在光明里，就取名光明新村。」

　　有人就「成功湖」命名的由來，擬選擇題如下；

▲ 成功湖有「清華第一景」之譽

（a）紀念鄭成功，

（b）紀念成功光復台灣，

（c）紀念清華成功在台復校，

（d）其他

　　答案為（d）。朱樹恭教授回憶說：「那個時候，成功湖也沒有名字，取名時，因當時最熱門的新聞是聯合國大會正巧在美國紐約開會，地點就叫成功湖（Lake Success），於是我便將這個蓄水池命名為「成功湖」。」據總務處從空照圖以CAD丈量，「成功湖」面積約為33,000平方米。

〔附記〕

　　成功湖有「清華第一景」之譽，是清華引以為傲的生態教學園地。清華大禮堂雖在成功湖畔，但相距五十公尺；朱樹恭教授回憶說：「後來新竹縣政府把成功湖劃為新竹的風景區，風景區有個限制，就是離開湖五十公尺才能蓋房子，所以清華大禮堂離開湖五十公尺。」

　　成功湖湖面廣闊，裡頭有個湖心島，座落在湖的中央，有小橋（克恭橋）通往湖心島；現在湖心島的中國式亭子則在1986年命名為「寄梅亭」，很多清大人都叫她湖心亭，湖心亭的原名叫做寄梅亭，是為紀念清華學校第二任校長

▲ 成功湖因聯合國大會臨時會址得名

（1913-1918年）周詒春（字寄梅）先生。

「克恭橋」之修築乃由1966年間，1943級校友翟克併為紀念其兄翟克恭校友，捐贈通往湖心島的水泥橋一座；於1966年5月1日舉行成功湖命名典禮。

「八角亭」在成功湖步道的一端，與垂岸的楊柳並依，小巧獨特。此亭是由08級（1936年畢業）校友於畢業四十年（即1976年）所共同捐建，其亭中的匾額上仍由清華校友、前外交部長與駐美大使——葉公超先生題字「八極四秩」，取「和道八極，賞樂四序，顏曰八極四秩蓋亦諧意八級四十也」，亦即第八級畢業四十年之意。

又按翟克恭校友（1904-1957年）為有名經濟學家與實業家，於1955年投資2500萬美元，在檀香山市夏威夷河上建成立體鋼架鐵橋，取名為「中國克恭橋」，為旅美華僑爭光；在清華期間，曾任足球隊中鋒，代表華北隊，奪得全國冠軍，據馬約翰教授回憶說：「有個足球隊員，叫翟克恭，是中鋒，球踢得很好，最快，最準確，不但在全校有名氣，就是在華北也很負盛名。他的踢球作風本來不錯，但經過一個暑假，就變了。原因是，有一個暑假，他回到上海，在上海踢球，什麼勾人、壓人的壞習氣都學來了。他一回到學校，在踢球中就表現出來。我挺生氣，當場就叫他下來，狠狠地批評了他，並嚴肅地說：『你不改掉，就開除你。』後來他接受了批評，改過來了。這就是說，清華的校隊不僅要求有好的技巧，而且要求有好的風格。」

葉公超先生（英文名：George K.C. Yeh, 1904-1981），1925年美國Amherst大學文學學士學位，英國劍橋大學文藝心理學碩士，巴黎大學研究院短期研究，Amherst大學名譽文學博士。1929年，擔任清華大學外文系教授，為新詩新月派代表人物，有才子之稱。1937年，任西南聯大外文系主任。抗日戰爭期間，曾因維護「毛公鼎」，被關在日本大獄中四十九天。此鼎幾經周折後，1946年歸故宮博物館，現存台北。

1949年他到台灣。先後任外交部長、駐美大使和資政。1961年聯合國大會討論蒙古入會案，投棄權票與政府訓令不合，被黜免返台，賦閒後自云：「怒而寫竹，喜而繪蘭，閑而狩獵，感而賦詩。」1981年病逝於台北。

清華學生與校友對於成功湖的生動描述所在多有：

「岸旁楊柳依依，偶有一、二隻白鷺飛來，將成功湖點綴的碧水綠波，景致生動迷人。湖心亭亭子雖小小的，據說戀人如果一起到湖心亭許願，可以讓

在校期間戀情順順利利。通往湖心亭的這一小塊區域，有著一大群不怕人的鴿子、麻雀和松鼠，空檔時間可以試著過來成功湖走走看看，也許會遇到活蹦亂跳的松鼠群。」

「成功湖波光粼粼，湖畔有許多可歇腳的椅子，看著在枝頭奔竄出現的松鼠的野趣，不愧為清華最適合約會的場所。」

「成功湖拍婚紗，繞著湖捕捉著美景，留下滿滿幸福的回憶。」

「生日要被丟『成功湖』的傳統當然沒有被遺漏掉，或是自己從湖上的橋跳下去。夜晚的成功湖是一片漆黑被丟下到水面的那瞬間感覺十分的特別，畢生難忘。」

「成功湖畔是清華最多歡樂的地方，

社團的鋼琴聲、樂器聲、歡笑聲從不間斷，

常有一對對的情侶在散步湖邊，

松鼠在樹梢間跳躍，

家長帶著小朋友在玩耍著，

更有新人在這裡拍出美美的婚紗照，

尤其每到同學生日、社團活動的時候，

湖畔邊更是聚集了好多同學、朋友熱鬧登場。」

「成功湖畔的落葉，每一片落葉代表著一年來成長的記憶，

而層層的落葉象徵著時間與記憶的堆疊。」

「湖心亭對面有『西瓜島』，以及『八角亭』，開放給學生社團活動，當作烤肉區。」

「相思湖」因何而得名？有多大？

「相思湖」因何而得名？
（a）王維詩：「此物最相思」，
（b）李白詩：「相思相見知何日」，
（c）胡適詩：「情願相思苦」，
（d）其他。
答案為（d），因為該湖為相思樹環繞而得名。

　　相思湖是在毛高文校長任內開發的梅谷一部分。梅谷原是舊校區南端一處未開發的原始叢林，面積十餘甲，林業茂盛，但人跡罕至，為了增設院系所需，必須拓展校地，於1985年4月，初步開發完成。

▲ 相思湖為相思樹環繞而得名

1985年6月，在梅谷旁的核工館完工，在興建核工館過程中，開挖地下室出來的土就用來在梅谷底築壩，因而在中央圍成一個人工湖，也就是「相思湖」。成為清華學子與遊人徜徉的美景之一。另一方面，整理出約四米寬的環湖步道，四季分有梅花、山櫻花、杜鵑花、羊蹄甲、火炬刺桐、緬梔花、桂花、聖誕紅、黃花夾竹桃、南美粉撲花、南美朱槿、七里香等盛開，經常花香撲鼻，美不勝收。

　　梅谷最高點，也是清華校區最高點，海拔115公尺，不知何時起被稱為「光明頂」，與清華名譽博士金庸著名武俠小說「倚天屠龍記」中明教之「光明頂」同名，也常成為談助。同時「光明頂」也有人稱之為「沈君山」，乃因清華前校長得名，由於沈前校長曾有一段時期與著名影星兼才女胡茵夢交往，因而相思湖亦有「茵夢湖」之名，同時又與愛情中篇小說「茵夢湖」（Immensee）同名，\為清華校園平添浪漫氣氛。

　　據總務處從空照圖以CAD丈量，「相思湖」約為「成功湖」六分之一大，面積約為5,000平方米。

▲ 相思湖亦有「茵夢湖」之名

「昆明湖」因何而命名？有多大？

「昆明湖」因何而命名？

（a）漢習樓船在長安西南「昆明池」，

（b）北京頤和園昆明湖，

（c）西南聯大在昆明，

（d）其他。

以上選一為正確答案。

▲ 昆明湖極可能由西南聯大在昆明得名

▲ 湖南有壬戌年（1922年）校友捐建的「壬戌亭」

▲ 昆明湖空拍圖（取自谷歌地圖）

　　目前尚未有書面記載答案，但據說為前西南聯大校友、後曾任新竹清華學務長與總務長洪同以紀念抗戰期間清華在昆明與北京大學與南開大學同組西南聯大而命名，而清華與「昆明池」素無淵源，北京清華雖與頤和園昆明湖緊鄰，但亦無充分理由因此命名，故答案即可能為（c）。

　　「昆明湖」位於理學院與電資館邊，湖邊有一個閘口，控制水量。上面有一座漆白邊之紅色欄杆小橋，相當別緻，分隔上、下兩池，有約一米高落差，形成一小型飛瀑，下池甚為清澈，應由過濾上池流下泥沙所致。上、下池均有魚群悠游於其中，以烏黑色吳郭魚為主，亦有少數錦鯉，似已習於和平相處。環湖有杜鵑花、山櫻花、白千層、紅杏花等，盛開時，十分美麗。湖東有九重葛覆蓋之遮蔭走道「六一花廊」，為1961級校友捐建，在夏日漫步其間，甚為涼爽怡人。湖南則有壬戌年（1922年）校友捐建的「壬戌亭」，旁設觀湖情人椅，三五好友，共聚觀賞湖景，其樂何匹。

　　據總務處從空照圖以CAD丈量，「昆明湖」約為「成功湖」十分之一大，面積約為3,000平方米。

梅校長與新竹清華

　　梅校長於1948年12月21日；乘國民政府專機自北京飛抵南京。梅校長出走應是經過深思熟慮的，在他離開北京約一個月前，即11月28日，梅夫人與長女與兩個外孫先搭乘軍界親友的飛機離開北平。1980年10月，北京清華召開「回憶梅貽琦先生座談會」中，在1948年任教務長的吳澤霖先生回憶，梅校長說：「我一定走，我的走是為了保護清華基金。」

　　在短暫赴巴黎代表政府出席聯合國教科文組織第四次大會後，1949年12月轉往紐約與「中華教育文化基金董事會」會商清華基金保管及運用事宜。梅校長寓美六年，應聘擔任管理清華基金之「中華教育文化基金董事會」（中基會）「榮譽秘書」，對清華基金保管與基金利息運用事宜，頗多切實而積極的貢獻。1950年3月，「中基會」董事會完全支持梅校長致教育部長杭立武函，備陳保存、管理、使用清華基金觀點，贊成各項活動，但以「清華大學在美事務文化事業顧問委員會」名義出面行事；在「華美協進社」租一室，作為「清

▲1958年5月25日原子爐動土典禮

華大學在美事務」辦公室，雇辦事助理一人，處理清華大學在美事務。1954-57年教育部「在美教育文化事業顧問委員會」借該社辦公，梅校長任主委，委員有于斌、陳立夫、胡適、郭秉文等，程其保任委員兼執行秘書，駐美新聞人員宋晞、唐振楚為秘書。1954年3月，回台參加國民大會，留台期間，曾環島考察，並決定恢復「清華學報」，發表學術論著，評介國際重要新書。並與教育部商定，籌辦新興科學研究機構。1955年，恢復「清華學報」，組織編輯委員會，聘何廉為主席，1956年六月新一卷第一期出版。

　　1955年，「中美合作研究原子能和平用途協定」正式簽字，政府決定設立原子科學研究機構，發展原子科學之研究，乃電召梅貽琦校長返國籌議。1955年11月，抵台籌辦「原子科學研究所」。並於同年12月，由行政院組設「清華大學研究院籌備委員會」，以教育部長張其昀與清華大學校長梅貽琦為共同主席，國防、外交、財政、經濟四部代表，暨蔣夢麟、浦薛鳳、錢昌祚，陳雪屏、錢思亮、金開英、洪紳諸先生為委員，教育部高教司司長孫宕越及趙賡颺為秘書。1956年1月，第二次籌備會中決定：

一、校址設於新竹市東郊赤土崎。
二、先設原子科學研究所，將來設三研究所，招收研究生。
三、開辦費、建築費與經常費由政府核發，圖書設備費由清華基金利息支付。

　　1956年1月，即在台北成立籌備處，以陳可忠為主任；清華在台復校工作由此開始。名為復校，實為建校：擇地、建屋、購置圖書儀器、裝配實驗室，一切都得從頭做起。復校後，梅貽琦繼任校長，1958年7月，副總統陳誠獲任命兼行政院長組閣，力邀梅校長出任教育部長，梅校長數度堅辭，均不被接受，最後不得不以「不離清華，不辭校長」為條件勉為答應，直到1962年5月病逝為止，自1931年任北京清華校長，為清華之最高負責人，前後共32年之久。

　　清華復校的校址設於新竹市，土地由中國石油公司（今台灣中油公司）撥讓42甲，連同新竹縣政府贈送土地約34甲，又陸續收購民地，總校址面積達86甲餘。接收之後，即著手興建校舍，其建築完成先後依次為辦公大樓及東院教授宿舍（1957年）、天然氣櫃、物理館（1958年）、新南院教授宿舍、單身教

授宿舍、反應器館、核工館（1960年）、科儀館（1962年），建設速度，被台灣學界稱之為「魔術師般神速」。

在建設校舍之同時，亦著手準備招生授課。1956年9月，即招考原子科學研究所首屆研究生，錄取21人，先假國立台灣大學上課。課程為二年制，畢業授理學碩士學位。次年，首批校舍（辦公室、教授住宅及職員、學生宿舍）完工，秋季即開始在新竹上課。

在籌備儀器設備方面，梅校長於1956年3月赴美洽聘教授的同時，亦洽訂原子反應器及訂購儀器，並洽撥基金年息，結束清華在美未了事務。「在美教育文化事業顧問委員會」主委交程其保代理，洽妥美國贈送原子爐價款、有關原子研究機構合作事宜；同年，向美國訂購范氏加速器，於1958年7月開始安裝，次年春安裝完成。當時原子科學研究所最重要的設備為清華水池式反應器，於1961年4月13日達到臨界。這座反應器係於1958年3月和美國奇異公司簽約，1958年冬開始興建，1961年12月2日（世界第一座原子爐臨界日）在台北舉行正式啟用典禮，梅校長因病篤，僅能在病床上接收音訊。

值得一提是此項水池式反應器（俗稱原子爐），共耗資美金105萬元。土木工程由華泰建築師、清華校友張昌華設計，裝置工程乃由清華自行設計施工，機件裝置時，由中國石油公司、台灣電力公司、台灣鋁業公司分別派員操作，並得經濟部聯合工業研究所之協助，為國內工業界與學術界首次密切合作之成果，為華人土地上第一座原子爐，胡適先生曾說是「變魔術一樣的」速度完成。

梅校長勉為接任教育部長後，繁鉅的工作，使他的健康大受損害，1960年任期屆滿時堅辭，仍未為陳誠接受，但於1960年春夏之交，病情突變，自5月初起，竟「扶杖勉強行動」，月底住院時，經診斷為前列腺癌轉移，親友急電梅夫人於6月19日自美國來台照顧，1960年冬至翌年夏季病況穩定，並於1961年2月辭任教育部長，原擬於校慶日返校，親睹於4月12日達成臨界之原子爐，不意病情惡化，無法如願。在1961年12月後，已無法離床起坐，1962年5月19日溘然長逝於台大醫院，為紀念梅校長，清華大學在代理校長陳可忠主持下，特命名反應器實驗館為「梅貽琦紀念館」。

▲①1958年校友返校
　②1958年植樹紀念
　③1958年與吳大猷客座教授合影

梅貽琦校長曾兩任教育部長嗎？有何曲折？

　　梅貽琦校長在1948年12月21日在政府「搶救學人」計畫下，乘機離開北平，當天抵達南京。次日，孫科行政院長便發表了他為教育部長的委任令。他堅辭不就，由陳雪屏次長代理。但允主持「南來教授接待委員會」。不久，局勢進一步急劇變化，蔣介石於1949年1月「引退」，李宗仁將南京政府南移廣州，孫科辭職，何應欽接掌「行政院」，「教育部長」一職由杭立武接替。梅貽琦完全脫離「教育部長」虛銜，移居上海。根據教育部官網所列，「民國37年12月，部長，梅貽琦，未就職，陳雪屏次長代理部務；民國38年4月，杭立武接任部長」。當時曾有報導：「1948年12月29日，梅貽琦堅辭教育部長，陳雪屏代理教育部務」。梅校長曾就此說明：「自己『留平不南來，對不起南方朋友，來了就作官，無顏對留平的師生』。」

　　第二次是民國47年7月，陳誠奉命組閣，堅邀梅校長擔任教育部長，梅校長最後以兼任清華校長為條件下應允；民國50年2月因病請辭獲准而卸任。

▲ 1959年接待約旦國王胡笙

▲ 1959年蔣中正總統視察原子爐

「梅校長墓園」、「月涵亭」與「梅亭」是誰設計的？

是清華校友（1929級）、華泰建築事務所張昌華先生設計的。同時園內的「月涵亭」（梅校長字月涵）與「梅亭」，也是由張昌華先生義務設計的。

「月涵亭」：前燕京大學校長梅貽寶先生（1922級校友）也在為紀念其胞兄梅貽琦校長逝世15周年捐贈「月涵亭」紀念梅貽琦校長，完工於1978年4月，設於梅園右側，並由梅貽寶先生題詞，以隸書鐫刻，敘述對胞兄孺慕之情。亭中地板刻有清華大學校徽，亭身為環狀圓形，共有12道出口，其特殊的多邊形設計能產生強烈的迴音，故又稱「迴音亭」。對此，《清華雙周刊》195集記載：「有人曾說，這正代表梅校長生前的諄諄善誘，仍將迴音不止。」四周綠樹環繞，顯得格外清幽。

「梅亭」：在梅校長陵墓左前方建有「梅亭」，是1918、1948及校友畢業50、30周年捐贈母校紀念物。於1969年4月27日落成剪綵。素有「業界祖師」之稱的張昌華，1999年獲頒第一屆遠東建築設計獎特別獎，獲獎專輯中即介紹其所設計的「清華體育館」與「梅亭」，應是台灣首次使用雙曲面薄殼樣式的案例。「梅亭」先於「清華體育館」完工，更富初試啼聲的實驗性。跳脫傳統園林中廊亭樣式，而由極簡樸實卻又大膽創新的風格融於環境中，因其形似飛機雙翼起飛，故又名「機亭」。除造型獨特外，亭簷內側並有知名書法與篆刻大家王壯為所題「梅亭」二字。

▲ ①梅校長墓園設計圖
　②「月涵亭」為梅貽琦校長胞弟梅貽寶捐建
　③「梅亭」是1918、1948及校友畢業60、30周年捐贈母校紀念物
　④梅校長墓園

梅貽琦校長與胡適先生莫逆之交

胡適先生逝世當天下午曾與梅貽琦校長通話嗎?

　　胡適先生與梅貽琦校長是莫逆之交。1962年2月4日梅校長獲選中央研究院第四屆院士後,胡適院長曾打電話向他祝賀,不幸當天晚上胡適先生致詞時,不支倒地而遽然去世。

　　胡適先生是清華校友,1925年協助清華成立震動學術界的「清華國學院」,而梅貽琦校長於次年被公選為清華大學的第一任教務長。國學研究院初期設有辦公室主任,由吳宓擔任,一年後吳宓辭職,便由擔任教務長的梅貽琦負責院務。同時對日抗戰勝利後,兩人分別在北京擔任北京大學與清華大學校長,1948年12月,也都搭國民政府專機從北京南飛、兩位中國龍頭大學校長,在國共政治上做了明顯的選擇。

　　兩人在國民政府遷台後,都有一段時期住在美國紐約,主導「中華教育文化基金會」與參與「華美社」事務;梅校長先於1956年返台建立「新竹清華大學」,胡先生則於1958年來台就任「中央研究院」院長,從各種報導以及檔案照片中,可見兩人互動非常頻繁;比較令人傷感的是,兩位身體狀況都相當不好,長期住院,並曾在1961年同時在台大醫院住院,留下一張在特別病房聆聽原子爐臨界廣播的照片。胡先生後來出院,而梅校長則在生前再沒能離開醫院,但胡先生卻早一步離開人世;梅校長則是於當年5月19日溘然長逝,兩位並世學人領袖於半年內分別與世長辭,徒留人間遺憾。

▲ ①1935年校慶日胡適與梅校長合照
　②1960年胡適送給梅校長手書五十年前舊榜

◀①1958年胡適與梅校長在東京羽
　田機場合影（「胡適紀念館」
　授權）
②1958年蔣夢麟、胡適與梅校長
③1962年1月胡適與梅校長在臺
　大醫院病房

梅貽琦校長為何是兩岸清華永久校長？

　　梅校長是清華第一屆直接留美生（1909年），清華大學物理教員、教授（1915年），教務長（1926年），代理校務（1928年），留美學生監督（1928-31年），清華大學校長（1931-48年），清華基金監督（1949-55年），新竹清華大學校長（1956-62年）。他在一次致校友函中說：「生斯長斯，吾愛吾廬」，而以終身服務清華實踐；一生盡瘁清華大學，未曾一日間斷。清華事業就是他的事業，是古今極為少見的遇合。

〔附記〕

　　梅貽琦校長是一位傳奇人物，他三十七歲即由大師如林的清華教授群票選為教務長，四十二歲時也在眾望所歸下擔任校長，一直到七十三歲時在新竹清華大學校長任內去世。梅先生在擔任教務長期間，正是清華成立國學院，震動學術界之際；他於1931年起擔任校長，首先竭力平撫屢有驅趕前校長之舉的紛

▲ 1915年起應聘到清華教物理與數學

▲ 1926年頒發之清華國學院畢業證書

亂氛圍，落實校園民主，繼而積極延攬大師級學者使清華迅速成為頂尖名校，到1941年，清華已有「中邦三十載，西土一千年」之譽。北京大學校長的蔣夢麟先生執椽祭文中所云：「人才之盛，堪稱獨步全國，貢獻之多，尤彰明而昭著，斯非幸致，實耕耘者心血之所傾注」。

　　抗日戰爭爆發前，清華已未雨綢繆，率先展開後撤行動，因而蒙受較少損失，而在抗戰大後方物力維艱之際，梅校長以校務委員會常務委員身份主持西南聯合大學校務，維持弦歌不輟，居功最偉；而在抗戰前後國共內戰時期，由左傾學生，甚至是中共地下工作人員，不斷策動學潮，校園動蕩，梅校長均能站在維護學生立場，加以平息；1949-55年滯美擔任清華基金監督，1956年自美轉到台灣創建新竹清華，從尋覓勘查校地到籌措經費，披荊斬棘，蓽路藍縷，以六十八高齡，從親自打字、照料抄寫蠟板、油印考卷、檢齊裝封、監考、閱卷、登記分數，圓滿完成招收第一屆研究生十五人開始，第三屆研究生中即有李遠哲先生日後榮獲諾貝爾化學獎，加上華人中最先獲得諾貝爾物理獎的李政道和楊振寧先生出自西南聯大，使得清華成為華人地區唯一擁有三位諾貝爾獎得主的大學，而都出在梅校長任上，誠如名作家岳南先生所言：「這個人才輩出，碩果延綿不絕的局機，不是偶然」。

▲ 1929年清華留美學生監督任內

▲ 攝於1935年清華校慶日

▲ ①1941年與西南聯大主管合影
　②1947年清華校慶日，左起：查良釗、胡適、梅貽琦、黃鈺生
　③1958年在新竹清華校園戶外教學

兩岸清華「永久校長」梅貽琦治校理念

2014年3月27日　星期四
改寫自2012.10.26.「梅貽琦校長逝世五十周年紀念會致詞」

　　梅校長學位（碩士）不高，著述不多，但在民國教育史上，成為有重大貢獻的傳奇人物，主要是由其豐富學養、「專、大、公、愛」的人格特質以及兼容並蓄而前瞻的辦學理念，長期擔任校長，主導清華成為世界一流大學。

　　梅校長就任時提出的「所謂大學者，非謂有大樓之謂也，有大師之謂也」，已成高等教育名言，深為世人推崇，清華得以成為第一流大學，固然是因為有庚子賠款可以動用的優勢，但梅校長的知人與禮遇，而能延攬第一流教授，也是主要因素。

▲ 梅校長任內為清華培育出三位諾貝爾獎與一位數學沃夫獎得主
　　左起：李遠哲、李政道、陳省身、楊振寧，劉兆玄

在治校理念上，他採取「無為而治」的政策，以教授治校為主軸，將學校的重心建築在「教授團」上，由教授們選擇評議員，由評議會決定大政方針。梅校長同時將自己比喻成京戲裡叫「王帽」的角色，「看上去煞有介事，前呼後擁，其實會看戲的絕不注意這正中端坐的『王帽』。他因為運氣好，搭在一個好班子裡，那麼人家對這台戲叫好時，他亦覺得『與有榮焉』而已。」如果開會，為某件事大家議論紛紛，莫衷一是，梅校長總是耐心的聽著，最後他提出意見，眾人莫不折服。正是在這樣一種民主、自由氛圍中，北京清華與西南聯大才識卓絕的教授們，才不斷創造了生動活潑而卓有成效的教育奇蹟。

梅校長注重通識，他認為通識為「一般生活之準備也」，「治學貴謹嚴，思想忌偏蔽」，「社會所需者，通才為大，而專家次之」，所以「通識為本，而專識為末」，「知類通達」，「不只潤身而止，亦所以自通於人也」。今日觀之，均為至理名言，應為教育界人士多所省思。

梅校長不愛講話，並且很少用肯定的句子。當初清華週刊上曾經有同學集校長的話寫了一首打油詩：「大概或者也許是，不過我們不敢說，可是學校總以為，恐怕彷彿不見得」；梅校長是以迂迴的方式，伸張理念，處理事情總是先傾聽大家意見，以集思廣益，在重大決策上，當機立斷，而且擇善固執。以卓越的眼光，宏博的學識，把許多紛亂的意見，改易為平正通達，縝密妥善的主張，使清華能在穩定中發展。

據趙賡颺先生回憶：「後來在臺復校，與教育當局主張不盡相同，梅校長避免爭執，沉默應付。拂意之事無時無之，但梅校長終身不發脾氣，無疾言厲色，只有時閉門默思達二三日之久。辦長期發展科學，遭遇惡意批評及阻礙甚多，梅師皆容忍之，終能開其端」，可看出其堅忍卓絕的一面。

梅校長六十歲時，清華校友傅宗敢先生在〈值得我們學習〉一文中，揭示梅校長具有「專、大、公、愛」四種高貴品格；梅校長專心辦學、有容乃大、公正廉明，同時愛學校、愛國家、愛同仁、愛學生，錢思亮先生（民廿年清大畢業，曾任臺大校長、中研院院長）說：「梅先生一生在清華服務，梅先生忠於國家，敬業不遷，平易近人──雖有崇高學術地位，但對任何人都是那樣平易」，「他的為人作事許多方面，都合中庸之道，平和但有原則，事必躬親，對大事的決定也能果斷」。梅校長受到清華師生校友很高的評價：「提到梅貽琦就意味著清華」，「梅貽琦是清華永遠的校長」。

現存梅貽琦日記包含哪些時期，主要內容與出版情形如何？

現存出版之梅貽琦日記有三冊，包括：

一、《梅貽琦日記（1941-1946）》，2001年4月由北京清華大學出版社印行；本書收錄梅貽琦校長在抗戰時期的日記，並由整理者加以適當的注釋。其內容不僅涉及梅先生個人的活動事蹟，更有關於西南聯大校務等近代教育史跡的直接記錄，是研究近現代教育史、文化史的重要資料。

《梅貽琦日記（1941-1946）》雖橫跨1941-1946年，但其中包括1942年1月1日至8月1日，1943年3月26日至9月10日，1944年9月23日至1945年2月18日，1945年4月12日至9月9日，未有留記或佚失；以篇幅頁數而言，1941、1942、1943、1944、1945、1946年各103、18、23、20、30、62頁，可見除1941及1946年，其他各年留白處甚多。同時西南聯大於1937年11月1日在昆明成立，從此前各校開始南遷，一直到1940年末，三年多期間，也不在本日記涵蓋範圍，所以無法從這本日記對照出西南聯大從成立到結束發展狀況。再加上梅校長一向言簡意賅，也充分顯示在他記日記的方式中；所以要從梅貽琦校長日記看西南聯大，需要借助大量的其他報導或記錄，作為旁證，才能略為理出頭緒來。[1,2]

另一方面，梅校長身處被「國內外公認為中國戰時高等教育體系傑作」的西南聯大中樞，始終擔任最重要的常駐常務委員，並為主席。得以綜觀全局，掌握重要決策，在詳讀日記後，仍能窺見一些重要歷史事件的發展，彌足珍貴。而梅

▲ 梅校長日記（1941-1946）

校長對一些人事的評論，雖寥寥數語，也能幫助讀者了解梅校長對某些事務的看法，月旦對象的評價，以及梅校長本人的處境與心境。

▲ 梅校長日記（1956-1960）

二、《梅貽琦文集1：日記（1956-1957）》，楊儒賓、陳華編輯，2006年10月由新竹清華大學出版社印行；此書為梅校長在1956至1957年間所寫的私人日記，記載了這位被葉公超形容為個性「慢、穩、剛」的一代學者，當年籌建清華研究所孜孜矻矻、篳路藍縷、親身實踐其名言「大學，非有大樓者，有大師也」的艱辛過程。透過梅校長的文字，讀者亦可重建在二十世紀中葉特殊歷史氛圍下的台灣高等教育景況，對了解當時知識菁英的文化生活方式亦具有一定價值。

三、《梅貽琦文集2：日記（1956-1957）》，楊儒賓、陳華編輯，2007年4月由新竹清華大學出版社印行；本書是梅貽琦校長1958至1960年4月底的日記。這兩年多的時間，梅校長推動清華大學校務、爭取人才，建置東亞的第一座原子爐。1958年7月起，梅校長接掌教育部，仍兼清華大學校長，來往於台北新竹兩地，席不暇暖。由日記中不僅見及日理萬機的辛勞，亦可窺其處事風範。梅校長在決策中深思慎言，執行上果斷堅定，有原則有立場，但也不忽略溝通。葉公超曾用「慢、穩、剛」三個字形容梅校長，頗為傳神。1958年9月梅校長因腿疾住院四十餘日，在醫院中仍處理公務不輟。1960年5月再因積勞成疾入院療養（或因此其日記止於是年4月28日），1962年5月19日病逝。

[1] 岳南，《大學與大師：清華校長梅貽琦傳（上下冊）》，中國文史出版社，北京（2017）。

[2] 鄭天挺：《鄭天挺西南聯大日記（上下冊）》，北京：中華書局，2018年。

梅貽琦校長身後哀榮

治喪委員會祭文　蔣夢麟先生撰寫梅月涵先生墓碑文　政府褒揚令
治喪委員會祭文

　　治喪委員會同人，謹以清酌庶羞之奠，敬致於故國立清華大學校長梅月涵先生之靈前泣曰：

　　嗚呼——天之將喪斯文歟，胡奪我先生之速？人亦有言：死歸無物，惟聖與賢，雖埋不沒，如先生者，其庶幾乎！

　　先生學比淵澄，道同岳峙，仁者愛人，作育多士。

　　先生粹然儒者，躬行身教，對國家之貢獻，獨多且要。與並世諸君子比，華若未逮，而實則過之。卒也，諸君子名滿天下，謗亦隨之。譽之者或過其實，毀之者亦未必不雜其私。而國人之尊仰先生，翕然稱之。蓋無智愚，通朝野，乃至白叟黃童，胥無異詞。孔子云：天何言哉，四時行焉，萬物生焉，于先生見之。

▲ 蔣中正總統頒「勳昭作育」輓詞

先生生平盡瘁國立清華大學，雖於國家艱危之際，兩度出長教部，而兼領清華如故。人有恒言：見果知樹。五十年來清華人才之盛，堪稱獨步，貢獻之多，尤彰明而昭著，斯非幸致，實耕耘者心血之所傾注。

先生之行誼，本乎中國文化之淵源，而學術則造乎西洋文化之峰巔。觀乎先生之儀型多士，我先民之中體西用之理想在焉。

今世以有無原子科學設備，為衡量一國文野之準繩。

先生忠愛國家，於政府播遷來台之際，殫精竭慮，奮不顧身，為國家提供此一需要，使自由中國崛起而與于近代文明國家之林，厥功之偉，莫之與京。「中央研究院」院士之膺選，學界引之殊榮。孰意先生竟不稍留而遽殞其生，終天遺憾，未能目睹河山之再造，國家之復興。嗚呼！胡奪我先生之速？豈天之將喪斯文！

請為公歌：

公有自來來自天，天風吹墮浮山巔。
驅龍耕煙種芝田，森然萬玉筍聯班。
水木清華生紫煙，老榦槎枒鐵石堅。
下視桃李任蚩妍，要與松柏共歲寒。
冷然玉屑霏帘纖，空山月落獨飛還。
觀化化及本自然，好留清氣在人間。
江潭搖落水縴娟，荔丹舊黃羞公前。
美人如花隔雲端，瞻望弗及涕泗漣。
尚饗。

蔣夢麟先生撰寫梅月涵先生墓碑文
梅月涵先生墓碑文

梅月涵先生，諱貽琦；月涵其字也。民國前二十三年生於天津，一九六二年逝於台北，享年七十有四。先生於民國前三年考取第一批清華留美學生，攻讀電機工程，開我國近代實科與科學研究之先河。歷任清華大學教授、物理系主任、校長等職，前後凡四十八年。春風所被，育材甚眾。對日抗戰期間，

北京、清華、南開三大學聯合為國立西南聯合大學，遷校昆明。三校校長共任校務委員會常務委員，當時余任北大校長，得與先生共事。先生以年最少，嘗自謂年少者當多任事，故其負校務責任獨多。先生雍容中道，溫恭謙讓，擇善固執兩者兼有，當國勢動盪之秋，學府思想複雜，內部衝突自所難免，而聯大師生得以協調，校務因以日進者，先生之力居多。迨抗戰終了，三校復校平津時，先生又獨任調度之責。嗣大陸淪陷，先生離國赴美主持清華基金之運用。一九五五年奉政府召，返台籌辦「清華核子科學研究所」，一九六一年原子反應器裝置完工，前後六年，期間籌集經費，興建校舍，選定原子反應器，商聘教授，招收研究生等，無一不躬親主持。其後復出任"教育部"部長，暨「國家長期發展科學委員會」副主席，凡可促進我國科學教育之發展者，無不竭誠以赴，一生盡瘁學術，垂五十年，對於國家服務之久，貢獻之多，於此可見。其學養毅力，尤足為後生學子模楷。

因立碑以誌其實。

蔣夢麟撰　丁治磐書
一九六二年十一月

政府褒揚令

國立清華大學校長梅貽琦早歲留學美國研習電工程學成歸國歷任清華大學教授校長四十餘年中經對日抗戰之役屢當艱鉅措置攸宜懋著勳勞深資倚畀受命為出席聯合國文教組織大會首席代表周旋壇坫為國宣勤嗣任'教育部'部長於長期發展科學規畫周詳力求實踐在'教育部長'任內仍兼主'清華'校務董督原子爐裝置工程盡瘁收功為中外所稱美綜其生平剛毅誠樸澹泊寧靜襟抱宏偉而敬業不遷陶鑄人才而為謙自牧洵士林之模楷邦國之耆彥遽以積勞病逝軫悼良深應予明令褒揚以彰令績

此命

蔣中正
陳誠
一九六二年十月二十日

梅貽琦校長在新竹清華有何遺澤？

　　在新竹清華，處處可看到梅校長的遺澤，新竹清華的校地是梅校長親選的，依傍十八尖山，有成功、相思、昆明湖，沿襲北京清華園的「山明水秀」、「湖光山色」景觀，同時校地遼闊，預留了發展空間；

　　台灣第一座也是唯一的一座學術用原子爐，是梅校長花了兩年多時間，親自規劃、參訪、洽談、購置、監督建造，現命名為「梅貽琦紀念館」；

　　台北清華辦事處也是由梅校長選定使用，在他逝世後三年，由校友集資改建，命名為「月涵堂」；

　　梅校長逝世後安葬於清華園的墓園，依山面水，園內遍植梅花，後來命名為「梅園」，園中並建有「梅亭」與「月涵亭」；

　　清華自1988年有「月涵文學獎」活動；1964年設置月涵先生紀念獎助學金，1982年復由校友發起捐設梅貽琦紀念學術基金，其中含有獎學金辦法，以獎助優秀、激勵後進。2003年將梅貽琦紀念獎學金改為「梅貽琦獎章」，為新竹清華大學畢業生最高之榮譽。

▲ 梅貽琦紀念館銅像

▲ 校友捐建「月涵堂」

梅園故事說從頭

2019年3月1日　星期五

　　「梅園」是清華的景點，每年一、二月間梅花盛開，「賞梅」遊人如織。由於「梅園」依傍「兩岸清華永久校長」梅貽琦陵墓，是安葬梅校長的墓園，並因梅校長命名，對清華人來說，更具感恩追思意義。

　　梅校長在1962年5月19日於台大醫院過世，陵墓選址工作由治喪委員會以及梅夫人共同進行，大概以半年的時間來找墓地，最後選定現址，正是當年梅校長規劃的清華校長住宅用地。墓園藍圖是由華泰建築師、清華校友張昌華設計，得到梅夫人核定，7月28日破土動工，11月18日安葬。[1]梅校長的陵墓是真人塚，而非傳說中的衣冠塚。其中墓穴有兩個，一個原為給梅夫人身後用。但安葬的時候，梅夫人堅決表示，不需如此安排，所以將校長靈柩安置在墓穴中央。[2]

　　現在的「梅園」，在選址時，整片山頭都是相思林，沒有正式的道路，只有小徑。「梅園」的整理與開拓大約經過五、六年以上的時間，才有今天的樣貌。[3]

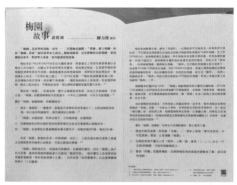

▲「梅園」因梅校長命名具感恩追思意義

關於「梅園」植種梅樹，有幾種說法：

一、原先一邊種桃、一邊種李，意義是代表梅校長桃李滿天下；又因為梅校長姓梅，所以後來再種梅花，梅花種得似比較晚，[3]

二、「梅園」本植桃樹，到長出桃子，才知道誤植，改種梅樹，

三、百棵梅樹是由時任國防部長的蔣經國先生設法自嘉義梅山移植而來，

四、「梅園」由清華校友集資種植各種名貴花木，初植杏梅287株，梅花241株。

目前「梅園」兩側約各有一百株梅樹。

由於二、三說法源自曾任清華工務處主任與教務長朱樹恭口述歷史，可能比較接近事實。[4]

「梅園」現除梅花外，有超過百株龍柏，並廣植杜鵑花，刻石「梅園」為于右任所書，墓碑刻寫當時總統蔣介石輓詞「勳昭作育」，棺木覆石上由清華前校長羅家倫題寫「梅校長貽琦博士之墓」，另有刻寫「政府褒揚令」以及蔣夢麟寫的碑文（丁治磐書）。

梅校長的陵墓右側，建有「月涵亭」，以梅校長字月涵命名。由前燕京大學校長、1922級校友梅貽寶先生為紀念其胞兄梅貽琦校長逝世15周年捐建，完工於1978年4月，並由梅貽寶先生題詞。亭中地板刻有清華大學校徽，亭身為環狀圓形，共有12道出口，其特殊的多邊形設計能產生強烈的迴音，因此又名「迴音亭」。四周綠樹環繞，顯得格外清幽。

「梅亭」位於梅校長陵墓左前方坡崁下，為清華1918與1938級校友捐建，而於1968年4月建成。混凝土薄殼結構呈近雙曲或拋物線幾何形狀，加以鉸鏈接地面。因其形似飛機，故又名「機亭」，為供人休憩的涼亭。「梅亭」中的大理石桌椅為1970級校友捐贈。亭頂上有書法家王壯為篆刻「梅亭」二字。

梅樹壽命約僅60至100年，「梅園」高齡梅樹有部分遭受白蟻蛀蝕，2016年12月清華核工系89級校友吳佳懋捐贈100棵梅樹苗，並舉辦「梅樹清香，樹造新葉」植樹活動，在空曠處種植新的梅樹苗，讓「梅園」在加入新梅之後生態更健康，生生不息。

由於對梅校長的感念，不時有故人到墓前祭拜。近年來，每年有兩次由學校發動的「祭梅」活動，一在新生入學時，各學院新生由院長率領祭拜，另一是在「梅竹賽」前，由校長主祭，校隊教練與學生陪祭，以激勵士氣；同時在北京清華校長或梅校長親人（如梅校長親侄及梅貽寶校友哲嗣梅祖麟院士）來

訪時，也會由校方安排陪同致祭。[5]

關於「梅園」的傳說，在學生中流傳較廣的，最主要有三種：

一、情侶不能來這裡，因為會「沒緣」……很多人採取「寧可信其有，不可信其無」態度，以免情斷「梅園」，

二、在梅校長棺木覆石上或「梅亭」上跳一跳，會有「二一」（二分之一不及格）的報應，可能有相當嚇阻力，

三、看到「阿飄」的靈異傳說，如果對梅校長的高風亮節略有了解，或可坦然相對。

參考資料

[1] 黃延復、鍾秀斌，《一個時代的斯文：清華校長梅貽琦》，九州出版社，北京（2011）。

[2] 岳南，《大學與大師：清華校長梅貽琦傳》，中國文史出版社，北京（2017）。

[3] 陳華、倪瓊湘、吳孟真同學，《余火炎先生、余河益先生訪談稿》，（2010）。

[4] 陳華、倪瓊湘，《朱樹恭教授訪談稿》，清華大學圖書館數位校史館，（2008）。

[5] 〈梅園二三事〉，陳力俊部落格：http://lihjchen1002.blogspot.com/2015/04/blog-post.html

▲ ①刻石「梅園」為書法大師于右任所書
　②墓園是由校友張昌華設計
　③蔣經國先生與朱樹恭前教務長攝於梅園（1965年4月）
　④梅校長親侄及梅貽寶校友哲嗣梅祖麟院士夫婦在「月涵亭」中留影（2018年7月17日）

梅園二三事

　　梅園是安葬梅校長的墓園。1962年梅校長逝世後，清華校方與校友咸認將其遺體安葬於校園中為感念有清華永久校長之譽的梅校長最好的方式；選址工作由治喪委員會主任委員、行政院副院長王雲五，陳可忠總幹事，校友會查良釗會長、梅校長得力助手、校友與原教育部次長浦薛鳳以及梅夫人共同進行。

　　據當時在事務組工作的余火炎先生回憶[1]：

　　梅校長在台大醫院過世，移靈到學校，大概以半年的時間來找墓地。

　　我印象很深刻的是，有一次梅夫人坐在一張藤椅上，旁邊綁著兩條竿子，我們就好像抬轎一樣，抬著梅夫人以及擇地的風水師等到山上去看景觀找墓地。找到現在的梅園，當時整片山頭都是相思林，沒有正式的道路，都是小徑。一行人到了山上，由風水師和學校裡的一些相關人員一起擇地，選定了現在的位置。選定後就開挖，先弄出一個墓穴，整個建設和擇地過程大概花了半年。半年完成以後，再擇日把遺體送進墓穴。

▲梅夫人與張昌華建築師、趙賡颺秘書

梅校長的墓是直接建在兩根樑上，棺木就放在樑上，沒有直接搭到地面，而是墊高起來。這麼做的理由是想說假使哪天大陸光復了，還想把他移回大陸去。

棺木滿大的，採用很好的木材，當時沒有車子，都用抬的。墓穴有兩個，據說要給梅夫人用。

梅園的整理與開拓是經過很多年才有今天的樣貌，大概五、六年以上的時間。所以現在的梅園是經過一番用心。那時候一邊種桃、一邊種李，意義是代表梅校長桃李滿天下；又因為梅校長姓梅，所以後來再種梅花，梅花好像種得比較晚。

又據科儀組余河益先生（余火炎先生胞弟）[1]回憶：

民國六十五年，蔣經國先生到梅園拜訪，當時正好雨後，吉普車開上來，整車都是泥巴。這件事之後，蔣經國先生才替我們鋪設到梅園的柏油路，也順便整理了梅園入口右側靠山的地，即今天的田徑場。因為他當時擔任國防部長，所以是利用國防部的資源，開進了兩輛推土機來施工。

另據原工務處主任、教務長朱樹恭回憶，曾建議將墓園設在原子爐附近，因梅夫人認為該地風大而作罷。[2]

「梅園」曾是「桃園」嗎？現有多少株梅樹？為什麼有「情人止步」說法？

關於梅園植種梅樹，另有幾種不互相牴觸的說法：

一、朱樹恭教授印象，梅園本植桃樹，到長出桃子，才知道誤植，改種梅樹。[2]

二、百棵梅樹是由蔣經國先生設法自嘉義梅山移植而來。[2]

三、梅園由清華校友集資種植各種名貴花木，初植杏梅287株，梅花241株。[3]

梅園現有約兩百株梅樹；「情人止步」則因避諱「沒緣」諧音。

朱樹恭教授回憶說：「安葬梅校長的陵園完成後，因為墓主姓梅，就叫梅園，梅園要有梅樹；當時清華事務組主任石讓齋，在北京清華是負責種花苗的，他後來到了台灣，那個時候好像是一個校友捐兩百塊或二十塊，種梅樹，石先生也不曉得梅樹哪裡去買，結果他種的竟是桃樹，後來開花，結了桃子，中國人有個說法，說墓地不能種桃樹，說將來女兒要出事。這時蔣經國先生

在禮拜六或禮拜天，大約是靠近梅校長忌日的時候，到梅校長的墓上致敬，那天，我就告訴他，發現那個樹結了桃子，雖然梅校長跟梅夫人都是基督徒，總是不好！蔣經國先生就設法從嘉義梅山，移植梅樹過來；同時，原來到梅園的路，都是鋪碎石頭，也碰巧有一天經國先生來，下雨都是泥濘，很不方便，結果也是他叫人來鋪柏油，所以梅園的梅樹和梅園出來的柏油路都是蔣經國先生幫忙的。」

根據《一個時代的斯文：清華校長梅貽琦》[3]記載，清大選址專案小組勘定：「在學校西南區山坡地選定。此地倚山面水，居高臨下，遠眺大陸，海天一片，俯視全校，歷歷在目。按最初規劃，梅校長原擬在此建造校長住宅，今改建陰宅，永遠呵護其畢生熱愛之清華，大家都認為是讓梅校長永遠安息的理想所在。」

墓園藍圖是由華泰建築師、清華校友張昌華設計，得到梅夫人核定，7月28日破土動工，11月18日安葬。

梅園現除梅花外，廣植龍柏、杜鵑花，刻石「梅園」為于右任所書，墓碑刻寫蔣介石挽詞「勳昭作育」，棺木覆石上由羅家倫題寫「梅校長貽琦博士之墓」，另有刻寫「政府褒揚令」以及蔣夢麟傳的碑文（丁治磐書）。

[1] 陳華、倪瓊湘、吳孟真同學，〈余火炎先生、余河益先生訪談稿〉，（2010）。

[2] 陳華、倪瓊湘，〈朱樹恭教授訪談稿〉，清華大學圖書館數位校史館，（2008）。

[3] 黃延復、鍾秀斌，《一個時代的斯文：清華校長梅貽琦》，九州出版社，北京（2011）。

新竹清華月涵亭中梅貽寶先生情文並茂題詞

　　月涵亭設於梅園右側，完工於1978年4月，由前燕京大學校長梅貽寶先生（22級校友），為紀念其胞兄梅貽琦校長逝世15周年捐贈，並由梅貽寶先生題詞。亭中地板刻有清華大學校徽，亭身為環狀圓形，共有12道出口，其特殊的多邊形設計能產生強烈的迴音。同時四周綠樹環繞，顯得格外清幽。[1]

　　月涵亭中梅貽寶先生題詞內容為：「洪爐奠國家科學之基，厥言為士範，厥行為士則，憶水木清華，回首薊樹燕雲，傳心有道一明月；糕乾遺鶺鴒覆育之愛，教我若嚴師，哺我若慈母，慟蕉椰風雨，折翼方壺圓嶠，埋骨無忝萬梅花。」

　　其中上聯之洪爐是指在梅校長主持下建成的華人地區首座原子爐，在當年是由梅校長籌畫從最新的高科技切入，招攬、培養大批科技人才並參與建造，奠定尚屬洪荒時代的台灣發展科學之基礎；薊樹燕雲是指清華建校所在地北京風光。

　　下聯第一字初看為左禾旁右羔字，據筆名「夷門監者」訪客在〈新竹清華月涵亭對聯釋讀記〉文章中說明查索結果，[2]該字意為「禾乾的皮」，感到不得要領，經閱梅貽寶先生〈五月十九念「五哥」梅貽琦〉一文，有「當時五哥10歲有餘，抱着嬰孩貽寶喂糕乾乃是他家庭勞作之一項。月涵寡言，舉世皆知，即是家人聚首，亦無二致。然而他曾屢次描述抱着我喂糕乾這一幕。」等句，認為該字即是糕，由於聯中的「糕」字確實從禾，而工具書沒有顯示糕有異體字。推測是建亭時間已約四十年，可能筆畫脫落或者是發生位移，造成這糕字看起來像是從禾。這雖不無可能，但即以「禾乾的皮」為訓，將前二字解釋為糕乾似也說得通。

　　另一方面，下聯中鶺鴒即脊令，是一種水鳥。飛翔時相互共鳴、共擺

尾。當脊令失去居處而棲止於高原，便鳴叫尋其同類。語出《詩經‧小雅‧常棣》：「脊令在原，兄弟急難。每有良朋，況也永嘆。」比喻兄弟共處急難，不顧生死，互相救援。《幼學瓊林‧卷二‧兄弟類》：「患難相顧，似鶺鴒之在原；手足分離，如雁行之折翼。」[3]同時後句的蕉椰風雨，為台灣的自然風物；方壺圓嶠一詞，圓嶠是傳說中海上仙山，澎湖古代也叫方壺，這裏就是指台灣。

　　「夷門監者」結語：「上聯高度評價梅先生對國家貢獻以及高尚的品德，抒發了對北京清華以及家鄉的無限懷念；下聯主要回憶兄弟情深，痛『五哥』不幸卒於台灣，不過先兄德高望重，與此地梅花一樣堅貞高潔！於公高度評價梅貽琦先生對國家、對社會的巨大貢獻，於私一刻未曾稍忘『五哥』對幼弟養育教導之恩。堪稱一副評價貼切、情文並茂、可圈可點的經典對聯。」[2]甚為中肯。

參考資料

[1] 國立清華大學校友服務中心，〈【校友捐建5】月涵亭〉：
https://alumni.site.nthu.edu.tw/p/404-1346-113651.php?Lang=zh-tw

[2] 夷門監者，〈新竹清華月涵亭對聯釋讀記〉：
https://www.gushiciku.cn/dc_hk/101310989

[3] 教育部重編國語辭典修訂本：
https://pedia.cloud.edu.tw/Entry/Detail/?title=脊令在原

▲ 月涵亭

▲ 題詞上聯 ▲ 題詞下聯

▲ 與梅貽寶先生哲嗣梅祖麟院士夫婦合影 （2018.7.27）

梅貽琦校長與清華精神

　　兩岸清華的共同校長梅貽琦校長是於1962年5月19日溘然長逝，到今天剛好滿六十周年，通識中心敲定今天舉行紀念活動主題座談會，別具意義。

　　今天座談會的主題是「梅貽琦校長與清華精神」，首先我們要問什麼是清華精神？梅校長與清華精神有什麼關聯？這從清華的歷史，梅校長的生平與行誼，尤其是主校時期的作為，可以看出清華精神的養成，梅貽琦校長不僅深受清華精神的影響，也協助塑造與體現清華精神。

　　關於梅校長的生平，坊間有兩本書最值得一讀，一是《一個時代的斯文》，是北京清華黃延復教授與作家鐘秀斌先生所著，重點在梅校長辦學經驗（北京清華與西南聯大、新竹清華）、教育思想和人格精神（三不朽的現代聖人），以及取得成就、所展現風華的研究；涵蓋梅校長出身、求學、家事、初登教壇之良師益友，在清華嶄露頭角歷程，促成的清華盛世榮景，成為經營西南聯大的中流砥柱，重回北平的亂世磨難，再建台灣功業，以迄餘韻哀榮。[1]

　　另一是岳南先生《大學與大師：清華校長梅貽琦和他的時代》，岳南先生是著名寫實文學作家，2011年本人在新竹清華大學校長任內，有機緣邀請到岳南先生擔任駐校作家；承蒙岳南先生首肯，以約六年時間完成以「兩岸清華永久校長」梅貽琦為中心的大書《大學與大師》，於2017年出版。除詳細刻記梅校長之生平外，並將清華大學從建校到梅校長逝世歷史沿革做了一番精要的爬梳。

　　據岳南先生自述：「此為梅貽琦校長傳記之第一部，是這一題材和人物傳記文學的開先河者，使用的材料來自海峽兩岸，而對新竹清華大學的材料特別注意並加以引用，力爭實事求事，探尋歷史真相，避免意識形態氣味過重的文章或校友回憶錄的干擾，對所涉人物與事件，儘量達到『持平之論』，這樣有利於還原歷史真相，讓讀者對梅貽琦以及他那個時代的清華大學，以及相關人

事有一個清晰、明瞭的認識。」又云：「就該著的形式與創作內容而言，目前所能見到、查到的材料，幾乎一網打盡。」相當中肯平允。[2,3]

關於「清華大學」的種種，涵蓋比較全面的則是拙作《水清木華：清華的故事》；本人自1977年起在新竹「清華大學」任教，迄今已近四十五年，幾乎沒有間斷地在「清華園」渡過，緣分非淺。有感之前尚未有從新竹清華人的觀點，講述清華大學故事的專書，決定嘗試整理增補我在原「清華一百問」部落格文章集結成書；由於新竹清華與北京清華同根同源，典章制度多一脈相承，因此此書第一部分即從國民政府遷台前北京清華說起，第二部分則聚焦新竹清華；近年來，由於兩岸清華特殊淵源，有密切的互動，因而第三部分主題為兩岸清華。至於國共分治後的北京清華，由於熟悉度低以及資料取得之不易，則未列於此書範圍之內。書名《清華的故事》，而非《清華的歷史》，即點明內容以故事性為主要考量，並無企圖作全面之記述。[4]

清華大學沿革

1908年，在清末駐美公使梁誠的努力之下，美國同意退回庚子賠款的超索款項。1909年（清宣統元年），美國開始退還庚款。由於指定用於高等教育，外務部與學部上奏設立「游美學務處」並附設「肄業館」，並設址於「清華園」，7月17日「游美學務處」正式成立，三年間共組織三批180人（1909、1910、1911年各47、70、53人）赴美留學。

1910年，「游美學務處」決定擴大「肄業館」的規模職掌，因館址位於清華園，而將之更名為「清華學堂」。1912年，「清華學堂」重新開課，10月更名為「清華學校」。「清華學堂」，原採五三制，1913年，改為四四制，中等科與高等科相連。1923年，停辦中等科。1924年，停辦高等科；1925年春成立「國學研究院」，從派遣留學逐步轉為培養本國人才。5月，清華學校大學部成立。1926年將「大學部」課程重新調整，比照國內的一般大學學制，成為四年一貫的正規大學。1928年8月13日國民政府接管，改名「國立清華大學」，1929年，留美預備部結束，第一屆大學部學生畢業。

從1909-1929年，清華學校派送留美預備部畢業學生967名，1929-1932年選送104名，帶動留學美國的風潮。

這些留學生，從後來的發展，可看出具有的特色包括：

一、懷抱救亡圖存的理念，絕大多數獲得高等學位並返國服務；

二、中西會通，文理會通，古今會通；

三、許多成為各行業的領袖，學科創始人，

發揮極大影響力，對中國現代化的奠基起了很大的作用。

清華校訓

民國三年冬，梁啟超先生來校演講，以「君子」為題，引述《易經》中之「天行健，君子以自強不息」及「地勢坤，君子以厚德載物」勉勵同學，學校遂將「自強不息、厚德載物」採為校訓，作圖制徽，永久流傳。清華人長年在校園中受到耳濡目染。浸潤薰陶，校訓成為清華精神的表徵。〔註一〕

國學研究院

1925年春成立清華學校研究院，因只設國學一科，故一般稱之為「國學研究院」。國學研究院主張用現代學術觀念來治理傳統中國學問，並且主要研究古代中國經史古學，並培養國學教師以及學術研究之人才。

當時校長曹雲祥原請胡適主持研究院，胡適因種種因素不就，而推薦並促成延攬「四大導師」梁啟超、王國維、陳寅恪、趙元任，並聘李濟為講師，震動學術界，並成功促使清華從留美預備學校轉型為國內學術界的重鎮。

陳寅恪為王國維紀念碑所撰碑文中，讚揚王有「自由之思想，獨立之精神」，是為學和做人的標竿，在清華園發揮很大的影響力，深植人心，也成為清華精神的一部分。

羅家倫校長在清華的興革與貢獻

羅家倫先生於1928年初秋出任「國立清華大學」首任校長，在校時間不足兩年，但進行多項興革，對清華未來發展有重大貢獻。

一、改校名為「國立清華大學」，將清華納入國立大學管理體制

羅家倫認為按國內大學體制，清華大學前面應冠以「國立」二字。他認為，清華是否國立，意義重大，是涉及到國家教育主權和教育獨立的大是大非問題。經過努力，得以實現，從制度上清除了阻礙清華大學發展的束縛和羈絆。

二、解決清華教育經費由外交部控制的問題

得將庚款基金直接交由中美人士合組的「中華教育文化基金會」代管，清華基金從此得以安全與增長。

三、推動學術化

以「使清華為中國現代化的第一流大學，俾與世界先進大學抗衡」為職志。致力延攬優良人才，形成良好學術氛圍，在具體工作中，教學研究並重，使清華從留美預備學校轉型為高深學府。

重新規定學術標準與選擇教授，留聘王文顯、陳寅恪、趙元任、金岳霖、陳達、葉企孫、朱自清、吳宓等十幾位教授，並網羅30多位真才實學者，大大強化了教授陣容。梅貽琦校長有名言「大學者，非有大樓之謂也，有大師之謂也。」以延攬大師為辦學要務，而清華大師不少是在羅家倫任上聘請來的。

在硬體建設方面，首先是擴充圖書館，修建了生物館、氣象臺。

羅家倫亟力倡導研究，營造濃厚學術風氣，鼓勵發表成果，強化學術休假；學校建成一系列的近代化實驗室，在設備上全國領先，使清華成為與老牌名校並駕齊驅的最重視實驗工作的大學，促成物理系迅速發展，得到一系列國際矚目的成果；清華也形成了普遍重視實驗的學術風氣，為日後打造領先全國的工學院奠定了基礎。

四、招收女生

當年招到了15個女生。從此改變了清華不招女生的傳統。清華大學在羅家倫手裡順利實現了男女同校。[2]

羅校長因各種原因，擔任校長不及兩年即辭職離校，而後繼任者與代理

者，治校時間皆很短。此時清華學生會提出清華校長的理想人格標準：一、無黨派色彩；二、學識淵博；三、人格高尚；四、確能發展清華；五、聲望素著。

梅貽琦校長主校（1931-1937年）

1931年10月14日國民政府正式任命梅貽琦為清華大學校長，梅校長是清華第一屆直接留美生（1909年），清華大學物理教員、教授（1915年），教務長（1926年），代理校務（1928年），留美學生監督（1928-31年），清華大學校長（1931-1948年），清華基金監督（1949-1955年），新竹清華大學校長（1956-1962年）。他在一次致校友函中說：「生斯長斯，吾愛吾廬」，而以終身服務清華實踐；一生盡瘁清華大學，未曾一日間斷。清華事業就是他的事業，是古今極為少見的遇合。

由於梅校長與清華長久歷史淵源，「人格健全，具有威望」，「為人和氣，做事穩健」，獲得清華師生的充分支持，梅校長在就職時，清楚闡述「大學與大師」的理念，也開啟了清華大學的黃金時代。

民主治校

梅校長首先竭力平撫校園派系傾軋、學潮頻仍之紛亂氛圍，落實校園民主，梅貽琦返國長校前，清華校內領導體制在「校務委員會議暫行維持校務」期間迅速發展和確立。1930年至1931年間，這個體制迅速形成，它的組織就是教授會、評議會和校務會議。理論上說，教授會對校務有絕對的支配權，其作用則是通過評議會具體表現和實施。此制度獲得梅校長地充分支持，而得以順利運作。同時梅校長平易近人，與學生充分溝通，以理勸導，普獲肯定。

勵精圖治

在校務推展方面，梅校長勵精圖治，按部就班，增聘教授，擴建圖書館、體育館、教職員與學生宿舍，加強文、理、法三院陣容，並於1932年增設工學

院。

　　一時間，清華名師雲集：顧毓琇、聞一多、王力、錢穆、周同慶、蕭公權、潘光旦、馮友蘭、朱自清、陳寅恪、俞平伯、吳宓、葉公超、金岳霖、張岱年、吳晗、葉企孫、周培元這個名單幾乎囊括當時各個學科的一代宗師。

通識為本

　　另一方面全面貫徹實施通識教育：主張學生應先通後專，即「通識為本，專識為末」。新生入學第一年不分文實，各系學生一律實施通才教育，第二年起進入各自專業領域。清華老校友、著名史家何炳棣曾說過：「我國20世紀論大學教育以通識為本、專識為末，從未有堅毅明通如梅師者。梅師長校之初即提出含有至理的名言：『所謂大學者，非謂有大樓之謂也，有大師之謂也。』唯大師始克通專備具，唯大師始能啟沃未來之大師，此清華精神之所以為『大』也。」清華不僅群星璀璨，而且培育出大批日後在各界閃閃發光人才，並非倖致。

　　在梅校長主校期間，人才鼎盛，即以一張1936年部分物理系師生合影照片裡，三十餘人中除包括葉企孫、吳友訓等大師級人物外，總共有13人後來成為中國科學院院士，堪稱「由大師培育大師」佳話。

體育教育

　　清華在「清華學校」時期，就提倡體育運動。1914年3月，校方決定實行「強迫運動」，即每星期一至星期五下午四時至五時，全校學生，均須著短衣入運動場，作種種有益身心之運動，體育教員則在場地循序指導一切。各處宿舍、教室及食堂，均一律鎖閉，「俾全校學生皆能養成體育上之良好習慣」。

　　1914年秋，清華招聘馬約翰，清華大學各領域中大師鴻儒無數，但在校友心目中貢獻最大的教師，一定包括長期任體育部主任的馬約翰教授。馬教授是清華大學最負盛名的體育精神人物，工作了整整52年，將體育運動的精神帶給了清華。他按照規定每天下午從教室中將悶頭讀書的同學趕出來鍛練身體，從而形成了清華的「強迫運動」、「五項測驗」，「體育不及格不准畢業」等傳

統，至今每年一度的北京清華大學校運動會即以馬約翰命名。

馬教授同時是中國現代體育事業的開拓者和體育教育的奠基人，對中國體育事業作出了突出貢獻，是體育界的光輝旗幟。1928年馬約翰教授與郝更生教授等主辦「清華暑期體育學校」，以後續辦共三期，培養全國男女學員三百人，對當時中國體育教育的提倡與推動有很大的貢獻；因此對體育的重視，是清華傳統。

值得一提的是「清華暑期體育學校」第一任校長是梅貽琦校長，當時他是清華代理校長； 1931年他正式擔任清華校長，與馬約翰教授合作打造清華為「體育大校」，把體育上升到德育與群育即「養成高尚人格」的層次和境界上來。認為高尚人格具體展現在「團體精神」、「急公好義」、「遵守紀律」之中，強調要借助團體的運動「去練習捨己從人，因公忘私的習慣」，此為人格培養的重要手段。[3]

西南聯大（1937-1946年）

1937年，因抗戰爆發，「清華大學」與「北京大學」、「南開大學」在長沙合組「國立長沙臨時大學」，任命蔣夢麟、梅貽琦、張伯苓三校長為臨大校務委員會常務委員，共理校務。1938年遷往昆明，改名「國立西南聯合大學」，簡稱「西南聯大」。

負校務責任獨多

抗日戰爭爆發前，清華已未雨綢繆，率先展開後撤行動，因而蒙受較少損失；在「西南聯大」三校中，規模與人數，以清華為盛，北大次之，南開又次之。主持校務的三常委，張伯苓在重慶有許多事需要周旋，且在重慶創辦了一所「南開中學」耗費很多精力，偶爾到一次聯大，也屬視察性質，一切交由南開大學秘書長黃鈺生代為辦理。而蔣夢麟不久後也常川重慶，代表學校向中央政府接洽一切，同時兼領「中國紅十字會」等團體之職，西南聯大的校務，實際只有常駐昆明的梅貽琦一人主持。據蔣夢麟先生在《梅月涵先生墓碑文》寫到：「當時余任北大校長，得與先生共事，先生以年最少，嘗自謂年少者當多

任事，故其負校務責任獨多。」

教授治校

正是由於以上緣故，「西南聯大」的規章制度，多以清華規章制度為藍本予以制定。如聯大的教務通則、教授會組織法及行政管理制度等，基本上是沿用戰前清華章程行事，最典型的是教授會與校務會議組織。梅貽琦把教授會、校務會以及「教授治校」制度，從形式到功能全部移植到「西南聯大」。

作育英才

「西南聯大」聚集清華、北大、南開三校菁英學者，大師如林，雖然物質環境極其艱難，經費捉襟見肘，大家都入不敷出，教職員生的生活簡陋不堪，但弦歌不輟，贏得「中國最好的大學」稱號，培育出1956年獲得諾貝爾物理獎的楊振寧與李政道等一大批優秀學者，而校訓「剛毅堅卓」也內建為清華精神資產。

大公無私

「西南聯大」教授，原為北大歷史系教授毛子水認為：「八年多的西南聯大，始終都在雍容和睦的氣氛中長成。這非特是我們教育史上的佳話，亦是我們中華民族最有光輝的事情。……月涵先生的不辭勞苦，要為最大的原因。」梅校長大公無私，深為教師與學生愛戴與擁護，而讓「西南聯大」成為抗戰期間中唯一聯合到底的聯大！

復員北京

1946年西南聯大結束，三校分別復員，特在昆明立碑以紀念三校在抗戰八年中的艱苦合作。1947年國共內戰爆發，梅校長一直續任至1948年12月，迫於時局搭機南遷，輾轉赴美執掌清華基金相關事宜。

自抗戰前以迄其後，國共明爭暗鬥，由左傾學生，甚至是中共地下工作人員，不斷策動學潮，校園動蕩，梅校長均能站在維護學生立場，曲意迴護，在師生支持下，使教學研究仍能繼續進行。據蔣夢麟先生在《梅月涵先生墓碑文》也寫到：「當國事動盪之秋，學府思想複雜，內部衝突自所難勉，而聯大師生得以協調，校務得以日進者，先生之力居多。」

新竹清華時期（1956-1962）

1955年，中美簽訂「中美合作研究原子能和平用途協定」，考慮到建立原子爐所需的沉重經費，遂讓有清華基金為後盾的清華大學在台建校，成為台灣原子科學研究的先驅。而這也正是梅校長選擇到台灣建校的一大動力。

篳路藍縷

梅校長於1955年抵台，籌備設置「清華大學研究院事宜」，從尋覓勘查校地到籌措經費，披荊斬棘，篳路藍縷。1956年1月1日，清華大學正式於台北成立籌備處，邁出在台建校的第一步。同年，圓滿完成招收第一屆研究生十五人，正式開課，因校舍尚未完工，故暫於台灣大學上課，至此清華大學校務在台正式運行。1957年，清華大學的辦公大樓、教職員宿舍、學生宿舍皆已相繼完工，學生遂從台北返回新竹上課。

在梅校長手創「原子科學研究所」第一屆畢業生中，即出了陳守信院士與林多樑教授等著名學者，1961年畢業的李遠哲校友於1986年榮獲諾貝爾化學獎，梅校長在1957年日記中曾記述聞知西南聯大學生楊振寧與李政道榮獲諾貝爾物理獎的欣喜，而這三位在梅校長治校期間培育的學生非凡成就讓清華成為華人地區迄今唯一培育三位諾貝爾獎得主的學校，也成為清華永久的佳話。

原子爐完工啟用

梅校長促成華人地區自建第一座原子爐完工啟用，打下良好基礎，據了解，核子反應器叫原子爐就是由梅校長命名：原子爐目前仍正常運作。清華

至今仍是台灣唯一培養核工人才的大學，台灣核能發電人才幾乎全部由清華培訓，同時近年發展硼中子捕獲治療技術，已成功治療幾十位頭頸部癌症末期病患，去年原子爐獲得主管部會核准延役十年，穩健地邁入第七個十年。

兩岸清華同根同源

梅校長在1962年逝世後，到1981年，連續四位校長都是清華畢業生，並都曾是梅校長的學生，包括陳可忠（1920級）（1962-1964代理，1964-1969）、閻振興（1934級土木系）（1969-1970）、徐賢修（1935級算學系）（1970-1975）與張明哲（1935級化工系）（1975-1981）校長，承襲了老北京清華的校訓、校歌、校徽，教師宿舍以院、所命名，學生宿舍以齋命名，同時充分運用梅校長致力維護的庚款基金優勢，改善教師待遇，並提供舒適實用宿舍，再加上清華固有的聲譽，優美的校園，正如李遠哲校友多次說過：「清華是海外歸國學人的首選」，得以聘請最好的師資，延續梅校長「大學者有大師之謂也」之辦學理念下所建立的優良傳統，讓清華迅速成為台灣學術重鎮，並維繫至今，如從客觀數據上來看，清華在台灣所有重要學術獎項，人均值皆為全台第一；另一方面，清華自始即能招收許多第一志願學生，同時採取學生一律住校制度，學生深受校風薰陶，師生互動頻繁，不僅由良師授業解惑，在生活上多所照料，清華校友對母校向心力特別強烈，並非偶然。

重視體育

新竹清華第一任體育組主任是1934年曾以清華學生身份參加全國運動會，獲男子十項全能和鐵餅冠軍的張齡佳教授，他對校內體育措施建立與優良傳統貢獻至鉅，至今為畢業校友津津樂道。多年來，運動會與梅竹賽均為年度盛事。2012年由校友捐贈的多功能體育館「校友體育館」完成啟用，大幅度充實體育設施；2013年5月，馬約翰教授哲孫馬迅教授，也是體育名家，應邀來新竹參加馬約翰教授紀念會，欣見新竹清華同樣有重視體育運動的傳統。

在1990年代，隨著政治大環境的改變，兩岸清華逐漸恢復一家親的狀態，雖然近年因受台灣政治環境與疫情影響，兩岸清華交流受到一些阻礙，但相信

不久後會雲淡風清，繼續維繫「兩岸清華」的特殊情誼，畢竟「政治是一時的，清華是永遠的」。

教澤普施

梅校長雖於1958年7月由政府徵召擔任教育部長，1961年3月底，因病住院，辭去部長職位；同年底清華校友在梅校長接長清華三十周年祝賀活動時，在公函中曾謂：「清華成立，『壽與國同』，吾梅校長蒞校服務，計有四十六載，而其接長清華，彈指迄今，正值三十周年。春風化雨，教澤普施，功績昭彰，舉世欽仰。憶自去年五月底，梅校長在兼長教部期間，積勞抱病，入台大醫院療養以來，瞬屆一年有半。在此一年有半之中，梅校長對於清華原子能研究所之進行發展，仍親自擘劃，口講筆授，公而忘私。凡吾海內外清華校友，對梅校長之健康至為關切」云云，可略窺梅校長此際行誼。

長眠清華園

梅校長雖辭任教育部長，仍兼任清華校長至1962年5月病逝；經詢梅夫人與治喪委員會成員意見，決定採用土葬，墓園選在新竹清華大學校園內，即現在的「梅園」。在古今中外，將墓園放在校園之內，極為罕有，也只有一個大教育家畢生事業與學校融為一體時，這樣做才為得體。[1]

不朽事業

曾任台灣大學校長及中央研究院院長的錢思亮校友在紀念梅校長的致詞中說：「梅先生對國家的貢獻很多很大，不朽事業包括：
一、安定清華校園，
二、奠立清華學術地位，
三、成功經營發展西南聯大，
四、戰後擴大提高清華規模與素質，
五、在新竹重建清華，打下良好基礎，

六、建立中國第一座原子爐。」

專大公愛

清華由美國退還多索庚子賠款建校，正處於在國際上風雨飄搖，國內動亂頻仍之際，舉步維艱，但在前賢苦心經營之下，躑躅前行，漸具規模；梅校長一生奉獻給清華，在校園動盪不已之際，擔負重任，以「專、大、公、愛」四種高貴品格；專心辦學、有容乃大、公正廉明，同時愛學校、愛國家、愛同仁、愛學生，深得師生愛戴，在兩岸清華擔任校長二十四年期間，以全副心血發揮才智，奠定了北京清華與新竹清華在兩岸分別成為數一數二名校的基礎和聲譽。清華何其有幸，有曠世不朽教育家引領，奠定今天的基礎與歷史地位。

清華永遠校長

錢思亮先生說：「梅先生一生在清華服務，梅先生忠於國家，敬業不遷，平易近人——雖有崇高學術地位，但對任何人都是那樣平易」，「他的為人作事許多方面，都合中庸之道，平和但有原則，事必躬親，對大事的決定也能果斷。」梅校長受到清華師生校友很高的評價：「提到梅貽琦就意味著清華」，「梅貽琦是清華永遠的校長」。

清華精神體現

在紀念梅校長之際，談清華精神，正因梅校長是清華精神的體現，這包括以「自由之思想，獨立之精神」追求真理，具有「中西會通，文理會通，古今會通」通識，「剛毅堅卓」，「行勝於言」，以「愛與包容」，引領學校，關懷社會，事實上是涵蓋於清華校訓「自強不息，厚德載物」中。梅校長把一生奉獻給清華，是「立德、立功、立言」的典範，與清華精神交相輝映，正如陳寅恪先生所言，「與天壤而同久，共三光而永光」。

〔註一〕梁先生演講大要為：「乾象言：君子自勵猶天之運行不息，不得有一暴十寒之弊，且學者立志尤須堅忍強毅，雖遇顛沛流離，不屈不撓；若或見利而進，知難而退，非大有為者之事，何足取焉。人之生于世猶舟之航海，順風逆風，因時而異。如必順風而後帆，登岸無日矣。」

「坤象言：君子接物度量，寬厚猶大地之博，無所不載。君子責己甚厚，責人甚輕。孔子曰：『躬自厚而薄責于人』蓋惟有容人之量，處世接物，坦然無所芥蒂，望之儼然，此所以為厚也，此所以為君子也。」

接著，梁先生又引申勉勵清華學生說，「清華學子，薈中西之鴻儒，集四方俊秀，為師為友，相磋相磨，他年遨遊海外，吸收新文明，改良我社會，促進我政治，所謂君子人者，非清華學子，行將焉屬？雖然君子之德風，小人之德草，今日之清華學子，將來即為社會之表率，語、默、作、止，皆為國民所仿效，設或不慎壞習，慣之傳行，急如暴雨，則大事償矣。深願及此時機，崇德修學，勉為真君子，異日出膺大任，足以挽既倒之狂瀾，作中流之砥柱，則民國幸甚矣！」

參考資料

[1] 黃延復、鐘秀斌，《一個時代的斯文：清華校長梅貽琦》，九州出版社，北京（2011）。

[2] 岳南，《大學與大師：1910-1930，民初學人如何在洪流中力挽狂瀾》（上冊）繁體字版，時報出版，台北（2019）。

[3] 岳南，《大學與大師：1930-1960，烽火中的大學如何奠基百年教育》（下冊）繁體字版，時報出版，台北（2019）。

[4] 陳力俊，《水清木華：清華的故事》，致出版，台北（2020）。

▲①行健不息須自強
　②哲人遽逝到今天剛好滿六十周年
　③著名寫實文學作家岳南
　④開啟清華大學黃金時代
　⑤對中國現代化奠基有很大貢獻
　⑥唯大師始能啟沃未來之大師
　⑦確能發展清華

新竹清華前五任校長有什麼共同點？

　　新竹清華前五任校長，任期共二十五年（1956-1981），均為北京清華校友，他們是：

　　梅貽琦（1909直接留美生）（1956-1962）、

　　陳可忠（1920級）（1942-1964代理，1964-1969）、

　　閻振興（1934級土木系）（1969-1970）、

　　徐賢修（1935級算學系）（1970-1975）、

　　張明哲（1935級化工系）（1975-1981）。

〔附記〕　五位前校長簡介[*]：

一、梅貽琦（1889-1962）：1909年考取「遊美學務處」第一批留美學生，入美國吳士脫工業大學，攻讀電機工程，1914年獲學士學位，次年返母校任教。1925年任物理系主任，1926年兼任教務長。1928年任清華留美學生監督。1931年十二月任清華大學校長。1940年接受吳士脫大學榮譽工學博士學位。

　　對日抗戰期間，清華、北大、南開合組國立西南聯合大學，梅先生以校務委員會常委兼主席身份主持校務。1953年任教育部在美文化事業顧問委員會主任委員。1955年奉召返台，籌辦清華原子科學研究所。1958年七月任教育部長，仍兼清大校長。1959年兼任國家長期發展科學委員會副主席。1960年

▲ 梅貽琦校長

五月患病入台大醫院療養。1961年二月奉准辭教育部長，仍兼原子能委員會主任委員。1962年二月當選中研院院士，同年5月19日病逝台大醫院。

二、陳可忠（1898-1992）：清華學校1920級畢業，獲公費資送美國留學。1924年獲耶魯大學學士學位，次年得芝加哥大學碩士學位。1926年獲芝加哥大學化學博士學位。曾任國立編譯館館長、國立中山大學校長、國立台灣師範大學理學院院長。1957年起任清華大學教務長，1962年五月梅校長因病逝世，先生代理校長至1965年真除。在校期間恢復大學部，設核子工程、數學、物理和化學四個學系。1969年退休。1992年安然瞑逝於美國賓州，享壽九十有三歲。

▲ 陳可忠校長

▲ 閻振興校長

三、閻振興（1912-2005）：國立清華大學1934級土木系畢業，美國愛俄華州立大學水利工程博士，曾任國立西南聯合大學教授、滇緬公路工務局正工程師，黃河堵口復堤工程局工務局長、清華大學教授、河南大學工學院院長。來台後，曾任高雄港務局總工程師、台灣大學工學院院長、台灣教育廳廳長、成功大學校長、教育部部長、行政院青年輔導委員會主任委員、原子能委員會主任委員。1969年起任清華大學校長，1970年辭校務後，曾任中山科學院院長，國立台灣大學校長、中央研究院評議員、原子能委員會主任委員。1982年當選中央研究院院士。

閻先生獻身教育，致力於國家發展社會進步，在教育部長任內負責將國民教育由六年改為九年，僅一年之籌備即付諸實施。並發展專科職業教育。擔任中山科學研究院院長任內擴充設備，加速國防科學研究及發展。在歷任成功大學、清華大學及台灣大學校長任內為國育才，對提高學術水準，以及促進國際學術之合作及文化交流，均竭智盡力，貢獻頗多。

四、徐賢修（1912-2001）：國立清華大學一九三五級算學系畢業，美國布朗大學數學博士，曾任美國伊利諾理工學院教授，普渡大學工程科學系系主

任。1970年起任清華大學校長，在校期間，
創設大學部的三個學院：理學院、工學院
和原子科學院。工學院設動力機械、材料科
學、工業化學、工業工程四系。

　　任內也推動了大型研究發展計劃如：電
動車的研製等。1975年辭校務後曾任國家科
學委員會主任委員，工業技術研究院董事長
等，在其任職國科會期間，對於在新竹設立
科學工業園區一事居功厥偉。退休後，1980
年當選中央研究院院士。

▲ 徐賢修校長

五、張明哲（1914-1998）：國立清華大學1935
　　級化學工程系畢業，美國麻州理工學院化學
　　工程碩士，曾任工業研究所所長，中國石
　　油公司高雄煉油廠廠長。1975年接掌清華大
　　學，任內清華成立電機工程學系、中國語文
　　學系、外國語文學系。1981年辭校務後，曾

▲ 張明哲校長

任國家科學委員會主任委員，於1999年在美逝世。

＊錄自清華大學網站：http://www.nthu.edu.tw/about/presidents，並稍作修改

「父子雙傑　清華傳承」序言

　　1966年（民國55年），我就讀臺灣大學物理系大二，清華開設暑期研習班，邀請許多國外華裔學者來臺灣短期講課。那年暑假授課的學者，包括應用數學方面的徐賢修教授、普渡大學物理系教授范緒筠院士，及當時任職於美國貝爾實驗室的施敏博士。我家住在光明新村，與清華校園僅一牆之隔，暑假上課很方便，記得上課地點就在現在化工系館位置的舊物理館。

　　整個暑假我都在清華暑期研習班聽課，課程結束以後，我代表臺大物理系學生訪問徐賢修教授，為物理系刊《時空雜誌》寫稿。採訪是在一個晚上，我與物理系四位同學一起前往，那時他住在清華大學新南院教授宿舍，就是現在的第一綜合大樓原址。訪談之後，我寫了一篇訪問稿。對他的印象是口才很好，講話很能振奮人心，對年輕人也有一番訓勉。

▲ 1996年院士會議時與朱棣文院士談話

仕琦幫我找出45年前在《時空雜誌》寫的〈徐賢修博士訪問摘記〉，文中他談到政府對於科學發展應朝何種方向努力，徐教授認為「應從基本科學做起。『基本』二字或嫌空洞，也許說『實用科學』要明白些，如Solid State Physics（固態物理）的應用、電子工業等，由於人才、設備等客觀因素所限，只有選擇與工業發展有關的科學，以已有之研究設備及工業，集中作線型的發展。」

　　徐教授的這些想法，後來於1970年（民國59年）他擔任清華校長時，逐漸開始實現。他為清華設立了工學院，陸續成立動力機械工程、工業化學、材料科學工程、及工業工程等科系。在當年的時空下，政府不希望每所大學重複設系，因此清華工學院各系當年的系所名稱都很特別。例如「化學工程系」初創時名為「工業化學系」，「電機系」1976年設立時的名稱是「電機電力工程系」，但「動力機械工程系」維持原名，至今臺灣只有清華大學設此科系。

　　「材料系」的成立尤為特別。世界上的第一個材料科學系，是美國西北大學在1960年（民國49年）設立的，清華大學在1972年（民國61年）就有材料系，也是臺灣的第一個，這就算放在世界材料科學領域，都是很早的研究機構。應用數學背景的徐校長，預見了材料科學的重要性，在清華設系，我的了

▲父子一同參加中央研究院院士會議

解是他接受當時康乃爾大學工學院院長的建議，而有此規劃。經過了四十年的發展，「清華材料系」現在是臺灣龍頭地位的系所，無論在產業界或學術界，影響力有目共睹。

徐校長當年規劃的工學院系所都極具遠見，為清華大學後續的長遠發展奠定扎實基礎，之後他擔任國科會主任委員，推動新竹科學園區成立，使得臺灣經濟發展邁向另一階段，這層影響力就不只嘉惠清華校友而已了。由於他的卓越貢獻，清華在2001年（民國90年）由工學院提名頒予徐校長榮譽博士學位。

徐校長也以樂觀出名，據沈君山校長在自傳中述及，當年徐校長勸沈校長回國服務時，曾大談在臺灣海峽開採石油的遠景，當沈校長表示不以為然時，徐校長說：「也許會成功也不一定。」讓人印象深刻。

本書中，徐遐生校長回憶昆明出生、移民美國初時的清苦生活，及至成年後在學術的層層突破，在美國學術界成為巨擘，這是個大時代華人遷徙生根的故事。他到原來並不熟悉的清華擔任校長，當然受到徐老校長的經歷影響，而懷著滿腔抱負。

我對徐遐生校長的最初印象是，他是位傑出的科學家。直到2001年（民國90年），我擔任清華大學校長遴選委員會副召集人後，才與他初次見面。後來他來清華擔任校長時，我是工學院院長，與他在公務上有長期合作關係。整體印象是他是位令人敬重、正直而認真的學者。清華很感謝他擔任校長四年中，始終如一，無怨無悔的奉獻。

徐遐生校長卸任後，回到科學研究領域，開始新的研究方向。回想四十多年前拜訪他父親徐賢修校長時，徐老校長侃侃而談，徐氏父子對於清華、對於臺灣科學界的貢獻，都值得我們尊敬與佩服。[1]

[1] 陳力俊，《清華行思與隨筆（上）》，109-111，致出版，台北（2019）。

中央研究院院長錢思亮清華情

　　錢思亮（1908-1983），1927年考入清華大學化學系，1931年獲清華大學理學院學士學位，並以庚子賠款獎學金，進入伊利諾大學化學系。1932年獲伊大理學碩士。1934年以畢業論文《具有旋光性之雙輪基質變成不旋光體之速度》獲得哲學博士。曾擔任北大化學系主任、西南聯合大學教授、國立臺灣大學化學系教授、系主任、第五任校長、輔仁大學教授、中央研究院評議會評議委員、院士、院長。

　　1954年3月，梅校長回台參加國民大會，留台期間，曾環島考察，並與教育部商定，籌辦新興科學研究機構。1955年，「中美合作研究原子能和平用途協定」正式簽字，政府決定設立原子科學研究機構，發展原子科學之研究，乃電召梅貽琦校長返國籌議。1955年11月，抵台籌辦「原子科學研究所」。並於同年12月，由行政院組設「清華大學研究院籌備委員會」，以教育部長張其昀與清華大學校長梅貽琦為共同主席，國防、外交、財政、經濟四部代表，暨蔣夢麟、浦薛鳳、錢昌祚，陳雪屏、錢思亮、金開英、洪紳諸先生。

　　另一方面，錢校長在1952-1983年間，擔任保管運用「國立清華大學基金」之「中華文化教育基金會」（該基金自1929年起由基金會永久保管運用，其年收入除基金會收取的管理費外，均交付新國立清華大學運用）董事，其公子錢純則在1996-2013年間擔任董事。

　　根據梅校長日記，清華在台北前後兩個辦事處，包括目前在金華街的辦事處，都由錢校長陪同選定。清華在建設校舍之同時，亦著手準備招生授課。1956年9月，即招考原子科學研究所首屆研究生，錄取21人，先假國立台灣大學上課，師資也多由台大物理系戴運軌教授、化學系潘貫教授等支援，時任台大校長之錢思亮多方協助。

梅校長逝世十周年紀念會中錢思亮先生代表各界所致紀念詞：「梅先生對國家的貢獻很多很大，每一件對別的人說都可稱為不朽。梅先生民國二十年接任清華大學校長。那一時期清華的校長連年更迭，學校很不穩定，校長很少作得長久的；自從梅先生接掌以後，就一直安定下來，就只這件事在教育史上已是不朽；清華自梅校長執掌不久，就已在世界有名大學中奠立學術地位，這貢獻對任何人說都是很大的功績；抗戰時搬到長沙、昆明，與北大、南開合組西南聯大，三大學合作無間，並把學校辦得很好，梅先生事實上對學校行政負責最多。只就此一事也足稱不朽；戰後復員到北平，梅校長重整清華園，兩年多的時間，清華的規模與素質比以前更擴大提高了。大陸淪陷後在新竹重建清華，極節省的、一點一滴的親自打下好的基礎，這件工作給任何人，也足稱不朽；建立了中國第一座原子爐，以最少的人、最少的錢、最短的時間，一次就成功了，這件事功給別人一生中都是不朽的。我們今天在這裡紀念梅先生，我們就想到梅先生撒播的種子；梅先生在清華四五十年，教導出這麼多學生，都各守崗位工作；作教育部長時改革風氣；倡辦長期科學發展，影響既深且遠。將來再過十年再過二十年，再來紀念梅先生，我們就更覺得梅先生的偉大，認識梅先生比現在更為深刻」。在梅校長逝世五十多年後回顧，錢先生一席話可謂神準。

▲ 1973年錢思亮院長（前排右）與清華畢業生一起「校園巡禮」，前排左為徐賢修校長

▲ 1957年在華盛頓參加中基會第二十八次年會（後排右二），前排右一與右二分別為孫科與胡適（「胡適紀念館」授權）

沈君山前校長協助創立了幾個學院？

　　清華現有七學院中，除工學院外，都與沈君山前校長有密切關係，可謂奇緣：

一、原子科學院：清華在台設校，第一個學術單位是原子科學研究所，後為原子科學院一部分，沈校長在1956年即加入清華，在原子科學研究所擔任助教，是最先四個正式員工之一。

二、理學院：1973年接受曾同在美國普渡大學任教，時任清華大學校長的徐賢修先生邀請，返國在清華大學擔任「理學院」第一任院長。

三、人文社會學院、生命科學院、科技管理學院：由於沈前校長有很高的人文素養，並有豐沛的人脈，受託規劃「人文社會學院」，而促成該院於1984年成立，以後以同樣方式促成「生命科學院」與「科技管理學院」分別於1992年與2000年成立。

四、電機資訊學院：在校長任內，「電機資訊學院」經教育部核准設立。

　　可謂一手協助清華成立六個學院，堪稱奇緣。

〔附記〕

　　沈君山前校長於1994-1997年擔任本校第一任「遴選校長」，任內推動兩岸清華交流、設立共同教育委員會、開辦中等學校教育學程、參與東亞研究型大學協會設立、成功爭取國家理論科學研究中心在本校設立，功在清華。

　　沈校長對清華的通識教育卓有貢獻，主編的《人文概論》與《社會學概論》邀請很多名家共同撰寫，當年清華及全台灣的學子都深受其益。據沈校長在散文集《浮生後記》中〈成長、回國與清華〉一文中敘說「生性溫和，開明更是自他公認」，認為「在學校當然非民主領導不可，但領導者必須有他的主

見，有他的決心，還要有技巧，要耐心說服，必要時更要耍些手腕，民主是偷懶不得的」，言之鑿鑿，頗具智慧，恐亦是「才子兼君子」的無奈。

▲ 沈君山校長（右二）與李亦園院士（右一）、毛高文校長（左二）、李怡嚴教務長（左一）於校園中合影

附錄：追思沈君山校長

　　沈君山校長在清華校園沉睡了十一年後，終於在107年9月12上午因器官衰竭離開人世。在清華為沈前校長辦理追思會之際，整理一下個人與其之機緣，與所知逸事，略抒緬懷之情。

　　沈校長早享盛名，在台灣大學念書時就是鋒頭人物，不僅精於橋牌與圍棋，也是足球校隊主將，但大學念了五年才畢業，原因是必修的德文在大四時不及格，必須到第二年補考。由於當初台大物理系學生多為各方菁英，我在大二上學期修德文時，全班三十幾人，竟有二十六人得滿分，所以有才子之稱的沈校長德文會不及格，就相當有傳奇性了。據其同班同學轉述，沈校長原來在該學期開始後一直翹課，到將近期末考時才來上課，剛好被任教的德籍神父點名唸一段課文，而沈校長將德文陰性冠詞die（音低）念成dye（音帶），馬上穿幫，所以該學期德文慘遭死當，最後導致延期一年畢業。

　　我在念大四的時候，適逢沈校長自美返國講學，所以有幸修習其所講授的「天文物理」課程。當時沈校長在美國普渡大學任教，意氣風發，進入課堂時，修長英挺的身材配上合身的西服，身攜當年風行的007手提箱。以歸國學人身分，而具翩翩公子之姿，又文（橋棋）武（運動）雙全，不成為後進學子羨煞的偶像也難。而沈校長授課，深入淺出，趣味盎然，也是我大學時代難得的體驗。同時他在學期末邀請選課同學到當年學子很少有經濟能力涉足的西餐廳享用精緻的茶點，也讓人終身難忘。

　　民國六十六年，我自美返國到清華任教，當時沈校長在清華擔任理學院院長（1973-1979，

▲ 向來枉費推移力，此日中流自在行

1984-1987），但私人見面接觸的機會並不多，只偶然會在教職員餐廳碰面，倒在報章雜誌中頗看到一些沈校長與名媛交往的花邊。當年清華規模不大，張明哲校長會定期與全校教師在百齡堂（現蘇格貓底餐廳）談話並餐敘，通常到會不過三、四十人；印象特別深刻的是，有一位頗具爭議性的大砲型教授，曾在會中當面針對沈校長做人身攻擊，而沈校長則並未有直接反擊的大動作。該教授也是在之前沈校長邀請詩人余光中到清華演講，批評詩人新詩「今夜天空很希臘」句把名詞作形容詞用，而讓詩人認為清華是「文化的沙漠，瘋子的樂園」同一位仁兄。

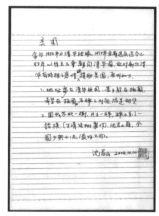

▲ 自1956年與清華結緣

往後多年，在校並無與沈校長有許多交集的機會，在校外則有一次在共同友人家餐聚，沈校長除在席中談笑風生，並慨允贈字一幅，不久後即著人送來，該墨寶錄朱熹《觀書有感》：「昨夜江邊春水生，艨艟巨艦一毛輕。向來枉費推移力，此日中流自在行。」大意是說，人的思想、學識、悟道都有一個成長的過程，有了積累，在一定的契機下，就會豁然開朗，舉重若輕，暢通無阻，適用棋局與人生，或人生棋局，深富哲理，發人深省，頗有嘉勉之意。二十多年來，沈校長墨寶一直懸掛於我的書房內，見之每思故人。

沈校長在1988年7月20日至1989年5月31日擔任十個月的行政院政務委員，據他自述不知為何被任命也不知為何卸職；如果考據一下，俞國華先生於1984年6月1日－1989年6月1日擔任行政院院長；所以沈校長卸任只不過隨內閣總辭，並無特別之處，倒是沈校長常以此自我揶揄。我在擔任國科會副主委超過十個月時，也得以就擔任政務官較沈校長久博君一笑。

據沈校長自述1990年後的兩年內，以個人身分，到大陸三晤當時主政的江澤民，每次都談數小時。他反覆說明台灣目前不能接受統一的原因，及台灣必需要有自主空間的理由。他還為雙方提出各種設計構想，如「志願統一」──先求一個中國，其他問題留待以後解決。他致力於兩岸和平的論述也讓人見識到他精湛的文字修為。

民國八十二年，依修正後的「大學法」，清華大學首次遴選校長，我適

為工學院同仁推舉擔任「校長遴選委員會」委員，沈校長則為候選人之一；當時台灣學界氛圍是認為校長除學經歷要俱佳外，需要具備一定的為學校募款能力；沈校長是台灣坊間公認的「四大公子」之一，黨政與民間關係可謂為無人能出其右，最後脫穎而出也就不足為奇了。

沈校長擔任清華校長三年任期（1994-1997），據他自述，並不十分順遂；原因之一是出於其「溫良恭儉讓」的性格，而在應付學校極少數個性強烈的教師作為上，不喜與人衝突，顯得過於謙讓；另一方面，沈校長雖有與前聯華電子曹興誠董事長對奕，贏得一千五百萬元捐款的佳話，但整體募款成績並不出色，據推測沈校長有其孤傲的一面，不願有求於人，拉不下臉，難於啟齒勸募所致。

在沈校長任期內，我與他的接觸多在學校會議中，記得比較清楚的是，一次沈校長在校內教職員餐廳宴請當年獲得校外獎項的教師，他在席中歷數當時清華連得五次國科會傑出研究獎的教師，而席過一半後，其夫人才從台北在下班後匆匆趕到。另外是不只一次，在傍晚開車行經清華東院門口時，見到沈校長手牽當年可能尚未上小學的幼子，似乎正要到學校對面用晚餐，親愛之情，洋溢於父子互動之間。

在公務方面，一次因為工學院一位教師與生科院一群學生因故鬧到法院，沈校長曾電請我與其他兩位教師以「公正人士」身分擔任調人，最後得以圓滿落幕。還有於一周末，我在學校散步之際，適逢沈校長乘車經過，也許因為他正擔任中研院評議員（1993.5-1999.4）的原因，曾下車關心當年中研院院士提名與選舉問題。

沈校長卸任後，不久即從清華正式退休；1999年6月他首度中風；2001年4月，兩岸清華在北京同慶創校90周年，我正擔任工學院院長，躬逢兩校校長在「工字廳」簽屬合作協議，猶憶沈校長也在場見證。2005年8月一晚夜間他第二度中風，剛巧當晚我擔任副召集人的清華遴選第三任校長「遴選委員會」在台北世貿大樓晚宴，在電梯中與沈校長不期而遇，據同行一位委員事後轉述，曾覺沈校長臉色有異；沈校長出院後，須由看護攙扶在清華校園中復健，有好幾次在我散步途中與其相遇，並略作攀談，一次與其談及朱經武院士希望得到他一本簽名新書，蒙沈校長隔日即親筆簽名請我代贈。同時在學校重要活動場合，尚能看到他坐輪椅的身影。沈校長病情穩定後，曾撰《二進宮》一文，敘述

發病與就醫經過，並明言未來如病篤，不願以插管維生，展現其灑脫的一面。

2007年7月第三次中風。經治療後，些許好轉，長期處於昏迷狀態。我到加護病房看他時，家屬因不忍，已決定不遵照其遺囑拔管，未料如此一躺就達十一年餘。2010年二月一日我接任校長，當日下午即安排到宿舍探望沈校長，獲悉其在管家與看護照顧下，身體狀況尚佳，同時瞭解是否有學校要配合的地方。期間多次陪同沈校長的故友如馬英九總統、林海峰圍棋大師等看望沉睡中的沈校長。

在沈校長長臥清華校園期間，親友當然盼望奇蹟出現，各方努力不斷。我個人則得知原來就認識的台大電機系某教授，自行研習推拿之術，得以治癒症狀其與沈校長相似之母親，也蒙該教授多次來清華試為沈校長推拿，惜並不見成效。

沈校長在2006年第三次中風不省人事前，曾手書略為：「余自1956年與清華結緣，1973年長期返台，迄今已33年，以後亦不會離開清華園，故對新竹清華有特殊感情，擬捐助奕園，原則如下：一、地址須在清華校園，二、園中不砍一樹，全園少用水泥（最好不用）」；在劉炯朗與陳文村前校長努力下，於本校南校區生態區建設「奕亭」，已於2010年元月20日揭牌啟用；而進一步造景建設「奕園」則在沈前校長昔年棋友蔣亨進教授等倡議下，於2011年十月起開始啟動；籌建小組提議蒐集圍棋大師墨寶及珍貴棋局展現於園中，同時公開徵求設計團隊，在蒐集圍棋高手墨寶及經典棋局方面，在林海峰國手協助下，在2011年12月蒐集到包括吳清源、林海峰、日本木古實、韓國曹薰鉉、中國大陸聶衛平以及陳祖德大師墨寶及經典棋局，讓奕園深具潛力成為未來的世界圍棋勝地；在其後「奕園」規劃討論會並決議由藝術中心主辦，結合圍棋主題與融合於環境的公共藝術方式進行，採公共藝術邀請比件方式，而由楊尊智老師率領團隊脫穎而出，順利於最近完成；另一方面，沈前校長胞妹慈源女士與妹婿盧博榮博士在得知學校規劃後，決定將他們代管的沈前校長在美國的退休金匯回作為興建「奕園」費用，因此也完成了沈前校長捐款興建「奕園」的心願，別具意義。

「奕園」於2013年6月1日正式揭幕。園內除有大草原區以圍棋子造型為基礎的公共藝術創作「對奕‧對藝」外，並有本校名譽博士金庸先生親手提寫「奕園」二字立於入口。包括林海峰、聶衛平、曹薰鉉等大師及吳清源大師的長女吳佳澄女士齊聚於清華一同為「奕園」揭幕。典禮結束後林海峰、聶衛平及曹薰鉉三位大師史無前例，於奕亭內聯手進行奕紀念棋。「奕園」揭幕至

今，已吸引圍棋界多次在清華舉辦重要活動，正如當初規劃時所寄望的，儼然已成為圍棋聖地。

在沈校長去世前兩天，接到沈校長病危通知，立即趕到醫院，只見沈校長一如他第三次中風以來狀況，安詳地躺在安寧病房床上，據管家告知，沈校長器官已近衰竭，醫生已經宣告不久人世。不到兩天後，接賀陳校長來電，知沈校長已永離人世，一個璀璨的生命，在不省人事十一年後，終於劃上了句點，命運的弔詭，讓人不得不歸諸天命。

前年冬天，在安徽之旅中，曾往「敬亭山」一遊；而「敬亭山」由唐朝大詩人李白名詩「獨坐敬亭山」而聞名，詩曰「眾鳥高飛盡，孤雲獨去閒。相看兩不厭，只有敬亭山。」在清華大學「沈君山校長追思會」請束背面，錄有「眾鳥高飛盡，孤雲亦不閒，相看兩不厭，仍是沈君山。」詩句，是對沈校長行誼，從友人觀點，做了部分適切的詮釋。另一方面，對於沈校長的立言與功業，未來自另有春秋之筆有所發抒。

高希均先生在追思會上，讚揚沈校長「他把心留給了中國，把愛留給了台灣，把情留給了清華，把一生的典範留在人間」，千古風流人物，又有多少人當得起這樣崇隆的評語。清華曾有這樣一位才情洋溢，愛國愛人的校長，值得我們慶幸，緬懷先哲，尤應以承繼偉業為己任，發揚光大其遺澤。[1]

[1] 陳力俊，《清華行思與隨筆（下）》，354-360，致出版，台北（2019）。

▲ 做我所能，愛我所做　▲ 相看兩不厭，仍是沈君山　　　▲ 莫因身在最高層，逐叫浮雲遮望眼

播種的人：毛高文校長紀念展

　　去年十一月初，聽說毛高文前校長去世。向幾位與毛校長熟識的朋友打聽，都說輾轉間接聽來，家屬異常低調，不打算辦公開儀式紀念；同時也與好幾位朋友談起，像毛校長這樣對清華與台灣各級教育影響很大的人物，選擇默默離去，令人相當好奇。

　　另一方面，毛校長是一個不應該被遺忘的人，尤其他在清華擔任工學院院長與校長任內有很多的建樹。所以我很高興看到圖書館辦理「播種的人：毛高文校長紀念展」。

　　我個人有緣與毛校長共事多年。1977年，我自美返國到清華任教，毛校長正擔任工學院院長，而他在次年奉派任「台灣工業技術學院」（現在的台灣科技大學）校長，所以我有約一年期間與他共事。現在很難想像，當時整個工學院五系（電機系後來才分出）共用一館，也就是現在的「教育館」（當初叫「工程一館」），而我在二樓的研究室，正在「院長室」的斜對面，所以每天都會有機會多次經過「院長室」。由於毛校長講話的聲音比一般高八度，嘿嘿的笑聲也很特別，「院長室」的隔音也是普通級，所以我經常能不期而然地聽到他的談笑聲。

　　這期間令我印象最深刻的是，他花了許多精力領導團隊發展電動車計畫，是清華引以為傲，而為人津津樂道的成果；另一則是在當年歲末聚餐時，他對聚集在當時的「百齡堂」（現今的「水漾餐廳」）工學院同仁與家屬致詞說：「希望很快能看到每個系都能成長到一個系的同仁就與現在全院一樣多」。

　　從這兩件事，都可看出毛校長看得遠，四十年後的今天，電動車才普遍商業化而堂皇上路，工學院的發展則甚至超出他的預期。

　　毛校長在「台灣工業技術學院」時，我與他的接觸是每月一次的「中國工程學刊」編輯委員會，當時他是主編，我則是編輯之一，過程中很能感受到他

的認真與嚴謹。

1981年，毛校長回到清華擔任校長，可謂充分發揮他的高瞻遠矚的長才，有很多創新的作為，包括成立研究發展委員會、長期發展委員會，擬定「五年發展計畫」，籌備成立「人社院」與「生科院」，興建許多館舍，開發梅谷，規劃購置南校區新校地等，在紀念展中都有很清楚地展示。毛校長有許多很好的想法，並且具有很高的執行力。有些事現今大家已司空見慣，如不親身經歷其過程，可能不容易體會其開創與耕耘不倦之功，實非易事，讓人認識到歷史常是在某些時間點，由適當的人推動的。

林文源館長在邀請我今天與會時，特別附了一張1982年我獲得第一屆「傑出研究獎」的紀念照，而這正是毛校長開國內高校風氣之先，在清華設立傑出研究獎與教學獎，產生了很大的激勵作用。同時也因此，當數年後，工研院要借調我到該院服務之時，毛校長以「學術研究潛力高，應留在學校」為由不予同意，對我個人的未來發展，當然產生了關鍵性的影響。

在校舍的建築上，毛校長對以白牆為外觀頗為堅持，觀諸在他任內完成與規劃的綜二、綜三、工四、核工館、生科館、水木餐廳等確實皆有白色瓷磚外牆的特色，也讓有人得以戲稱：「清華景觀像醫院一樣」。

最後一次見到毛校長，是在我擔任校長前不久，專程到他任董事長的「蔣經國基金會」請益，當時他身體已不太好，但笑容與言談依舊，頗多嘉勉，令人感懷。

2018年，管理「庚子賠款清華基金」的「中華教育文化基金董事會」，因毛高文董事請辭而邀請我繼任，是我與毛校長自1977年結緣的餘波。每思故人，內心仍盪漾不止。

▶①發揮高瞻遠矚長才，有很多創新的作為
②1982年創設清華教師最佳教學獎與研究獎
③歷史常是在某些時間點，由適當的人推動的

清華最早的校園建築為何？小吃部何時完成？大草坪於何年闢建？

　　最早的校園建築：1956年6月的「清華研究院辦公樓」，總工程價為新台幣一百三十七萬元，簽約日期1956年6月2日。當時的專任教職員僅有九人，在同一年建造的尚有東院教授宿舍十所（現東院1至10號），現在6號與8號已拆除。據朱樹恭教授回憶：「梅校長住東院八號，後任校長把八號與十號打通，校長宿舍變得比較大了。」[1]

　　1963年，西院教職員宿舍1至16號完工，同時最早的學生餐廳（現小吃部）與福利社、男生宿舍明齋、平齋、小吃部也於同一年完成。[2]

[1]　陳華、倪瓊湘：〈朱樹恭教授訪談稿〉，國立清華大學圖書館數位校史館，2008年。
[2]　洪麗珠：〈水清木華──新竹清華的校園建築與景觀〉，2001年。

▲ ①清華研究院辦公樓
　②東院教授宿舍
　③原子反應爐
　④學生第一餐廳

新竹清華建築第一人是誰？
他有那些代表作？

2014年3月17日　星期一

　　他是清華大學部土木系二九級畢業生張昌華校友；他在新竹清華的代表作包括原子爐、梅園、舊體育館、百齡堂、月涵堂、舊行政大樓、舊物理館、舊圖書館、工三館、工四館以及東院、西院教師宿舍等。為表揚對母校的特殊貢獻，清華大學於2009年校慶大會，在其甫於年初逾百高齡逝世後，頒發張昌華校友「特別貢獻獎」，由其女張漪女士偕同夫婿，專程從美國返台領獎。

〔附記〕

　　張昌華，北京人，西元一九〇八年出生，祖籍江蘇吳縣，家族世居蘇州。西元一九二五年進入清華大學就讀，一九二九年工程學系畢業。一九三二年美國康乃爾大學土木工程碩士畢業，歸國後於南方國民政府擔任鐵路建設工作，滇緬公路中斷後，張昌華絕意公門，離開政府機構，於昆明創設華泰建築師事務所，承接美軍機場建築修繕等工作；並於同一時期受聘於西南聯合大學擔任講師，教授公路工程實務等課程。

　　國府易幟前夕，張昌華承接國防醫學院遷臺建設業務，同時亦遷家來臺。清華大學於臺復校後，張昌華曾二度接標興建校舍，後更隨時任教育部長的梅貽琦校長赴美視察原子爐興建業務，並親自設計、監造，投身清華大學原子反應爐的建築工程。

　　其後，張昌華專志於建築設計業務，其作品遍佈臺灣各地，不計其數，並多次榮獲全國性建築設計獎賞；其事務所亦為國內培育出多位優秀的建築人才，國內出身華泰的建築師事務所即有三十二間之多，有國內建築界「業界祖

師」之譽。[1]

　　根據原來在華泰工作德吳明修先生在〈華泰的點滴──憶張昌華建築師〉[2]一文中述說：「戰後來台，帶來一些上海職工本來是要來開營造廠承包工程的，後因清華大學梅貽琦校長的邀請設計原子爐，而改業建築師。張先生受過良好理工教育，治學淵博，漢文素養亦高，因此在事務所凡事要求實事求是，以科學方法找出依據，要有明確準則才能做設計。為人非常正直不阿，對於工程品質要求甚嚴。他有豐富的結構學及工程施工經驗，對建築要求實用、堅固、方便施工。因此建築的空間變化，構件組織比例，如何符合人性化、整合系統及時代美感，沒有他絕對的建築哲學要求。」

　　清華大學在頒發張昌華校友「特別貢獻獎」時，曾以文稿，對其生平以及與清華奇緣，有簡潔扼要的敘述[3]：「張昌華是清華大學部第一屆校友，1929年工程學系畢業，1932年獲美國康乃爾大學土木工程碩士。歸國後先後參與京贛鐵路、甘肅、寧夏、青海等地區路段工程，以及西北連俄段公路、滇緬公路的修築工程。

　　清華在台復校之初，張昌華就曾以校友身分協助學校尋覓土地及興建行政大樓與物理館，而他最為人所知的成就，當屬清華大學原子反應爐的興建工程。當時在政府工程經費極為拮据的情況下，張昌華為了設計與監造構築原子爐與爐池工程，不惜放棄營造業甲級執照，而以建築師執照接案。

▲ 張昌華校友在清華的代表作

昌華學長曾提到，就讀清華時，校園有個重要的口號：DIG（掘），講究像開礦一樣的確實精神，以及儒家『正心』、『誠意』、『格物』、『致知』的精神，對他都有深遠的影響。本著正心、誠意做工程，不關說、不圍標。也是清華校友的錢思亮先生曾以：『跳出三界外，不在五行中』的對聯贈與老學長，稱許他的正直不阿。而設計原子爐時，因相關技術屬於機密而無法獲得國外支援，但本著『格物致知』的態度，認真思考原子爐在安全上所可能產生的最大災難，結合已有的技術來進行設計，並以最嚴格的安全標準施工，終於順利建成原子爐。自1961年運轉至今，原子爐歷經921地震而屹立不搖，金甌無缺，並在原子能、保健物理、醫療與環境等領域發揮無與倫比的教學研究功能。

　　雖然張昌華學長曾引述梅貽琦校長的名言：『大學者，非謂有大樓之謂也，有大師之謂也！』，而自謙於對母校的貢獻。然而，學長為母校興建多棟建築，除了原子爐的重大貢獻外，『體育館』與『梅園紀念亭』等也都極具建築結構特色，更連繫起所有新竹清華人最珍貴的共同記憶。1996年沈君山校長致贈褒揚令，感謝老學長對清華大學的特殊貢獻。

　　在台灣建築專業尚未起步的1960年代，張昌華學長以他優異的土木結構工程背景及知識克服了許許多多施工與工法的困難，多項建築作品已成為台灣早期建築史的里程碑；他的事務所──華泰建築事務所──也是當時年輕專業者最佳的養成訓練場所之一。

　　昌華學長於1999年獲頒第一屆遠東建築設計獎特別獎，誠屬實至名歸！多年來，老學長一直是1929級的常青代表。他雖然年事已高，但耳聰目明，面光紅潤，精神煥發，說話時神采奕奕，永遠保持一顆年輕的心，言談之間，慢條斯理，卻充滿詼諧與智慧。校慶典禮上，百齡老學長振臂歡呼的英姿，更激勵著學弟妹們，昂揚振奮。2009年的開春，清華同仁們正打算為昌華學長賀歲，卻驚聞仙逝，萬分不捨。張昌華老校友豐富精采的一生，可說是實踐清華校訓『自強不息、厚德載物』的最佳典範，他的為人與他的作品更是清華人永遠景仰與效法的楷模。」

　　另外張昌華曾回憶說：「前些年（1996年）清華特別頒給我一個褒揚令，說是感謝我對母校付出許多什麼的。我妻子當時還笑呢：『幸好你活得夠久，不然連這張褒揚令都沒得拿』。」頗為風趣。[1]

[1] 李詩偉、林沛熙，〈正誠格致的工程歲月——張昌華回憶採訪錄稿〉，國立清華大學圖書館數位校史館，（2001）。

[2] 吳明修，〈華泰的點滴——憶張昌華建築師〉，82-86，《建築師雜誌》第35卷第7期，（2009）。

[3] 〈特別貢獻獎張昌華校友〉，《國立清華大學「人物專訪」》，2009年，頁36-37。

見證校史的百齡堂

　　百齡堂是由29級校友張昌華設計，於民國1965年11月12日落成啟用，因時逢國父孫中山先生百年冥誕而命名。以前是學校招待貴賓與舉行重要活動場所；由於建築雅致，早年是電影公司拍外景勝地，促成兩岸清華1949年以來首次正式「通話」、「梅竹賽」命名也都在百齡堂發生，百齡堂是清華人共同回憶。

　　百齡堂原為清大招待所，分兩部分，一為住宿部，另一為餐飲部，提供簡單西式餐飲；除各單位餐會外，學校也經常在此辦理各項活動：包括1970年代校長每月與全校教師午餐會談、小型典禮、工學院歲末聚餐、導師與學生餐聚以及喜宴等。

▲ 百齡堂是清華人共同回憶

▲ 清華與交通大學代表於百齡堂舉行「梅竹賽」首次籌備會

民國1968年清華與交通大學籌備校際間「梅竹賽」，12月23日兩校代表於百齡堂舉行梅竹賽第一次籌備會議。會中並擲幣決定梅竹次序。在百齡堂商議命名時，首先決定先取清華前校長梅貽琦（1962年過世）與交大前校長凌竹銘（當時任中油公司董事長），名稱取梅貽琦之姓、凌鴻勛（字竹銘）之一字為名。「梅」代表清華大學，「竹」代表交通大學。錦標對抗賽的名稱順序採用清大張致一教授之建議，以擲硬幣的方式決定，如果是出現梅花那一面就稱「梅竹」，出現一圓那一面就稱「竹梅」，而結果則是梅花那面。梅竹錦標賽就此登上歷史舞台。

　　另外1991年，清華慶祝80周年校慶，邀集四位頂尖科學家清華校友，即諾貝爾物理獎得主楊振寧與李政道先生、諾貝爾化學獎得主李遠哲先生、數學沃爾夫獎得主陳省身先生，同時蒞臨新竹校園。一日在百齡堂早餐時，促成兩岸清華1949年以來第一次正式「通話」；當年兩岸之間沒有任何正式的往來，還是處於「不接觸、不迴避、不……」的時代，兩岸的清華大學也沒有正式聯繫；在陳省身先生提議下，劉兆玄校長即席寫了幾句話給北京清華的張孝文校長，大意是兩岸清華共同慶祝建校八十周年，傑出校友楊振寧、李政道、陳省身、李遠哲同蒞新竹校園共襄盛舉，特此致意，由各校友與校長共同署名，請主秘李家維教授電傳北京清華，據李主秘事後告知：「短訊傳過去約十分鐘，他接到北京清華來的電話，對方詢問方才接到一封署名劉兆玄校長的短信，是否是真的？當家維回答確認後，電話中聽到對方揚起一片掌聲及歡呼聲」。兩岸清華從1949年以來，有四十多年不相往來，第一次的正式「通話」卻是在這種情況下完成，實在令人感慨。

　　由於招待貴賓功能，約在十餘年前，在本校另一招待所，即現今第二招待所落成後，百齡堂又名第一招待所，2006年起，隨「清華會館」啟用，客房部分（B棟）停止營運，改由行政單位暫時使用，而後有一招B棟改建之議，並於2010年動工，2012年10月28日上樑，2013年12月19日正式啟用，命名為「清華名人堂」，具多功能用途，包括名人堂、教師與校友聚會所等；「清華名人堂」將另章敘述，另一招A棟就是後來的「蘇格貓底」餐廳，2019年改由「水漾餐廳」經營。

清華大禮堂的故事

　　1967年8月，傳來1913年至1918年出任北京清華校長的周詒春校長在上海去世的消息，為紀念周詒春校長，加上清華在台建校，於1964年開始招收大學部學生，師生人數已逼近千人，校內集會及重要活動可使用場地，已不敷使用。於是，在1969年清華校友會會長李榦等人發起下募款，獲得校友們熱烈響應。

　　當時已遷居香港的20級校友唐星海，慷慨認捐「相對基金」，也就是只要校友會募款一元，他就配合認捐一元。一年後募款成果與預定目標接近，大禮堂也進入設計階段。由當時知名的基泰建築公司設計，由18級校友朱彬主持，參與工作者包括29級校友張昌華、42級校友廖仲州等人。1971年10月以新台幣742萬餘元發包，1973年校慶後幾個月完工。基地面積為1,769.29平方公尺，樓地板面積為3,185.39平方公尺，座位總數1,600個，內部一樓挑高，二樓內縮，建物正面長度將近五十公尺，簡潔宏偉。[1]

▲ 大禮堂由清華校友捐建

據時任教務長的朱樹恭回憶：「新竹縣政府計劃把成功湖劃為新竹的風景區，風景區有個限制，就是離開湖五十公尺才能蓋房子，所以清華大禮堂就是離開湖五十公尺。」[2]

大禮堂啟用後，清華的校慶、畢業典禮、學生公演，都在此舉行，有相當長時間，新竹地區的藝文表演、重要演講、座談活動，都以清華大禮堂為首選。1980年代，週末播放電影，也曾為當年難忘的校園生活點滴。多年來，在校方多次整修，並蒙校友捐助下，刻意維護，大禮堂仍然是清華高水準的大型室內活動場所。

近年來，在大禮堂有幾件最值得稱述的盛會，包括百年校慶、金庸與楊振寧「科技與人文對話」、破解生命密碼的諾貝爾獎得主華生（James Watson）與語言學大師杭士基（Noam Chomsky）的演講活動等。

[1] 梁秀賢文，《話說清華》，216，國立清華大學圖書館出版社，新竹，（2011）。

[2] 陳華、倪瓊湘，〈朱樹恭教授訪談稿〉，國立清華大學圖書館數位校史館，（2008）。

教學大樓台達館啟用典禮致詞

2011年10月13日　星期四

　　很感謝各位今日專程撥冗參加本校教學大樓－台達館的落成啟用典禮。在鄭董事長鼎力支持下，配合政府補助清華「邁向頂尖大學」款項，台達館於97年10月動土，在座的多位貴賓，三年前也在這個位址參加過台達館的動土典禮，今天能再度聚首於此，除見證清華第一棟綠建築的落成啟用，也見證清華推動「新能源綠色校園」，為環境永續發展盡心力的決心。今年六月清華大學畢業生聯誼會舉辦畢業舞會，主辦同學精心策劃了一個以「出嫁」為主題的行動劇在舞會前演出，將校長裝扮成原北京清華大學中文系系主任朱自清先生的父親，穿上長袍馬掛，手中拿著一袋橘子，將身穿白紗的畢業生代表，交給企業主，象徵清大畢業生與業界結為連理。事後我對此有所思索，清華要培育什麼樣的人才，託付給什麼樣的企業主。我想清華要培育像鄭董事長一樣，樸實努力、奮發進取、注重創新研發、愛護員工、回饋社會的人才，另一方面，如果清大把畢業生交給鄭董事長這樣卓越的企業家將是最放心不過。鄭董事長是

▲ 清華校園第一棟綠建築

台灣企業家的典範，台達電是台灣企業的標竿，榮獲天下雜誌最佳企業公民，以及標竿企業電子業的榜首，今年又以「綠建築的倡導者」榮獲「2011遠見雜誌企業社會責任獎」首獎。2006年鄭董事長獲頒清華大學名譽博士，代表清大同仁最高的肯定。

鄭董事長多年來深耕「節能環保」與「文化教育」二大永續事業，也與清華大學努力目標一致。台達電子是世界電源供應器龍頭企業，而將電源供應器效率提升到九成以上。同時積極投入實施綠色製程、資源回收再利用、廢棄物管理等計劃。首次推出節能效率達90%的發光二極體（LED）燈泡，即是以堅強的技術能力為全球氣候變遷作出具體貢獻的表率。本人於2010年就職清華校長時即宣布，首要推動的工作之一，即為打造清華成為新能源綠色校園，這與台達電子秉持「環保　節能　愛地球」的經營使命不謀而合。

在「文化教育」方面，鄭董事長與台達電多年以來，慷慨捐資興學。清華大學與鄭董事長結緣始自2000年，鄭董事長捐贈時值一億元台達電股票，以現金股利設置「孫運璿講座」；2008年除捐助興建台達館並與清大合設「台達／清華聯合研究中心」，從事新能源開發、儲能、節能與環境電子、電源供應器等相關技術研究計畫，攜手共創產學合作新契機。今天更加碼捐贈台達館所須太陽能發電與教室投影設備，以及雲端科技相關軟硬體與合作研發經費，清華大學對鄭董事長的青睞與厚愛，充滿感激之情，除戮力於早日晉身於世界頂尖學府之林，並將以具體研發成果有所回饋。

前幾天有一位與我合作研究的UCLA教授透過Dropbox跟我共享雲端資料，讓我驚覺到雲端科技時代已進入研發領域，不再是遠在雲端。昨天我回想去年以來與鄭董事長在公眾場合的互動時，就在網路上輕易找到：

一、去年一月十一日在總統府月會中，邀請美國紐約時報專欄作家，三次普利茲獎得主湯馬斯・佛里曼（Thomas L. Friedman）演講，而與會者都獲贈一本其所著《世界又熱又平又擠》中文版新書，而這本闡述啟動「綠能革命」，解決人類危機新書，正是由台達電贊助出版。

二、台達電贊助推動環保的美國前總統克林頓於去年十一月十四日在台北國際會議中心以「預瞻台灣2010年起經濟前景及方向」為題發表演講。

三、今年七月五日故宮博物院舉辦台達之夜活動，觀賞黃公望「剩山圖」與「無用師卷」合璧之「富春山居圖」。

也代表未來行事曆記事等各種資料，儘可自雲端取用，發展潛力無窮。清大擁有堅實卓越的雲端科技研發領域團隊：例如本校資工系學生團隊榮獲去年全球最大規模的超級電腦研討會「國際高速計算會議學生叢集電腦計算競賽」世界冠軍，今年則勇奪微軟全球潛能創意盃「嵌入式系統組」冠軍；將在鍾葉青教授領導下，整合校內外十餘位教授與約五十位研究生與台達電子進行合作，研發分散式雲端運算中介軟體，運用台達電子捐贈，置於校區內的雲端機櫃提供日常研發所需之運算及儲存資源。也將進一步透過網路連線，彈性擴充到遠端台達電子的「超節能雲端資料中心」，成為雙方的研究與教學平台。

「台達館」設計之初，就將台達電子致力於環境保護，推廣綠建築的實踐力納入設計構想中，將地形、氣候、風向及溫濕度等因素進行分析考量，以創造一個永續、宜人、節能且環保的綠色建築。「台達館」不僅通過內政部建築研究所：綠化量指標、基地保水指標、日常節能指標、室內環境指標、水資源指標、污水垃圾改善指標等六項綠建築指標，更取得銅級綠建築標章，將能有效降低未來大樓使用的耗能支出。

「台達館」外觀設計上除保留「紅樓」的原始意象，更以「兼重人文藝術與科技」、「綠能校園」為主要的訴求。樓地板面積約為29,185平方公尺（8,828坪），啟用後，除提供資工系、材料系及奈微所等單位共同使用外，「台達／清華聯合研究中心」也將座落於台達館內。值得一提的是英國高等教育調查機構QS公司，於今（2011）年四月公布全球大學工程與技術領域排名，本校材料與資訊科學領域，排名分別在全球51-100與101-150名之間，而奈微所目前為亞洲地區屬一屬二研究所，三個表現優異系所，必會善用新增空間，更上層樓可期。

感謝台達電子工業股份有限公司及在座貴賓長期對於清華的支持，並再次感謝各位貴賓撥冗參加「教學大樓」落成啟用典禮。最後，祝福各位身心健康愉快、萬事如意！[1]

[1] 陳力俊，《一個校長的思考（二）：教育的職業與志業》，116-118，致出版，台北（2019）。

清齋啟用典禮致詞

2012年2月15日　星期三

　　很高興參加今天清齋的啟用典禮。清齋是繼九十八年度新建學儒齋使用後，學校最新落成的宿舍。學儒齋當初規劃996個床位，清齋則有993個床位，為何不乾脆各規劃超過1000個床位，以後恐怕會成清華校園的話題之一。

　　清齋的落成，是本校營繕單位、專案管理單位（PCM）、建築師、營造商以及關心人士共同的成果，是大家努力的印記，我要代表學校向各位致謝。但不容諱言的是，也有許多須要檢討改進之處。清齋的落成啟用，可以「千呼萬喚始出來」形容，同時正如白居易所說「猶抱琵琶半遮面」。消防設施前後經過十幾次才通過，驗收也多有波折。我想部分參與同仁會想，這些情況與以前本校許多建築情況相似，這正是我要提醒而未來必須責成改進之處。在學校，或者一般公家單位，很多人因循成習，但有極大改善空間。舉例而言，最

▲ 千呼萬喚始出來

近學校一些小工程，工期竟然長達五十天，而百分之八十的時間，不見有人工作。今天在報上看到，新任內政部長李鴻源表示，為了公共工程品質著想，他在部長任內原則上不鼓勵所屬採最低標，也盡量不用最低標，而用異質最低標或最有利標。事實上，我在國科會擔任副主委時，即在行政院內公共工程委員會召開會議中，得到類似訊息，最近我在校內會議中，也強調在操守無虞下，以後校內重大工程將遵循此原則。

另一亟須改進之處為驗收不實，導致一些安全問題。我以前在別的場合有提過，美國開國元勳富蘭克林曾說「把事情做好，不是靠信心，而是靠沒信心。」主管如果沒有對負責同仁做審慎考核，而放心賦以重任，而不盡責監督的話，自然問題叢生。這兩點我希望營繕組同仁必須徹底改進，才不負清華師生同仁的期望。

新宿舍的落成，對本校而言當然是可喜可賀的大事。我在台灣大學大一時住學校宿舍，八人一間，作息甚為不便，大二暑期到清華參加救國團辦的科學營，體驗清華學生宿舍，覺得這才是適合大學生學習生活的居處，留下良好印象。另一方面，清華大學校友對學校向心力最強，也與清華自在台建校以來，即有大學部新生一律住校傳統，大家留存共同美好記憶有關。清齋的落成，代表學校以新的思維，新的營造與軟體技術所完成的最新建設，目前規劃為研究生宿舍，希望未來看到許多曾住過清齋的傑出校友，在各種場合，談笑述說在清齋度過的豐富、多元、充實的生活，還需學務處住宿組與總務處營繕組與事務組的同仁多多費心，通力合作，做好服務。[1]

[1] 陳力俊，《一個校長的思考（二）：教育的職業與志業》，119-121，致出版，台北（2019）。

「校友體育館」啟用典禮致詞

2012年11月15日　星期四

今天，中華民國一○一年十一月十五日，是清華大學校史上的大日子，也是清華大學校友的大日子，因為清華建校一百年來第一次由校友捐贈全部經費興建的「校友體育館」將於今天啟用，在此良辰吉時，讓我們一起歡慶清華的大喜事，也讓我們給捐款興建的校友熱烈的掌聲。

新竹清華大學最早的體育館落成於1971年，現在使用的體育館於1993年完工，有一陣子叫新體育館；當年在校生不到六千人，近年來，學生人數倍增，體育館舍設施嚴重不足；去年適逢清大百周年校慶，希望能結合校友的力量，成立清大百人會，以每位校友捐贈一百萬元的方式，加上其他的捐助，共同募集建造總經費達一億七千萬元的多功能體育館，最初目標為一億元，在校友的熱烈響應下，不僅順利達陣，捐款總數達到一億七千兩百萬元，同時為感念校友們對母校的愛護與支持，經學校正式程序，命名為「校友體育館」，新體育館被評定為「黃金級」綠建築，包括八面羽球場/兩面排球場與供韻律操以及啦啦隊使用的挑高活動場地，原羽球館將改為桌球館，現桌球運動場地將移用為較目前規模大三倍的健身房，使學校體育館舍設施整備度大為增加。

校友體育館的啟用，可謂集天時、地利、人和的大成；清華校訓「自強不息」取自《易經》卦辭「天行健君子以自強不息」，即揭示強身健體的重要，對體育的重視，是清華的傳統。梅校長在〈清華大學與通才教育〉一文中，闡述體育的重要。清華校友梁實秋先生，在其名作《秋室雜憶》中，也詳述清華大學對體育特別注重的情狀；新竹清華五十六年前在梅貽琦校長領導下，繼承北京清華「體育大校」傳統，強調學子要有健全體魄，才能擔負艱鉅工作，並自國外延聘國手級校友張齡佳教授為體育室主任，積極推動體育教育；多年來校園體育風氣蓬勃發展，大家在入口處可看到教育部頒發的101年度大專組

體育績優學校獎座。教育部每年度由全國165所大專校院中，評選兩所學校獲獎。本校能脫穎而出，除了學校慣有的靈活策略成功推行體育政策，而教師、職員、學生們向來重視體育發展，對於各項體育活動都能團結合作共同達成也是重要的因素。獲獎不僅是肯定學校體育的發展，更是肯定清華向來堅持德、智、體、群、美五育均衡發展的教育理念。另一方面，今年的梅竹賽雖然未能賽完，但在正式宣佈停賽之前，清華已在桌球、羽球、棒球賽節節勝利，尤其羽球已連續十一年飲恨，棒球也連續七年沒有贏，但在將士用命、士氣如虹下，均奪得錦標歸，另外桌球是常勝軍，今天也讓我們一起向教練與健兒以熱烈的掌聲鼓勵。

清華的校友是學校的瑰寶，最新統計已接近六萬人，除了貢獻社會有傑出表現外，對母校的向心力不是任何其他學校校友可以比擬，在此預告學校正在規劃並將於近日推出認同回饋卡制度，將依校友歷年來對學校或院系累積的捐助分設行健、自強、不息、厚德、載物、梅花、紫光、月涵卡，各位百人會將獲贈厚德卡，象徵對母校「深厚的德意」，如累積達到五百萬、一千萬、五千萬、一億元，將分別獲贈載物、梅花、紫光、月涵卡，目前正請各院系統計回報中，初步掌握的資訊是李偉德校友將持有月涵卡，李義發、謝宏亮與陳繼仁校友為紫光卡主，張子文、曾子章、吳子倩、蔡朝陽校友為梅花卡主，載物卡主則已有十餘人，相信未來在學校與校友的緊密互動下，必能對學校提供更多更大的幫助，讓清華品牌更能發光發亮。

美奐美侖的新體育館落成啟用，除非常感謝校友們熱情的響應學校號召，共同寫下台灣高等教育史與清華歷史上光輝的一頁，同時要感謝本校財務規劃室、校友服務中心、體育組、營繕組同仁以及建築師、施工單位；這一年多來，我每天在校園散步時都會繞經體育場，駐足觀看校友體育館工程進度。與許多其他工程不一樣的是，自開工以來一直看到許多工人在積極施工，而能如期完工，這點要感謝廖建築師與施工單位以及本校營繕組同仁，最後要感謝本校名譽博士紀政女士蒞臨，與兩位奧運女國手到場表演，共襄盛舉。[1]

[1]　陳力俊，《一個校長的思考（二）：教育的職業與志業》，124-126，致出版，台北（2019）。

▲ 校友體育館的啓用，可謂集天時、地利、人和的大成

▲ 被評定為「黃金級」綠建築

學習資源中心旺宏館啟用典禮致詞

2013年4月11日　星期四

今天我們是以歡欣鼓舞的心情來舉行「學習資源中心旺宏館」啟用典禮；上個月四日清華大學舉行了「旺宏館總圖」啟用典禮，今天是整個「旺宏館」啟用典禮，差別是除總圖書館外，新的「國際會議廳」、階梯講堂、遠距教室、視訊會議室等也加入了學習中心的行列，「旺宏館」將成為一個更具學習功能的場館；同時呈現清華歷史縮影的「校史展示區」與陳列清華教師著作的「清華書房」也正式開放，將具體展現清華人多年耕耘成果。昨晚清華已先在「國際會議廳」為鄭愁予教授舉辦八十壽誕詩樂禮讚，是清華在中國新詩推動與發展歷程中的華美篇章，也是一個閃亮的開始。

▲ 清華同仁盡心盡力為校園建設一個「令人驚豔」的亮點

今天很感謝旺宏電子胡定華前董事長與吳敏求董事長、劉炯朗前校長、陳文村前校長親自來參加;「學習資源中心旺宏館」沒有旺宏是沒有辦法落成的;旺宏館歷經四任校長,長達十二年才完成,約兩年前我們在此曾舉行落成典禮,是緊接著「校友體育館」動土典禮之後,「校友體育館」已於去年十一月十五日啟用,何以「旺宏館」「千呼萬喚始出來」?這當中原因很多,但可向大家明白交代的是,清華同仁是盡心盡力的希望為清華校園建設一個「令人驚豔」的亮點;新館除美侖美奐的建築外,館內多項創新設施包括:二十四小時不打烊的智慧型自助還書服務、全國大學首創的「手機亭」、專供夜間讀書的「夜讀區」,並透過建置UHF RFID智慧型圖書管理系統,配合多功能空間設計、新穎的多媒體互動與影音視聽設施,為讀者提供更貼心的服務;而從新總圖開館以來校內校外佳評如潮看來,初步成效已顯示出來,尤其聽到有同學說:「以後天天要跑圖書館」,更讓人開心;上星期日下午五點多,我到圖書館走動時,發現人氣很旺,幸好隨之而來的龐大電費帳單到現在還沒收到,尚可保持良好心情;在此除再次感謝旺宏電子公司外,同時我也要感謝「諮詢委員會」的委員們的協助規劃,據了解諮詢委員中有多位是友校圖書館主管,清大新圖書館規劃是以各友校圖書館為標竿,精益求精,承蒙大家發揮夥伴精神,讓台灣圖書館建設一同向前跨了一大步;當然我也要感謝清華相關同仁的同心協力,不辭辛勞到各地去參觀、請教、取法,發揮團體智慧,力求盡善盡美,交出漂亮成績單,在清華校史記下不可磨滅的大功。

兩千年前羅馬哲學家、雄辯家西賽羅(Marcus Tullius Cicero)曾說:「如果你有一座花園和一間圖書館,就有了你所需的一切」(If you have a garden and a library, you have everything you need),強調圖書館對人的精神生活與發展的重要,「學習資源中心」的功能遠遠超過傳統圖書館,對人的精神生活與發展更為重要;新啟用的「國際會議廳」預期會常有全球各界頂尖學者專家聚集交會,促發出靈動意念,綻放智慧花朵,遠距教室藉由現代科技,傳播知識;美國開國元勳富蘭克林(Benjamin Franklin)說:「如果你僅告訴我,我會忘記,如果你教我,我會記得,而如果你讓我參與,我會學到」(Tell me and I forget. Teach me and I remember. Involve me and I learn);現代教育不僅是教與學,而是要讓人學術自學,能夠終生學習,從書本、教材、教師、同儕學習,而在互動中成長,學習資源中心提供一個良好的園地,協助使用者學習,

提升學習效能，多學習，多思索，這也是學習資源中心的目的，而期待充分落實，讓學習在「旺宏館」恢宏的建築加持下，倍加興旺。[1]

[1] 陳力俊，《一個校長的思考（二）：教育的職業與志業》，129-131，致出版，台北（2019）。

奕園揭幕典禮致詞

2013年6月1日　星期六

　　非常歡迎大家來參加「奕園」揭幕典禮，建設「奕園」為沈君山前校長的心願，他在2006年第三次中風不省人事前，曾手書略為：「余自1956年與清華結緣，1973年長期返台，迄今已33年，以後亦不會離開清華園，故對新竹清華有特殊感情，擬捐助奕園，原則如下：一、地址須在清華校園，二、園中不砍一樹，全園少用水泥（最好不用）」；在劉炯朗與陳文村前校長努力下，在本校南校區生態區建設「奕亭」，已於2010年元月20日揭牌啟用；而進一步造景建設「奕園」則在沈前校長昔年棋友蔣亨進教授等倡議下，於2011年十月起開始啟動；籌建小組提議蒐集圍棋大師墨寶及珍貴棋局展現於園中，同時公開徵求設計團隊，在蒐集圍棋高手墨寶及經典棋局方面，在林海峰國手協助下，在2011年十二月蒐集到包括吳清源、林海峰、日本木古實、韓國曹薰鉉、中國大

▲ 建設「奕園」為沈君山前校長的心願

▲ 「奕亭」於2010年元月20日揭牌啟用

陸聶衛平以及陳祖德大師墨寶及經典棋局，讓奕園深具潛力成為未來的世界圍棋勝地；在其後「奕園」規劃討論會並決議由藝術中心主辦，結合圍棋主題與融合於環境的公共藝術方式進行，採公共藝術邀請比件方式，而由楊尊智老師率領團隊脫穎而出，順利於最近完成，而在今天正式揭幕；另一方面，沈前校長胞妹慈源女士與妹婿盧博榮博士在得知學校規劃後，決定將他們代管的沈前校長在美國的退休金匯回作為興建「奕園」費用，因此也完成了沈前校長捐款興建「奕園」的心願，別具意義。

「奕園」位於清華大學南校區自然生態園區及草原區內，園內設有碑群，分別刻有吳清源、木谷實、林海峰、陳祖德、曹薰鉉及聶衛平六位圍棋大師的墨寶、自選平生重要棋局棋譜以及其小傳，供大家欣賞，草原區則展示以圍棋子造型為基礎的公共藝術創作「對奕‧對藝」，將成為臺灣乃至全世界最具特色的圍棋勝地。

沈校長唯一圍棋著作《沈君山說棋王故事》，由漢聲圖書公司出版，由其口述故事向小朋友介紹棋王故事；沈前校長以自身對圍棋的喜愛、對世界棋壇的認識和瞭解，選出近代最具代表性的五位棋王，正是吳清源、林海峰、木古實、曹薰鉉、聶衛平等五位大師。他並以五位棋王的成就以及對棋壇的貢獻和特色，取了不同的稱號，分別是：「棋神」吳清源、「棋師」木谷實、「棋聖」林海峰、「棋俠」曹薰鉉，以及「棋雄」聶衛平；他在序言裡說：「這個

▲ 圍棋大師林海峰（左二）、曹薰鉉（左一）、聶衛平（右一）見證新的圍棋聖地在清華誕生

▲ 以圍棋子造型為基礎的公共藝術創作「對奕‧對藝」

棋王故事，說的人開心，聽的人開心，編寫的人開心。希望看書的人也同樣開心，如果還能有所收獲，學到東西，那我就更開心了」，饒足趣味。

沈校長是本校1956年建校時，首批招募的四個員工之一，赴美深造學成後在美國大學任教，1973年返國服務，擔任「理學院」第一任院長；由於沈前校長有很高的人文素養，並有豐沛的人脈，受託規劃「人文社會學院」，而促成該院於1984年成立，以後以同樣方式促成「生命科學院」與「科技管理學院」分別於1992年與2000年成立，而在校長任內，「電機資訊學院」經教育部核准設立，可謂一手協助清華成立五個學院，1994-1997年擔任本校第一任「遴選校長」，任內推動兩岸清華交流、設立共同教育委員會、開辦中等學校教育學程、參與東亞研究型大學協會設立、成功爭取國家理論科學研究中心在本校設立，功在清華。

沈君山前校長年輕時能文能武樣樣精通，被稱為「才子」；在圍棋方面，曾是三次美國圍棋本因坊冠軍，同時他是圍棋界有名的伯樂，珍敬天才；許多成功的旅日棋士如王立誠、王銘琬到張栩，赴日前都曾通過沈前校長的「考試」，拔識出多位「千里馬」！當初圍棋高手王銘琬興趣很廣，他特別告誡說：「圍棋如人生，是藝術也是競賽，追二兔不得一兔」，也就是專心做一件事，才會成就大業，王銘琬於2000年拿下日本「本因坊」桂冠後，特別來到清華，在成功湖湖中亭與沈校長對奕，成為清華圍棋盛事與佳話。在日本曾獲七大頭銜的張栩九段，是林海峰大師的弟子，也是沈校長的義子，「由此可見他們兩位關係的密切」。

這次「奕園」的建設，承蒙公共藝術核心執行小組在主席，藝術中心前主任，劉瑞華教授及諸位委員的指導協助，蔣亨進教授協助策劃，除諸位大師貢獻墨寶與經典棋局外，沈校長好友、也是清華名譽博士的金庸先生為「奕園」題字；楊尊智老師在「奕園」公共藝術邀請比件中獲得優勝，他也是去年文化部第三屆公共藝術獎「最佳創意表現獎」得主，很感謝楊老師精心設計以及悉心監督的公共藝術傑作得如期完成，展現在世人面前。

最後要特別為「奕園」正名，「奕園」的建設，不久前經媒體披露後，本校收到不少迴響，認為應名「弈園」，而非「奕園」，事實上根據「教育部重編國語辭典修訂本」，奕通「弈」，而奕本身有美好、盛大、超群、舒適、安樂之意，到有圍棋意象之園，得以神采奕奕，豈不更佳？另外，在字典中，國

字同奕字音的多達188個，而多為美字，遊客隨性所致，可以有閒情逸致、精益求精、記憶猶新、多才多藝、技藝超群、剛毅果決、超軼絕塵等想像，這又是文字語言的巧妙與威力了。

沈校長曾說：「歷史的步伐是如此的巨大，個人的生命，朝代的興衰，在他起伏的間隙中流過，唯有文化民族源流，一以貫之，悠悠不絕」，我們希望「奕園」的建立，代表沈校長、圍棋、清華與公共藝術永久結合，悠悠不絕，最後謝謝大家的光臨，見證一個新的圍棋聖地在清華誕生。[1]

[1] 陳力俊，《一個校長的思考（二）：教育的職業與志業》，132-134，致出版，台北（2019）。

清華蝴蝶園

「清華蝴蝶園」是2007年起，由社區人士擔任區塊認養人所打造起來的戶外生態園區，是從義工觀點自然而然指稱命名的，現今由清華「生物多樣性探索與學習中心」永續經營。不只是一校的蝴蝶園，她已經是新竹地方，甚至台灣生態圈可貴的資產，是鄰近國家追蝶人士每年必訪之地。特別值得一提的是原中文系教授方聖平自發想、建立初始迄今均為義工靈魂人物，居功最偉。

蝴蝶園地點位於清華大學人文社會學院建築物背面；相思林下土地乾旱，硬如磐石，大榕樹下林蔭鬱蔽，寸草難生，使得動植物相日趨單調。2002年，開始進行環境復育的工作。先於2003年開闢「哲學家步道」，打通園區動線；復於2004年增建「蘭花小徑」，廣收各種蕨類與蘭花；更於2005年爭取到張子

▲ 「清華蝴蝶園」是從義工觀點自然而然指稱命名的　　▲ 花若盛開，蝴蝶自來

文校友的捐款，在2006年完成「慈塘」的設置。自2007年起，將蝴蝶喜愛的各類植物，計約百種7500株，種植在「慈塘」周邊綠地上；復於2008年三月開始，過往遊客以及社區人士受感召而加入義工陣容，正式由原先的「生態教育場」思維，邁入了「棲地營造」的新頁。期間校內外人士熱心捐款，傳達支持訊息。

2010年，清華校方以校級計畫形式核撥經費支持蝴蝶園，「清華蝴蝶園」網站遂順暢運作（http://cl-butterfly.vm.nthu.edu.tw/nthu/），定期更新。2013年，總務處在校內道路旁豎立指路牌，並在本園入口處立牌，蝴蝶園自此正式成立。2015年，學校將本園歸入教務處「跨領域科學教育中心」，並持續撥款支持。2018年7月，清華成立「生物多樣性探索與學習中心」，本園遂於2019年正式納入其下運作，與生態及環境學門聯結，藉助專業領導，力圖永續經營。

歷經多年的逐步經營和逐年提升改善，至2015年止，蝶園範圍於已超過1.5公頃，到訪本園的蝴蝶達137種，校內利用過本園的課程有服務學習課和兩門通識課（攝像美學、生態與人生）等；由於蝴蝶飛行範圍長達十公里，每年5-10月活動期，校園處處可見彩蝶紛飛，恬淡從容，落在花間，好不美麗，真是「花若盛開，蝴蝶自來」，平添美景。同時清華蝴蝶園不只是一校的蝴蝶園，校外人士利用本園學習的次數頻繁，她已經是新竹地方，甚至台灣生態圈可貴的資產，是鄰近國家追蝶人士每年必訪之地。[1,2]

[1] 「清華蝴蝶園」：http://cl-butterfly.vm.nthu.edu.tw/nthu/downloads/article20190101.pdf

[2] 方聖平，2013-2018清華蝴蝶園及網站進度與展望：http://cl-butterfly.vm.nthu.edu.tw/nthu/?p=344

▲ 已經是新竹地方，甚至台灣生態圈可貴的資產

水木飛羽話清華與水清木華

　　清華有三寶:「校園、校訓與校友」,校園除了湖光山色,園林之美,名聞遐邇,曾在「遠見」雜誌評選中,名列台灣最美校園。除較知名的三園,即「梅園、奕園與蝴蝶園」,在廣達百公頃的校園其餘地方,自然資源亦極為豐富,不只花木扶疏,鳥語花香、飛羽蟲鳴。1992年,李雄略教授領導新竹野鳥學會,對清華校園動植物做詳細調查。將其調查結果編成《水木飛羽話清華》一書,對於清華校園環境及野生動物有生動活潑的介紹,三年後,再由校方委託增修,完成再版。據統計,有138種木本植物及近百種野生鳥類,草本植物有數百種,其中不乏珍稀種類,兩棲綱、爬蟲綱、硬骨魚綱動物資源亦頗豐富。[1]

　　由於《水木飛羽話清華》以鳥類為主,植物為輔,為了慶祝清華建校五十周年校慶,校方委請「清華大學自然保育社」整理他們蒐集多年的校園觀察資料,於2006年出版《水清木華》一書,該書副標題為「鳥語啁啾蟲蛙鳴,翠錦斑斕清華行」,則是以木本植物為主,花草、昆蟲與動物為輔。並將校園分

▲ 梅花林

▲ 櫻花林

為八區，介紹各區的動植物，在每一分區之前，介紹該分區的人文景觀、人文歷史特色，也標示各物種所在，不啻為認識清華的導覽。走進清華大學，便很自然地能親近大自然，漫步在校園時接收生命流動的訊息，期盼大眾能因清華的美得到感動，認識自然環境與人類生活的互動關係，進而珍惜週遭的生活環境，並且理解生態環境保育的重要。[2]

在兩書出版後的相當歲月裡，清華景觀與自然生態雖有相當大的改變，但參考價值依舊；另一方面，校園植株除了舊有的梅花林、相思樹林，處處可見的成百株溼地松、榕樹等行道樹、杜鵑花叢，近年來更有梅園中百餘株龍柏林欣欣向榮，南校區青青草原邊的山櫻花林、南校區幹道的苦楝行道樹，都有超過兩百株的勝景，同時大草坪兩旁近百株木棉花樹，每當開花時節，美不勝收。有趣的是，1995年新竹野鳥學會曾細數清華有超過一千兩百餘株松樹，其中約七百株為溼地松，其次的日本黑松僅約57株。

校園內植物種類繁多，松樹，龍柏、相思樹、榕樹等長年青翠，成為校園充滿綠意的底色，每年從一月起，首先是清香撲鼻梅花盛開，配合金黃色炮仗花與紫白色紫藤，在寒意未祛之時，嫣紅山櫻花也開始一展新顏，令人驚艷。不旋踵，杜鵑花在淡淡的三月天怒放，紅、白、粉色花團錦簇，各擅勝場，粉紅色的羊蹄甲花開滿樹，火紅的火炬刺桐處處爭奇鬥艷，淡雅清香紫白相間的苦楝花適時綻放；初春時刻，橙紅的木棉花也趕緊粉墨登場，各處點綴火絨球般的粉撲花，為校園添上春意鬧的景象；六月驪歌初起之時，則是艷紅的鳳凰

▲ 龍柏

▲ 行道松

花與長串的杏黃阿勃勒天下，離情別緒，油然而生，月桂花乘機含苞待放，散發醇香，一年開花數次的七里香，也常會一起湊熱鬧，再加上俗名雞蛋花的清香緬梔，香氣四溢。

接著在惠風和暢之中，夏荷輕舉，出汙泥而不染，香遠益清，亭亭淨植；不久又是秋桂飄香時節，清楓小徑的楓葉逐漸轉紅，秋意襲人；台灣欒樹則繼續進行一年一度的變裝秀，從春天新綠滿樹，到盛夏時，轉為黃褐色，當秋季來臨，由嫩紅，再轉為暗紅色。十月至十一月，桃紅洋紫荊花葉並生，冷不防，一年數開的白千層花悄悄登場，滿樹如試管瓶刷子狀的白花很是搶戲，接著又是紅花綠葉的聖誕樹季節，一年又將復始。

清華校園多元生態美景足可令人陶醉，在任何時節尋幽訪勝，隨處可見驚喜。仰觀宇宙之大，俯察品類之盛，信可樂也！不僅讓清華人長年浸浴於大自然的恩賜之中，也歡迎有緣人前來共享。

[1] 新竹野鳥學會，李雄略主編，《水木飛羽話清華》國立清華大學，新竹（1995）。

[2] 「清華大學自然保育社」主編，《水清木華》，國立清華大學出版社，新竹（2006）。

▲ 苦楝大道　　▲ 木棉道

清華歷史性與代表性的建築

　　清華校園遼闊，校內現今約有百棟各種格式建築物；在創校初期，物力維艱，但也有名建築師王大閎引為代表性的作品，早期許多具紀念性建築，多由張昌華校友擔綱，到1980年代開始多元化，在此除另有他文介紹者外，列舉較具歷史性與代表性的建築物：

一、東院學人宿舍

　　第一批十棟平房學人宿舍，是由王大閎建築師設計，王氏曾設計台北國父紀念館，在其作品集中，列舉清華東院學人宿舍為其代表作。其中東院十號從梅校長時期開始，一直作為校長宿舍，雖經整修擴建，仍大致保持原來風貌。

▲ 東院十號校長宿舍

二、大餐廳（1963，1985年更名為小吃部）

　　小吃部是校園中第一間學生餐廳。因為歷時甚久，而成為早期清華人的集體回憶。由於位處校園中心，用餐時間總是人潮洶湧，因而也成為學生社團宣傳、進行活動的重要場地。小吃部對面樹林下現闢為野臺，多有學生活動。

三、張昌華校友作品

　　包括舊行政大樓（1957，1989年改建綜合化學館）、舊圖書館（紅樓）（1968，2008年拆除改建台達館）、舊體育館（1971，1993年更名為桌球館，2012年更名為桌球館）、教育館（原工程一館，1973）、工程四館（1984）。張氏部分作品風格較為方正樸實，以堅固耐用著稱。但舊體育館雙曲薄殼建築又頗為新穎。

　　舊圖書館外牆棗紅磚甚為搶眼，曾是清大著名的景點，更是當時許多學子留連的場所。爾後，隨著圖書館遷館，又成了人社院、通識中心、資訊電機以及材料中心的部分實驗室用地，此外，由藝術中心與通識教育中心所規劃的陶藝教室，也曾利用該館一樓作為工作室。現已拆除。同時現在已很難想像，地坪不大的教育館在1980年前，曾由工學院五系（電機系到後來才分出）共用，高僅五層樓的工程四館在1984年曾是校內最高建築。

四、李祖原作品

　　台北101大樓建築師李祖原在清華有三棟作品，包括人文社會學院館（1990）、物理館（1988）與女生宿舍靜齋。李氏在清華作品共同特色是城堡式，中庭高挑氣派。人社館內部除拐彎抹角處不少之外，另一大特色就是建築內部回音很大。除主建築外，尚有一座高達20層樓高的鐘塔，塔頂遠看似龍頭，也有人認為像一把直插地面的寶劍。另一說是整棟建築似「盤龍」，正門口是「龍口」，大講堂（原名小劇場）宛如「龍珠」，至於建築上高聳的鐘

塔，則是朝天的「龍尾」。由於地處山坡，是清華地標性的建築物，也使它獲得新竹101的美稱。

物理館為鋼骨水泥構造，相當壯觀。館前的綠地植栽與水圳，為建築物提供良好的景觀。

女生宿舍雅齋前古木參天，花木扶疏，有小橋流水，頗具詩情畫意。有男學生稱小橋為奈何橋，許是在橋端空等而莫可奈何。

五、潘冀作品

負責監造國家同步輻射中心「台灣光子源」的建築師潘冀在清華的代表作是資電館（1993）。位於昆明湖畔，為高聳茂密綠樹環繞，獨樹一幟。

六、姚仁喜作品

設計故宮南院、高鐵新竹站的名建築師姚仁喜在清華的代表作是台積館、即科技管理學院館。建築入口挑高與長階梯的設計，令人印象深刻。

七、宗邁建築事務所作品

宗邁建築事務所由費宗澄、陳邁二位建築師成立，已完成的主要工程包括台大醫院、榮民總醫院、國科會同步輻射研究中心、國立自然科學博物館、林口中正運動公園綜合體育館等大型工程。在清華的代表作，包括大草坪周圍的綜合化學館（1993）、工程一館（1997）與化工館（1993）。自校門走入清華，首先進入眼簾的是綜合化學館，接這是工程一館與化工館，可謂包辦了清華的門面之作。綜合化學館與化工館粉紅色磁磚牆面甚為顯眼，工程一館樓高九層，外觀色調柔和有致。

八、彭蔭宣建築事務所作品

彭蔭宣建築師曾任職貝聿銘事務所，參與過1970年日本大阪萬國博覽會中

▲①清華小吃部
　②舊行政大樓
　③舊圖書館（紅樓）
　④舊體育館（現為桌球館）
　⑤工程一館（現為教育館）
　⑥工程四館（現為材料科技館）

▲ ①人文社會學院館
　②物理館
　③雅齋與奈何橋
　④資電館

▲①科管院台積館
　②綜合化學館
　③工程一館
　④化工館

華民國館的設計案，是1970至1980年代台灣建築物大量採用玻璃帷幕的先驅。代表作有第二綜合大樓（綜二館，1985）、第三綜合大樓（綜三館，1988）、生科一館（1986）與工科館。

綜二館與綜三館著重內部空間機能，外觀偏向理性潔淨風格。自高處看，方正的白色大樓突出於綠林之間。兩館間廣場，有二校門模型與清鏡等公共藝術，原又稱鴿子廣場，2010年代初期，由於健康清潔考量，理學院率先設置護欄，讓鴿子不易駐足棲息，原來盤據的鴿群逐漸轉往成功湖畔，盛況不再。

工科館又稱核能科技一館，建築依山勢建造。生命科學二館於1995年落成啟用，與比鄰的生科一館間以空橋相互連結。雖建築師改為李義雄，但搭配得當。

彭蔭宣在清華活躍時期，與當時毛高文前校長偏愛白色建築相合，代表作也一律有白色瓷磚外牆特色。

彭蔭宣另有作品是新體育館與清華溫水游泳池，同於1993年完工啟用。新體育館為二層樓挑高建築。溫水游泳池完工啟用時是新竹地區唯一符合奧運規格的室內游泳池。兩棟建築仍維持彭蔭宣設計建築方直、潔白瓷磚外牆特色。新體育館、舊體育館與校友體育館是現今校園中鼎足而三的體育場館，各有其專屬功能。溫水游泳池則於2017年由校方正式命名為「千紫游泳館」。

▲ 綜合二館（左）與三館（右）

▲ 綜合二館

▲①綜合三館
　②生科一館
　③工科館
　④溫水游泳池
　⑤體育館

清華校友捐贈紀念物或花木

▲ 校友捐建地圖

　　清華校友有捐贈紀念物給母校的傳統，在校園中處處可見校友捐贈的優美紀念物或公共藝術，清華在2017年，彙整校友捐建物的所在處與數量，最後整理出32處的捐贈物。並建立校友捐建地圖，讓分散校園各處的校友捐贈物得以清楚呈現；

　　這些珍貴的清華校友捐贈紀念物或花木，除在其他文章介紹者外，茲擇其要者略述如下：

　　一、日晷（台達館前），1920級校友捐建。

　　大理石座上刻：「惟學無涯，寸陰是競，繼往開來，克念作聖」。

　　二、三腳鐘與升旗臺（大草坪前），1921級校友捐建，它是三片白色的三角形柱狀物，結構線條簡單，卻極具美感。其上裝置的時鐘是清華70周年校慶時，1944級柴之棣校友捐贈。

三、壬戌亭，1922級校友捐建。

　　四、寄梅亭，在成功湖「湖心亭」上，為翟克併校友（1943級）於1965年捐建，1986年由校友胡光麃題字「寄梅亭」，上錄「周詒春先生，1912年任清華學校副校長兼教務長，次年升任校長，1917年退職。在其六年任內，清華規模大備，奠定大學基礎。先生歿於1958年，今以先生名此亭，亦以致追思其功績云耳」。

▲①台達館前日晷
　②三腳鐘
　③壬戌亭建於昆明湖邊樹蔭下
　④「寄梅亭」紀念周詒春前校長

五、克恭橋，自成功湖岸通往湖心島的水泥橋，翟克併校友（1943級）於1965年捐建，以紀念其胞兄翟克恭校友。

六、八角亭，1936級校友於畢業40年時（1976年）捐建，亭內掛有一匾額，由曾任教清華的前外交部長與駐美大使葉公超先生題字「八極四秩」，其旁葉公超並書寫有一段文字「八級校友畢業四十年，建贈八角亭於成功湖邊，以為紀念，和道八極，賞樂四序，顏曰八極四秩蓋亦諧意八級四十也」，亦即第八級畢業四十年之意。

七、克勤橋以及「西瓜島」大理石桌椅，克勤橋為自成功湖岸通往「西瓜島」的小橋，1965級校友捐建。

八、「二校門模型」，1981年由清華同學會捐建。

▲ ①克恭橋
　②八極四秩蓋亦諧意八級四十也
　③克勤橋為1965級校友捐建
　④以1/3比例縮小的二校門模型

北京清華最早的校門，「清華園」三個大字刻於中間拱門之上，因後來新建校門，此門便被稱為二校門。在行政大樓後方，有座以1/3比例縮小的二校門，於1982年4月完工。包覆二校門的鏡子則為1999年所設「清鏡」公共藝術的一部分。

九、昆明湖旁大理石桌，1971級校友於畢業當年捐建。

十、33花圃，1933級校友捐建。園中植有28棵肯氏南洋杉，為1978年時，1928級校友於50年值年捐贈，由該級校友陸貫一規劃，種植於「鳳凰」旁邊，在原有松林之外再為景觀增色，並寄寓「十年樹木，百年樹人」之意。

十一、四五花圃，1945級校友捐建，為1979級校友於畢業當年捐贈。

十二、六一花廊，1961級校友捐建，上覆九重葛。據指出，九重葛一般

▲①昆明湖旁大理石桌由1971級校友於畢業當年捐建
　②寄寓「十年樹木，百年樹人」之意
　③相思湖旁「四五花圃」
　④六一花廊由1961級校友捐建

在10月至3月開花，但61花廊的九重葛因為種在湖邊，土壤水分多，不容易開花，再加上陽光被綜二館及大樹遮蔽，日照不足，更難開花。

　　十三、NE68庭園，核工1968級校友捐建。

　　十四、核工六九花園，1969級核工校友捐建。

　　十五、「易‧翼」，工一館前，1981級蔡進步校友捐贈。立於紋路細緻優美的石板上，整體構思傳達「道」的平衡循環與生生不息的意涵。以最小的接觸點駐立於牆上，呈現量體的輕盈與動態，並在律動下雕塑運生「翼」一般的造型。

參考資料：許明德，居里夫人高中化學營，107-118，國立清華大學出版社，
　　　　　新竹（2018）。

▲①NE68庭園由核工1968級校友捐建
　②核工六九花園由1969級核工校友捐建
　③整體構思傳達「道」的平衡循環與生生不息
　　的意涵

清華校園公共藝術

　　清華在公共場合展示的藝術品，早期幾乎全由校友捐贈，在政府頒布「公共藝術設置辦法」以及「文化藝術獎助條例」以後，規定「公有建築物應設置公共藝術，美化建築物及環境，且其價值不得少於該建築物造價百分之一。……」，新建築物均依規定設置公共藝術，達到美化建築物及環境，豐富校園景觀。除專文介紹者外，擇其要者略述如下，

一、楊英風雕塑

　　共三件，包括古代簡冊造型的大門立柱（1977）、位於大禮堂前的「鳳凰」（1976）以及體育場邊的「昇華」（1976）。

▲古代簡冊造型的大門立柱　　▲鳳凰　　▲昇華

楊英風研究中心資料顯示1976年時清大校長張明哲聘請楊英風為校園設計顧問，並協助規劃校園景觀，他對整個校園的遠程建設有恢弘想法，「景觀上的安排要最單純的境界（類似禪的境界），讓學生能隨時藉著這種氣氛靜下來，並且通過人為導引，發現自然的精神與美好。」次年他便完成大門的設計製作，包括大門、簡冊造型立柱、值勤警衛室與寬三公尺的人行道均是原始構思，他如此描述「巍峨、韌勁有力的校誌雕塑相互映襯飾，以造成整體性的景觀，此雕塑落於花圃當中，並有迎納賓客意趣」。現今立柱上的「國立清華大學」六字，是1978年時，1938級校友於40年值年決議募資，放大轉拓北京清華校門上的校名題字，以銅重鑄，嵌於其上，而這六字是第一任國民政府主席譚延闓所題。

　　「鳳凰」（又名雛鳥、振翅高飛）位於大禮堂前方草坪松林旁，1976級校友於畢業當年捐建，是許多老校友仍前來尋覓蹤跡的對象，它帶給人們的共同記憶是溫馨感人。造形雖不是圓潤光滑，剛毅堅強的造形卻也質樸清新。

　　「昇華」為水泥及鋼筋雕塑，矗立在運動場邊，是1935級校友於1975年40年值年捐獻。

　　台灣推行公共藝術是起源於1992年「文化藝術獎助條例」。楊英風早在於七十年代便提出「景觀雕塑」的概念，「景」只是外在的形式需與自然環境呼應相融，而「觀」是來自人內在的精神狀態，深受自然界的影響。至今30年餘，此創建仍深受民眾讚賞，最為大眾所熟悉的是他運用不鏽鋼的材質，藉光潔的不鏽鋼鏡面反射，將周遭環境與觀者納入作品中，以達「天人合一」之境。

二、「無聲的對話」（新宮晉，2008）

　　位於核工館與人社院前山坡地上。現代藝術長流中已有不少藝術團體或個人前仆後繼地投入動力雕塑（Kinetic Sculpture）領域，世界知名藝術家新宮晉更是將動態的藝術品發揮得淋漓盡致，他擅長於藝術作品中結合機械原理、自然動力與藝術思維，藉著風、水、光影，進而使作品與環境優雅地對話，展現大自然風華。新宮晉說：「不管哪一種藝術形式，我只想帶給人快樂；並且把自然界的美，透過藝術，傳遞給下一代」。

三、「葉子」（Leaf）（Juanjo Novella, 2017）

位於南校門台積館前青青草原的「葉子」像一片巨大的紫荊葉，這是知名西班牙地景藝術家黃猴諾維亞（Juanjo Novella）為清華製作的公共藝術品。這片紅鏽色的葉子立在一片綠意之中，雙瓣形的葉片像顆心，又似蝴蝶展翅欲飛。日間陽光穿透葉脈，形成活潑流動的光點；夜間在燈光映照下，更顯風情綽約。「葉子」從葉柄到頂端總長10公尺，傾斜豎立在草原上，垂直高度為8.7公尺，約二層半樓高，寬度則為7.5公尺，重8公噸；材質為厚重的耐候鋼，利用最新的切割技術，在上面鑽出超過一萬個孔洞。量體雖然巨大，但因具穿透性，看來輕盈而優雅。僅靠葉柄及葉片的二個點共三點固定在地面，結構相當特殊。諾維亞為收集創作靈感，前年冬天親自來到清華校園，被從沒見過的漂亮形狀羊蹄狀的紫荊樹葉子撼動，決定以它為創作主題。紫荊花曾是本校師生認定的校花之一（校務會議後來正式通過的校花為梅花），清華每年舉辦的校園科系博覽會也命名為紫荊季。

諾維亞相當滿意當初選定的地點。他製作大型公共藝術31年，作品靈感幾乎都取自於大自然，鏤空設計不會阻擋視線、遮住景物，令人更能感受大自然的光影變幻，與藝術品自然互動。「這兩瓣葉對我來說，就像正與負、陰與陽、黑與白，我相信這就是人與自然的本質。」兩瓣葉形成一個弧，也像庇護

▲ 無聲的對話

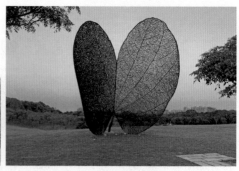

▲ 「葉子」像一片巨大的紫荊葉

所、雨傘、盾牌，或一扇門，邀進人們走進他的世界，透過「葉子」欣賞清華的朝陽、夕照。

四、「堅毅之心」（新銳藝術家團隊，2019）

位於學習資源中心前，為紅鏽色的耐候鋼多面體，其中一面鑲嵌著亮面不銹鋼，仿如隱隱閃耀鑽石光芒的璞石，靜靜佇立旺宏圖書館一隅、鄰近羅丹的沈思者雕像。「堅毅之心」是紀念傑出「三清」校友陳繼仁的公共藝術。陳繼仁對母校有很深厚感情。他畢業後與同學共同創立國碩科技，事業有成，卻積勞成疾辭世。國碩委託新銳藝術家邱昭財、張暉明、廖祈羽及廖涵羽團隊設計製作，送給母校清華這顆「堅毅之心」，象徵如璞石般的陳繼仁校友，經清華嚴謹學術訓練、創業艱辛打磨後迸出光芒，並激勵學弟妹追求卓越。

五、「日晷」（邱紀良、林伯瑞，2006）

位於化工館前廣場，是由自強基金會捐建。清大化學系榮譽退休教授邱紀良體認日晷象徵科學精神和應用與精確的科學研究過程，為了打造清華校園的正確日晷而多方奔走，並參與設計與建造，與藝術家林伯瑞密切合作，賦予校園這座色彩瑰麗，形式穩重，兼具科學精神與文化意涵的日晷。面盤為藍白的

▲「堅毅之心」仿如隱隱閃耀鑽石光芒的璞石　　▲ 日晷象徵科學精神和應用與精確的研究過程

嵌瓷，承載著厚重投影板的面盤斜斜地凸出地面；投影板兩側為優雅波浪狀的曲線，整個造形如手指，指向北極星；影板兩端各有一眼，穿眼望去，北極星就在其內。太陽的影子每日行經藍白面盤，週而復始，用意是激發莘莘學子能體認「天行健，君子以自強不息」的精神。

六、「候鳥歸巢」（林伯瑞，2006）

架設在清華會館大門上方。藝術家林伯瑞以平靜和緩的色調，簡單純淨的雕塑造形，提供清華會館的旅客一個親切怡然的藝術空間。期待能帶給校友、各界學者們溫暖、親切的回家之感，紓解旅途的疲憊，也能得到心靈上的舒展。除了是在清華短暫停留期間的中繼站，亦足以成為使人心有所寄託的棲息地，如同候鳥隨著季節變化成群去而復返，無論飛到哪裡，最後都得回家，回到這個心靈和知識之最終歸所。

作品以「入口外側大橢圓」為主架構，橢圓曲線為群鳥飛舞的動線引導出優雅的視覺感，透過候鳥成群飛翔的美姿，其活潑動態線條與建築體的幾何直線構成互動的和諧關係。旅人行腳飄忽不定，就像成群候鳥於天空翱翔，不辭辛勞為理想展翅飛向遠方，但披星戴月，仍是要回到溫暖豐饒的歸巢休憩。發揮候鳥的豐富意涵，展現清華大學溫文儒雅的人文氣息。

▲ 心靈和知識之最終歸所

七、「清鏡」（王存武，1999）

　　位於綜合二、三館之間，為台灣早期公共藝術示範案例之一，建置費用是來自於1994年文建會出資規劃全國公共藝術示範計畫的結餘款項。「清鏡」充分表達對設置基地空間的人文思維，藝術家王存武先生為這一系列的作品寫下唯美的註腳：「清鏡門─變換不定鏡的只是個別觀點，自己的偏斜有時只有在鏡中才會發現。天鏡─投射出晨昏與節氣的蹤跡。地鏡─提醒我們對環境破壞的省思。人鏡─看到的是別人眼中的自己，而不是左右反轉的鏡像。地影─素黑的石面留給想要傾訴的人。水霧鏡─細微的水珠是天然的透鏡，彩虹是在陽光中演出的光影高潮。」

八、「媒嫁科技」（蔡政維，2008）

　　位於台積館前。藝術家蔡政維的發想概念是「當硬體碰上軟體，當直線遇到曲線，當冰冷結識溫柔，當科技擁抱藝術，我們想充當紅娘，介紹慧黠知性的壯漢『科技』與優雅浪漫的美女『藝術』相識，進而促成良緣。」藝術家參加競賽之初，立志要創造如巴黎衛城區氣勢磅礡的公共藝術，規劃令人稱奇的都會空間軸線，如此潛移默化地改善環境氣質。

九、高燦興雕塑

　　位於科管院前的「鹿II」（2011）以及綜二館前之「痕」（2002），是由曾任清華駐校藝術家高燦興所捐贈的作品。

　　高燦興在40餘年間將生命完全投入雕塑創作之中，並結合傳統、現代及當代的手法，用鋼鐵逐漸發展出一種兼有古典美學之溫雅情涵，現代美學之理性自律與當代美學之新象徵語趣的雕塑作品。

▲ ①充分表達對設置基地空間的人文思維
　②促成「科技」與「藝術」良緣
　③「鹿II」結合傳統、現代及當代的手法
　④「痕」兼有溫雅情涵，理性自律與新象徵語趣

學人宿舍動土典禮致詞

2014年1月2日　星期四

　　歡迎大家在風和日麗，喜氣洋洋的大日子來參加學人宿舍動土典禮。清華在新竹建校開始，就很重視教師的居住問題，這由第一批建築就包括學人宿舍可以看出。這第一批建築也就是名建築師王大閎先生所設計建造的東院1-10號宿舍。在梅貽琦校長日記中，多有記載。清華教師自建校伊始迄今人均表現在台灣一直最為優異，追溯原因，與早期能夠充分提供教師職務宿舍有重要關係，一方面利於延攬優秀師資，一方面讓住校教師得以「安身立命」、「安居樂業」，以校為家。

▲ 讓住校教師得以「安身立命」、「安居樂業」，以校為家

我在1977年自美返國任教後，很幸運的立即分配到宿舍，從此開始約二十年的早上七點到辦公室，晚上十一點回宿舍的7-11生活，這種教授報到能立即分配到宿舍的情況，不久後即因新到教師人數激增，而無以為繼，到1983年，我擔任材料系系主任時，新到教師已需要靠抽籤才可能分到宿舍，以後情況一直未見改善，倒是值得一提的是，某次我代尚未報到的兩位教師抽籤，手氣極佳，雙雙中籤，由於其中一位教師最近已退休，而搬離宿舍，堪稱陳年往事。

　　住在校園中的宿舍，有地利之便，省卻很多通車的麻煩與時間，而辦公室與宿舍界線不清的結果，教師在教學研究上所花費的心力、與同事與學生接觸的時間大增，自然表現相對優異，同時可就便享用清華優美的環境，完善的運動與圖書館設施，運動休閒兩宜，提升生活品質，有益身心，另一方面，不同專長教師成為近鄰，居家生活多所接觸，也有助「人文學科」、「社會科學」與「自然科學」，所謂「三個文化」學者間之相互了解，再加上親屬間來往、第二代子弟共同成長之誼，對凝聚學校整體向心力以及團結氛圍有顯著的加持作用。再著，在台灣房價不斷高漲之際，如果新進教師能夠在初期不需為居住問題煩惱，當然有助於學校延攬國內外專業學人及教師。

　　基於以上種種原因，本校積極籌劃興建學人宿舍。提供兩房型55戶、一房型24戶，汽車停車位81部；公共設施有管理室兼會客室、書報閱覽室、會議室、儲藏室；戶外設有兒童遊憩區、羽球練習場、景觀水池和草地，可增加學人們互動及交誼。本棟宿舍已於102年6月中旬動工，由林志成建築師設計，誠蓄工程顧問股份有限公司專案管理，偉邦營造公司、巨人水電工程有限公司承造，總經費2億5，109萬餘元，本校以全數自籌貸款興建，預計於104年4月中旬完工。

　　最後我要感謝本校總務處、校規室同仁的辛勞，也要謝謝交通大學與工研院的協助。交通大學借用校地做為連絡的通道，並在建築物完工後繼續使用。感謝工研院的配合與協助，讓施工的動線比較順暢；日後施工期間，當竭力讓施工噪音以及其他不便能降到最低，如仍干擾到部分的光明新村的住戶、交通大學與清華大學住宿學生，尚請海涵。

　　今天典禮之後，明天另有綠能館及清華實驗室動土典禮，後天則有生醫三館動土典禮，再加上六月份動土的育成中心，因此在104年4月學人宿舍竣工前，在校園中有五大工程同時進行，一方面盛況空前，可喜可賀，另一方面，

對校園生活也會有相當的衝擊，這點我要拜託施工與監工單位，特別費心，多溝通協調，共同解決困難，並能掌握工期與進度，如期完工，最後祝施工順利，大家新年快樂。[1]

[1] 陳力俊，《一個校長的思考（二）：教育的職業與志業》，140-142，致出版，台北（2019）。

綠能館簽約與動土典禮致詞

2014年1月3日　星期五

　　歡迎大家來參加「綠色低碳能源教學研究大樓」（綠能館）簽約與動土典禮。今天的典禮代表的意義在清華校史上創造了許多第一，首先李偉德校友捐助金額高達一億五千萬元，創清華校友獨自捐贈的記錄；其次是以捐贈者尊翁李存敏先生大名命名，再者，是先建後贈，「綠能館」完全由李偉德校友出資興建，完工後再贈與學校。

　　李偉德校友是本校69級核工系畢業校友，約三年半前發念慷慨捐贈母校鉅款興建綠能館，並為紀念其尊翁李存敏先生，以「李存敏館」命名。其間經過各種法規、經費、時程考量，決定以先建後贈方式達成當初意願，經過多方努力，終於促成了今天的簽約與動土典禮。

▲ 綠能館自然是綠色建築

在清華校友中，李偉德博士無疑的是一個閃亮的典範。李校友飲水思源，在事業有成，人生面臨巨變之際，緬念其尊翁李存敏先生，毅然決定捐贈鉅款給母校建設之用，我雖然不知道一億五千萬元占李博士當時財產幾分之幾，但了解是相當實質的一部分，更是難得，不久前，欣聞李博士告知，他現在的財務狀況又比當年決定捐贈之時，又好了許多，常言道「積善之家，必有餘慶」，還真是有幾分道理，尤其我在99年4月初見李博士時，他尚帶有病容，後來見到，身體一次比一次健康，不僅長出濃密頭髮，而且面目豐潤，漸符合我戲稱的「小生相」，可喜可賀。

　　李校友的愛校事蹟還有一籮筐，他將自己家中樹林小徑命名為「清華小徑」，在得知學校籌組「百人會」以協助興建多功能體育館時，堅持另外捐款，加入「百人會」；他送愛子李文鑫（Brandon Lee）自美國高中畢業後，到清華唸大學，不僅提議母校到美國招生，而且親自協助並率先捐贈十名全額獎學金，今天下午即將與學校正式簽約，清華有這樣盡心盡力的校友，是極為幸運與引以為傲的。

　　建築物的設計，正如館名，融入永續經營的設計理念（Design Sustainability），並貫徹執行由規劃、設計、建造乃至使用監測的所有過程。本案設計理念以整合環境資源、開發理想生活型態，並著重綠色創意、建築環境及再生能源的應用，落實並呈現在地健康、節能的生活空間型態。透過敬業而縝密的規劃設計，人與環境是可以相容而生活愉快的，秉持對自然（Nature）、健康（Health）及休閒（Leisure）的相生理念，期望創造一個天人合一的美麗場館。

　　本案設計構想包括：

（1）與自然環境對話：以建築量體抵禦東北季風，於西側草坪創造較為舒適之微氣候。遵循永續校園規劃，善用綠色建築技術，達到節能減碳永續建築。利用電腦軟體模擬出各季節氣候環境，利用設計手法來順應氣候環境。

（2）科技與生活：建築外部公共空間提供戶外平台區，與自然環境成為校園活動之場所。公共空間並引入內部各樓層，視窗之造型除可引入自然景觀，並可供師生活動使用。空間造型並反應於建築外觀，意象呈現歡迎交流及促進活動之產生，成為校園景點。

本案從籌建到發包，本校總務處、校規室同仁備極辛勞，建築工程由九典建築師事務所設計、麗明營造股份有限公司興建，為地上6層鋼筋混凝土造建築，建坪為6，435.42m2，預定完工日期為104年6月。

　　這幾天本校熱鬧滾滾，先是昨天有學人宿舍動土典禮，今天除綠能館典禮外，隨後有清華實驗室動土典禮，明天則有生醫三館動土典禮，再加上六月份動土的育成中心，因此校園中將有五大工程同時進行，一方面盛況空前，顯示學校欣欣向榮之氣象，可喜可賀，另一方面，對校園生活也會有相當的衝擊，這點我要拜託施工與監工單位，特別費心，多溝通協調，共同解決困難，並能掌握工期與進度，如期完工，最後祝施工順利，大家新年快樂。[1]

[1]　陳力俊，《一個校長的思考（二）：教育的職業與志業》，145-147，致出版，台北（2019）。

清華創新育成大樓正文廣場揭幕儀式致詞

2016年4月24日　星期日

　　今天很高興來參加清華大學育成中心正文廣場揭幕儀式，正文科技是清華之光，是由分別當選過清華傑出校友的陳鴻文和楊正任兩位校友創立；兩位校友除在事業上有非凡成就外，對清華的關心與愛護也是少人能及；特別是在本人擔任校長期間，在針對校友的勸募活動中，舉凡校友體育館、清華實驗室、「永續基金」等活動，兩位校友都率先響應，也促成各項活動的圓滿成功。讓我記憶最深刻的場景，是在我初任校長之時，推動成立「清華百人會」，希望號召一百位校友，每人捐贈一百萬元，共集資一億元，以籌募捐助興建體育館部分經費；正文科技是我最先拜訪的校友經營的企業之一，還記得與兩位校友一席談後，他們立即表示各捐助三百萬元，讓活動氣勢迅速升高，最後一舉凝聚一百四十餘位清華人之力，集資一億七千兩百萬元，全額支應現已落成啟

▲ 充分見證陳鴻文和楊正任兩位校友對母校多年來的強力支持

用的「校友體育館」興建，成為台灣高教史上的盛事與佳話。其他各種點點滴滴，不勝枚舉；在此我要再次代表清華向兩位校友致上最深的謝忱。

今天兩位校友同時到場，參加盛典，是正文合體；我在校長任內，曾在新生領航營中，鼓勵學生有幸進清華如入寶山，要好好保握時光，吸取清華風華，畢業時得以滿載而歸；並借題發揮，指引同學在校園尋寶，如胡適題字、培根寓語、梅貽琦校長銅像、羅丹「沉思者」大型銅雕、名人墨寶等；今天正文廣場揭幕，未來自然會成為校園中響亮標誌，讓我想起，將來在適當場合，可以問一個好問題，也就是在校園中還有其他甚麼地方，可以同時看到正與文；我想目前只有我答得出的是，另有三個地方，包括在「校友體育館」外牆的「清華百人會」與「永續基金」勒石，以及昨天早上剛揭幕的「清華載物芳名牆」，均同時刻有陳鴻文和楊正任兩位校友大名，也充分見證兩位校友對清華母校多年來的強力支持。

清華大學積極規劃打造創新育成大樓為生技醫療、IOT物聯網與「創客maker」的夢想搖籃，在技術研發、硬體快製與網路雲端平台等提供完善後援。正文科技是本校育成中心的畢業生，同時是國內無限通訊科技先驅，目前正積極從事雲端應用開發，捐助在創新育成大樓中設立正文廣場別具意義；而今天也正在此展出「自造者Maker/IoT物聯網聯展」，將現正於世界風行的「自造」風潮與全球關注的物聯網技術發展，一次展現，是一個亮麗的開始。

最後我對正文廣場之名稱有一個小小的建議；廣場顧名思義，一般是指室外開放空間，容易引起誤會，而以目前場地情況以及可能用途，也許可以改名為正文展場或正文展廳，較為名符其實，或可有益於與招攬有興趣的企業團體，在此舉辦各項活動。[1]

［後記］

育成中心與正文科技已將正文廣場改名為正文展演廳。

[1] 陳力俊，《一個校長的思考（二）：教育的職業與志業》，158-159，致出版，台北（2019）。

清華土地公廟開廟典禮致詞

2015年7月10日　星期五

　　今天很有緣到這裡參加「清華土地公廟」開廟典禮；如果精確一點說，是參加「清華土地公廟」遷建後開廟典禮；回溯起來，此緣分大約始於三年前，在我擔任清華校長任內，曾在一次校內行政會報中，討論奕園意象改進方案，當時有人提到奕園附近有一座土地公廟，希望一併規劃；但後來由於一些技術原因，在整建奕園工程徵求設計時，並未包含在設計案中，很感謝人社院蔡院長與張永堂教授，主動的承接土地公廟遷建計畫，中間經過一番校內必要程序，終於在年初定案；期間承蒙許多信眾捐獻，據瞭解，新建的土地公廟完全由信眾捐建，而剛才張總務長也告訴我，學校自然會負責整理附近環境，是一個嶄新良好的開始。我們欣見新建土地公廟以朱紅色的屋瓦及亮麗的彩繪為土地公擋風遮雨，紅底金字的匾額刻上「清華土地公」並在左右雕上飛舞的金

▲ 新建的土地公廟完全由信眾捐建

▲ 福臨寶山蔭眾生　德被清華來國士

龍，配以金碧輝煌的香爐，意象十足。

關於「清華土地公廟」的遷建，學校不是沒有經過一方考量，其一是土地公雖是民間信仰，但也容易與迷信牽連，當年在清華人社院大樓落成時，曾特別邀請宜蘭傀儡劇團及屬下道士表演，招致校內外「迷信」的批評，當時人社院院長還特別撰文闡述其意義，駁斥迷信的指控；本人認為尊重信仰，並不代表迷信，而土地公又名福德正神，傳統上是善良民俗的表徵；社會學巨擘韋伯有名的主張之一為「清教徒倫理使資本主義得以發揚光大」，雖嫌武斷，但清教徒文化確實對西方文明發揮重要的正面影響；觀諸現今世間，許多宗教對於人心有相當正面的作用，不需要太過避諱。

剛才蔡文進老師的祝詞中有「官運亨通」一語，說到任官，我在「國科會」服務的時候，有第一手經驗體會到「不到台北，不知道自己官小」的說法。灣地方官的職級，與中央部會官員落差相當大，如清華職級最高的人事或主計主任是十職級，而在「國科會」裡，十二職級的官員比比皆是，所以我常為清華許多能力很強，勞苦功高的同仁叫屈；土地公是地方官，在官序上屬於基層官員，雖然可能不像在《西遊記》中描寫的一樣，被一些神怪喝來呿去，但也似乎沒有聽說過他有任何屬下，可供差遣，是一位事必躬親的基層公務員，但身負重任，全天候呵護整個清華校園，備極辛勞，我們應對他致十二萬分的敬意與謝意。

清華土地公廟遷建開廟，有許多有功人士，包括人社院蔡英俊院長、張永堂教授、蔡文進老師，許多信眾踴躍捐獻，學校總務單位的積極配合，是大家要共同感謝的。

剛才遵照蔡文進老師指引，隨俗在左右的樑柱上對聯「福臨寶山蔭眾生 德被清華來國士」上方以硃筆點註，除深切盼望「清華土地公」賜福給大家外，也同樣能庇蔭清華學子在德行上有所精進，將來能造福社會，最後祝大家健康快樂。[1]

[1] 陳力俊，《一個校長的思考（二）：教育的職業與志業》，160-161，致出版，台北（2019）。

「清華實驗室」啟用典禮致詞

2018年5月11日　星期五

　　不久前圖書館林文源館長跟我提起，為清華口述歷史，相關人員將會找我訪談。而要談清華歷史，「清華實驗室」是一個很好的題材。因為他歷經四任校長，峰迴路轉，才有今天的啟用典禮盛會。

　　「清華實驗室」的發想，可遠溯至徐遐生校長任內，也就是2002-2006年間。徐校長在加州大學柏克萊分校（University of California, Berkeley）天文系擔任教授多年，知道UC Berkeley有世界馳名的勞倫斯柏克萊實驗室（Lawrence Berkeley Laboratory, LBL），從事跨領域的研究，所以倡言成立類似理念的「清

▲「清華實驗室」由校友與尹衍樑先生捐建

華實驗室」。巧在我與賀陳校長與文村校長都是UC Berkeley的畢業生。我的研究助理（Research Assistant）薪資，更出於LBL的無機材料研究部門（Inorganic Materials Research Division, IMRD），並且經常在LBL計算機中心挑燈夜戰，所以對LBL稍有認識，如果要找相似機構的話，比較像台灣的中研院，加上同步輻射中心、國家實驗研究院的高速電腦中心等，但確實是鼓勵跨領域研究，如IMRD兼任計畫主持人，即包括材料、化學、物理、化工等系教授，比較像工研院的材料與化工研究所。

「清華實驗室」的打造過程，可以一波三折形容，中間有一度喊停。到本人接任校長後，因為成立「百人會」籌募興建「校友體育館」經費，募得一億七千兩百萬元的成功經驗，由校友表現的熱心與實力，得到莫大鼓舞。同時考量空間需求，在捐款前六名的系所中，工科與電機系，分別有綠能館的興建與台達館的即將落成啟用，其餘材料、化學、物理、化工四系都有相當的空間需求，而這四系在台灣學術界都是龍頭系，跨領域研究的機會也特別多。最後決定重起爐灶的臨門一腳，還靠已故的材料系陳繼仁校友；當時他主動的對我表示，有意捐一筆約五千萬元的款項給清華，徵詢我合適的項目；我就提起，也許可以做為興建「清華實驗室」之用，如果再聯合化學、物理、化工三系系友，各捐助五千萬元，連同學校的經費，就可堂皇上路，也得到他很爽快認同；其後再經過校內程序，責成相關各系展開募款活動，進行也相當順利。到2014年1月動土典禮時，幾乎達標；當然其後又產生一些周折，材料系不僅在第一秒達標，與繼仁同班的84級系友又另合捐了約500萬元，做為實驗室內裝用，物理系在校友強力支持下也順利達標，因為不同緣故，化工、化學系則有相當落差，有些是因為捐款人自身發生狀況，有些則是由於系友關係經營問題，可做為學校未來募款活動的借鑑。

另外一個大的變動，也就是由於教育部邁頂計畫的大幅削減經費，學校決定將原預定興建的「生科三館」與「清華實驗室」共構。在此也要特別感謝尹衍樑先生，他在我尋求協助時，很快地決定獨捐一億七千萬元，協助興建「生科三館」。今天很遺憾未見尹先生或其代表出席，他最初是以匿名善心人士名義捐贈，並且婉拒命名權，格外令人敬佩。

由於共構的發展，「清華實驗室」的「住戶」又添加了「生醫所」以及「腦科學中心」、「生醫中心」等單位；如果正向思考，當然更增加了跨領域

研究合作機會，尤其生醫與物理、化學、材料、化工各領域合作，正居現今科技發展前沿，所以希望進駐師生，不僅經常水平移動，也要常常到樓上、樓下逛逛，增加交流合作機會。另外當初也特別設計與隔壁創新育成大樓共用地下停車場，並以天橋連接，自然有助於產學合作。有人曾告訴我說，「清華實驗室」與「創新育成大樓」構成清華最美的風景線，又面對綠草如茵的大草坪，在得天獨厚的環境下，希望大家能在追求卓越時，成果豐碩，捷報頻傳。

最後我要再次感謝玉成「清華實驗室」的尹衍樑先生與系友們的慷慨捐贈，參與規劃、執行興建同仁的辛勞，並祝所有嘉賓一切順利。[1]

[1] 陳力俊，《一個校長的思考（二）：教育的職業與志業》，183-185，致出版，台北（2019）。

羅丹大型銅雕「沉思者」揭幕典禮致詞

2011年4月20日　星期三

今天我以無比欣悅的心情；歡迎大家光臨謝宏亮校友為慶祝母校百週年捐贈雕塑大師羅丹巨形銅雕「沉思者」（Le Penseur）揭幕典禮。這座「沉思者」銅雕原本是謝董事長的個人珍藏，謝宏亮校友將這件舉世知名，價值不菲的藝術品捐給母校，並親自選址、全程監督雕像吊掛、立座工程以及表面處理，希望讓自己的收藏成為學弟學妹們的祝福，也為百歲的清華增添校園藝術與人文之美，供校內外愛好藝術人士與學子欣賞。

美國知名教育家、芝加哥大學前校長在Robert Hutchins《理想國大學（University of Utopia）》一書中曾說頂尖大學是一個「思索者的社群（A community of thinkers）」，期許師生在校園裡，思索普世的永恆價值。「沉思者」巨形銅雕正座落於本校即將落成「學習資源館」前，傑出藝術作品與清華學者以及莘莘學子「博學、審問、慎思、明辨、篤行」殿堂相得益彰，這件

▲ 頂尖大學是一個「思索者的社群」

作品在清華，不僅將成為顯著地標，必將為校園營造藝文氛圍、發人深省，更希望對孕育未來思想巨擘有所助益。

今天我同時要恭喜謝董事長榮膺本年度清華傑出校友，他在事業上表現傑出，對學校有重大貢獻，是母校無上榮光、無上驕傲。謝董事長雅愛藝術，喜歡收藏油畫與雕塑作品，當初與他洽談捐贈羅丹作品時，其公司高階主管知道他要把最心愛的收藏捐出來都「大吃一驚」，可見其愛護母校之殷；謝董事長認為收藏者只是為人類暫時保存重要藝術傑作的人，願意將此珍貴的藝術品與大家共同分享，對於擁有如此傑出及具有高尚情懷的校友，清華深深引以為榮。

羅丹是與米開蘭基羅齊名的雕塑大師，有雕塑界的摩西之稱，有二十世紀最偉大的雕塑家之譽，其最著名的代表作正是「沉思者」大型銅雕，1880年羅丹受法國政府委託製作以但丁神曲為主題的地獄門，其中有許多造型都是但丁神曲中的角色，而立於地獄門中間的「詩人」俯視著神曲中的悲慘景象，這詩人又被羅丹轉化稱為「詩人—沉思者」，後來更簡稱為「沉思者」，並且從地獄門這件龐然大作中獨立出來，成為一件羅丹這一生最重要的作品，也代表了羅丹一生最重要的思想！羅丹的沉思者有大、中、小三種尺寸，大約於1880年，他製作出第一版比例較小的中型沉思者的石膏原模，而第一座大型的、用銅鑄造的沉思者則於1902年完成，但直至1904年才對外展示。全世界目前有21件大型作品是羅丹本人和羅丹美術館授權製作的，另外25件是1998年起由Valsuani鑄造廠由羅丹石膏原模鑄造出來的紀念碑型沉思者，也是世上僅存的一批羅丹大沉思者。本次贈與清大的紀念碑型沉思者作品，即為法國政府公證官認證的1998年版本中編號25/25的青銅鑄造大沉思者，尺寸為180×150×94cm。

沉思者全大型銅雕世界僅有46件。美國史丹福與哥倫比亞大學都有一尊同樣的雕塑，史丹福在泰晤士報全球大學評比排名第4，哥倫比亞排名第18，清大目前是107。清華有謝董事長這樣傑出與愛護的母校校友，「百年校慶是未來登上世界前20大的起跑點」，願與大家共勉之。[1]

[1] 陳力俊，《一個校長的思考（二）：教育的職業與志業》，190-192，致出版，台北（2019）。

「天下雙分，清華居半」是什麼意思？

　　清華自建校以來，除獲政府重點支持，又接受美國退還超收「庚子賠款」所設基金會長期支持，善用優勢，盡攬菁英。教授在教學或研究領域上表現傑出，數十年來國內所有重要學術獎項，本校教授獲獎率都遠超過其他大學。以2010-2011年而言，中研院院士的選舉，全台灣學界只有兩位當選，清華張石麟教授就占一席，在國科會獎勵諾貝爾級學者的學術攻頂計畫，去年全台灣共核定四件，清華就有兩件，今年核定兩件，清華佔一件。另外，在教育部最崇榮的國家講座獎項，去年全台灣一共五位，清華佔了兩位；另一方面，頒發獎額高達100萬元的「有庠科技獎講座」得主，清華在四位中佔兩位，「有庠科技論文獎」得主，清華在八位中佔四位。最近剛公佈的「國科會吳大猷先生紀念獎」，本校有五位年青學者獲獎。顯示清華在研究上，資深與年青教師均有優異的表現，故有「天下雙分，清華居半」之說。

	國科會吳大猷先生紀念獎 (91年度~101年度)	國科會傑出研究獎 (79年度~101年度)	傑出人才講座 (83年度~101學年度第一期)	國科會傑出特約研究員獎 (91年度~101年度)	教育部學術獎	教育部國家講座 (第1屆~第16屆)	中央研究院院士
清華大學	43 (6.6%)	231 (35.5%)	32 (4.9%)	37 (5.7%)	45 (6.9%)	27 (4.1%)	16 (2.5%)
台灣大學	85 (4.2%)	595 (29.5%)	44 (2.2%)	79 (3.9%)	123 (6.1%)	54 (2.7%)	28 (1.4%)
成功大學	32 (2.4%)	190 (14.4%)	7 (0.5%)	19 (1.4%)	16 (1.2%)	8 (0.6%)	4 (0.3%)
交通大學	16 (2.3%)	145 (20.4%)	19 (2.7%)	22 (3.1%)	14 (2.0%)	13 (1.8%)	6 (0.8%)

▲ 清華教授在教學或研究領域上表現傑出

清華園的中央研究院院士

中央研究院院士為台灣學術界最崇隆的榮譽，清華素以師資優良著稱，歷年來獲得此榮譽的專任教師占全體教師比例為國內大專院校最高者，總共有十七人，包括：

第4屆（1962），梅貽琦，物理系教授；清華校長（1956-1962）

第13屆（1980），徐賢修，數學系教授；清華校長（1970-1975）

第14屆（1982），閻振興，清華教授；清華校長（1969-1970）

第15屆（1984），李亦園，人類所教授；人社院院長（1984-1990）

第16屆（1986），黃秉乾，生科系教授；生科院院長（1992-1995）

第18屆（1990），徐遐生，清華校長（2002-2006）

第18屆（1990），楊振忠，分生所教授

第22屆（1998），吳茂昆，物理系教授；研發處主任委員（1995-1998）

第23屆（2000），劉炯朗，資工系教授；清華校長（1998-2002）

第23屆（2000），蕭啟慶，歷史所教授

第24屆（2002），朱國瑞，物理系教授

第26屆（2006），黃一農，歷史所教授；人社院院長（2002-2006）

第26屆（2006），陳力俊，材料系教授；清華校長（2010-2014）

第28屆（2010），張石麟，物理系教授；清華學術副校長（2006-2010）

第28屆（2010），黃樹民，人類所教授；人社院院長（2018-）

第30屆（2014），江安世，生科院教授；生科院院長（2014-）

第32屆（2018），鄭建鴻，化學系教授；清華學術副校長（2010-2014）

由於國內學術研究環境變遷，以及受惠於清華的良好研究氛圍，在2000年

以後膺選的院士，才幾乎全部是在清華長期從事教學研究的教師。同時由於清華有尊重學術的傳統，這些院士們也多有擔任學校一級主管的經歷。

李亦園院士是人文社會學院創院院長，劉炯朗院士曾任清華校長，未在本書其他文章中有所介紹，特簡介如下：

▲ 李亦園院士

李亦園院士：人類學家，被譽為戰後臺灣最具影響力的人類學家，無論在學術制度的建立或學術議題的開展上，都扮演創設或奠基的角色。他在1984年參與籌創國立清華大學人文社會學院，擔任該院首任院長至1990年，並在1984年獲選為中央研究院院士。

劉炯朗院士：1956年考取清華大學新竹建校後第一屆原子科學研究所，同時取得美國麻省理工學院獎學金，赴美留學。1960年及1962年分別取得麻省理工學院電腦碩士、博士學位。

▲ 劉炯朗院士

1998年出任新竹清華第二任遴選校長，任內以其睿智、親和的領導風格，大幅提昇國立清華大學在國內的能見度與聲譽，並大力向企業募款，推動校園建設，另促進與國立交通大學、國立中央大學、國立陽明大學共同組成台灣聯合大學系統，並促進兩岸高等教育的交流與學生互訪，規劃籌設科技管理學院、宜蘭園區，成立科技法律、科技管理研究所和計量財務金融系。2000年當選第23屆中央研究院院士。卸任退休後，長期在IC之音廣播電台主持知性節目「你愛談天我愛笑」與「落花水面皆文章」節目，甚受歡迎。

另有與中央研究院合聘教授：
第25屆（2004），劉國平，化學系合聘教授
第30屆（2014），臧振華，人類所合聘教授
第32屆（2018），鍾邦柱，分生所合聘教授
第32屆（2018），李定國，物理系合聘教授

清華原科院、理學院、工學院第一屆畢業生都出了中研院院士，他們是誰？

　　清華原科院、理學院、工學院第一屆畢業生都出了中研院院士，他們分別是原科院原子科學研究所陳守信院士（1958級）、理學院數學系孔祥重院士（1968級）、工學院材料科學工程研究所張懋中院士（1974級）以及工學院動力機械工程系楊威迦院士（1976級）。

〔附記〕　陳守信，孔祥重，張懋中，楊威迦院士簡介[＊]

一、陳守信：陳院士為清華在台復校後原子科學研究所第一屆畢業生（1958），
　　1968年就擔任美國麻省理工學院核工系助理教授，1974年升任教授，現
　　為該系資深教授。2002年，獲得麻省理工學院頒發
　　終身成就獎（Career Achievement Award）以彰顯
　　其多年來之研究成就。陳教授為國際上知名之軟物
　　質（soft matter）及複雜流體（complex fluids）的
　　靜態及動態結構研究專家，開創了多項雷射散射及
　　中子、X光散射分析理論，領導此方面之研究數十
　　年，對增進複雜流體及軟物質的性質了解有顯著及
　　重要的貢獻，為世界上公認最頂尖之散射研究專家
　　之一。於2006年當選中央研究院院士。

▲ 陳守信院士

二、孔祥重：孔院士為本校1968級數學系校友。1974年
　　取得美國卡內基─美倫大學博士學位後，一直在卡
　　內基─美倫大學計算機科學系任教，直至1997年轉
　　往哈佛大學擔任比爾蓋茲講座教授迄今。孔教授對

▲ 孔祥重院士

資訊科學與工程有重大的貢獻。他的研究領域包含平行演算法，大型積體電路架構設計、行動計算與電腦網路等。曾獲Guggenheim Fellowship、美國華人工程成就獎、海灣資訊科學講座、中央研究院院士、美國工程院院士等殊榮。孔教授除了在學術上有非凡的成就外，也時常回國為我國資訊、通訊學界與產業界之研究發展提供寶貴建言，其對國家與社會的貢獻為國人所欽佩。國人所欽佩。於1990年當選中央研究院院士。

▲ 張懋中院士

▲ 楊威迦院士

三、張懋中：畢業於國立台灣大學物理系（1972），清華材料科學研究所（1974），交通大學電子工程研究所博士（1979）。張院士於1990年代與研究團隊於洛克威爾科學中心高速電子實驗室，完成高速雙異質結構電晶體及雙極性場效電晶體積體電路的研究與開發，並成功的轉移到業界量產，每年銷售量超過十億個單元。該技術為手機必備之功率及前端模組器件，其所開發的HBT/BiFET功率放大器為現代無線通信系統之重要里程碑，具有全球性之影響。近年持續在高速積體電路、無線通信系統及兆赫波之研究有開創性之成就。於2012年當選中央研究院院士。

四、楊威迦：楊院士於1984年畢業於加州理工學院，留任母校研究噴射推進。1985年起任職於賓州州立大學，2006年起擔任John L. and Genevieve H. McCain工程講座教授。2009年獲聘至喬治亞理工學院，擔任Daniel Guggenheim航空太空工程學院William R. T. Oakes講座教授及主任。於2016年當選中央研究院院士。

＊錄自清華大學網站：http://www.nthu.edu.tw/about/alumnus，並稍作修改

數學系五十周年慶致詞

2013年3月23日　星期六

　　很高興一同來歡慶數學系成立五十周年；清華大學於1956年在台復校，先成立原子科學研究所，到1962年夏，鑒於數學之重要與日俱增，國內大專學校數學師資至為缺乏，為培植數學研究人材，充實大專數學師資，並加強原子科學研究之數學課程，增設數學研究所，並於1963年春，招考第一屆研究生；1964年政府鑒於培植科學基礎人材，適應國家發展科學教育之需要，指令本校恢復大學部，設置核子工程及數學兩學系，參加聯合招生。所以數學研究所是本校第二個研究所，數學系則為本校最先兩個學系之一，是本校元老系所，對清華的發展有重要的貢獻；今天很高興看到許多數學系元老功臣，包括參與創立數學研究所的徐道寧教授、第一屆碩士生賴漢卿教授、元老黃提源、王懷權教授、第一屆學士生孔祥重院士、李天岩教授等，清華很感謝你們，並以你們為榮。

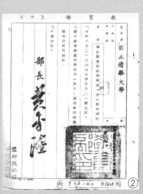

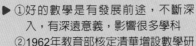
▶ ①好的數學是有發展前途，不斷深入，有深遠意義，影響很多學科
②1962年教育部核定清華增設數學研究所公文

清華大學在北京時期，1925年成立大學部與清華國學院，數學研究所則是於1931年成立，首屆碩士生包括陳省身、華羅庚等先生；據陳省身先生回憶，當時數學系雖為小系，對國內數學教育與研究有相當影響；同時新竹清華徐賢修前校長可謂兩岸清華的橋樑；1945年政府選派六位青年科學家，包括物理、化學、數學領域各兩位，到美國學習新興的原子能科技；徐賢修前校長在華羅庚先生推薦下是數學領域人選之一，李政道先生則為吳大猷先生推薦物理領域人選之一；徐賢修先生後在普渡大學應用數學系教授任教，屢次回校作短期講學，包括1966年我本人有機會聽完整個暑期課程的暑期研習會授課；1970年被政府徵召擔任清華大學校長，在任內於1972年成立應用數學研究所。

　　清華大學數學系成立五十年以來，人才輩出，培育了孔祥重、梁賡義、蔡瑞胸三位中央研究院院士，許多重量級學者以及各行各業傑出人士；有趣的是三位院士目前所從事的都非數學本業，充分顯現紮實的數學教育所賦予學子的發展彈性；另一方面，數學系教師行列中，也是群星璀璨，雖然不無遺憾的是歷年來流失了幾位傑出學者，所幸中生代與年青同仁有相當卓越的表現，可謂後勢強勁，面對未來，本人有三點期望：

一、努力協助補正台灣社會的數學落差：台灣社會由於僵化的升學制度，導致中學教育過早分流，相當多數的高中畢業生的數學程度非常低落，連帶基本邏輯觀念很貧乏；如從較遠處看，在中國現代化運動中，如五四運動，提倡「德先生」（democracy）與「賽先生」（science），即「民主」與「科學」，不幸在約一百年後來看都不十分成功。從現今華人在世界科學界的卓越表現，到台灣科技產業的長足發展，在科學方面似有可喜的進步，較民主成功；另一方面，民主不夠成熟，可能也與科學未能內化有關；社會學三大奠基人之一的Max Weber曾說：「西方科學是一個以數學為基礎的科學，他是由理性思維方式與技術實驗結合而成的合成物」，數學不好，自然影響科學發展；如果作跳躍式思考，完全不合邏輯，則無理性討論餘地；同時科學精神是「驗偽不驗實」，科學的進展常代表以往學說的推翻或修正；但在台灣民主化過程中，常見各種訴求，先假設己方意見代表公理正義，要求對方照單全收，否則抗爭到底，難怪衝突不斷，而多數時候於解決問題無補；民主貴在「服從多數，尊重少數」，每個人都有權發表自己意見，但不能強求別人一定要同意自己意見，如果連「尊重多數」都做不到，有何民主可言？因此溯本清源，要能有基本的

邏輯觀念，養成理性思維方式，這部分相信數學系的師生們可發揮很大的力量，影響將極為深遠，

二、奉獻於世界複雜問題的解決：有紮實科學基礎的人，都能體會數學是一門很美麗、很有威力、很神奇的學問，但也有「數學金童」將複雜數式包裝，使美國房地產泡沫的衍生商品在全球銷售，釀成災難性的金融海嘯；數學是一個有威力的工具，「成佛成魔」繫於一心；現今世界面臨許多複雜度很高的問題，需要多領域（multidisciplinary）與跨領域（interdisciplinary）協同合作，數學可以扮演重要，甚至關鍵角色，同時由於數學的基礎性，許多系友在其他領域發光發亮，將可共同致力於對未來世界文化與生活有用處的工作，

三、做好的數學：根據陳省身先生的說法：「好的數學是有發展前途，不斷深入，有深遠意義，影響很多學科，具永恆價值的數學；有別於不好的數學是把他人工作推演一番，缺乏生命力」。

最後再次向數學系大家庭祝賀「生日快樂」！

工學院四十周年慶致詞

2012年4月28日　星期六

　　清華大學工學院在徐賢修校長遠見下，於四十年前成立。與此巧合的是，如再往前推四十年，也就是1932年，北京清華設立工學院，先是由梅校長自兼工學院院長。根據歷史學者史景遷（Jonathan D. Spence）在《追尋現代中國》（The Search for Modern China）一書中提到1932年清華大學在原本已負盛名的文、理、法三個學院之外，增設工學院。徐校長是應用數學家，梅校長則是學電機工程的，兩位校長必然都深感社會需要，而決定設立工學院。

　　眾所周知，大陸於1952年進行高校院系調整，清華文、法、理、農、太空等院系外遷，吸納外校工科，轉為多科性工業大學，文革後才漸次恢復元氣，但工科獨強。在台灣，很欣慰的是，在四十周年慶的時候，我們也可以宣稱工學院是台灣第一。

　　十年前，工學院三十周年慶時，我適任工學院院長；當時工學院四系中，有三個系是台灣第一，另一是數一數二。很高興動機系近年來在努力經營下，突飛猛進，光是這兩年就產生了四位國科會傑出研究獎得主，實力已達台灣第一，同時工學院的小老弟，十年前成立的奈米工程與微系統研究所，由客觀數據與頂尖專家評估，已迅速的發展成亞洲數一數二的研究所。去年在申請教育部第二期邁頂計畫時，研發處統計本校奈米材料與微系統工程研究表現勝過大多數倫敦泰晤士報大學排名前二十的學校，也因此本校所申請的奈米互動頂尖研究中心，獲得順利通過。今年即將成立的生物醫學研究所，師資十分優秀，後勢看好，希望能再現奈微所佳績。

　　羅馬不是一天造成的，工學院能有今天，是多年來師生員工與校友努力的成果。工學院目前在清華，無疑表現是最耀眼的，因此責任更為重大。學校與產業不一樣，不應扶強汰弱，但也決不應意一昧濟弱而抑強。所以我期盼工學

院同仁，自立自強，以積極作為而引領工程科學承先啟後，發揮優良的傳統，精益求精，得道必然多助，與清華共同早日達成華人首學，世界頂尖名校目標，在世界舞台發光發熱。

▲ ①1973年教育部核定清華增設工學院公文
　②精益求精，得道必然多助

「清華材料系」四十而不惑

2012年4月28日　星期六

　　清華材料系在四十年前隨著工學院一起誕生。我在民國六十六年到材料系任教時，材料系才五歲，正在牙牙學語。巧在十周年慶時，我初擔任系主任，材料系由原工一館遷到工四館，材料科技在期間為政府設定為四大重點科技之一，設備漸佳，但師資尚很欠缺。二十周年慶時，正逢台灣高教黃金期，經費充裕而師資漸趨整齊。十年前，適逢於我工學院院長任內，材料系三十而立，已站穩腳步，如今在我擔任校長期間，材料系達到看準方向，堅定不惑之境地，正是卓越啟航之機。

　　常言道，見果知樹。清華材料系四十年來培育了許多人才，在學術界，無疑是金字招牌，除了許多學術大獎得主外，在其他國立大學曾擔任學術主管的至少有台大材料系三位主任，中央材料所兩位所長，交大材料系兩位主任，一位研發長，一位工學院院長，中興材料系五位主任，物理系一位主任，一位研發長，一位教務長，中正物理系一位主任，成大材料系兩位主任，一位研

▲ 清華材料系是台灣材料界的領頭羊

發長，中山材料系兩位主任，一位研發長，東華大學材料系一位主任，一位理工學院院長，雲林科技大學一位主任，一位理工學院院長。在產業與研究界，清華材料系名號更是響噹噹，除遍佈頂尖高科技公司與研究單位，擔任高階主管外，也有許多成功創業校友。我在擔任工學院院長時創立的「工學院產業研聯盟」，五十多個團體會員中，由材料系系友引進的會員超過一半；去年清華歡慶百周年，以百人會方式籌募興建多功能體育館，每位會員捐贈一百萬元以上，材料系系友有三十一位響應，募得三千五百萬元，不僅人數與金額都超過工學院總數的一半，而且在全校十七系中居冠，除証明材料系系友實力堅強外，更對母校有超強的向心力。最近清華引用使用者部分籌資的概念，推動材料系、物理系、化學系及化工系以每系自籌至少伍千萬元資金，參與學校興建應用科學研究大樓（簡稱清華實驗室）工程，材料系又在陳繼仁校友經營的碩禾電子支持下，率先達陣，最近又有多位校友響應再加碼兩千五百萬元。多年來，一連串的第一，使材料系穩居清華的王牌系，是清華的驕傲。

材料科技與傳統土、機、化、電工程科技相較是新興科技。世界上第一個材料系誕生於1960年，材料科技約半世紀來成為科技發展的關鍵科技。清華有幸在徐賢修校長遠見下，在四十年前建立台灣第一個材料系，設立學士班與碩士班，1981年成立博士班，1996年大學部增收第二班，在台灣都是創舉，有領路先鋒之功，由於先聲奪人，也常獨領風騷。

羅馬不是一天造成的，清大材料系能有今天，是多年來師生員工與校友努力的成果，身為台灣材料界以及清華的領頭羊，下一個階段的展望，確實任重而道遠。孫中山先生說：「立志做大事，不要做大官」，事實上，居於領導地位的人，更應努力做大事，因為他的影響將深而遠。所以我期盼清華材料人，以積極作為而引領台灣材料界在世界舞台發光發熱為己任，與清華共同早日達成華人首學，世界頂尖名校目標。

「清華化工系四十周年慶」致詞

2012年4月29日　星期日

　　今天很高興來參加清華化工系四十周年慶活動。清華化工四十年前與清大工學院一起誕生。原名為工業化學系，主要是因應教育部當時對設立新系所的政策，一九八零年改名為化學工程系。在發展過程中，曾有五年期間，先成立高分子研究所，再與其合併。

　　在工學院中，化工系一直是表現卓越的單位。我在民國六十六年到材料系任教時，清華教師人人都獲國科會甲種研究獎，每位教師都有國科會研究計畫。眾所周知，甲種研究獎在廢止前教師得獎比率年年下跌，另一方面，現今國科會研究計畫通過率已不到五成，而化工系教師不論在甲種研究獎廢止前得獎或爭取國科會研究計畫方面始終維持全壘打，絕對是全國第一系所，不能不教人佩服。

▲ 化工系教師是精兵中的精兵

化工系教師有多人次獲得國科會特約研究獎、傑出研究獎；行政院國家發明獎、傑出科技獎；教育部國家講座、學術獎、大專校院教師與產業界合作研發績效卓著獎勵；中山學術文化基金會學術著作獎；傑出人才發展基金會傑出人才講座；侯金堆先生文教基金會侯金堆傑出榮譽獎；中國化工學會金開英獎等重要榮譽；曾先後獲天下及遠見雜誌評為化學工程系第一名。另一方面，也有多位教師榮獲傑出教學獎。清華一向以擁有優秀師資自豪，化工系教師又為其中之最，是精兵中的精兵。

　　化工系教師的研究方向，除了傳統的化工領域外，亦積極發展奈米科技、生物工程、光電科技、精密製程技術與能源暨環境科技等領域研究，擁有最先進的設備。同時因清華位於國內尖端科技之核心地帶，和工研院、新竹科學園區及其它各大公、民營公司單位，都有密切的合作關係，畢業生出路寬廣而優越。

　　化工系館建於一九九三年，共有八層樓近四千坪建築面積；目前學校正推動由化工系、材料系、物理系及化學系以每系自籌至少伍千萬元資金，參與學校興建跨領域應用科學研究大樓（簡稱清華實驗室）工程，化工系在天瑞公司捐贈三千萬元，以及蔡朝陽校友經營的上緯科技捐贈一千萬元支持下，達陣之期不遠。清華實驗室即將動工，兩、三年後化工系將新增約一千坪實驗室空間進行跨領域研究，發展前景可期。

　　前一陣子聽人說：「四十歲前是否美麗看別人，四十歲後則看自己。」化工系年屆四十，正處自立立人關鍵時刻。以過往豐厚的基礎，面對挑戰。讓我們共祝化工系生日快樂，未來能百尺竿頭，更上一層樓，嘉惠社會，揚名國際。

「清華科法十年」研討會致詞

▲ 清華科法十年有成

2010年11月3日　星期三

　　很高興今天在此參加「清華科法十年」研討會。今年欣逢科技法律研究所創所十週年，在這個別具意義的日子，歡迎各位貴賓來到清華大學。

　　清華大學位居科技產業發展重鎮之新竹科學園區緊鄰，並素以理工學科聞名於國際學術界。十多年前，我們開始反思「法律與科技」之間的互動關係：如何讓法律促進科技研發，且如何透過法律解決科技帶來的社會問題？

　　為回應社會殷切需求，本校於民國89年成立科技管理學院及其下之科技法律研究所，其中重要推手包括沈前校長君山，刁錦寰院士、張忠謀董事長、陳長文律師等諸多社會賢達。清華科法所當時是國內最早經教育部認可設立之科技法律研究所，因此，這個所的設立，對於科技與法律跨領域人才之培養，深具意義。

　　科技法律研究所之課程設計與教育計畫，是以培育兼具科學與法學研究能力之跨領域專業人才為目標，冀求能以高度國際化及融合傳統與非傳統的法律訓練、造就國家社會下一世代的領袖人才。

　　這十年來，科法所師生的努力已累積相當成果：教師們有優異的學術表現、學生報考質量穩定、在校生參與各類學術競賽更是屢傳佳績、畢業生不論

擔任律師、法官、專利工程師、園區法務人員或其他法律專業工作，多充分展現獨特的跨領域專業能力。

　　整體而言，科法所在法律學界持續耕耘並致力於「科技與法律整合」之研究，尤其在「生醫科技法學」、「資訊與通訊法學」、「國際法與比較法學」、「環境與能源法學」以及「智慧財產權法學」等領域，提供豐富課程，使這個所具有高度特色。

　　我要感謝科法所同仁一直以來的努力，同時也要提醒科法所的師生，應以最高的學術標準，自我要求，追求卓越，讓清華大學在人文社會領域有更優異之表現。在此我要特別感謝今日遠道而來的各位法律學界的學者先進，請您們繼續給予清華科法所支持與鼓勵。

　　最後，讓我們共同祝賀科法所生日快樂，也敬祝各位貴賓身體健康、萬事如意，謝謝大家！

1958-2014年清華各階畢業生人數演變

　　根據教務處資料，清華到2014年，共畢業66,951人，其中學士、碩士、博士各32,434、29,836、4,681人，分別占總人數48.4%、44.6%、7.0%。

　　如分年來看，清華於1958、1968、1978、1988、1998、2008、2014各畢業10、74、491、1026、1,678、2,785、3,294人。1958年僅有碩士畢業生，1968年開始有學士畢業生，1978年加上工學院畢業生，人數491人超過1968年74人甚多。1988年，人數1026人超過1978年491人一倍。1998年，1,678人，較1988年，增加63.5%。2008年，2,785人，又再增加66%。2014畢業3,294人，較2008年，僅增18.2%。

　　如單看大學部，清華於1968、1978、1988、1998、2008、2014各畢業57、346、600、812、1,162、1,472人。1978年加上工學院畢業生，人數346人超過1968年57人甚多。1988年，人數600人較1978年增加73.4%。1998年，812人，

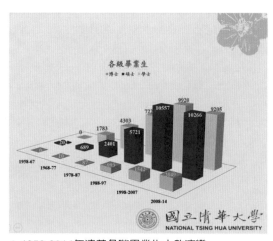

▲ 1958-2014年清華各階畢業生人數演變

較1988年，增加35.3%。2008年，1,162人，又再增加43.1%。2014畢業1,472人，較2008年，增26.7%。

在碩士班方面，清華於1958、1968、1978、1988、1998、2008、2014各畢業10、17、143、387、730、1,379、1,549人。1958、1968畢業生甚少，1978年143人，初具規模。1988年，人數387人較1978年增加約1.71倍。1998年，730人，較1988年，增加88.6%。2008年，1,379人，又再增加88.9%。2014畢業1,549人，較2008年，增12.3%。

在博士班方面，清華於1970、1978、1988、1998、2008、2014各畢業1、2、39、136、244、273人。1970與1978年各1、2人，顯示博士班仍在起步階段。1988年，人數達39人。1998年，136人，較1988年，增加2.49倍，漸趨成熟。2008年，244人，又再增加79.4%。2014畢業273人，較2008年，增11.9%，惟已較2009、2010、2011、2012、2013各296、313、295、311、317人為少，是一個令人憂心的趨勢。

清華在那一年畢業生中研究生超過學士生？那一年碩士畢業生生超過學士生？

1995年，當年畢業生共1,649人，學士、碩士、博士畢業生各有823、674、152人，分別占49.9%、40.9%、9.2%，與之相較，前一年（1994年），畢業生共1,528人，學士、碩士、博士畢業生各有797、619、112人，分別占52.2%、40.5%、7.3%。

另一方面，2000年，當年學士、碩士畢業生各有829、846人，與之相較，前一年（1999年），學士、碩士畢業生各有816、772人。在大學部、碩士班與博士班畢業生比率方面，1968、1978、1988、1998、2008、2014各為（77.0%、23.0%、0%）、（70.5%、29.1%、0.4%）、（58.5%、37.7%、3.8%）、（48.4%、43.5%、8.1%）、（41.7%、49.5%、8.8%）、（44.7%、47.0%、8.3%），顯示到1998年，研究生畢業人數已超過大學生。

如以年代分，1968-1977、1978-1987、1988-1997、1998-2007、2008-2014畢業學士生各為1,783、4,303、7,203、9,920與9,205人，亦即各年代每年平均約分為200、400、700、1,000、1,100人。

在畢業碩士生方面，1958-1967、1968-1977、1978-1987、1988-1997、1998-2007、2008-2014各為202、689、2,401、5,721、12,557與10,266人，亦即各年代每年平均約分為20、70、240、570、1,250、1,280人，清華碩士班教育可謂在1980年代，方進入穩定成長期。

在畢業博士生方面，1970-1977、1978-1987、1988-1997、1998-2007、2008-2014各為10、87、993、1,542與2,049人，亦即各年代每年平均約分為1、9、100、150、200人，可見直至1990年代，博士班才漸具規模。

1958-2014年清華畢業生性別比演變

在迄2014年畢業生性別方面，女男比率為（24.6%，71.8%），其中學士、碩士、博士女男比率各為（28.2%、71.8%）、（22.2%、77.8%）、（14.9%、85.1%）。

在分年畢業生性別方面，女男比率於1958、1968、1978、1988、1998、2008、2014各為（0%、10%）、（6.8%、93.2%）、（6.7%、93.3%）、（18.4%、81.6%）、（22.9%、77.1%）、（29.9%、70.1%）、（32.5%、67.5%）。

在畢業學士生性別方面，女男比率於1968、1978、1988、1998、2008、2014各為（5.3%、94.7%）、（6.4%、93.6%）、（24.2%、75.8%）、（28.2%、71.8%）、（35.9%、64.1%）、（35.2%、64.8%）。

在畢業碩士生性別方面，女男比率於1958、1968、1978、1988、1998、2008、2014各為（0%、100%）、（11.8%、88.2%）、（7.7%、92.3%）、（11.1%、88.9%）、（18.4%、81.6%）、（26.8%、73.2%）、（32.3%、67.7%）。

在畢業博士生性別方面，女男比率於1978、1988、1998、2008、2014各為（0%、100%）、（2.6%、97.4%）、（16.2%、83.8%）、（18.9%、81.1%）、（19.8%、80.2%）。

在以年代分畢業學士生性別方面，女性比率於1968-77、1978-87、1988-97、1998-2007、2008-14各為12.0%、13.7%、25.4%、32.8%、35.5%，1990年代，大幅度增加，部分反映新增人社、生科院科系，傳統上較得女性青睞，部分則應與女性受高等教育比例普遍提升有關。

在畢業碩士生性別方面，女性比率於1958-67、1968-77、1978-87、1988-97、1998-2007、2008-14各為1.5%、4.5%、9.5%、15.6%、22.6%、30.0%，增加幅度驚人。

在畢業博士生性別方面，女性比率於1970-77、1978-87、1988-97、1998-2007、2008-14各為0%、4.4%、9.5%、14.5%、18.4%。與碩士班情況相似，均顯示女性受研究所教育風氣大開。

清華分別在那一年有第一屆學士、碩士、博士畢業生？各有幾人？其中幾位為女性？

清華分別在1968、1958、1970年有第一屆學士、碩士、博士畢業生？各有57（核子工程系35人，數學系22人）、10（原子科學研究所）、1（物理系）人，其中僅有數學學士三人為女性。

清華於何年培育出第一位博士？他是誰？第一位女博士畢業於何年？她是誰？

清華於1970年培育出第一位博士是物理博士石育民，他也是台灣第一位本土理科博士，第一位女博士遲至1984年才產生，也是物理博士林美智。清華女博士，在1986年有2人（化學、化工），1988年有1人（材料），1989年有3人（物理、化學、材料），也就是在1990年前，清華培育女博士僅7人，而在同期，則培育男博士達180人。

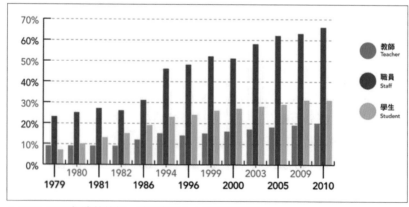

▲ 1979-2010年清華教師、職員與學生女性比例演變

諾貝爾獎得主李遠哲在研究所讀書時，清華有多少學生？

　　李遠哲先生唯一在台灣完成學士與碩士班學業的諾貝爾獎得主，他在清華就讀時（1958-61年），還是梅貽琦先生擔任校長，清華僅設原子科學研究所，只有不到50個學生。加上在西南聯大時期培育的諾貝爾獎得主楊振寧、李政道，清華成了中國唯一培養了三個諾貝爾獎得主的學校，而且都在梅校長任內。

〔附記〕　李遠哲簡歷[*]

　　李遠哲先生，臺灣大學化學系學士、清華大學原子科學研究所（1961級）碩士，美國加州大學柏克萊分校化學博士。1999年獲本校名譽理學博士。

　　李先生在攻讀博士期間對離子分子間的作用、分子散射的動力學產生研究興趣；取得學位後，李先生前往哈佛，在Dudley R. Herschbach先生指導下進行博士後研究，於1986年獲諾貝爾化學獎。李先生於1959年進入甫成立的清華大學原科所，畢業後曾留校擔任助教。曾於芝加哥大學、加州大學柏克萊分校等校執教，亦曾返台於清華任職。除諾貝爾獎外，尚獲美國人文與科學院院士、國家科學院院士、中央研究院院士、日本學士院客員、宗座科學院院士等學術榮譽。曾任中央研究院院長、國際科學理事會會長。

＊錄自國立清華大學網站：http://archives.lib.nthu.edu.tw/history/people/hd_006.html

▲1986年李遠哲校友榮獲諾貝爾化學獎

▲1957年楊振寧（中）、李政道（左）校友榮獲諾貝爾物理獎

清華物理系有一班出了三位中央研究院院士，他們是誰？各有甚麼專長？

2014年3月24日　星期一

　　清華物理系1970級，蒲慕明、李太楓、趙午三位中央研究院院士，他們專長分別為細胞及分子神經科學、天文物理及地球科學、加速器物理科學。

〔附記〕　蒲慕明、李太楓、趙午院士簡介[*]

一、蒲慕明：1974年取得美國約翰霍浦金斯大學生物物理學博士學位後，先後在美國伍滋侯（Woods Hole）海洋生物研究所及美國普渡大學生物系任博士後研究。1976年起在美國加州大學Irvine分校醫學院生理系任教，歷任助教授（1976-1979）、副教授（1979-1983）、教授（1983-1995）。之後又先後轉任耶魯大學醫學院分子神經學系（1985-1988）及哥倫比亞大學生物系（1988-1995）任教及從事研究。1996年起擔任加州大學San Diego分校Stephen W. Kuttler神經生物學講座教授。2000年起又轉往加州大學Berkeley分校分子及細胞生物學系擔任1933級講座教授。他的研究領域主要是在生物物理學及神經生物學。主要的貢獻是在探討並瞭解神經細胞成長及神經節延伸之細胞與分子機制。於2000年當選中央研究院院士。

二、李太楓：1977年取得德州大學奧斯丁校區的天文博士後，先後在芝加哥大學費米研究所任R. McCormich博士後研究（1977-1979）及美國華盛頓卡內基研究院地磁部任研究員（1979-1983）。1984年回國在中央研究院地球科學研究所任研究員迄今。並在台灣大學地質系及物理系兼任教授，及在中央研究院天文及天文物理研究所任合聘研究員。曾擔任地球科學研究所副所長（1987-1989）及所長（2000-2004），和天文所籌備處主任

（1993-1994，1996-1997）。他的研究貢獻是證明了在46億前早期太陽系中有鋁-26放射性核種的存在。協助發展球粒隕石形成的理論，並發現其中有氧、鎂、鈣、鑭等同位素異常，及探討了他們與銀河系中原子核形成的關係。另利用同位素方法，研究東亞大陸地殼的演化歷史，島弧岩漿的來源，和過去的氣候環境變化。在研究架構的設置上，他建立了放射源同位素地球化學實驗室，並籌備推動天文學門的長期發展，協助本校天文物理研究所的成立。於2000年當選中央研究院院士。

三、趙午：於1974年獲得紐約州立石溪大學物理學博士。1974-1984任職於史丹福大學直線加速器中心，1984-1989擔任超級超導對撞機研究設計中心加速器物理組長，1989-1991擔任德克薩斯州SSC研究所加速器物理組長，總計畫副主任（1992-1993），目前在史丹福物理系任職正教授（1994-迄今）及擔任史丹福直線加速器中心加速器研討系副主任（1994-）。

趙教授從事加速器領域的研究超過三十年，其研究表現傑出。他目前是世界五個重要加速器實驗所的諮詢委員。加速器屬於現代尖端科技研究，應用層面很廣。趙教授亦協助國內同步輻射中心之發展，希望能夠帶動加速器之研究。趙教授於2002年榮獲中央研究院院士。

＊錄自清華大學網站：http://www.nthu.edu.tw/about/alumnus，並稍作修改

▲ 李太楓院士

▲ 蒲慕明院士

▲ 趙午院士

「繁星計畫」是清華首先策劃的嗎？

　　清華於95年間分析前4年的入學新生資料後發現，各年入學生主要畢業於100至120所高中之間；歷年來以甄試管道入學之本校學生，有90%以上畢業學校集中於35所高中，其中前15所知名高中學生比例更高達60%以上。為擴增學生來源，清華著手規劃並率先向教育部提出以「發掘人才、縮短城鄉差距」為宗旨之單獨招生計畫，並委請大考中心試算過去3年之學測資料，歸納出全國每年約有140-180所高中，至少有1名學生通過「二頂三前」的標準。乃由清華提供相當之招生名額，各高中推薦1名「在校學業成績排名在全校（或類組）前5%、德行每學期80分（或甲等）以上，學測成績符合『兩科通過頂標、三科通過前標』標準」，且有意願就讀清華的學生，本校接受符合條件經高中推薦的所有學生。此一招生計畫之原意，即希望藉由「推薦保送」的方式，錄取較多原來無法進入本校的學生，讓更多的高中學生有機會成為「明星」，此乃「繁星計畫」名稱之由來。

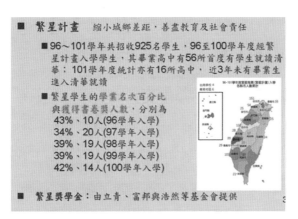

▲ 「繁星計畫」學子表現優異

〔附記〕

　　繁星計畫執行多年以來，已擴展至全台所有主要大學，2013年清華與中央大學等由繁星計畫招生數已達所有新生人數的15%。除各校持續追蹤的結果顯示此一招生管道入學生，入學以後之學習情形一如計畫推出之初的預想，與依傳統管道入學生比較，不稍遜色之外，也讓更多教育資源較不足地區的學生，有更多機會上國內優質大學，具體落實大學的社會責任之外，參與本計畫招生的國內各公私立大學學生來源更為多元，校園文化更為活潑。清華在2011年6月第一屆繁星入學生畢業之時，為了讓各校有一個具體檢視此一計畫成果的機會，發起辦理「繁星招生之回顧與前瞻論壇」，並在教育部的積極促成與鼎力協助之下，乃有相關各界齊聚一堂之盛會，為我國高等教育史留下劃時代深具意義且影響深遠的一頁。[1]

[1]　陳力俊，《一個校長的思考（三）：科學技術與人文藝術》，318-319，
　　　致出版，台北（2019）。

▲ 「繁星計畫」是清華首先策劃並向教育部提出招生計畫

「小清華」十年有成

　　「小清華」是清華大學李家維等多位教授在2009年八八風災動員救災時，認為「救災要治本，必須培養一群有故鄉光榮感的山海守護神」，從教育根本做起，而推動成立小清華原民專班，得到教育部、外界捐款支持和屏北高中協助，設立於屏北高中，招收八八水災嚴重受災的六縣市原住民國中畢業生，學雜費、食宿費一律全免，希望培育優秀原住民人才；2010年開始招生，十年來，在許多屏北高中老師、清大教授與志工努力下，辦理清況優異，同學們自始學習情況良好；尤其難得的是，注重原住民文化之傳承，又有許多熱心志工的參與，專班雖不強調升學，但升學成績斐然。大學入學學測與甄試，都有很好的成績，大多數同學都將順利就讀於國立大學；許多人的善意與努力，再加上同學自愛自重，把握機會，一起交出漂亮的成績單。

　　清華的理念，讓弱勢但努力向上的學子有獲得良好教育的機會，以建構自己的未來。小清華的腳色是給予有心學習的原住民青少年適當的機會；喜見這是一項極為成功的教育實驗，對教育當局妥善分配資源將是很好的啟示，畢竟教育原本就是要幫助學子發現天賦。

▲ ①2010年「宿舍大樓捐贈啓用典禮」
　②「小清華」的成立歸功於許多熱心人士
　③參加100周年校慶
　④大小清華交流

清華名人堂開幕典禮致詞

2013年12月19日　星期四

　　很歡迎大家來參加「清華名人堂」開幕典禮。「清華名人堂」的設立是希望突顯清華立校以來，為清華、社會、國家、世界「立德、立功、立言」的清華人；一方面感謝他們的重大貢獻，永誌紀念，「尋清華源流，留世間絕響」，一方面也由彰顯清華人的事蹟，在人格、事業、著作方面有永遠存在的價值。激勵莘莘學子，引為典範，「觀賢人之光耀，聞一言以自壯」。同時也希望能讓參訪賓客與民眾了解清華大學能推出如此鑽石級「名人堂」的特色。

　　有悠久歷史與優良傳統的大學，「校史館」中常有「名人堂」。清華歷來大師雲集，校友人才輩出，不僅璀璨杏壇，更深刻影響社會思潮、嘉益人群；「清華名人堂」為沈君山前校長所提議設立，原為本校數位校史館的一部分，如今適逢原第一招待所改建為多功能會所，包括名人堂、接待中心、校園導覽中心、教師員工聚會所以及「清華樂集」練習及表演場所，而以「清華名人堂」為名；第一批「名人」，包括大門口梅校長與四大導師浮雕以及胡適、楊振寧、李遠哲三先生半身銅雕，門前「清華名人堂」五個大字則由集胡適先生墨寶而成；規劃中「名人」還包括其他有功清華「名人」、新竹清華傑出校友、名譽博士、歷任校長、講座教授等。特別榮幸與高興的是楊振寧與李遠哲校友以及兩位前校長能親自來參加今天的揭幕儀式，同時也要感謝謝棟梁、吳為山與曹宏恩三位大師分別為胡適、楊振寧與李遠哲先生塑像，並親臨參加。

　　清華「直接留美班」第二屆校友胡適先生在民國八年，五四運動前夕，於〈社會的不朽〉一文中說：「『德』便是個人人格的價值，像墨翟、耶穌一類的人，一生刻意孤行，精誠勇猛，使當時的人敬愛信仰，使千百年後的人想念崇拜。這便是立德的不朽。」在清華人中，梅貽琦校長是立德不朽的代表。梅校長逝世十周年紀念會中錢思亮先生（民二十年清大畢業，曾任臺大校長、

中研院院長）代表各界所致紀念詞：「梅先生對國家的貢獻很多很大，每一件對別的人說都可稱為不朽。梅先生民國二十年接任清華大學校長。那一時期清華的校長連年更迭，學校很不穩定，校長很少作得長久的；自從梅先生接掌以後，就一直安定下來，就只這件事在教育史上已是不朽；清華自梅校長執掌不久，就已在世界有名大學中奠立學術地位，這貢獻對任何人說都是很大的功績；抗戰時搬到長沙、昆明，與北大、南開合組西南聯大，三大學合作無間，並把學校辦得很好，梅先生事實上對學校行政負責最多。只就此一事也足稱不朽；戰後復員到北平，梅校長重整清華園，兩年多的時間，清華的規模與素質比以前更擴大提高了。大陸淪陷後在新竹重建清華，極節省的、一點一滴的親自打下好的基礎，這件工作給任何人，也足稱不朽；建立了中國第一座原子爐，以最少的人、最少的錢、最短的時間，一次就成功了，這件事功給別人一生中都是不朽的。」梅校長主要以「專、大、公、愛」四種高貴品格；梅校長專心辦學、有容乃大、公正廉明，同時愛學校、愛國家、愛同仁、愛學生，深得師生愛戴，而能在兩岸清華擔任二十四年校長；錢思亮先生說：「梅先生一生在清華服務，梅先生忠於國家，敬業不遷，平易近人一雖有崇高學術地位，但對任何人都是那樣平易」，「他的為人做事許多方面，都合中庸之道，平和但有原則，事必躬親，對大事的決定也能果斷」。梅校長受到清華師生校友很高的評價：「提到梅貽琦就意味著清華」，「梅貽琦是清華永遠的校長」。

對於立功，胡適先生接著說：「『功』便是事業，像哥倫布發現美洲，像華盛頓造成美洲共和國，替當時的人開一新天地，替歷史開一新紀元，替天下後世的人種下無量幸福的種子。這便是立功的不朽」。胡適先生在近一百年前，將牛頓、達爾文一類的科學家，列為由立言而不朽；以今日眼光，科學承先啟後，開創近代文明，偉大的科學家為人類立下不朽功勳；清華人中，當然是以華人中最先獲得諾貝爾物理獎的楊振寧與李政道先生，以及第一位得諾貝爾化學獎的李遠哲先生為代表。

至於以立言而不朽，胡適先生說：「『言』便是語言著作，像那《詩經》三百篇的許多無名詩人，又像陶潛、杜甫、莎士比亞、易卜生一類的文學家，又像柏拉圖、盧梭、彌兒斯一類的哲學家，又像牛頓、達爾文一類的科學家，或是做了幾首好詩使千百年後的人歡喜感歎；或是做了幾本好戲使當時的人鼓舞感動，使後世的人發憤興起；或是創出一種新哲學，或是發明了一種新學

說，或在當時發生思想的革命，或在後世影響無窮。這便是立言的不朽。」梁啟超先生包括《飲冰室文集》以及胡適先生《胡適文集》等，著述各超過1,400萬及1,800萬字，分別被認為是中國現代化過程中，五四運動前與後，影響國人思想最大的學者；清華國學院的設立是當時曹雲祥校長委請胡適先生設計的。胡氏略仿昔日書院與英國大學制度擘劃，以現代科學方法整理國故。1925年設立國學院，禮聘梁啟超、王國維、陳寅恪、趙元任四大導師，震動學術界，在文史領域，迅速提升為一方重鎮。王國維先生國學造詣深厚，兼習西方哲學、文學暨美學，深造有得，用西方美學的觀點考察中國文學，獨闢蹊徑，達空前之成就，對於殷墟甲骨研究深細，治遼金元邊疆民族史地。其主要著作收入於《觀堂集林》中，另有《人間詞話》、《宋元戲曲史》、《蒙古史料四種校注》等書。陳寅恪先生評其學術成就「幾若無涯岸之可望、轍跡之可尋」。陳寅恪先生博通多國的語言文字，以外文資料與中土舊籍相參證，多所創獲。其講學研究之範圍不限於晉唐一段，南朝迄元亦多涉獵，兼及中原草原之關係。亦曾授梵文及佛教文獻等課。所著《唐代政治史述論稿》、《隋唐制度淵源略論稿》為士林推重。專著另有《元白詩箋證稿》等多種。胡適先生稱：「寅恪治史學，當然是今日最淵博、最有識見、最能用材料的人。」傅斯年先生說：「陳先生的學問近三百年來一人而已。」趙元任先生是中國語言科學的創始人，當今科學的中國語言研究可說是由他奠定了基石，被推崇為中國語言學之父。英文著作有《中國語字典》、《粵語入門》、《中國語語法之研究》、《湖北方言調查》等。另出版的有《語言問題》、《語言學跟符號系統》、《中國話的文法》、《白話讀物》等。胡適先生與四大導師是「清華人」立言的代表。

　　胡適先生在同文中提出「社會不朽論」，以為「社會的歷史是不斷的，前人影響後人，後人又影響更後人，個人造成歷史，歷史造成個人。」「社會的生活是交互影響的：個人造成社會，社會造成個人。」「一代傳一代，一點加一滴；一線相傳，連綿不斷；一水奔流，滔滔不絕：──這便是一個『大我』，是永遠不朽的，故一切『小我』的事業，人格，一舉一動，一言一笑，一個念頭，一場功勞，一樁罪過，也都永遠不朽。這便是社會的不朽，『大我』的不朽。」「把那『三不朽論』的範圍更推廣了。冠絕古今的道德功業固可以不朽，那極平常的『庸言庸行』，油鹽柴米的瑣屑，愚夫愚婦的細事，一

言一笑的微細，也都永遠不朽。」正如現代物理「混沌」理論預測相合，有名的「蝴蝶效應」即為一例。所以任何人不應妄自菲薄，而應取法乎上，為自己言行負責。如胡適先生所說：「我應該如何努力利用現在的『小我』，方才可以不辜負了那『大我』的無窮過去，方才可以不遺害那『大我』的無窮未來？」是社會上所有人都應效法的。

今天很感謝許多貴賓遠道而來共襄盛舉，包括北京清華的顧秉林前校長與西南聯大的延續真傳雲南師大葉燎原書記與諸位師長；而現址在兩岸清華交流上正有歷史性意義，在民國80年，清華慶祝80周年校慶，邀集四位頂尖科學家清華校友，即楊振寧、李政道與李遠哲先生、數學沃爾夫獎得主陳省身先生，同時蒞臨新竹校園，一日在第一招待所早餐時，促成兩岸清華1949年以來第一次正式「通話」；當年兩岸之間沒有任何正式的往來，還是處於「不接觸、不迴避、不……」的時代，兩岸的清華大學也沒有正式聯繫；在陳省身先生提議下，劉兆玄校長即席寫了幾句話給北京清華的張孝文校長，大意是兩岸清華共同慶祝建校八十周年，傑出校友楊振寧、李政道、陳省身、李遠哲同蒞新竹校園共襄盛舉，特此致意。兩岸清華從1949年以來，有四十多年不相往來，第一次的正式「通話」卻是在這種情況下完成，實在令人感慨。

清華百年風華，有大師前賢光耀，發揚光大是現今清華人的責任與使命。我師生同仁、校友更當效法先賢，再樹典範，為「清華名人堂」注入活力，歷久彌新，光輝燦爛。[1]

〔後記〕

原本規畫以楊振寧與李政道先生共同為西南聯大時期校友代表人物，但李校友婉拒為他立像，謹錄其賀年片書畫在此誌念。

[1] 陳力俊，《一個校長的思考（二）：教育的職業與志業》，135-139，致出版，台北（2019）。

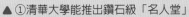

▲①清華大學能推出鑽石級「名人堂」
　②「名人堂」前浮雕有梅校長與國學院四大
　　導師肖像
　③④⑤胡適、楊振寧、李遠哲代表北京清
　　華、西南聯大與新竹清華時期清華人
　⑥李政道校友賀年片書畫

兩岸清華

聯繫兩岸清華的特殊淵源，記錄各項名人與文化紀念
會、兩岸校長會談、兩岸校友聚會、兩岸學術交流等多邊互
動，希冀激盪出更多學術教育的花火，攜手問鼎國際頂尖大
學。另附有胡適、林語堂、殷海光、梁實秋、錢穆等清華名
人在台事蹟，展現清華大師如林的光輝過往。

兩岸清華情

　　2010年3月北京清華顧秉林校長率團訪問新竹清華大學，兩校校長有機會接受台灣大報「聯合報」專訪，而「聯合報」大幅報導的標題是「兩岸清華內外神似，校長一見如故」。報導重點包括：1956年，北京清華校長梅貽琦自美來到新竹主持清華建校。新竹清華並無一物自北平搬來——除了梅校長本人以及校訓、校歌，還有那筆一百年還沒用完的「庚子賠款」。兩校發展路線也鬼使神差般相似，都先發展理工、再補足人文養分。不僅內在精神神似，就連「外表」也同樣傾國傾城，都是兩岸票選「最美大學」，道出兩岸清華情。

　　另一方面，新竹清華前五任校長，任期共二十五年（1956-1981），均為北京清華校友，他們是：梅貽琦（1909直接留美生）（1956-1962）、陳可忠（1920級）（1962-1964代理，1964-1969）、閻振興（1934級土木系）（1969-1970）、徐賢修（1935級算學系）（1970-1975）、張明哲（1935級化工系）（1975-1981）。清華教師與學生宿舍分別以院與齋命名，也是沿襲北京清華舊制。

▲ 在德國慕尼黑寧芬宮前與北京清華附中師生合影

在新竹清華園中，除梅校長墓園——梅園外，在校園第一大湖成功湖中，有「克恭橋」通往湖心島；現在湖心島的中國式亭子則在1986年命名為「寄梅亭」，是為紀念清華學校第二任校長（1913-1918年）周詒春（字寄梅）先生。「克恭橋」之修築乃由1966年間，1943級校友翟克併為紀念其兄翟克恭校友，捐贈通往湖心島的水泥橋一座；於1966年5月1日舉行命名典禮。[1]「八角亭」在成功湖步道的一端。此亭是由08級（1936年畢業）校友於畢業四十年（即1976年）所共同捐建，其亭中的匾額上仍由清華校友、前外交部長與駐美大使——葉公超先生題字「八極四秩」，取「和道八極，賞樂四序，顏曰八極四秩蓋亦諧意八級四十也」，亦即第八級畢業四十年之意。同時校內三大湖之一的「昆明湖」則為紀念抗戰期間清華在昆明與北京大學與南開大學同組西南聯大，而得名。

在綜合大樓間廣場中，北京二校門模型旁，有1923年畢業的孫立人將軍手植的杜鵑花樹。資訊材料館前有20級校友捐贈的日晷一座。這日晷設立於1970年，座台刻有「惟學無涯　寸陰是競　繼往開來　克念作聖」雋語，勉勵學弟們愛惜光陰，並已成聖為目標。

另外清華校內建築大禮堂與蒙民偉樓與台北金華街辦事處「月涵堂」由北京清華校友捐建，新建「校友體育館」也有北京清華校友參與捐建。

在2013年12月19日開幕的「清華名人堂」中，第一批「名人」，包括大門口梅校長與四大導師浮雕以及胡適、楊振寧、李遠哲三先生半身銅雕（分為謝棟樑、吳為山與曹宏恩三位大師作品），門前「清華名人堂」五個大字則由集胡適先生墨寶而成。

---

[1]　《清華校友通訊》新十四期，1965年，頁18。

北京清華「新竹清華日」開幕典禮致詞

2011年12月23日　星期五

　　很高興今天能到北京清華舉辦「新竹清華日」。首先我要感謝顧校長與北京清華同仁的鼎力支持。今年七月我在成都參加「兩岸四地大學校長會議」時，向顧校長提出舉辦「新竹清華日」的構想，顧校長「二話不說」，當即應允，為兩岸清華再締造新里程碑！據了解今天活動也開北京清華舉辦台灣高校日活動的首例，可見兩校的不凡關係。事實上世界上沒有兩所大學有這麼密切的關係。不僅同根同源，有相同校名、校訓與校歌。二十年的交流，兩校建立起的關係，展現的善意、誠意，以及情意，是沒有其他學校可以比擬的。兩岸清華不僅都擁有美麗校園，而且辦學的精神、教育的理念一脈相承。

　　誠如顧校長剛才指出，兩校的交流事項，從清華盃圍棋橋牌賽，到能源、奈米領域的學術研討會；從早年的學生交流協議，一直發展到兩校的全面合作協議；從剛開始的學生暑期項目，到今日北京清華規模最大的校際交流生的交

▲ 兩岸清華不僅同根同源，有相同校名、校訓與校歌

▲ 兩岸清華不僅都擁有美麗校園，而且辦學的精神、教育的理念一脈相承

▶ ①與兩岸清華交換生合影
　②拜訪楊振寧校友
　③攝於清華國學院四大導
　　師銅像前

換，無不生動的體現了兩岸清華交流日見頻繁、合作日益深入的發展態勢。兩校每年各投入相當經費，進行共同研發合作已達兩年，並已簽署碩士研究生聯合培養協議。在今年百年校慶之日，更共同舉辦校慶的系列活動，也互派代表致賀觀禮，分享慶典的喜悅。

從今天開始的「新竹清華日」活動，一連兩天，首先於今天下午由新竹清華12位鑽石級的名師分三場次做公開演講，這些名師都是在相關領域上學有專精，並善於將知識學問清楚轉譯成學生認知所能了解的形式的教師。晚上將有兩校學生乒乓球友誼賽。明天早上將進行新竹清華大學教、學、研說明會、交換生座談及茶會。最後我要呼應顧校長所說，衷心期望兩校能夠以新竹清華大學日為新的起點，進一步拓展深入合作的模式和渠道。希望不久北京清華也能於新竹清華舉辦北京清華日，更期待兩岸清華能攜手到全世界的名校舉辦兩岸清華日，而能在新的百年當中攜手邁向世界頂尖大學的行列，共同譜寫清華更加美好的未來篇章。[1]

[1] 陳力俊，《一個校長的思考（一）：清華文史與校務》，333-335，致出版，台北（2018）。

兩岸清華簽訂合作研究計畫協議書致詞

2012年10月8日　星期一

很高興趁陳吉寧校長上任以來首度到新竹清華訪問之便簽訂兩岸清華合作研究計畫協議書；兩岸清華聯合研究在約三年前已上路，上月五、六日在金門舉行的兩岸清華研討會，參與聯合研究的兩岸清華教師約各有六十位，精銳盡出，盛況空前；今天簽約，將聯合研究制度化長久化，未來必定有讓人「眼睛一亮」的產出，為兩岸清華合作增添光輝新頁。

今年適逢兩岸清華永久校長梅貽琦校長逝世五十周年，新竹清華舉辦的一系列紀念活動，包括四月底邀請北京清華名師後裔訪台、七月初「徐賢修、徐遐生校長父子雙傑，清華傳承」新書發表會、上月二十一日舉行的「清華文武雙傑，吳國楨省主席與孫立人將軍」紀念會以及本月二十六、七日的「梅貽琦校長逝世五十周年」紀念會，無不深深具有兩岸清華同根同源的烙印，這裡要特別一提本月下旬陳吉寧校長因有要事不克前來參加「梅貽琦校長逝世五十周

▲ 與北京清華新任校長陳吉寧教授簽訂「兩岸清華大學合作研究計畫協議書」

▲ 適逢梅貽琦校長逝世50週年，兩岸清華校長一同前往梅園祭拜梅貽琦校長

年」紀念會，北京清華將由顧秉林前校長代表全程參與。

　　兩岸清華的特殊關係，可由我擔任校長不到三年期間，與顧秉林前校長有十一次交會看出，尤其交會代表多次見面晤談，譬如說，前年三月，顧校長來台，我們即有三次餐敘以及一次應《聯合報》之邀對談，交流之密切，是任何其他兩岸大學校長所遠遠無法企及的；新竹清華在公元兩千年開始與大陸高校有暑期交換生計畫；自2005年起，增辦學期交換學生活動，今年雙聯碩士學位上路，兩校聯合研究以及在大陸辦「新竹清華日」，無不與北京清華率先交流開始，至今已有111位學期交換生，69位暑期交換生，也都是在大陸高校中人次最多的；這兩年我到美國北加州、南加州與港澳參加清華校友會也都是兩岸清華共同組成的校友會；最近新竹清華即將落成的「校友體育館」，是採由校友組成百人會，由校友會員每人捐贈一百萬元以上興建，北京清華EMBA校友會沈會承會長以及港澳清華校友會，北京清華畢業的李佳林會長都共襄盛舉；八月底我參加101年暑期大陸交換學生歡送會，在北京清華交換學生表演時，安排了一個唱校歌的節目，結果是兩岸清華師生合唱，看得其他學校交換學生驚訝羨慕不已；兩岸清華不僅同根同源，而都有同是一家人的認知，最為難得。

　　梅貽琦校長五十六年前在新竹建校，是兩岸清華永久校長，新竹清華最先五位校長，治校二十五年間，都是北京清華校友；歷數世界名校，有兩岸清華的特殊關係是絕無僅有；上星期一，北京清華理學院薛其坤院長來看我，談到北京清華在結構生物學上的卓越成就，他告訴我說，大陸在此領域所出的Science與Nature論文，有一半以上是北京清華的成果，我則告訴他說，今年台灣在Science與Nature期刊以通訊作者身分發表論文至今有七篇，新竹清華即占了四篇，如今欣見兩岸清華分在兩岸都發展成數一數二大學，相信這種正向趨勢能在大家的共同努力下，尤其在兩校進行共同研發合作架構下，屢見亮點，發揚光大。[1]

[1]　陳力俊，《一個校長的思考（一）：清華文史與校務》，336-337，致出版，台北（2018）。

國立西南聯合大學建校七十五周年紀念大會致詞

2012年11月3日　星期六

　　今天本人是懷抱著快樂與感念的心情來參加「西南聯合大學建校七十五周年紀念大會」；西南聯合大學當年在烽火連天、強敵壓境之下，由三校聯合，弦歌不輟，「五色交輝，相得益彰」，「中興業，須人傑」，培育許多傑出人才，賡續卓越學術研究，創造了中國教育史上的奇蹟；今日有幸躬逢盛會，對身為新竹清華的代表來說，既是尋根之旅，又得以拜見許多故人前輩，內心充滿溫馨感動。

　　北京清華、西南聯大與新竹清華共同的聯結是梅貽琦校長，上週五與六，也就是十月二十六與七日，新竹清華舉行「梅貽琦校長逝世五十周年紀念會」，承蒙北京清華的顧秉林前校長與雲南師大葉燎原書記均率團共襄盛舉。紀念會不僅緬懷梅校長事蹟行誼，並就與其辦學理念契合的主軸，包括通識教

▲ 期許兩岸清華攜手合作，邁向頂尖

▲ 「五色交輝，相得益彰」，「中興業，須人傑」

育、體育教育、全球化、學術自由與校園民主、大學的學術基礎與發展、人文教育與大學精神研討。

梅校長於1956年自美轉到台灣創建新竹清華，從尋覓勘查校地到籌措經費，披荊斬棘，篳路藍縷，以六十八高齡，從親自打字、照料抄寫蠟板、油印考卷、檢齊裝封、監考、閱卷、登記分數，圓滿完成招收第一屆研究生十五人開始，第三屆研究生中即有李遠哲先生日後榮獲諾貝爾化學獎，加上華人中最先獲得諾貝爾物理獎的楊振寧和李政道先生出自西南聯大，使得清華成為華人地區唯一擁有三位諾貝爾獎得主的大學，而都出在梅校長任上，誠如《南渡北歸》作者、名作家岳南先生所言：「這個人才輩出，碩果延綿不絕的局機，不是偶然」。

在台灣清華，我們處處可看到梅校長的遺澤，新竹清華的校地是梅校長親選的，依傍十八尖山，有成功、相思、昆明湖，沿襲北京清華園的「山明水秀」、「湖光山色」景觀，同時校地遼闊，預留了發展空間；台灣第一座也是唯一的一座學術用原子爐，是梅校長花了兩年多時間，親自規劃、參訪、洽談、購置、監督建造，現命名為「梅貽琦紀念館」；台北清華辦事處也是由梅校長選定使用，在他逝世後三年，由校友集資改建，命名為「月涵堂」；梅校長逝世後安葬於清華園的墓園，依山面水，園內遍植梅花，後來命名為「梅園」，園中並建有「梅亭」與「月涵亭」。

兩岸清華在分離四十三年後，到1991年終於有了轉機；當年兩岸之間沒有任何正式的往來，還是處於「不接觸、不迴避、不……」的時代，兩岸的清華大學也沒有正式聯繫；適逢清華慶祝80周年校慶，邀集四位頂尖科學家清華校友，即諾貝爾物理獎得主楊振寧與李政道先生、諾貝爾化學獎得主李遠哲先生、數學沃爾夫獎得主陳省身先生，同時蒞臨新竹校園；一日在早餐時，在陳省身先生提議下，劉兆玄校長即席寫了幾句話給北京清華的張孝文校長，大意是兩岸清華共同慶祝建校八十周年，傑出校友楊振寧、李政道、陳省身、李遠哲同蒞新竹校園共襄盛舉，特此致意，由各校友與校長共同署名，請主秘李家維教授電傳北京清華，據李主秘事後告知：「短訊傳過去約十分鐘，他接到北京清華來的電話，對方詢問方才接到一封署名劉兆玄校長的短信，是否是真的？當家維回答確認後，電話中聽到對方揚起一片掌聲及歡呼聲」。兩岸清華從1949年以來，有四十多年不相往來，第一次的正式「通話」卻是在這種情況

下完成，實在令人感慨。

兩岸清華的特殊關係，可由我擔任校長不到三年期間，與顧秉林前校長有十一次交會看出，交流之密切，是任何其他兩岸大學校長所遠遠無法企及的；陳吉寧校長上任迄今，我們已三度會面，而他上月八日，訪問新竹清華時宣布他特別選擇新竹清華為其上任後第一個正式參訪學校時，也獲得在場同仁校友熱烈掌聲；新竹清華在公元兩千年開始與大陸高校有暑期交換生計畫；自2005年起，增辦學期交換學生活動，今年雙聯碩士學位上路，兩校聯合研究以及在大陸辦「新竹清華日」，無不與北京清華率先交流開始，至今已有111位暑期交換生，69位暑期交換生，也都是在大陸高校中人次最多的；這兩年我到美國北加州、南加州與港澳參加清華校友會也都是兩岸清華共同組成的校友會；最近新竹清華即將落成的「校友體育館」，是策劃校友組成「百人會」，由校友會員每人捐贈一百萬元以上興建，北京清華EMBA校友會沈會承會長以及港澳清華校友會，北京清華畢業的李佳林會長都慷慨解囊；八月底我參加101年暑期大陸交換學生歡送會，在北京清華交換學生表演時，安排了一個唱校歌的節目，結果是兩岸清華師生合唱，看得其他學校交換學生驚訝羨慕不已；另外值得一提的是今年四月底邀請北京清華名師後裔訪台、七月初「徐賢修、徐遐生校長父子雙傑，清華傳承」新書發表會、九月二十一日舉行「清華文武雙傑，吳國楨省主席與孫立人將軍」紀念會等活動無不深深具有兩岸清華烙印；兩岸清華不僅同根同源，而都有同是一家人的認知，最為難得。

梅校長逝世十周年紀念會中錢思亮先生生（民二十年清大畢業，曾任臺大校長、中央研究院院長）代表各界所致紀念詞大意為「梅先生對國家的貢獻很多很大，每一件對別的人說都可稱為不朽。梅先生民國二十年接任清華大學校長，安定校園，不朽者一；清華自梅校長執掌不久，就已在世界有名大學中奠立學術地位，不朽者二；西南聯大時期，三大學合作無間，並把學校辦得很好，不朽者三；戰後復員到北平，兩年多的時間，清華的規模與素質比以前更擴大提高了，不朽者四；在新竹重建清華，極節省的、一點一滴的親自打下好的基礎，不朽者五；建立了中國第一座原子爐，以最少的人、最少的錢、最短的時間，一次就成功了，不朽者六」。清華何其有幸，有曠世不朽教育家引領，奠定了北京清華與新竹清華在兩岸分別成為數一數二名校的基礎和聲譽；我們欣見北京清華近年來快速進步，而新竹清華也能發揮優勢，例如據台灣科

學雜誌「科學人」評選，今年台灣十項科技突破，清華工作即占了五項。清華人當在此關鍵時刻，承先啟後，由兩岸清華緊密攜手合作，追求卓越，早日邁入世界頂尖名校之林。[1]

[1]　陳力俊，《一個校長的思考（一）：清華文史與校務》，344-347，致出版，台北（2018）。

北加州清華校友慶祝創校百週年晚會致詞

2011年5月21日　星期六

　　上個月清華創校百週年校慶典禮結束的次日，我曾經來到北加州參加幾項活動，前幾天有些清華同仁知道我又要啟程到北加州，感到有些驚訝。我告訴他們說：這次我到灣區來，是參加北加州兩岸清華校友會慶祝創校百週年晚會，校友與學校是一體，兩岸清華是一家，自己人的事，當然要全力以赴，共襄盛舉。所以今晚我很高興能躬逢盛會。

　　去年三月顧秉林校長率團訪問新竹清華大學，我們有機會接受台灣大報「聯合報」專訪，而「聯合報」大幅報導的標題是〈兩岸清華內外神似，校長一見如故〉。報導重點包括：1956年，北京清華校長梅貽琦自美來到新竹主持清華建校。新竹清華並無一物自北平搬來─除了梅校長本人以及校訓、校歌，還有那筆一百年還沒用完的「庚子賠款」。兩校發展路線也鬼使神差般相似，都先發展理工、再補足人文養分。不僅內在精神神似，就連「外表」也同樣傾

▲ 校友與學校是一體，兩岸清華是一家

▲ 兩岸清華內外神似，同唱校歌

國傾城，都是兩岸票選「最美大學」。

在4月24日校慶前一天，北京「中央電視台」、「新華社」與「中新社」記者曾連袂到新竹清華大學採訪。他們報導說：走進校園，馬上感受著同一個名字下兩所學校的親緣。兩岸清華同根同源，兩岸清華不僅有同樣的校名、校歌和校訓，觸目可見的紫色，「新竹清華的前五任校長都出自北京清華，他們把治學理念、育人精神和校風都帶到了新竹清華。兩岸清華人在一起，總有著別樣的親切。」

今天兩岸清華師生同仁、校友與貴賓在北加州歡慶清華百歲，我們要特別感謝兩岸清華的共同校長：梅貽琦先生。梅貽琦校長擔任北京清華校長十八年，新竹清華校長六年，共長達二十四年。我前幾天看到上個月北京九州出版社出版的新書《一個時代的斯文：清華校長梅貽琦》，作者是黃延復、鍾秀斌兩位先生。其中敘述1948年12月北京國共戰事尾聲時，教務長吳澤霖先生在梅貽琦校長離校時問他：「聽說你要走？」梅校長說：「我一定要走，我不走，沒有辦法保護清華基金。」這段話後來得到完全的證實，包括梅校長臨終前病床下始終放著一個加鎖皮包，梅校長逝世後，大家打開皮包，發現全是清華基金帳目。梅校長治校期間，清華人才輩出，例如出自西南聯大的李政道和楊振寧先生，加上出自新竹清華的李遠哲先生，使得清華成為華人地區唯一擁有三位諾貝爾獎得主的大學。正如曾任北京大學校長的蔣夢麟先生執椽祭文中所云：「人才之盛，堪稱獨步全國，貢獻之多，尤彰明而昭著，斯非幸致，實耕耘者心血之所傾注。」

在台灣，清華人在政治、經濟、社會、學術、教育各層面，在國家發展史頁上，同樣居功厥偉。在新竹清華園中，原北京二校門模型旁，有1923年畢業的孫立人將軍手植的杜鵑花樹。1949年，中原板蕩，國民政府播遷台灣，風雨飄搖之際，孫立人將軍正式就職臺灣防衛司令。1950年接任陸軍總司令兼臺灣防衛總司令至1954年。1921年畢業的吳國楨校友，1949年至1953年擔任台灣省主席兼保安司令、行政院政務委員，一文一武分別擔任台灣軍政首長，為穩定台灣，建設台灣為自由民主基地奠定良好的基礎。近一甲子來，清華大學校友與教師中出了俞國華、劉兆玄兩位行政院長，四位教育部長，負責我國科學發展的國家科學委員會成立四十四年來，歷任十三位主任委員，包括最先三位，有六位歷時二十五年是清華人，原子能委員會成立五十六年來，歷任十位主任

委員，有七位歷時四十四年是清華人，中央研究院自1957年起，五十四年來，歷任六位院長，其中四位即胡適、錢思亮、吳大猷、李遠哲四位院長歷時四十一年是清華人，台灣大學自1951年起，六十年來，前兩任校長，錢思亮與閻振興校長分別是清華化學系與土木系畢業生、任期長達三十一年。同時在學術界清華大學校友出了一位諾貝爾獎得主，十二位中央研究院院士。清華教師中，歷年來有十六位膺選中央研究院院士，十六位教育部國家講座，四十一位教育部學術獎得主，年輕教師中，有三十二位獲得國科會吳大猷先生紀念獎，得獎比例遠遠超過國內其他各校。

另一方面在世界科技產業聚落評比第一，去年產值高達720億美金的科學工業園區，是在本校前校長徐賢修校長擔任國家科學委員會主任委員任內設立。對我國產業發展有重大貢獻，有科技產業搖籃，執行長培訓所之譽的工業技術研究院包括現任院長在內的近四任院長，有三位院長都是清華人。在新竹清華校友中，至少出了五百位高科技公司總經理級高級主管，在新興產業如面板、發光二極體、太陽能電池產業更居舉足輕重的地位。另外台灣民主運動先驅殷海光先生、考古學巨擘李濟先生、文學大師梁實秋先生，外交長才蔣廷黻、葉公超先生也都是清華校友。

新竹清華擁有最具向心力的校友，工程與系統科學系（原核子工程系）1969級校友李偉德博士，於2010年5月捐贈新台幣壹億伍千萬元協助興建「綠色低碳能源教學研究大樓」；1973級物理系校友謝宏亮董事長，捐贈價值不菲的羅丹巨型銅雕「沉思者」；清華所發動之「百人會」，也在校慶前達陣成功募得新台幣壹億柒仟萬元，用以興建「校友多功能體育館」；另一方面由企業界校友籌設的大清華基金，已募得三億元資金，將以部分獲利所得挹注學校。

去年九月發佈的泰晤士報世界大學評比，新竹清華位居第107名，在全台居冠。日前教育部第二期「邁向頂尖大學計畫」審議結果出爐，本校獲得每年新台幣12億元補助，最近並蒙新竹市政府同意無償撥用緊鄰本校南校區6.53公頃文教用地作為本校新校區，使本校得以持續提昇軟硬體建設，強化教學、研究，並擴展國際化視野，在全校師生的努力下，成為華人地區首學、邁向世界頂尖大學的目標，將指日可待。

今年兩岸清華互贈的校慶賀禮有著特別的含義。北京清華贈送的是由雕塑大師錢紹武教授設計的一尊孔子塑像，象徵與新竹清華共勉傳承中華文化，

兩岸清華承擔培育頂尖人才的責任；新竹清華贈予北京清華的是琉璃「雙龍拱珠」，寓意兩校都是兩岸的學術龍頭，攜手共創輝煌，共同合作把代表「頂尖」的龍珠舉起來。

最後祝大家身體健康，家庭和樂，事業順利，兩岸清華人共同開創一個更美好燦爛的未來。[1]

[1] 陳力俊，《一個校長的思考（一）：清華文史與校務》，323-327，致出版，台北（2018）。

2011年兩岸四地清華校友會午餐會致詞

2011年11月17日　星期四

　　很高興來參加兩岸四地清華校友會，尤其在深具中華歷史傳承意義的故宮博物院內舉行，也很感謝地主周功鑫院長的親自接待。昨天在學校裡與大家在「清詩華墨—宗家源詩書展」捐贈典禮初次見面，因為典禮是香港清華校友會副會長宗老的場子，未及向各位報告新竹清華與兩岸清華互動的現況，今天趁此機會向大家補作報告。

　　在兩岸清華互動方面，由於「同根同源」與兩校歷年來建立的深厚情誼，密切的關係可以說是兩岸高校間沒有任何其他兩所學校可以比擬的；例如這一週來可謂兩岸清華週，首先是上週五到週日，北京清華校友高爾夫球隊來台與新竹清華校友聯誼，其次由大陸清華校友組成的知名樂團「水木年華」，在本週二全校運動會選手之夜演唱會擔綱演出。再加上昨天有宗老的詩書展，今天又有午餐盛會，密度與強度都顯示兩岸清華交流密切非比尋常，而是雙方共同

▲ 與北加州校友合影，共同歡慶清華創校百年　▲ 頒贈百人會證書給化學系72B樊德敏校友

的資產。另一方面，兩岸清華雙聯學位協定已經核定，正式上路，成為兩岸高校間的開路先鋒；下一個月23及24日新竹清華將組團到北京清華辦「新竹清華日」，除對師生介紹新竹清華現況外，並由多位在研究上表現非常傑出的教授在各該領域作專題演講，從增進相互了解，促進兩校在原有良好基礎上，進一步交流；同時北京清華預定在明年三月左右，率團回訪，在新竹辦「北京清華日」；雙方也談到未來到歐、美、日名校，合辦「兩岸清華日」，如果落實，不僅將是兩岸交流的大事，也會在國際學術界造成轟動。

新竹清華擁有最具向心力的校友，為慶祝百周年校慶，工程與系統科學系（原核子工程系）1969級校友李偉德博士，捐贈新台幣壹億伍千萬元協助興建「綠色低碳能源教學研究大樓」；1973級物理系校友謝宏亮董事長，捐贈價值不菲的羅丹巨型銅雕「沉思者」；清華所發動之「百人會」，也在校慶前達陣成功募得新台幣壹億柒千萬元，用以興建「校友多功能體育館」；另一方面由企業界校友籌設的大清華基金，已募得三億元資金，將以部分獲利所得挹注學校。最近為興建物理、化學、材料、化工四系跨領域「清華實驗室」，也迅速獲得超過壹億參千萬元捐贈，預計不久可達到兩億元目標。有人說：「清華的校長最好當，因為校友最支持學校」，我對後一部分，欣然接受，前一部分，則尚待努力。

今年上海交大的大學評比結果，在兩岸四地三千多個大學中，北京清華第一，新竹清華第四，如果考慮規模因素，新竹清華是第一。因此如果兩岸清華密切合作，必將打遍天下無敵手，1+1遠大於二，相信在眾校友強力支持下，兩岸清華將可共創第二個燦爛百年，聯手進入全球二十大。[1]

---

[1] 陳力俊，《一個校長的思考（一）：清華文史與校務》，328-329，致出版，台北（2018）。

2013年北加州校友餐會致詞

2013年9月22日　星期日

很高興並歡迎北加州校友來參加今晚的餐會；有部分校友也許不曉得，這次清華同仁一行到北加州來主要目的是辦理招生活動；國內大學以往沒有到美國招生的經驗，清華有此創舉，原因有多重，一是清華以亞洲名校的聲譽有此條件，二是清華希望有多元化的優秀學生而有此需要，三是清華作為台灣頂尖名校，有引領台灣高教國際化的責任，最後是清華是由美國退還多要的庚子賠款設立，培養了大批留美人才，有其歷史意義；清華以由美國退還多索庚款設立的背景以及身為「華人首學」的地位，認為是一個幫助台灣與清華國際化「利人利己」的方案。

如果要數，今晚是我當校長後第四次與灣區校友聚會，上一次是2011年北加州兩岸清華校友會慶祝創校百週年後，去年我有南加州一行，與當地校友聚會，這次回到北加州，與上次見面相隔有兩年多，很高興又能與大家共聚一

▲ 清華校友對母校有最強的向心力

堂，大家身在太平洋此岸，對於母校一向關心，我謹在此略為報告母校近況：

首先是今年的招生，八月初指考放榜，電機系排名在委屈幾年後，又躍居友校之前，據指考分析專家告知，今年清華新生指考相對成績，較往年進步很多，這趨勢在今年甄試作業時就普遍感覺到，也就是甄試錄取成績與報到率，雙雙提高，是可喜的現象。

清華在建校初期，以累積聲譽，加上庚款經費的優勢，得以延攬最優秀師資，為當年歸國學人毫無疑問的首選；多年來清大積極維持延攬人才的優良傳統，因此教師的平均表現始終在兩岸四地大學中居首，不僅在中央研究院院士中以及國內難得的學術獎項，如教育部國家講座、學術獎與國科會傑出研究獎得主，清華教師的比率都遠比國內其他大學高；值得欣慰的是中央研究院「年輕學者研究著作獎」與國科會「吳大猷先生紀念獎」這兩項專給年輕學者的大獎，本校年輕教師同樣表現亮麗，顯示清華後勢看好。清華在頂尖標竿期刊發表論文上，表現突出，去年全台以通訊作者份發表於「科學」（Science）與「自然」（Nature）期刊論文共七篇，本校即有四篇，占一半以上，超過「天下兩分，清華居半」的說法；今年到現在為止，清華已有四篇論文在Science期刊發表，也就是說本校在約一年半時間已在Science與Nature期刊發表論文八篇，成果斐然。

新竹清華學生在國內外大賽屢傳捷報，如資訊工程系學生團隊連續獲得三項國際大賽榮譽；本校阿卡貝拉人聲樂團「海鷗・K」，到韓國與香港參加人聲樂團大賽，均抱回大賽冠軍。今年清華體育代表隊在大專運動會上大放異采，勇奪一般組（無體育系所院校）冠軍，戰果輝煌，再加上在大專聯賽一般組得到冠軍的棒球與足球隊，創新竹清華校史上最佳戰績，由這些例子，可略見清華學子能文能武，潛力無窮。

清華在台灣已培育超過六萬名畢業生，而校友對母校的向心力比任何其他學校強，顯示在校時受到良好照顧，離校時留有美好回憶；即以近兩年而言，1969級李偉德校友捐贈一億五千萬元協助興建的「綠色低碳能源教學研究大樓」即將動工；1973級系謝宏亮校友捐贈價值不菲的羅丹巨型銅雕「沉思者」已成清華地標；清華建校一百年來第一次由校友捐贈全部經費一億七千萬元興建的體育館，也就是「百人會」促成的校友體育館，已完工啟用。在台積館旁即將興建的清華實驗室，規劃由材料系、化學系、化工系以及物理系四系進行跨領域的實驗研究使用，部分工程款由使用單位籌募，原目標兩億元，已募集

一億七千萬元，而由企業界校友籌設的大清華基金，已募得三億元資金，以部分獲利所得挹注母校，在在都見校友對清華的殷切愛護。

另一方面，清華對畢業校友也貼心的做終生服務，除與1111人力銀行共闢「清華專區」，協助校友就業、轉業，辦理未婚校友聯誼、結婚校友照片募集臉書，上星期六，也舉辦了本校歷史上第一次校友聯合婚禮，後續有「清華寶貝」照片募集、「大手牽小手」親子繪畫競賽、清華家族「一家清」等活動，最近教務長更研擬對家長們的服務，也就是學生家長年滿六十五歲，有機會到清華選課，而享受學分費減半的優惠。

最近「上海交大兩岸四地大學排名」公布2012年排名，本校排名第三，較2011年進步一名。根據這項調查，北京清華、台大分列第一、二名，第四至十名分為香港科大、香港中文大學、香港大學、北京大學、新竹交通大學、浙江大學、復旦大學；清華雖次於北京清大、台大，但是受限於規模以及資源投入，如將此兩項因素納入考慮，則清華是名副其實的「華人首學」。

另一方面，本校甫於上週五獲頒本年度行政院國家品質獎，是機關團體組唯一獲獎單位，也是第一所榮獲此殊榮的國立大學！這顯示本校除學術聲譽傲人外，在經營管理方面，也受到相當的肯定；本校將持續推動教育創新和組織變革以提升品質，由校務四大願景展開成具體目標和方針，各單位全員參與通力合作，推動各項全面品質管理相關活動並設計創新的策略。

今天下午說明會熱鬧滾滾，座無虛席；這裡我特別要感謝在座的69級核工系李偉德校友，最先提出來美招生構想，而其公子即在兩年多前從美返台到清華升學，現就讀化工系三年級，是清華在美招生的最佳廣告，李校友並個人捐贈十名全額獎學金做為招生配套措施；同時我要感謝台灣駐美代表處、僑委會、清華加州校友會、北加州台灣大專校友聯合會以及灣區中文學校聯合會等單位，以及許多清華之友的協助，由於需要感謝的人太多，所以無法一一指名道謝，但你們是清華的大功臣，使台灣首次大學到美國對高中生進行招生活動，有了一個很好的開始。最後祝大家身體健康、家庭和樂、事業順利。[1]

[1] 陳力俊，《一個校長的思考（一）：清華文史與校務》，330-332，致出版，台北（2018）。

雲南師範大學參訪團歡迎會致詞

2013年9月25日　星期三

　　歡迎雲南師範大學參訪團來清華參觀，今天大家到新竹清華來，希望是抱著「走親戚」的心情；新竹清華是由梅貽琦校長在1956年設立，而梅校長是國立西南聯合大學校務委員會的三位常務委員之一，由於只有梅校長全期常駐昆明，是公認的實質校長；同時，雲南師範大學前身為西南聯大的師範學院以及國立昆明師範學院，而國立昆明師範學院第一任院長查良釗先生則曾為西南聯大教授及訓導長，所以兩校的淵源，非一般姐妹校可比。

　　很高興近兩年來，兩校越走越近；去年暑假，清華女籃代表隊在師長領軍下，曾到雲南師大「移地訓練」，據說對高原氣候不太適應，僅撐到第三節結束，今天到平地來比劃，相信雲南師大代表隊不致於對平地氣候不適應，這裡要特別提醒一下，本校女籃代表隊在三月初的「清華台大友誼賽」中，輕取學生人數是清華三倍的台大代表隊，所以是一支訓練有素的勁旅，等一下，大家不妨儘量發揮，才真正能達到切磋砥礪的效果。

　　去年十月二十六與二十七日，新竹清華舉辦「梅貽琦校長逝世五十周年紀念會」，很感謝北京清華的顧秉林前校長與雲南師大葉燎原書記專程前來參加並致詞；在次月三日在北京清華舉行的「國立西南聯合大學建校七十五周年紀念大會」上，我也與雲南師大楊林校長同台講話；西南聯合大學當年在烽火連天、強敵壓境之下，由三校聯合，弦歌不輟，「五色交輝，相得益彰」，「中興業，須人傑」，培育許多傑出人才，賡續卓越學術研究，創造了中國教育史上的奇蹟；梅校長逝世十周年紀念會中錢思亮先先生（民二十年清大畢業，曾任臺大校長、中央研究院院長）代表各界所致紀念詞曾說「梅先生對國家的貢獻很多很大，每一件對別的人說都可稱為不朽。其中之一即是西南聯大時期，三大學合作無間，並把學校辦得很好」，西南聯大是新竹清華與雲南師大的共

▶ ①歡迎雲南師範大學參訪
　團來清華「走親戚」
　②本校女籃代表隊也是一
　支訓練有素的勁旅
　③大家不妨儘量發揮，才
　真正能達到切磋砥礪的
　效果

同聯結，是兩校的共同資產。

　　楊林校長在「國立西南聯合大學建校七十五周年紀念大會」中說：「西南聯大給雲南留下了開啟民智的火種，傳播了現代文明」，也點出了大學的使命，而大學以其豐富的知識與見識資源，要如何多做一些有益地方、社會與國家的事業是師生同仁應常思索而念茲在茲的；新竹清華上週日到美國北加州矽谷地區辦理招生活動，是台灣所有大學中的的創舉，不僅因為清華以亞洲名校的聲譽有此條件，希望有多元化的優秀學生而有此需要，最主要的是清華作為台灣頂尖名校，有引領台灣高教國際化的責任，更由於清華是由美國退還多要的庚子賠款設立，培養了大批留美人才，同時現有清華師資中，也多為留美人才，在此時到美國招生有「投桃報李」的歷史意義，是一個幫助台灣與清華國際化「利人利己」的方案；當然大學辦學有多重目標，但在現有基礎上，盡量發揮優勢，在培養下一代優秀人才之外，多做一些對國家社會與人類有益之事，也是份內之事，願與雲南師大師生同仁共勉之。

　　最後我希望雲南師範大學參訪團在台灣有一個愉快的行程；新竹清華自然會盡力讓大家「賓至如歸」，如有任何不周之處，還望明白指教，大家「開誠布公」溝通，這也是友校交流的效益之一。[1]

[1]　陳力俊，《一個校長的思考（一）：清華文史與校務》，356-358，致出版，台北（2018）。

清華學院與清華國學院對談會致詞

2012年4月30日　星期一

　　首先歡迎北京清華名師後裔來清華學院參加對談會。今晚我原應到台北開會，因希望參加今晚的活動，改以視訊進行，召開會議的單位為慎重起見，除了利用我辦公室原有之視訊系統，另外架設一套系統備用，並出動兩位工程師確保臨場不出狀況，可見會議的重要性，更可見我對今天對談的重視。

　　今晚我到清華學院來最主要希望對同學說明這次邀請北京清華名師後裔來新竹清華的意義。今年適逢兩岸清華永久共同校長梅校長逝世五十周年。梅校長最有名的一句話是：「大學者，有大師之謂也」。清華與大師相連，始自1925年成清華國學院。一舉延攬梁啟超、王國維、陳寅恪、趙元任、李濟五位大師，震動學術界，對同年方成立大學部的清華大學而言，是與學術大師聯結之始，並為清華成為學術重鎮奠立基礎。梅校長於1931年起擔任校長，更積極延攬大師級學者使清華迅速成為頂尖名校。1956年梅校長來台創建新竹清華，也建立了招攬名師的傳統。因此清華與學術大師不解緣，應自設立國學院開

▲ 大師必為名師，名師不一定為大師

▲ 梁啓超先生的外孫女吳荔明教授發言

始。清華國學院在成立四年後，因王國維與梁啟超兩位大師相繼去世，學校又有學制的考量而停辦，但其間已培養七十餘位傑出人才，據統計日後成為知名學者的有五十餘人，是清華歷史上光輝的一頁。

今天在座的有許多北京清華名師後裔。大師與名師有什麼區別？清華名師後裔編輯的《清華名師風采》採名家的看法，認為大師「中西會通、古今會通、文理會通」，「遊刃於自然、人文與社會諸學科之間，無不通用自如者」，「有科學家之瑩澈頭腦、文學家之深刻情緒」，「自然科學與社會科學之凝合」。名師在專業上揚名立萬，大師必為名師，名師不必為大師。

這次邀請北京清華名師後裔來新竹是紀念梅校長逝世五十周年，學校所規劃一系列活動之一，而我最關心的是希望有同學的積極參與，體認梅校長的精神與貢獻，名師們對清華的意義。清華國學院的設立是當時曹雲祥校長委請「直接留美班」第二屆校友胡適先生設計的。胡氏略仿昔日書院與英國大學制度擘劃，以現代科學方法整理國故。清華學院與清華國學院對談自書院住宿的共通點出發，撫今思昔，策勵將來。目前大學教育面臨網路科技突飛猛進帶來的大變局，牽動到清華學院的未來。剛才我參加視訊會議與台北連線的經驗是畫質聲響都屬上乘，效果幾與我在現場無異，而現在透過網路已可收視到許多精緻而免費的課程，尤其最近網路課程進展神速，美國史丹佛大學有些網路課程更有線上做習題及相應測驗的設計，通過了才能收視下一課，據說純從網路學習甚至比到課室上課效果好。如此發展，已不難想像以後至少基礎課程漸以網路課程為主流。未來大學教育教師在課堂中授課的角色將會減輕，但同學一同生活、學習成長與導師指引人生方向的重要性將日益突顯，這也是清華學院的挑戰與機會。

剛才兩位導師都強調清華國學院揭櫫的「獨立的精神，自由的思想」，培養獨立思想能力是清華學院重要目標。現世許多問題如傳統能源枯竭、地球暖化、人口爆炸、核能安全，以至民生面對的都市重劃、油電價格以及學費等都有多元面相，莫不需要多方了解思考才能面對價值判斷的難題。舉例而言，現在社會上談核色變，對空氣中無所不在的射線深懷恐懼，不敢涉足任何有輻射警示但實際安全的地方。本校一位年逾七十的教授，在輻射警示區實驗室進口處裝了一部輻射劑量器，放心使用其實驗室多年無礙，親身證明恐懼的無稽。慎思明辨之際，還要掌握事實。

清華學院在學校是一個實驗性的創舉，英國劍橋、牛津大學最早施行住宿學院制度，已有幾百年歷史，仍在演變中。清華學院自創立迄今已近四年，可以確定的是不會像清華國學院一樣只有四年壽命，同時目前學校也沒有計畫推行到全校，這是基於「因材施教」的理念，學校提供的是機會，學院第三學期的構想固然可豐富充實學習經驗，對有些自己課業尚顧不好的同學，可能是不可承受之重。學校一直都在密切注視清華學院的發展，並深盼其成長茁壯，具體成為清華的驕傲與招牌，未來是掌握在相關師生同仁手中。

最後向大家鄭重推介今天在場的本校駐校作家岳南先生巨著《南渡北歸》，分三巨冊，長達一百二十萬字，是以民初到國共內戰告一段落時期學術大師故事為主題的巨作。時報出版社為本套書所出專刊中，列舉二十八位學術大師，其中至少有十九位為清華人。從一個清華人的觀點來看本書，感覺處處皆見清華人，遍地皆為清華事，情節扣人心弦。在岳南先生的引介下，去年十二月我有機會趁在北京清華舉辦「新竹清華日」之便，與編輯《清華名師風采》的名師後裔於北京清華園見面，發想邀請名師後裔來訪，經幾個月的努力，得以在校慶時舉辦別開生面與意義非凡的系列活動，在此也特別歡迎與感謝北京清華名師梁啟超、王國維、李濟、聞一多、夏鼐、周先庚及史國衡等先生後裔專程從大陸來到新竹清華園，讓本年校慶活動生色不少。[1]

[1] 陳力俊，《一個校長的思考（一）：清華文史與校務》，359-361，致出版，台北（2018）。

憶清華名師演講會致詞

2012年4月29日　星期日

　　很歡迎大家來參加今天的「憶清華名師」演講會；很感謝北京清華名師梁
啟超、王國維、李濟、聞一多、夏鼐、周先庚及史國衡等先生後裔專程從大陸
來台參加校慶活動，也特別感謝現居台北王國維先生女兒，百歲人瑞王東明女
士以及梁啟超曾孫女，本校客座教授梁帆女士今天也共襄盛舉。

　　今年適逢兩岸清華永久共同校長梅校長逝世五十周年。梅校長最為人傳誦
的一句話是：「大學者，有大師之謂也」。大師是一流大學的靈魂，有了大師，
才能提供一流教育，吸引優秀學生，爭取教研資源，發揮社會影響力。梅校長
在擔任教務長期間，正是清華成立國學院，震動學術界之際；梅校長於1931年
起擔任校長，更積極延攬大師級學者使清華迅速成為頂尖名校，到1941年，清
華三十年慶之時，已有「中邦三十載，西土一千年」之譽。梅校長於56年前在
台灣創建新竹清華，也積極延攬名師，中研院李遠哲前院長在很多場合提及，
當年最優秀的師資都集中在清華，而這個優秀的傳統也一直延續到現在。

▲ 名師後裔聚首清華，漫談先人風　▲ 101歲的王東明奶奶很有精神的回
采，是一場豐盛的歷史饗宴　　　　憶並訴說與父親的互動

去年六月岳南先生，也就是今天的主持人，出版新書《南渡北歸》，是以民初到國共內戰告一段落時期學術大師故事為主題的巨作。時報出版社為本套書所出專刊中，列舉二十八位學術大師，其中至少有十九位為清華人。從一個清華人的觀點來看本書，感覺處處皆見清華人，遍地皆為清華事，情節扣人心弦。很高興清華有機緣請到岳南先生為駐校作家，而在他的引介下，去年十二月趁在北京清華舉辦「新竹清華日」之便，與編輯「清華名師風采」的名師後裔於北京清華園見面，發想邀請名師後裔來訪，經幾個月的努力，得以在今天舉辦這別開生面與意義非凡的活動。名師後裔聚首清華，漫談先人風采，是一場豐盛的歷史饗宴。值得一提的是《清華名師風采》採錄原則，「生不立傳」，若名師仍在世則不收錄。新竹清華相對年輕，但已造就很多大師，未來出一本《新竹清華名師風采》是可以期待的。

　　綜觀兩岸高等教育史，清華大師雲集，不僅璀璨杏壇，更有足以影響社會思潮的能力。清華百年風華，有大師前賢光耀，發揚光大是現今清華人的責任與使命。學校特別安排名師後裔來台活動，「尋清華源流，留世間絕響」，除撫今思古，從不同角度和眼光考察、檢驗清大，並給予師生、校友更大的鞭策和鼓勵，再樹典範，進而使清大的教育與學術水準不斷提升。[1]

[1]　陳力俊，《一個校長的思考（一）：清華文史與校務》，362-364，致出版，台北（2018）。

▲ 梁啓超先生的外孫女吳荔明女士與曾孫女梁帆女士在新竹清華相見，左一為岳南先生

接待陳寅恪先生三位女公子與家屬致詞

2013年3月11日　星期一

　　很歡迎陳寅恪先生三位女公子與家屬今天到新竹清華訪問；1925年清華國學院成立時，延攬四大導師，震動學術界，並使清華從留美預備學校，一躍而為國內學術研究重鎮，而陳先生在四大導師中與清華淵源最深，是兩岸清華永久的驕傲。

　　在過去一年中，清華有許多活動與國學院四大導師有關，首先是大約在同時邀請到梁啟超先生曾孫女梁帆女士擔任本校客座教授以及岳南先生為駐校作家；岳南先生為大陸知名作家，先後著有《陳寅恪與傅斯年》（2009年，台北遠流）與《南渡北歸》（2011年，台北時報出版社）等大作；《南渡北歸》是以民初到國共內戰告一段落時期學術大師故事為主題的巨作。從一個清華人的觀點來看本書，感覺處處皆見清華人，遍地皆為清華事，情節扣人心弦，而對陳先生事蹟敘述尤多；其次是於去年校慶時，邀請北京清華名師後裔來訪，舉

▲ 陳寅恪先生是兩岸清華永久的驕傲

▲ 清華大學接待陳寅恪先生後裔與家屬，當日與來賓合影

辦「憶清華名師」演講會與座談會,當時梁啟超與王國維等先生後裔都專程從大陸來台參加校慶活動,美中不足的是未能請到陳先生後裔共襄盛舉,今天一舉來了七位,是一個美麗的註腳;值得一提的是,去年校慶日當天,王國維先生的女兒,百歲人瑞王東明女士也從台北來參加「憶清華名師」演講會,開朗而健談,風靡全場;王女士的自傳已於不久前由「清華出版社」與「商務印書館」共同出版。

我在2010年初開始擔任清華校長,幾乎立即就積極籌備次年的百周年校慶活動;在各種與清華有關史料與書籍中,都常接觸到關於陳先生種種行述;除《陳寅恪與傅斯年》、《南渡北歸》外,尚有汪榮祖先生所著《史家陳寅恪傳(增訂版)》(1984年,聯經出版社)、劉克敵先生所著《陳寅恪與中國文化精神》(2009年,福建教育出版社)、葉紹榮先生所著《陳寅恪家世》(2009年,中國文史出版社)等,陳先生學問博大精深,同時代人對陳先生的評價,遠高乎對他人的評價,如胡適先生稱:「寅恪治史學,當然是今日最淵博、最有識見、最能用材料的人。」傅斯年先生說:「陳先生的學問近三百年來一人而已。」在「文人相輕」的文史學界,極為罕見;同時王國維與陳先生兩位大師相知相惜,至為感人,兩人雖共處時間不長,王先生自沉後,陳先生所撰《清華大學王觀堂先生紀念碑銘》,揭櫫「唯此獨立之精神,自由之思想,歷千萬祀,與天壤而同久,共三光而永光」,與王先生一起永垂不朽。

當然也看到三位女公子同著的《也同歡樂也同愁——憶父親陳寅恪母親唐篔》(2010年,新知三聯書店),從書中,了解三位命名的由來,因與三位外曾祖父,唐景崧先生(曾任台灣巡撫)的淵源,流求為台灣古稱,小彭源自澎湖群島,均與台灣有密切關係,美延則出自《荀子》「得眾動天,美意延年」,並發現陳先生與唐篔女士的媒人,竟是我唸的小學——「新竹師範附屬小學」,即「竹師附小」,的校長高梓女士;高校長自1925年起擔任北京女師範大學體育系主任,到台灣後決定「從根做起」,放棄教授與台中女中校長之職,成為台灣第一位國小女校長。以「健康快樂」為願景,注重學生體育與健康以及品德,讓「竹師附小」成為全台國小之典範,亦為台灣教育史上的一則傳奇。鑒於「竹師附小」的辦學成功,1955年教育部以「利一校不如利全體學校」概念,打動高校長出任「台灣省國民學校教師研習會」主任,達十四年之久,所以高校長有「老師的老師」之稱,與陳先生為「教授的教授」遙相呼

應；高校長在1997年以96高齡辭世，令人懷念不已；今在書中看到故人年輕時的行誼，倍感親切；三位在清華園長大，也是清華的故人，見故人而思故人，也是有緣。

　　清華在去年辦理與陳先生同事多年的梅貽琦校長逝世五十周年紀念活動；在紀念會上有人提及陳先生對梅校長的讚賞：「假使一個政府的法令，可以和梅先生說話那樣謹嚴，那樣少，那個政府就是最理想的。」等一下大家將會前往梅校長墓園，紀念梅校長與陳寅恪先生以及與諸位的因緣；中午時用餐的餐廳後棟建築，將於近日完工，目前有「名人堂」及其周邊「名人園」的構想，梅校長與四大導師雕像都在規劃之中，未來陳先生與梅校長雕像將長伴清華園中，屆時當邀請諸位陳先生至親光臨開幕式，為清華留下永久紀念；最後要感謝台灣大學圖書館林光美副館長玉成陳先生三位女公子與家屬到清華訪問，下午希望大家有時間到上星期一才啟用的新圖書館參觀；陳先生學富五車，博聞強記，引經據典，讓人折服；在今日資訊科技突飛猛進時代，大師們如何治學，是很令人好奇與值得深思的問題。[1]

---

[1]　陳力俊，《一個校長的思考（一）：清華文史與校務》，368-370，致出版，台北（2018）。

馬約翰教授誕辰130周年紀念會致詞

2012年12月9日　星期日

　　今天是抱著感謝與感動的心情來參加「馬約翰教授誕辰130周年紀念會」，今早先在馬教授的出生地鼓浪嶼參加馬約翰新銅像揭幕、馬約翰紀念館揭牌儀式；以及將鼓浪嶼人民體育場加掛「馬約翰體育場」銘牌揭牌儀式，另外欣見清華校友總會採編的《體壇宗師——清華師生記憶中的馬約翰》一書已由清華大學出版社出版。在感謝馬約翰教授對清華與中國體育的貢獻之餘，也要感謝許多對此次一系列活動盡心盡力的單位與個人。

　　清華大學一百年前在北京建校，各領域中大師鴻儒無數，但在校友心目中貢獻最大的教師，一定包括長期任體育部主任的馬約翰教授。馬教授是清華大學最負盛名的體育精神人物，工作了整整52年，將體育運動的精神帶給了清

▲ 於鼓浪嶼參加馬約翰新銅像揭幕、馬約翰紀念館揭牌儀式

華。他按照規定每天下午從教室中將悶頭讀書的同學趕出來鍛鍊身體，從而形成了清華的「強迫運動」、「五項測驗」，「體育不及格不准畢業」等傳統，至今每年一度的北京清華大學校運動會即以馬約翰命名。馬教授同時是中國現代體育事業的開拓者和體育教育的奠基人，對中國體育事業作出了突出貢獻，是體育界的光輝旗幟。

1928年馬約翰教授與郝更生教授等主辦「清華暑期體育學校」，當時清華在國內大學體育最具優勢，思以貢獻於國人，利用暑期舉辦「清華暑期體育學校」，以後續辦共三期，培養全國男女學員三百人，對當時中國體育教育的提倡與推動有很大的貢獻；因此對體育的重視，是清華傳統。值得一提的是「清華暑期體育學校」第一任校長是梅貽琦校長，當時他是清華代理校長；很多人都知道梅校長自美學成返國後，雖一直在清華任教，擔任過與清華一體的三所一流大學的校長；可能比較不知道的是他1916年曾任清華教職員籃球隊隊長，「清華暑期體育學校」是他擔任的第一個校長職務，1931年他正式擔任清華校長，與馬約翰教授合作打造清華為「體育大校」。

1956年，梅貽琦校長在台灣建立新竹清華，第一任體育組主任是1934年曾以清華學生身分參加全國運動會，獲男子十項全能和鐵餅冠軍的張齡佳教授，他對校內體育措施建立與優良傳統貢獻至鉅，至今為畢業校友津津樂道。多年來，運動會與梅竹賽均為年度盛事。今年由校友捐贈的多功能體育館「校友體育館」已完成啟用，大幅度充實本校體育設施，前景可期，因此新竹清華同樣有重視體育運動的傳統。

梅校長在〈清華大學與通才教育〉一文中，闡述體育的重要。很多校友在其回憶文章中常會詳述清華大學對體育特別注重的情狀；新竹清華五十六年前在梅貽琦校長領導下，強調學子要有健全體魄，才能擔負艱鉅工作；多年來校園體育風氣蓬勃發展；今年更獲頒教育部101年度大專組體育績優學校獎座。該獎項是教育部每年度由全國162所大專校院中，評選兩所學校獲獎。新竹清華能脫穎而出，除了學校慣有的靈活策略成功推行體育政策，而教師、職員、學生們向來重視體育發展，對於各項體育活動都能團結合作共同達成也是重要的因素。獲獎不僅是肯定學校體育的發展，更是肯定清華向來堅持德、智、體、群、美五育均衡發展的教育理念。

今天也很高興看到馬約翰先生哲孫馬迅教授參與盛會；馬迅教授繼承先祖

衣鉢，擔任體育教授，專長為韻律操，新竹清華「校友體育館」內包括一間韻律操練習場，我已面邀馬迅教授到校指導，屆時將是一個弘揚馬約翰精神的好機會。[1]

[1] 陳力俊，《一個校長的思考（一）：清華文史與校務》，370-371，致出版，台北（2018）。

馬約翰教授紀念會致詞

2013年5月3日　星期五

很歡迎馬迅教授、紀政榮譽博士與多位體育界先進蒞臨清華參加馬約翰教授紀念會；去年十二月九日，我應邀到廈門參加「馬約翰教授誕辰130周年紀念會」，先在馬教授的出生地鼓浪嶼參加馬約翰新銅像揭幕、馬約翰紀念館揭牌儀式；以及將鼓浪嶼人民體育場加掛「馬約翰體育場」銘牌揭牌儀式，另外欣見清華校友總會採編的《體壇宗師——清華師生記憶中的馬約翰》一書由北京清華大學出版社出版；在活動中，很高興的見到馬教授哲孫馬迅教授，知道馬迅教授也是體育名家，當即邀請馬迅教授能到新竹清華訪問，是今天盛會結緣之始。

馬教授原定到校參加校慶，因為須代表大陸到國外參加會議，延了約一週才能來台，巧在本校在昨天閉幕的大專運動會上大放異采，以十六金、三銀、九銅（田徑5金2銀1銅、游泳5金1銀3銅、桌球4金3銅、網球2金1銅、體操1

▲ 與馬迅先生合影

▲ 兩岸清華同樣有重視體育運動的傳統

銅），勇奪一般組（無體育系所院校）冠軍，戰果輝煌，再加上在大專聯賽一般組得到冠軍的棒球與足球隊，是新竹清華校史上最佳戰績，是名副其實的體育大校；同時清華在去年更獲頒教育部101年度大專組體育績優學校獎座。該獎項是教育部每年度由全國162所大專校院中，評選兩所學校獲獎。新竹清華能脫穎而出，除了學校慣有的靈活策略成功推行體育政策，而教師、職員、學生們向來重視體育發展，對於各項體育活動都能團結合作共同達成也是重要的因素。

新竹清華是體育大校，與北京清華早在馬約翰教授領導下建立注重體育傳統有密切關係。清華大學一百零二年前在北京建校，各領域中大師鴻儒無數，但在校友心目中貢獻最大的教師，一定包括長期任體育部主任的馬約翰教授。馬教授是清華大學最負盛名的體育精神人物，工作了整整52年，將體育運動的精神帶給了清華。他按照規定每天下午從教室中將悶頭讀書的同學趕出來鍛鍊身體，從而形成了清華的「強迫運動」、「五項測驗」，「體育不及格不准畢業」等傳統，至今每年一度的北京清華大學校運動會即以馬約翰命名。馬教授同時是中國現代體育事業的開拓者和體育教育的奠基人，對中國體育事業作出了突出貢獻，是體育界的光輝旗幟。

馬約翰教授與梅貽琦校長長期合作打造北京清華為「體育大校」；1956年，梅貽琦校長在台灣建立新竹清華，強調學子要有健全體魄，才能擔負艱鉅工作；第一任體育組主任是1934年曾以清華學生身分參加全國運動會，獲男子十項全能和鐵餅冠軍的張齡佳教授，他對校內體育措施建立與優良傳統貢獻至鉅，至今為畢業校友津津樂道。因此新竹清華同樣有重視體育運動的傳統；曾在清華授課的美學大師朱光潛在〈談體育〉一文中，認為在教育中，德、智、美育為心智教育，體育除健身強體外，也是群育最好工具，在團體運動中培養合作互動、尊重紀律精神，同時生命是有機體，身心平衡與健全息息相關；有健康的身體，聰明智慧才能發展到最高度，具有和善性情與正面人生觀以及努力所需堅強意志、蓬勃的生命

▲ 馬約翰教授紀念座談會活動海報

力，他並舉在滑鐵盧戰勝拿破崙的威靈頓名言「我的勝利，是在學校運動場打出來的」，強調體育的重要；歷年來清華校友表現不凡，應與校園體育風氣蓬勃有關。

　　昨天也知道馬迅教授尊翁馬啟偉先生曾是大陸連拿三屆世界冠軍女排教練，馬迅教授繼承先祖衣缽，擔任體育教授，專長為韻律操，也曾擔任大陸國家代表隊教練，其夫人也曾是韻律操國家代表隊選手，一門三代皆奉獻體育界；此次來校訪問，適逢清華由校友捐贈的多功能體育館「校友體育館」完成啟用不久，而「校友體育館」內包括一間韻律操練習場，據知今早曾安排馬迅教授，在「校友體育館」指點要訣，嘉惠學子，時地兩宜，別具意義，是最佳紀念並傳承馬約翰教授精神方式。[1]

[1]　陳力俊，《一個校長的思考（一）：清華文史與校務》，372-375，致出版，台北（2018）。

「清華校史上的政治學人」演講致詞

2013年4月28日　星期日

　　很感謝北京清華大學政治系張小勁主任到校作「清華校史上的政治學人」演講；清華校史上出過許多傑出人才，「清華人」是我這幾年很有興趣探討的題目，所以接到邀請時，不禁眼睛一亮，今天見到張教授，也有遇到知音的感覺。

　　在本年校慶時談「清華校史上的政治學人」具有特別意義，清華與民國同壽，整個清華史與民國史就息息相關；眾所周知，清華是運用美國退還多要的「庚子賠款」建立的，根據官方文書，1907年12月，老羅斯福（Theodore Roosevelt）總統在致國會的咨文中，要求國會授權退還多要的中國庚子拳亂賠款（庚款），作為中國人的教育費用。在他的努力下，這項提案在國會順利通

▲ 清華政治學人的事蹟與作為，為「清華人」增添新章

過。到了1908年，羅斯福簽署法案，退還了庚款，主要用在興辦清華學堂，支持中國官派留美學生；而庚款之退還與用於教育，牽涉晚清三位極重要的政治人物，分別是慈禧太后、袁世凱與張之洞。

慈禧太后早年在清咸豐帝病逝於熱河夏宮後，以雷霆之勢，拔除了肅順等權臣，逐漸獨攬大權，在同治、道光兩朝呼風喚雨，但中國卻無力抵制歐洲強權，甚至敗於新興的日本之手；戊戌政變雖似鬧劇一場，也增加對外國強權的疑懼，終於導致「義和團拳亂」，幾致亡國，所以在中國歷史上，慈禧是典型的反面人物；但她在其後發動外交攻勢，包括熱情款待來華訪問的美國老羅斯福總統愛女愛麗思羅斯福（Alice Roosevelt），與美國老羅斯福總統交好，應與美國最終退還庚款不無關係，歷史的吊詭，莫盡於此；至於袁世凱，時任軍機大臣，曾欲用庚款為其他用途，幸得1905年至1909年任美國駐華大使的柔克義（William Woodville Rockhill）先生，成功協助清廷駐美公使梁誠先生堅持將美國退還多索的庚款作為教育之用，才沒有得逞。另一方面，當年署理留學生出國的大臣張之洞主張選送的學生要具備深厚的國學根基，而後來這些直接留美生學成返國後，許多成為各行業的領袖，與他們具有卓越識見與善於表達應有密切關係。

曾任西南聯大常務委員，前北京大學校長蔣夢麟先生在《西潮》一書中曾回憶：中日甲午戰爭後，中國力求追隨日本而發憤圖強，日本成為中國人的偶像，留日學生一度高達五萬人，而到歐美留學的很少；但不久發現，日本值得效法的東西多是從歐美學習而來，巧在美國退還庚款，中國利用庚款選派了許多留美學生，而在學成歸國的留美學生人數逐漸增加之後，開始掌握政府、工商業以及教育界許多重要職位；據統計，由庚款選派出國的「清華人」超過一千人，對中國現代化發揮了巨大的影響力；另一方面，北京清華名師後裔在一百年底編輯出版了《清華名師風采》，包括文科卷、理科卷與工科卷三巨冊，收錄名師117人，長達兩千餘頁；因此談起「清華人」，有「五四以前及以後對中國思想界影響最大分別是梁啟超與胡適先生」，兩人著述全集分別達一千四百萬字與一千八百萬字；陳寅恪先生被譽為「三百年來史學第一人」，王國維先生學術成就「幾若無涯岸之可望、轍跡之可尋」；趙元任先生「中國語言學百年第一人」；馮友蘭先生「中國哲學百年第一人」，兩岸清華永久校長，梅貽琦校長是民國以來有數的偉大教育家；吳國楨與孫立人校友，對台灣

在關鍵時期社會政治、軍事局勢發揮了中流砥柱的作用；在我國駐美大使中，知名度最高，貢獻最大的胡適、葉公超、蔣廷黻先生；得到諾貝爾物理獎的楊振寧、李政道先生，化學獎的李遠哲先生；台北市設立紀念傑出文學家故居包括的胡適、林語堂、錢穆、梁實秋、殷海光諸先生；大陸中國物理學會為紀念五位對中國物理發展最有貢獻的物理學界前輩，設立的胡剛復、饒毓泰、葉企孫、吳有訓、王淦昌物理學獎等等，如果開一門「清華人」的課，恐怕是沒完沒了！今天張小勁主任到校作「清華校史上的政治學人」演講，將讓我們更多了解清華政治學人的事蹟與作為，為「清華人」增添新章，也希望更多的清華人如張教授一樣致力於弘揚清華精神。[1]

[1]　陳力俊，《一個校長的思考（一）：清華文史與校務》，376-378，致出版，台北（2018）。

兩岸清華校長交流
——兩岸清華一家親之一例

2019年6月14日　星期五

　　6月13-18日有北京一行。主要是應邀參加「第四屆國際納米能源及系統會議」，在大會以「應用於再生能源之納米材料與器件」為題發表演講。但因有六年多未來北京，所以在會議前後各多安排了一天，看看老朋友以及重遊舊地。

　　14日與「北京清華」顧秉林前校長晤面並共進午餐，老友久別重逢，相見倍感親切。顧校長為我到訪，特準備一張2010年3月16日訪問「新竹清華」合影相片相贈，兩人持框合影，彌足珍貴。我則以最近出版的兩本演講集「一個校長的思考（二）、（三）」奉贈並合影留念，笑稱可為未來打書用。

　　顧秉林前校長是於2003年4月至2012年2月擔任「北京清華」校長，我則於2010年2月至2014年1月擔任「新竹清華」校長；有約兩年時間同時擔任校長，而兩人歷年來因公務交流至少達十四次。

◀①共持九年前同框照片合影，彌足珍貴
②以拙作演講集「一個校長的思考（二）、（三）」相贈

細數這十四次交流，包括：

2010年3月16-17日顧校長訪問「新竹清華」，

2010年7月24-28日在港澳參加「兩岸四地大學校長會議」，

2010年9月29日本人率團赴「北京清華」，簽署「共同建立兩岸清華大學聯合實驗室」、「聯合培養雙碩士學位」協議，

2010年10月23、24日在香港舉辦「兩岸清華慶祝百周年」活動，

2010年10月27-29日在「北京清華」參加「東亞研究型大學協會年會」，

2010年12月23日在海南三亞參加「清華三亞數學論壇」，

2011年7月24-28日在成都參加「兩岸四地大學校長會議」，

2011年在北京參加「李恆德院士九十歲生日研討會」，

2011年12月23、24日在「北京清華」舉辦「新竹清華日」，

2012年7月日在南京參加「兩岸四地大學校長會議」，

2012年10月26、27日在「新竹清華」舉辦「梅貽琦校長逝世五十周年紀念會」，

2013年7月21-26日在台灣參加「兩岸四地大學校長會議」，

2013年12月19日在「新竹清華」舉辦「新竹清華名人堂啟用典禮」，

2014年7月在貴州參加「兩岸四地大學校長會議」。

2010年3月16-17日顧校長在本人接任校長兩個月內，即率團訪問「新竹清華」，除與本人深度晤談外，並與「新竹清華」一級主管舉行座談會，共商協

▲ 2010年3月16日顧校長訪問「新竹清華」

▲ 2010年9月29日在「北京清華」簽署協議

力籌備百年校慶及教學、研究合作事宜。本人致歡迎詞時談到，兩校同根同源，多年來兩岸清華各自發展，並迅速建立高等教育不凡地位，尤其前不久，遠見雜誌調查家長心目中最優質的大學，兩岸清華都是第一；之前他曾在教育部頂尖大學計畫簡報時，特別強調以目前「新竹清華」的表現，將是台灣高等教育邁向國際頂尖的唯一契機，而之間的秘密武器，就是「兩岸清華共同合作」。而顧秉林校長則呼應，來到新竹清華有一種歸屬感、回家的感受，二校不僅同一校名，包括辦學理念、育人方法及文化氛圍，也都是息息相通，他很感動「新竹清華」的熱情接待，並期待未來有更密切合作；未久將來，二校將共同迎接百週年生日，總結百年來的發展成就，並協力因應全球變化，迎接各種挑戰。

　　當時兩校所預定的慶祝活動，包括出版系列專書、籌劃百場慶祝活動、百場學術活動、中外校長論壇、新建大樓啟用典禮（「新竹清華」台達館、旺宏館）、具歷史性建築整修維護（北京清華校史館、音樂廳）……等。至於雙邊實質交流合作，近期將積極協力推動「共同培養—雙聯學位」計畫，未久配合台灣的教育政策開放，有希望於明年春即啟動招生，初期將以碩士階段為主。此外，「聯合研究」亦是雙方討論重點，當前除落實執行2009年已啟動的聯合研究經費（「北京清華」每年出資400萬人民幣，「新竹清華」出資2,000萬台幣），雙方規劃設立「兩岸清華實驗室」，相信未來在兩岸清華的優勢研發基礎下，定可共創國際頂尖成就。聞知顧校長拜訪「新竹清華」消息，校內「北京清華」交換生齊聚，歡喜迎接他們的大家長。

　　2010年9月29日本人率團赴北京清華，簽署「共同建立兩岸清華大學聯合實驗室」、「聯合培養雙碩士學位」協議，後者是臺灣第一所大學與中國大陸學校簽訂校級雙聯學位協議。陸生三法雖已於2010年8月19日經立法院三讀通過，兩岸大學在教育部大學招收大陸學生配套措施未公布前，可先採取雙聯學位方式合作。兩岸清華大學，在國際上都有很好的學術聲譽，透過雙聯學位合作將可以大大的嘉惠二校學子。兩岸清華的教授充分把握這個難能可貴的機會，進行多領域的交流。彼此透過溝通及分享，對雙方專業研究有了深度的了解，也為未來兩岸清華進一步的合作開啟另一道契機。

　　2011年12月23、24日在北京清華舉辦「新竹清華日」，開「北京清華」舉辦台灣高校日活動的首例。此行也進行「新竹清華大學說明會」、安排交換生

座談，以及舉辦乒乓球友誼賽，受到北京清華師生熱烈迴響，讓兩岸清華血濃於水的兄弟之誼更上一層樓。本人致詞時表示，世界上沒有兩所大學有這麼密切的關係。二十年的交流，兩校建立起的關係，展現的善意、誠意，以及情意，是沒有其它學校可以比擬的。兩岸清華不僅都擁有美麗校園，而且辦學的精神、教育的理念一脈相承。

推動「新竹清華日」的原委，乃由於2011年7月本人在成都參加「兩岸四地大學校長會議」與顧校長見面時提出的構想，顧校長立即欣然同意全力推動。本人表示，希望不久「北京清華」也能於「新竹清華」舉辦北京清華日，更期待「新竹清華」能攜手到全世界的名校舉辦兩岸清華日，這對兩校的國際聲譽都會有非常大的幫助。同時介紹「新竹清華」為本次學術盛宴所邀請來的12位鑽石級名師，這些教授都是在領域上學有專精，並善於將知識學問清楚轉譯成學生認知所能了解的形式。顧秉林校長特別引用「新竹清華」劉兆玄前校長在北京清華所講的名句「一筆寫不出兩個清華」來形容兩校深厚的關係。從上世紀90年代以來，兩岸清華開創了兩岸高校交流之先河。二十年的交流或是合作，不論是學生競賽、教師專業領域的研討、學術合作及學生交換學習，交流層面遍及學校層級的組織推動，乃至院系和教師個人的自發互動互助。他指出，兩校的交流事項，從清華盃圍棋橋牌賽，到能源、奈米領域的學術研討會；從早年的學生交流協議，一直發展到兩校的全面合作協議；從剛開始的學生暑期項目，到今日北京清華規模最大的校際交流生的交換，無不生動的體現了兩岸清華交流日見頻繁、合作日益深入的發展態勢。他進一步說，在今年百年校慶之日，兩校有建立兩岸清華大學的聯合實驗室的共識，規劃設立兩校共同研發的項目，並已簽署碩士研究生聯合培養協議，更共同舉辦校慶的系列活動，也互派代表致賀觀禮，分享慶典的喜悅。衷心期望兩校能夠以「北京清華」大學日為新的起點，進一步拓展深入合作的模式和渠道，而能在新的百年當中攜手邁向世界頂尖大學的行列，共同譜寫清華更加美好的未來篇章。本次「新竹清華日」雖然行程緊湊，又逢北京氣候酷寒，但是四處受到暖暖的熱情接待，收穫滿滿。

2012年10月26、27日「新竹清華」舉辦「梅貽琦校長逝世50週年紀念研討會」，顧校長專程前來參加。本人指出，這場紀念會不僅緬懷梅貽琦校長的行誼，也就與其辦學理念契合的主軸，包括通識教育、體育教育、全球化、學術

自由與校園民主、大學的學術基礎與發展、人文教育與大學精神進行研討，冀使一代學人風範長存人間。梅校長是一位傳奇人物，他三十七歲即由大師如林的清華教授群票選為教務長，四十二歲時也在眾望所歸下擔任校長，一直到七十三歲時在「新竹清華」大學校長任內去世。以終身服務清華實踐；一生盡瘁清華大學，未曾一日間斷。清華事業就是他的事業，是古今極為少見。顧秉林校長則說，當年梅貽琦校長回國任教半年曾表示自己對教書沒興趣，他就讀清華時期的老師張伯苓教授語重心長地說，「你才教了半年就不願幹了，怎麼知道沒有興趣？青年人要忍耐，回去教書」梅校長晚年向夫人韓詠華女士回憶起此事說：「這可倒好，這一忍耐，幾十年、一輩子下來了。」清華得以成為第一流大學，除有庚子賠款可以動用的優勢，梅貽琦校長的知人與禮遇，而能延攬第一流教授，也是主要因素。

2013年12月19日「清華名人堂」歷經一年多的興建工程，盛大揭幕，顧校長率團出席與會，現場熱鬧非凡。本人提到，「清華名人堂」的設立是希望突顯清華立校以來，為清華、社會、國家、世界「立德、立功、立言」的清華人；一方面感謝他們的重大貢獻，永誌紀念，一方面也由彰顯清華人的事蹟，在人格、事業、著作方面有永遠存在的價值。激勵莘莘學子，引為典範，「觀賢人之光耀，聞一言以自壯」。值得慶幸的是，當日除顧校長代表「北京清華」，包括劉炯朗及徐遐生兩位前校長及諾貝爾物理獎得主楊振寧先生、諾貝爾化學獎得主李遠哲先生等清華人，以及雲南師範大學葉燎原書記等昔日西南

▲ 2010年10月23日在香港參加「兩岸清華慶祝百周年」晚宴　▲ 2011年12月23日在「北京清華」舉辦「新竹清華日」

聯大的代表，當天都出席與會，顯示清華人對「尋清華源流，留世間絕響」的重視。

2010年3月16-17日顧校長訪台時，曾與我在台北共同接受「聯合報」記者薛荷玉、陳宛茜專訪，大幅報導的標題是「兩岸清華內外神似，校長一見如故」。報導重點包括：1956年，北京清華校長梅貽琦自美來到新竹主持清華建校。新竹清華並無一物自北平搬來──除了梅校長本人以及校訓、校歌，還有那筆一百年還沒用完的「庚子賠款」。兩校發展路線也鬼使神差般相似，都先發展理工、再補足人文養分。不僅內在精神神似，就連「外表」也同樣傾國傾城，都是兩岸票選「最美大學」。

同時報導兩岸分離近六十年後，為了共商建校百年校慶，北京清大校長顧秉林與新竹清大校長陳力俊首度聚首台灣，並接受邀請，暢談兩校的同與不同，內容大要如下；

陳：我到北京清華，發現學生都在念書，圖書館、教室裡都是滿滿的學生、都在念書。台灣早期是這樣，現在不再是這樣。
顧：大陸學生確實特別用功。這跟經濟發展有關，我們百分之七十的人無法讀大學。但台灣學生有禮貌、給人謙虛、好學印象，思想上比較活躍。
陳：大陸的學生，很像四十年前我念書時的台灣大學生。但現在台灣邁入多元化社會，注重多元價值，不會只偏重智育。多元化的社會，就是有各種多

▲ 2012年10月26日在「新竹清華」參加「梅校長逝世五十周年紀念會」

▲ 2013年12月19日在「新竹清華」參加「新竹清華名人堂啓用典禮」

元價值。大陸學生專業非常好、企圖心很高。大陸的少子化、小皇帝現象，都沒有在北京清華學生身上看到。

　　曾有到北京清華交換的學生告訴我，大陸生很用功、比較蠻幹；台灣學生則有團隊精神、會動腦筋。現在台灣學生有點像是卅年前我在美國念書時的美國學生，但台灣學生比較尊師重道。

顧：台灣學生比大陸學生謙遜。台灣保留中華文化傳統，是全亞洲最好的地方。

陳：企圖心是台灣學生較缺乏的，沒有「我想成為大師」的氣魄。我覺得台灣學生的表達能力要加強，不論是文字、口語上。

　　兩校老師風格也不一樣。台灣老師個個都是意見領袖、每個人都有他的理論基礎，北京的老師比較踏實。

問：台灣即將開放陸生來台及採認大陸學歷，兩位校長有何建言？

顧：愈開放愈好，我希望學生在成長時期，能有許多選擇。比起到香港留學，大陸學生更喜歡到台灣。因為從深層來看，台灣文化跟大陸比香港更接近。

陳：台灣腳步太慢，很多的顧慮是多餘的。開放不光是雙贏，還是互利多贏。對兩邊的科技和社會，都有正面的發展。現在來台灣的大陸學生，少有不喜歡台灣的人事物，這些人未來如果成為大陸的領袖人物，將是台灣的親善大使，成為兩岸的橋梁。

　　台灣極力推展國際化，但要打造英語環境不容易。兩岸思考方式異中有同，開放陸生來台，等於是國際化的第一步。我們接待歐美學生的環境還不成熟，但接待大陸學生已經很成熟了，為什麼不放手？

　　九年後看來，答案大致不變，大陸頂尖大學正飛速進步，台灣的邁頂大學似仍在原地踏步，時不我與，能不警惕？知否！知否！

　　顧校長在卸任後還訪問「新竹清華」三次，情誼非常；上一次相見，則是於2014年7月在貴州參加「兩岸四地大學校長會議」，當時我與顧校長皆已卸任，以特邀貴賓身分參加。

　　在「北京清華」除與顧校長午餐外，並到「工字廳」巡禮，在當年校長辦公室史宗愷主任引導下，在2001年簽訂合作協議的「工字廳」會議室合影留念，其後則參觀「校史館」，由范寶龍館長與副館長接待，導覽全館，建築面積達5000平方米，於2011年6月「清華大學校史館」名稱正式啟用。共三層。

一層和二層的展區面積約3000平方米，分為序廳、主展區、副展區、人物展區，有六位專業工作人員。規模驚人且頗能充分顯示「北京清華」躋身世界一流的歷程與成果，值得「新竹清華」觀摩學習。

晚應知名紀實作家岳南先生在「無名居」設宴招待；岳南先生新書《大學與大師：清華校長梅貽琦傳（全二冊）》繁體字版甫在台出版，晚宴到有《一個時代的斯文》作者鐘秀斌，籌拍《梅貽琦傳》編劇楊珺及兩位清華校友，難得的是得與在大陸致力於弘揚梅校長教育理念的文化界人士聚於一堂，相談甚歡，也是此次北京清華行之一得。

在兩岸清華百年校慶時，北京「中央電視台」、「新華社」與「中新社」記者曾連袂到「新竹清華大學」採訪。他們報導說：走進校園，馬上感受著同一個名字下兩所學校的親緣。兩岸清華同根同源，兩岸清華不僅有同樣的校名、校歌和校訓，觸目可見的紫色，「『新竹清華』的最先五任校長都出自『北京清華』，他們把治學理念、育人精神和校風都帶到了『新竹清華』。兩岸清華人在一起，總有著別樣的親切。」兩岸清華一家親，正歷久彌新。[1]

---

[1] 陳力俊，《清華行思與隨筆（上）》，190-198，致出版，台北（2019）。

追思李恆德院士
——兩岸清華一家親又一例

2019年6月18日　星期二

　　6月14日到北京清華探望顧秉林前校長，驚聞李恆德院士已於5月28日以九十八歲高齡辭世，不禁回想與李院士多年交誼。

　　李院士與我頗有淵源，早在1980年我在美國康乃爾大學（Cornell University）材料系擔任訪問學者時，李院士即率領大陸訪問團到材料系參訪，有相當多接觸的機會；當時兩岸關係仍極為緊張，大陸也改革開放不久，在美國陸籍學生或訪問學者還很少見；李院士發言操一口流利英語，不疾不徐，用字遣詞都很恰當，對人親切有禮，並表達希望兩岸能多交流。幾年以後，兩岸材料界開始透過「國際材料研究學會聯合會」（International Union of Materials Research Society, IUMRS）交流，這也是我和李院士在各種場合常提起的機遇。

▲ 在長江郵輪上

▲ 在北京「香山飯店」設宴歡聚

李院士於1979-1997年任「北京清華大學」材料研究所所長。1988年籌建「清華大學材料科學與工程系」。1994年被遴選為中國工程院的首批院士，2009年當選「美國材料研究學會」會士。由於我先後擔任新竹清華大學材料系系主任兼所長、工學院院長與校長、也是中央研究院院士、「美國材料研究學會」會士；IUMRS於1990-91年成立：大陸「中國材料研究學會」（C-MRS）與台灣「材料科學學會」（MRS-T）都是創始會員，也正逢台灣於1987年開放民眾到大陸探親，兩岸民間經貿活動迅速升溫之時，C-MRS與MRS-T交流甚為頻繁。使得我們得以在兩岸材料界交流上扮演重要腳色。

　　李院士是C-MRS創始理事長，我則擔任多年MRS-T常務理事並在1995-1999年任理事長，都長期參加IUMRS活動。期間印象最深刻的是1993年在長江郵輪上舉行的第一屆「IUMRS亞洲區會議」（IUMRS-International Conference in Asia, IUMRS-ICA）會議，自武漢溯長江而上，在長江上發表論文，由於船行顛簸，投影片跳躍不已，研討效果自然大打折扣，但仍其樂融融。在船上我曾應邀致詞，用「百年修得同船渡」形容大家的緣分，據不止一位大陸同胞說「特別有感」。

　　IUMRS-ICA是李院士在IUMRS倡議成立的會議系列，主要當時在亞洲仍少見大型的綜合性材料國際會議，而亞洲各國材料研發能量正飛速增加，所以建議在原有會議系列「電子材料國際會議」（International Conference of Electronic Materials, ICEM）、「先進材料國際會議」（International Conference

▲ 在美國波士頓餐敘

of Advanced Materials, ICAM）外，每兩年再增辦ICA，由亞洲會員，即中國、台灣、日本、韓國、印度、新加坡輪流主辦；由於反應良好，後來改為每年舉行。我個人有自第一屆連續參加八屆的空前且唯一的紀錄，要破紀錄，尚待來者。

在當年4/30至5/1於新竹舉行的MRS-T年會中，李院士應邀作特邀報告，講述分析洞庭湖石的工作，同時引用李白詩句：「兩岸猿聲啼不住，輕舟已過萬重山」，暗喻兩岸關係，贏得一片掌聲。

在北京與李院士相會，細數至少有五次，其一是1999年6/14-6/18日，IUMRS在北京舉辦「國際先進材料會議」（ICAM），李院士當時正擔任IUMRS會長，並為大會主辦人，盛況空前；讓人最難忘的是會眾共乘巴士外出活動時，有警車開道；同時大會宴設於「人民大會堂」餐廳。「人民大會堂」能容萬人同時開會，內有「台灣廳」等會客室，氣派十足。我有幸以初當選IUMRS第二副會長（2nd Vice President）身份在會堂可容數千人餐廳聚餐時應邀致詞。

其二是2000年7月我在昆明參加「中國電鏡年會成立二十周年慶研討會」後，到北京清華參訪其產學合作機構，並面邀其負責人到新竹清華工學院產學研聯盟會議演講，也承蒙李院士邀約在清華甲所午宴，並安排參訪清大幾位院士研究室。

其三是2001年兩岸清華「材料科學研討會」，在北京清華材料系大廳舉行，雙方約各發表二十篇論文，增進對彼此的了解。

另一次是另有其他電子元件方面的會議。李院士得知後，安排C-MRS領導班子在北京由甫於今年5月16日逝世的名建築師貝聿銘設計的「香山飯店」設宴歡聚，熱誠感人。

最後一次與李院士會面，是於2010年9月28日在北京參加慶賀「IUMRS-ICA2010國際材料教育論壇暨李恒德先生九十華誕慶典」。在論壇中除做學術報告外，各國友人多提及與李院士交往舊事，場面甚為溫馨。由於李院士創建北京清華材料系，也為世界知名材料學者，清華顧秉林校長也出席祝賀，據知顧校長不便擔任主辦人，乃因考慮到清華資深退休而年長教授很多，顧此失彼，易生誤會。

據悉李院士於1946年以教育部「英美獎學金」支助到美國留學，1953年在

賓州大學拿到博士學位後，美國正限制理工專業的中國留學生回國，幾經抗爭才於1954年回到北京清華大學任教，從此成為「清華人」。李院士約於兩年前失智。而於今年5月28日以九十八歲高齡辭世，長者風範將長存友人與後進心中。[1]

[1]　陳力俊，《清華行思與隨筆（上）》，199-202，致出版，台北（2019）。

▲ 嘉賓雲集共賀李恆德院士（右八）九十華誕，右七與右六分別為北京
　清華顧秉林校長與新竹清華陳力俊校長

歡迎北京清華王希勤執行副校長一行晚宴致詞

2019年10月16日　星期三

　　非常歡迎北京清華王希勤執行副校長等貴賓來參加今天的晚宴；上次我在「風雲樓」宴請北京清華貴賓還是遠在2010年3月，顧秉林校長在本人接任校長兩個月內，即率團訪問「新竹清華」之時；說來好笑，當天在「風雲樓」委外經營的餐飲公司安排下，由剛於義大利餐飲賽獲獎的主廚率內、外場人員，穿著雪白制服向顧校長致敬，頗為盛大溫馨。可惜不久後，因餐飲公司內部糾紛，與學校解約，而近九年來，一直到最近才找到適當的承包廠商，似乎「風雲樓」與各位貴賓特別有緣。

　　今年6月應邀參加「第四屆國際納米能源及系統會議」有北京一行，14日曾到「北京清華」拜望顧秉林前校長。承蒙今天在場的任蕾副主任為顧校長準備了一張她於2010年3月16日所親自拍攝顧校長來訪時與我合影相片相贈，兩

▲ 兩岸清華一家親

▲ 似乎「風雲樓」與北京清華貴賓特別有緣

位前校長持框合影，彌足珍貴。回台後，我寫了一篇「兩岸清華校長交流」文章，細數顧秉林前校長有約兩年時間與我同時擔任校長，兩人歷年來因公務交流至少達十四次，而重點是副標題——「兩岸清華一家親之一例」之「兩岸清華一家親」。

這篇文章我已收錄於即將出版的拙作《清華行思與隨筆》上冊中，而這本新書本來預定在今天以前就可收到，但因故延誤到23日才能出版，所以我原來計畫分贈各位貴賓無法在今日實現，只有待出版後請海珍分別寄奉。今天我帶來的是上、下兩冊的校對本，給大家乒乒（台語：聞香）一下。其中有關「兩岸清華」的文章，略數也有十七篇之多。其中包括：

清華出版傳記序言：「百年追憶——王國維之女王東明回憶錄」序言、「父子雙傑　清華傳承」、「清華外交學人小傳」序；

漫談清華故事：「父子雙傑掌清大　傳承奉獻」、「清華文武雙傑　吳國楨省主席與孫立人將軍」、「清華之子　清華之師」、「見故人而思故人」；

兩岸清華：「兩岸清華校長交流——兩岸清華一家親之一例」、「追思李恆德院士—兩岸清華一家親又一例」；

傳記及文藝創作書籍序言：「岳南先生《大學與大師》——清華校長梅貽琦和他的時代」序、《一個時代的斯文》修訂版序、岳南先生「《大學與大師》——清華校長梅貽琦傳」繁體字版序；

個人經驗與歷程：「徐賢修教授問談摘記」、「北京之旅」、參加北京「第四屆國際納米能源及系統會議」紀事；

生命紀念與追思：「紀念黃延復教授兼為『梅貽琦校長逝世五十周年紀念會』文集序」，以及「岳南先生來台發表《大學與大師》繁體字版與祭梅午宴致詞」等，見證兩岸清華交往的密切。

根據上海交通大學「大中華地區大學排名」，北京清華在2011-2018年連續8年均排第一，新竹清華在2011年為第四名，2012-2013年進步為第三名，2014-2015年高居第二名，2016-2018年為北京大學趕上，再居第三名，可見目前清華尚能與大陸龍頭大學一爭長短；值得警惕的是，如以北京清華積分為100為基礎，2011年新竹清華為93.1分，但2018年僅有65分，而北京大學為80.6分。同時台灣大學在2011年為100分，與北京清華同居第一，但2018年僅有

54.6分，居第9名。新竹交通大學2011-2013年均列第八名，2014年後都落在十名以外，也反應台灣的大學逐漸落後。而最直接的原因，即是投入資源的巨大差異。我們一方面喜見北京清華維持領先地位，一方面也須深自警惕，自立自強，今天也很高興「清華海峽研究院」郭樑常務副院長也再次到訪。「清華海峽研究院」不幸因現今政治情勢，阻礙兩岸清華密切合作，我深切盼望兩岸緊張情勢，能迅速改善，早日能達到我擔任校長時常說的：「兩岸清華合作，打遍天下無敵手」的榮景。

〔後記〕

　　王希勤副校長已於2022年2月1日就任北京清華校長。

「聯芯集成電路製造（廈門）有限公司」清華校友座談致詞

2019年12月6日　星期五

　　這次是到廈門市參加「清華海峽研究院」主辦的「兩岸科技創新與產業發展交流會」，能有機會與各位校友及友校談文毅總經理在異鄉見面，是分外的緣分，也讓此行收穫滿滿。

　　「聯芯集成電路製造（廈門）有限公司」與「清華」的關係非常深厚，經由許誌清首席執行官暨副董事長和陳祖謙副總以及各位的關連自不在話下，同時「聯華電子」董事會中有三位董事是「清華人」；很高興向大家報告，今年四月，在洪嘉聰董事長提議下，董事會通過捐贈一億元協助清華整建大禮堂為「聯電大禮堂，君山音樂廳」，以紀念去年剛過世的沈君山校長，可見關係非比尋常。大家在音樂廳落成後回校，看見「聯電大禮堂」，一定倍感溫馨。

　　「君從故鄉來，應知故鄉事」，今天我帶來最近一個月內出版的「清華行思與隨筆」（上）、（下）兩冊各兩本，一套送給誌清，一套則供有興趣的校友傳閱。這兩本書是我整理歷年來，以不同身分所撰寫的文章，共一百八十餘篇。由於內容幾乎全部於個人在清華任教時期所撰，且多與清華直接關連，故以「清華行思與隨筆」命名。

　　這兩本書的出版，是延續我從去年起，陸續出版的三冊收錄我擔任清華大學校長後的演講集「一個校長的思考」（一）、（二）、（三）全三冊，而出的散文集。五本書都與清華密切相關，由於祖謙是我出的書長期訂戶，大家有興趣的話可向他請教一二。另外向大家預告的是，我打算出的下本書，已取名「清華的故事」，文稿已大致就緒，但須稍加補充，預計於明年四月校慶前出版。

　　「清華的故事」將分三部分，即「北京清華」、「新竹清華」以及「兩岸

清華」。說起「兩岸清華」，可謂內容相當豐富。明早我預定與「北京清華」顧秉林前校長會面，我特別準備了一張我與他今年六月在北京會面的照片，而在這張照片中，我們手持2010年我出任校長一個半月內，顧校長來「新竹清華」訪問時與我合影相片。回台後，我寫了一篇「兩岸清華校長交流」文章，細數顧秉林前校長有約兩年時間與我同時擔任校長，兩人歷年來因公務交流至少達十四次，而重點是副標題——「兩岸清華一家親之一例」之「兩岸清華一家親」。明天我打算再持這張新照片與顧校長合影，將是一張合影照三次方或「一張照片，三次會面」的有趣照片。這些事例說明，「兩岸清華」是真正「一家親」。

此次到廈門是應邀參加「海峽院」活動。當年「廈門清華校友會」倡議成立「海峽院」時，「新竹清華」曾有相當程度的參與，2013年我曾率「新竹清華」多位一級主管專程到廈門做進一步商談，並到可能院址勘查，可惜後來因政治因素，無法由「兩岸清華」共同經營，錯失「兩岸清華攜手，打遍天下無敵手」的良機。目前「海峽院」是由「北京清華」與「新竹清華校友會」對接，力道自然稍弱，前幾天聽今天在場的「海峽院」兩岸產業促進中心的黃小琛執行長（核工73級）說明，在兩岸產業促進各方面已有相當進展，相當可喜，但希望未來兩岸情勢能「柳暗花明」，讓「兩岸清華」能真正發揮1+1遠大於2的威力。而大家作為兩岸交流的先頭部隊，也盼望有一日能夠有更大的貢獻。

▲①「聯芯」與「清華」的關係非常深厚
　②與校友在廈門見面，是分外的緣分

「一張照片，三次會面」
——兩岸清華前校長交流佳話

2019年12月7日　星期六

　　前不久接到廈門「清華海峽研究院」（海峽院）邀請參加「兩岸科技創新與產業發展交流會」，得知「北京清華」顧秉林前校長也在邀請之列，多了一分接受邀請的動力，今天很是高興能在廈門再次與顧校長會面。

　　今天我特別準備了一張我與顧校長於今年六月在北京會面的照片，而在這張照片中，我們手持2010年我出任校長一個半月內，顧校長來「新竹清華」訪問時與我合影相片。所以等下合照，就可留下「一張照片，三次會面」記錄。

　　六月從北京回台後，寫了一篇「兩岸清華校長交流」文章，細數顧秉林前校長有約兩年時間與我同時擔任校長，兩人歷年來因公務交流至少達十四次，而重點是副標題——「兩岸清華一家親之一例」之「兩岸清華一家親」。這篇文章已收錄在我上月出版的散文集「清華行思與隨筆」（上）中。

▲ 「一張照片，三次會面」　　　　▲ 說起「兩岸清華」，可謂內容豐富

今天我也帶來「清華行思與隨筆」（上）、（下）兩本新書請顧校長賜教；而這兩本書談及許多「兩岸清華一家親」的事例，包括（上）冊中的「百年追憶——王國維之女王東明回憶錄」序言、「清華外交學人小傳」序、「學術大師」、「清華文武雙傑吳國楨省主席與孫立人將軍」、「清華之子　清華之師」、「見故人而思故人」、岳南先生「《大學與大師》——清華校長梅貽琦和他的時代」序、《一個時代的斯文》修訂版序、「兩岸清華校長交流」、「追思李恆德院士」等，（下）冊中則有「徐賢修教授問談摘記」、「北京之旅」、參加北京「第四屆國際納米能源及系統會議」紀事，「浪漫古城德國之旅記遊（十三）：寧芬堡宮」、紀念黃延復教授兼為「梅貽琦校長逝世五十周年紀念會」文集序、郭毅可院士「人工智能與未來社會」講座與談等。舉例來說我與世界頂尖大數據專家郭毅可院士對談前，談到兩人與清華淵緣，立即一見如故，而在其後餐敘中，同座中除有馬英九前總統外，並有劉兆玄與劉炯朗兩位清華前校長；在德國寧芬堡宮之遊中，巧遇「北京清華附中」師生，在得知我是「新竹清華」前校長後，很自然的大家一起合照，留下溫馨紀念。

在此順便向大家預告，我要出的下本書，已取名「清華的故事」，文稿已大致就緒，但須稍加補充，預計於明年校慶前出版。「清華的故事」將分三部分，即「北京清華」、「新竹清華」以及「兩岸清華」。說起「兩岸清華」，可謂內容豐富。而在我寫的「兩岸清華校長交流——兩岸清華一家親之一例」一文中附了九張我與顧校長歷次交流會面的照片，很可喜的是在之後又搜尋到兩張照片，將收納於新書中，使紀錄更為完整。

昨天約於中午時分抵達廈門，就承蒙兩岸合作EMBA班校友設宴接待，下午則參訪由清華校友擔任執行官與副總經理的「聯芯集成電路製造（廈門）有限公司」並與校友座談，處處可見校友們成就非凡，親愛精誠，深盼在「兩岸清華一家親」的基礎上，兩岸清華共同更上層樓。

廈門「清華海峽研究院交流會」致詞

2019年12月7日　星期六

　　剛才郭常務副院長在開場時提到今天是「清華海峽研究院」（「海研院」）遷入新址的第500天，而我也恰巧於七年前今天（2012年12月7日）在廈門首次聽到成立「海研院」的發想。當時是在「鼓浪嶼」清華體育名師「馬約翰紀念館」落成典禮的場合，由「清華廈門校友會」（「校友會」）提出，希望結合兩岸清華的力量，以成立一個實體機構，如「聯合研究院或中心」，具體落實合作雙贏的成果。我個人非常認同這樣的構想，所以在第二年，也就是2013年8月，率領新竹清華的多位一級主管，包括教務長、研發長、主任秘書、科管院院長、工學院院長等專程到廈門做進一步的商談，並在「校友會」安排下，造訪相關單位以及勘查可能建址等，可惜後來由於政治因素，由兩岸清華共同經營「聯合研究院或中心」的原始構想未能實現，而由「北京清華」與「新竹清華校友會」校友會對接。

▲ 協助具體落實「兩岸清華攜手合作」

▲「兩岸清華攜手合作，打遍天下無敵手」

如今喜見「清華海峽研究院」於2015年4月17日成立，是由廈門市人民政府結合兩岸清華大學共同成立的按企業方式運作的事業單位；同時也是「北京清華大學」繼深圳、北京、河北、浙江之後與地方共建的第五個地方研究院。

　　「清華海峽研究院」依託兩岸清華大學技術、人才，充分發揮三方優勢，服務於加快海峽西岸經濟區和「一帶一路」核心區建設，打造創新創業生態圈，積極支援福建省及廈門市快速發展，促進海峽兩岸融合，推動福建自貿區的發展，努力將自身建成國際一流的科技創新、高技術產業化和人才培養基地。有「創新創業沃土、兩岸菁英樂園」願景，而以「橋梁、搖籃、生態」為使命：有相當正確的方向，光明的前景。據今天在場的「海峽院」兩岸產業促進中心的黃小琛執行長說明，在兩岸產業促進各方面已有相當進展，相當令人高興。

　　從昨天約於中午時分抵達廈門起，首先與兩岸合作EMBA班我曾授過課的學員們歡聚，下午到翔安「聯芯集成電路製造（廈門）有限公司」（「聯芯公司」）參訪並與包括許誌清首席執行官暨副董事長和陳祖謙副總等清華校友座談，在在可見校友們成就非凡，親愛精誠。今天早上我與「北京清華」顧秉林前校長會面時，特別準備了一張我與他今年六月在北京會面的照片，而在這張照片中，我們手持2010年我出任校長一個半月內，顧校長來「新竹清華」訪問時與我合影相片。今早我們再持這張照片合影，是「一張照片，三次會面」的佳話。細數顧秉林前校長有約兩年時間與我同時擔任校長，兩人歷年來交流連這次至少達十六次，可見「兩岸清華」是真正「一家親」。同時今天來參加會議的「兩岸清華」校友更是精銳盡出，包括在「海研院」落實開設公司營運的「閎康科技」謝詠芬董事長，謝董事長是清華「三清幫」（學士、碩士、博士）成員，與「聯芯公司」許誌清首席執行官暨副董事長都是我指導的研究生，因此我也與有榮焉。

　　我在初任「新竹清華」校長時，即有「兩岸清華攜手合作，打遍天下無敵手」的信念，希望「海研院」在「兩岸清華一家親」的基礎下，協助具體落實「兩岸清華攜手合作」，讓「兩岸清華」揚名天下，成就輝煌歷史。

附錄：岳南先生「《大學與大師》 ——清華校長梅貽琦和他的時代」序

2017年9月22日　星期五

　　岳南先生是知名寫實作家，2011年本人在新竹清華大學校長任內，有幸拜讀岳南先生大作《南渡北歸》，該書以民初到內戰時期知識份子遭遇為主題，是「一部二十世紀學術大師們的情感命運之書」；從一個清華人的觀點來看本書，感覺處處皆見清華人，時時皆聞清華事，劇力萬鈞，內心震撼不已，是一個難得的閱讀經驗。後來有機緣也順利邀請到岳南先生擔任新竹清華大學駐校作家；岳南先生於2011年十月初到校，除講學外，並積極主導及參與各項活動，包括2012年四月份邀請清華名師後裔來訪、並在同年十月二十六、七日舉行的「梅貽琦校長逝世五十周年紀念會」演講等。

　　新竹清華大學邀請岳南先生擔任駐校作家，部分構想是希望借重岳南先生的才華與見識，完成一部以「兩岸清華永久校長」梅貽琦為中心的大書，承蒙岳南先生首肯，於約五年前開始撰寫《大學與大師》（原名《梅貽琦大傳》），本人有幸於今年九月底閱讀初稿。

　　本書全名是《大學與大師——清華校長梅貽琦傳》[1]，除詳細刻記梅校長之生平外，並將清華大學從建校到梅校長逝世歷史沿革做了一番精要的爬梳。全書除序章外，共分二十章，第一至第九章，從梅校長家事到求學過程開展，包括與清華結緣，成為清華第一屆直接留美生（1909年），留美返國後擔任清華大學物理教員、教授（1915年），教務長（1926年），代理校務（1928年），留美學生監督（1928-31年）

▲ 達到「在史中求史識」、「尋找歷史的教訓」的目的

各階段行宜與作為。由各章標題「第一章：亂世遊夢」、「第二章：往事何堪哀」、「第三章：走近清華園」、「第四章：風乍起，吹皺一池春水」、「第五章：新舊交替的時代」、「第六章：南開系清華園沉浮」（包括梅貽琦繼起擔任教務長）、「第七章：大角逐」（包括梅貽琦與曹校長決裂）、「第八章：羅家倫清華浮沉」（包括梅貽琦被迫辭職）、「第九章：驅逐校長風潮」，重點在清華梅校長治校以前的「史前史」。從第十至第二十章，則是梅貽琦治校以後到逝世的清華史，包括「第十章：梅貽琦時代的開啟」、「第十一章：黃金時代」、「第十二章：清華的體育」、「第十三章：學生運動」、「第十四章：北平風雲急」、「第十五章：南渡應知思往事」、「第十六章：烽火中的西南聯大」、「第十七章：『一二一』慘案」、「第十八章：大時代的抉擇」、「第十九章：大事因緣」、「第二十章：常留嘉蔭詠清華」。據岳南先生來函：「儘管經歷時間漫長，總算初步完成，心中不免長噓一口氣。至於稿件的品質，不敢說上乘，但還算是盡力而為之，非糊弄應景之作也。就好的方面言之，此為梅貽琦校長傳記之第一部，是這一題材和人物傳記文學的開先河者，使用的材料來自海峽兩岸，而對新竹清華大學的材料特別注意並加以引用，力爭實事求事，探尋歷史真相，避免意識形態氣味過重的文章或校友回憶錄的干擾，對所涉人物與事件，儘量達到『持平之論』，這樣有利於還原歷史真相，讓讀者對梅貽琦以及他那個時代的清華大學，以及相關人事有一個清晰、明瞭的認識，以達到陳寅恪先生所言『在史中求史識』、『尋找歷史的教訓』的目的。」又云：「就該著的形式與創作內容而言，目前所能見到、查到的材料，幾乎一網打盡。以後或許有新的材料出現，並有超過該著作者，但可以相信的是，近期不會有了。這是作者值得欣慰的地方，也是當代讀者視為幸運的地方。（以上是我自己的評價，或有不當之詞語，但大體是這麼一個事實和意思。）」是相當中肯平允之語。

　　梅校長一生奉獻給清華，在兩岸清華擔任校長二十四年期間，以全副心血發揮才智，奠定了北京清華與新竹清華在兩岸分別成為數一數二名

▲ 發揚光大一代教育家精神

校的基礎和聲譽。梅校長就任時提出的「所謂大學者，非謂有大樓之謂也，有大師之謂也」，已成高等教育名言，深為世人推崇。他在一次致校友函中說：「生斯長斯，吾愛吾廬」，而以終身服務清華實踐；一生盡瘁清華大學，未曾一日間斷。清華事業就是他的事業，是古今極為少見的遇合。

梅貽琦校長是一位傳奇人物，他三十七歲即由大師如林的清華教授群票選為教務長，四十二歲時也在眾望所歸下擔任校長，一直到七十三歲時在新竹清華大學校長任內去世。梅先生在擔任教務長期間，正是清華成立國學院，震動學術界之際；他於1931年起擔任校長，首先竭力平撫屢有驅趕前校長之舉的紛亂氛圍，落實校園民主，繼而積極延攬大師級學者使清華迅速成為頂尖名校，抗日戰爭爆發後，梅校長以校務委員會常務委員身分主持西南聯合大學校務，維持弦歌不輟，居功最偉；到1941年，清華已有「中邦三十載，西土一千年」之譽。而在抗戰前後國共內戰時期，由左傾學生，甚至是中共地下工作人員，不斷策動學潮，校園動蕩，梅校長均能站在維護學生立場，加以平息；1949-55年滯美擔任清華基金監督，1956年自美轉到台灣創建新竹清華，從尋覓勘查校地到籌措經費，披荊斬棘，蓽路藍縷，圓滿完成招收第一屆研究生十五人開始，第三屆研究生中即有李遠哲先生日後榮獲諾貝爾化學獎，加上華人中最先獲得諾貝爾物理獎的李政道和楊振寧先生出自西南聯大，使得清華成為華人地區唯一擁有三位諾貝爾獎得主的大學，而都出在梅校長任上。誠如岳南先生所言：「這個人才輩出，碩果延綿不絕的局機，不是偶然」。

梅校長逝世十周年紀念會中清大校友，曾任台灣大學校長及中央研究院院長的錢思亮先生代表各界所致紀念詞，大意為：「梅先生對國家的貢獻很多很大，每一件對別的人說都可稱為不朽。梅先生民國二十年接任清華大學校長。那一時期清華的校長連年更迭，學校很不穩定，校長很少作得長久的；自從梅先生接掌以後，就一直安定下來；清華自梅校長執掌不久，就已在世界有名大學中奠立學術地位，這貢獻對任何人說都是很大的功績；抗戰時搬到長沙、昆明，與北大、南開合組西南聯大，三大學合作無間，並把學校辦得很好，梅先生事實上對學校行政負責最多；戰後復員到北平，梅校長重整清華園，兩年多的時間，清華的規模與素質比以前更擴大提高了。大陸淪陷後在新竹重建清華，極節省的、一點一滴的親自打下好的基礎，這件工作給任何人；建立了中國第一座原子爐，以最少的人、最少的錢、最短的時間，一次就成功了。我們

今天在這裡紀念梅先生，我們就想到梅先生撒播的種子；梅先生在清華四五十年，教導出這麼多學生，都各守崗位工作；作教育部長時改革風氣；倡辦長期科學發展，影響既深且遠。將來再過十年再過二十年，再來紀念梅先生，我們就更覺得梅先生的偉大，認識梅先生比現在更為深刻」。在梅校長逝世五十多年後回顧，錢先生一席話可謂神準；清華何其有幸，有曠世不朽教育家引領，奠定今天的基礎與歷史地位。

梅校長的知友、清華校友胡適先生在晚年常引李恕谷先生語：「交友以自大其身，求士以求此身之不朽」，有人說是收徒弟哲學，岳南先生雖不能算是梅校長徒弟，但發揚光大一代教育家精神的功績則一，是值得我們深深感謝予與讚揚的。

陳力俊　謹識

於清華園

二〇一六年十月[2]

[1]　岳南，《大學與大師——清華校長梅貽琦傳》，中國文史出版社，北京（2017）。

[2]　陳力俊，《清華行思與隨筆（上）》，260-263，致出版，台北（2019）。

附錄：岳南先生「《大學與大師》——清華校長梅貽琦傳」繁體字版序

2018年11月5日　星期一

　　知名寫實作家岳南先生大作《大學與大師——清華校長梅貽琦傳》於2017年9月在北京出版。在眾多台灣岳粉（岳南先生粉絲）期盼下，繁體字版終於在「時報出版公司」與「清華出版社」通力合作下即將問世，為台灣寫實文學再添華章。

　　岳南先生在台灣出版的作品包括《風雪定陵》、《復活的軍團》、《陳寅恪與傅斯年》、《南渡北歸（三部曲）》以及《那時的先生～1941-1946大師們在李莊沉默而光榮的歷程》等，無不膾炙人口，一時洛陽紙貴。尤其《南渡

▲ 如何在洪流中力挽狂瀾

▲ 奠基百年教育

▲ 不僅是力作，也堪稱巨作

北歸》，以民初到內戰時期知識份子遭遇為主題，是「一部二十世紀學術大師們的情感命運之書」；從一個「清華人」的觀點來看本書，感覺處處皆見清華人，時時皆聞清華事，劇力萬鈞，內心震撼不已，是一個難得的閱讀經驗。後來在本人擔任「新竹清華大學校長」任內，有機緣也順利邀請到岳南先生擔任為期一年的駐校作家；岳南先生於2011年10月初到校，除講學外，並積極主導及參與各項兩岸清華活動。

新竹清華大學邀請岳南先生擔任駐校作家，部分構想是希望借重岳南先生的才華與見識，完成一部以「兩岸清華永久校長」梅貽琦為中心的大書，承蒙岳南先生首肯，以約五年時間完成本書。除詳細刻記梅校長之生平外，並將清華大學從建校到梅校長逝世歷史沿革做了一番精要的爬梳。全書除序章外，共分二十三章，第一至第十章，從梅校長家事到求學過程開展。第十一至第二十三章，則是梅貽琦治校以後到逝世的清華史。

寫實文學貴在寫實，而非「演義」，要能允執厥中，第一手資料最為重要。今年七月中旬梅校長親侄梅祖麟院士乘回台參加中研院院士會議之便，應邀到新竹清華大學訪問；據告其伯母，即梅校長夫人韓咏華，當年乃因其長公子梅祖彥在之前自美返回中國大陸，如返台可能有諸多不便，所以始終未隨梅校長回台建校以至擔任教育部長來台，甚在情理之中，也對大家多年疑惑作了一個合理的解答，可謂「一語定音」；同時梅院士也談及其在1948年12月中，梅校長搭乘國民政府專機自圍城北京飛赴南京前幾天由親身經歷對梅校長行止的了解，深感歷史紀錄要把握時機，有些事蹟要「當事人」才可能釐清。岳南先生在撰寫《南渡北歸（三部曲）》時即曾走訪多位與梅校長相識的「當事人」，「使用的材料來自海峽兩岸，而對新竹清華大學的材料特別注意並加以引用，力爭實事求事，探尋歷史真相」，「讓讀者對梅貽琦以及他那個時代的清華大學，以及相關人事有一個清晰、明瞭的認識」。「就該著的形式與創作內容而言，目前所能見到、查到的材料，幾乎一網打盡。以後或許有新的材料出現，並有超過該著作者，但可以相信的是，近期不會有了。」不僅是力作，也堪稱巨作。

梅校長一生奉獻給清華，成績斐然。正如與其共治「西南聯大」的前北大校長蔣夢麟執橡祭文中所說：「人才之盛，堪稱獨步全國，貢獻之多，尤彰明

而昭著，斯非幸致，實耕耘者心血之所傾注」。岳南先生以如椽之筆，費時五年，精心完成巨著，發揚光大一代教育家精神的功績，是對華人教育與清華大學最珍貴的獻禮，是值得我們深深感謝予與讚揚的。

陳力俊　謹識
於新竹清華園
二〇一八年十一月[1]

[1]　陳力俊，《清華行思與隨筆（上）》，277-279，致出版，台北（2019）。

附錄：「一代斯文
——他們眼中的梅貽琦」座談會致詞

2016年9月22日　星期四

　　首先我們要歡迎四川傳媒學院劇組精心規劃的「一代斯文」話劇到新竹清華大學演出；弘揚光大兩岸清華永久校長梅校長的精神與教與理念是「清華人」的責任，四川傳媒學院「一代斯文」話劇將在這主軸線上發揮很大的影響力，所以也是我們要深為感謝的。

　　梅校長一生奉獻給清華，在兩岸清華擔任校長二十四年期間，以全副心血發揮才智，奠定了北京清華與新竹清華在兩岸分別成為數一數二名校的基礎和聲譽。很值得欣慰的是上海交通大學所發布的大中華地區上千大學排名，北京清華大學與新竹清華大學於2014、2015連續兩年分居第一與第二，而以人均值來看，新竹清華大學於學術表現與專利發明則為第一。加上清華成為華人地區唯一擁有在大學或研究所接受完整教育的三位諾貝爾獎得主，即華人中最先獲得諾貝爾物理獎的李政道和楊振寧先生以及最先獲得諾貝爾化學獎的李遠哲先生的大學，都出在梅校長任上。正如北京大學校長的蔣夢麟先生執椽祭文中所云：「人才之盛，堪稱獨步全國，貢獻之多，尤彰明而昭著，斯非幸致，實耕耘者心血之所傾注」。

　　新竹清華大學曾於2012年十月舉辦為期兩天的的梅貽琦校長逝世五十周年紀念會，會中除緬懷梅校長事蹟行誼，並就與其辦學理念契合的主軸，包括通識教育、體育教育、全球化、學術自由與校園民主、大學的學術基礎與發展、人文教育與大學精神研討，在追念一代學人風範之際，冀能激勵清華在未來的前瞻發展。而紀念文集也由清華出版社發行，很值得大家參考。另外也很高興要向大家預告，本校前駐校作家，也是大陸之作家岳南先生歷時五年撰寫的《大學與大師—清華校長梅貽琦傳》六十萬字的初稿已經完成，預計在今年底

或與明年初分別在大陸與台灣出版，據岳南先生自述：「就該著的形式與創作內容而言，目前所能見到、查到的材料，幾乎一網打盡。以後或許有新的材料出現，並有超過該著作者，但可以相信的是，近期不會有了。這是作者值得欣慰的地方，也是當代讀者視為幸運的地方。」是很值得期待的。

今天的活動是在四川傳媒學院劇組到新竹清華大學演出「一代斯文」話劇之際，主題是講員眼中的梅校長，所以我想就所看到的「一代斯文」話劇光碟片幾個場景有所發揮：

一是梅校長為何離開大陸，最後得以輾轉來台創建新竹清華大學，劇中有梅校長對教務長吳澤霖對話，大意是梅校長說「我一定走，我的走是為了保護清華的基金。假使我不走，這個基金我就沒有法子保護起來。」這也是一般的了解；但梅校長自由民主理念，與共產極權主義是格格不入的。尤其在北京治校期間，校務備受由中共指揮的職業學生不斷的鼓動學潮，無所不用其極；梅校長雖基於職責，盡力保護學生安全，但對其作為是十分不以為然的。為政治學潮罷課事件，曾採取斷然措施，於民國25年6月29日，給發動罷課風潮和阻撓考試，並「違反校規，不知悔改」的「救國會」頭頭和成員予以嚴厲處分。開除4人學籍；12人各記大過二次；1人記大過一次。

另一方面，抗戰復原不久，國共內戰隨即展開，由中共指揮「反內戰」、「反飢餓」、「反美帝」等學潮再度轟起；梅校長既痛心於復員後興起之全國騷動，又感多年抱持之大學教育理想再次破滅，頻頻與教育界人士聯名發表對國是之呼籲，希望國人明辨是非善惡，珍重國家民族前途，配合世界局勢，避免無謂之叫囂，與擾亂社會治安、動搖戰後人心望治之群體活動。但終因大局扭轉，無補於事，他於1945年，談時局與學校將來問題：「蓋倘國共問題不得解決，則校內師生意見將更分歧，而負責者欲於此情況中維持局面，實大難事。民主自由將如何解釋？學術自由又將如何保持？使人憂惶！盼短期內有所解決，否則非但數月之內，數年之內將無真正教育可言也！」後來果然「漸乃認定畢生辦學之理想，至此皆成為絕無可能之幻想……先生之慨歎者屢矣。」。

劇中另一具有張力的場景是梅校長與當時教育部長陳立夫的對話，雖有激烈爭辯，但也看出陳立夫對梅校長的尊重；這也與從各種記載，梅校長與國民黨政府一直維持良好關係的觀點一致，尤其蔣介石先生長年對梅校長備級禮

遇，相互之見「道同為謀」成分一定不少。

其二是有關聞一多部分，聞一多是一位優秀的學者、詩人，由於被特務刺殺，在大陸是頗有聲望的「民主鬥士」，但在西南聯大後期在政治上變得非常偏激，與潛伏學校的職業學生合流，產生非常負面的影響。在劇中「一二、一事件」場景中與傅斯年的正面衝突只是一端。梅校長對教授、學生的政治理念，從不干涉，但對聞一多當時的言行，是相當嫌惡的；如在日記中記有其未在場的昆明聯大校友會有「話別」會中：「由聞一多開謾罵之端，起而繼之者亦即把持該會者。對於學校大肆批評，對於教授橫加侮辱，果何居心必欲如此乎？民主自由之意義被此輩玷污矣。然學校之將來更可慮也。」可嘆的是只隔了兩個多月，聞一多就被國民黨軍警特務暗殺於昆明西倉坡居處。

最後是梅夫人為何長期滯美，梅校長與夫人韓詠華女士感情甚篤，婚後一直夫唱婦隨，甘苦相共，但在梅校長1955年起返台處裡創建新竹清華大學事宜，1958年7月並受行政院長陳誠之邀，兼任教育部長，到1960年梅校長病重，夫人趕回台灣照顧，中間約有五年時間，兩人分居台、美，由於梅校長自奉甚儉，又不肯自增在華美基金會之薪資，兩人在美生活至為清苦，尤其自梅祖彥離美回歸大陸後，韓詠華在紐約獨自生活。有記載說「因梅貽琦赴台後領的是台幣，薪水微薄，遠不能支持夫人穿衣吃飯，一生倔強要強的韓詠華開始到外面打工。此時韓已62歲，先是在一家衣帽工廠做工，後轉一家首飾店賣貨，繼之經人介紹到一家醫院做護工，最後轉到一個盲童學校照料盲童，生活極其艱難。」據梅校長秘書趙賡颺回憶：「梅認為自己在台薪金微薄，無法匯錢照料，而新竹清華校區的建設正在關鍵時刻，自己還負有『教育部長』的職責，應酬極多，心力交瘁。更為難的是梅貽琦的居處是臺北清華辦事處辦公室，沒有自己的私人住房，只有等新竹清華原子爐建成，自己辭去『教育部長』之後才能有安家定居的打算。」此點以我了解當時在台灣清華情形，梅夫人在清華園原應可過相當恬適的生活，是否另有考量，目前似無相關資料，也許是值得探討的。[1]

[1] 陳力俊，《一個校長的思考（一）：清華文史與校務》，312-315，致出版，台北（2018）。

▲「一代斯文——他們眼中的梅貽琦」座談會海報

▲公演後劇組與貴賓合影

附錄：《一個時代的斯文》修訂版序

2019年5月17日　　星期五

　　與鐘秀斌先生相識，還是緣於2011年接到他與黃延復先生大作《一個時代的斯文》贈書。當時兩岸清華正共同歡慶一百周年，對於「兩岸清華共同校長」、「兩岸清華第一人」梅貽琦先生的行誼，是所有慶祝活動中，話題的焦點。《一個時代的斯文》的適時出版，為「梅貽琦校長學」（「梅學」）增添了一個華美的篇章。

　　黃延復先生是我久仰的前輩，多年來專志研究、著述關於梅校長行誼文獻，長期致力於發揚光大一代教育家精神，曾多次說過：「此生最大的願望是弘揚梅校長教育思想與道德文章」，著有《梅貽琦教育思想研究》、《梅貽琦與清華大學》、《梅貽琦先生紀念文集》、《梅貽琦教育論著選》等。鐘秀斌

▲①為「梅貽琦校長學」（「梅學」）增添了一個華美的篇章
　②本乎中國文化之淵源，造乎西洋文化之巔峰

先生基於對於梅校長行誼的敬慕，協助黃教授整理已成、待成文稿，並撰寫部分章節，通力了完成極有份量的傳記大作。

由於《一個時代的斯文》的結緣，秀斌也兩次來台，並多次參與兩岸清華紀念梅校長的活動；一是在2012年10月，於新竹清華「梅貽琦校長逝世五十周年紀念會」以《一個時代的斯文》為題演講；另一則是同年次月參加在北京舉行的「國立西南聯合大學建校七十五周年紀念大會」；會後我有緣與秀斌同訪黃延復先生以及為《一個時代的斯文》作序的何兆武、許淵沖兩位前輩；黃延復先生除以《梅貽琦先生紀念文集》相贈外，並感慨的道及：「當年著述梅校長事蹟備極艱辛，其中包括編著完畢的書不得不自費出版。」同時半開玩笑但感性的說：「得到清華校長的肯定，『於願足矣，可以安心的走了』。」

在次年黃教授賀年書中，有一篇〈窮在深山有遠知──新竹清華陳力俊校長垂訪留影〉文章，略為「……據悉，陳校長3日凌晨抵京，5日晨返台；行旅匆匆，行前特意給我的青年伙伴鐘秀斌君、又給清華校方通電告知他的意向──抵達後上午開會，下午即安排垂訪我及其他兩位清華（聯大）老校友，其意可嘉復可敬也！這次新竹開梅校長的紀念會及學術論壇，我事前已知，秀斌君並也應約參加。他回來提到，陳校長在致開會詞時曾提到了我。但我沒料到他此行匆匆，竟會有此安排。知道了這一通知，立刻萌發出『人生得一知己足矣』的喟嘆。」黃教授於次年二月，以高齡辭世，而我也在2013年8月出版的《梅貽琦校長逝世五十周年紀念會文集》中以〈紀念黃延復教授兼為序〉一文表達我對這位前輩的崇敬與悼念。

本書著重在梅校長辦學經驗（北京清華與西南聯大、新竹清華）、教育思想和人格精神（三不朽的現代聖人），以及取得成就，所展現風華的研究；涵蓋梅校長出身、求學、家事、初登教壇之良師益友，在清華嶄露頭角歷程，促成的清華盛世榮景，成為經營西南聯大的中流砥柱，重回北平的亂世磨難，再建台灣功業，以迄餘韻哀榮；真實寫照梅校長一生「本乎中國文化之淵源，造乎西洋文化之巔峰」，「躬行身教，對國家之貢獻獨多且要」，正如秀斌所言：「時間越久，越能感受到梅先生思想之偉大，精神之不朽。」

梅校長的知友、清華校友胡適先生在晚年常引李恕谷先生語：「交友以自大其身，求士以求此身之不朽」，有人說是收徒弟哲學；黃教授、秀斌雖不能算是梅校長徒弟，但發揚光大一代教育家精神、功績則是志同道合者。秀斌觀

察「目前梅先生思想的傳播與弘揚，仍是少數『梅迷』在努力的功課。自從跟隨黃先生研究梅校長後，這些年無論我做什麼事，都沒有放鬆對『梅學』的思考與研究。」發願「在梅先生的誕辰130周年之際，騰出大部分時間和精力，來做與傳播梅校長相關的事情，期待大家共同努力，讓梅校長的精神恩澤更多人。」令人敬佩。欣聞秀斌擬修訂增添出版《一個時代的斯文》，力求詳盡充實，繼續弘揚一代偉人風範的重要工作，故樂為之序。

新竹清華前校長

陳力俊　謹序

2019年5月於新竹清華園[1]

[1]　陳力俊，《清華行思與隨筆（上）》，264-266，致出版，台北（2019）。

附錄：紀念黃延復教授兼為「梅貽琦校長逝世五十周年紀念會」文集序

　　「梅貽琦校長逝世五十周年紀念會」於2012年10月26及27日兩天在新竹清華隆重舉行；承蒙北京清華的顧秉林前校長與諸位師長、廈門大學的鄔大光副校長、雲南師大葉燎原書記與諸位師長、鄧昌黎院士、鍾秀斌先生、岳南先生、陳守信院士遠道蒞臨以及國內許多專家學者共襄盛舉，對一代教育家、兩岸清華的永久校長致敬並做了最佳紀念，本人在紀念會文集出版時刻，要再次對各位表達深重感謝之忱。

　　梅校長的風範與功業，在紀念會中有相當的陳述與闡釋；我在致詞時曾特別提及北京清華黃延復教授，多年來專志研究、著述關於梅校長行宜，長期致力於發揚光大一代教育家精神，功不可沒；黃教授曾說過：「此生最大的願望是弘揚梅校長教育思想與道德文章」；由於感佩黃教授的義行，我於次月3日趁赴北京參加「國立西南聯合大學建校七十五周年紀念大會」之便，會同前年與黃延復教授合著「一個時代的斯文」專書紀念梅校長的鍾秀斌先生一起拜訪黃教授；可能基於對清華與梅校長的共同孺慕之情，兩人一見如故，而黃教授在欣慰之餘，說出：「於願足矣，可以安心的走了」感人之語；當時雖隱覺話說得重了一些，但以黃教授至情至性，並不太以為意；不料黃教授一語成讖，在三個月後，也就是本年2月12日，因腦梗塞在北京逝世，享年85歲。據鍾秀斌先生來函：「您去年11月去看他，他非常高興，覺得自己所做工作得到您的認可，將您視為知音，為此寫了好幾篇詩文表達他內心的喜悅。近年來，他每到年底都會製作賀年書，向要好的親友們祝賀新春，並告知一年來他的重要行誼。1月底我們倆見面時，他囑咐我到台灣一定要帶份賀年書給您，祝您新春快樂！現在只能先在附件中發給您」，鍾先生已著手在編輯整理他晚年所寫的文章，他說出書只是為了將他看明白的道理告訴後人。

在黃教授賀年書中，有一篇「窮在深山有遠知——新竹清華陳力俊校長垂訪留影」文章，略為「2012年11月3日，新竹清華大學校長陳力俊先生光臨寒舍垂訪。他剛在新竹主持完『梅貽琦校長逝世50周年學術論壇』，又應邀趕來參加北京清華承辦的「西南聯大」建校75周年校友聚會；記得在北京清華紀念建校80周年期間，我曾親耳所聞已故劉達老校長曾有言：「在兩地政府沒聯合以前，兩個學校可以先聯合起來嘛！」今日喜見，老校長此理想正在逐日實現，實為兩地清華在校師生之幸也。當然，要「聯合」就要切於實際，不要滿足於形式。……據悉，陳校長3日凌晨抵京，5日晨返台；行旅匆匆，行前特意給我的青年伙伴鐘秀斌君、又給清華校方通電告知他的意向——抵達後上午開會，下午即安排垂訪我及其他兩位清華（聯大）老校友，其意可嘉復可敬也！特別是我，雖經常關心新竹清華的發展，但所知甚少，例如在此以前，竟不知新竹校長大名及其事跡。這次新竹開梅校長的紀念會及學術論壇，我事前已知，秀斌君並也應約參加。他回來提到，陳校長在致開會詞時曾提到了我。但我沒料到他此行匆匆，竟會有此安排。知道了這一通知，立刻萌發出「人生得一知己足矣」的嘆喟。所以我在這篇文章中套用古人「貧居鬧市無人問」的「俗語」，改為「窮在深山有遠知」。

　　這次「交際」（陳校長的垂訪和秀斌、徐江二君的也參加接待）收穫頗豐。特別是對有意研究新竹清華和了解梅校長的人：秀斌新竹之行，曾拍了一些紀念會和瞻仰「梅園」（梅校長的墓園）的照片：這次陳校長來，又應我們的要求，返回後立刻寄來了梅校長於1962年4月26日（離辭世只有不到一個月的時間）校慶時答謝校友的講話錄音。」

　　如今黃教授乘鶴西去，遙祝在天之靈能與未曾有一面之緣，但窮數十年心力弘揚的梅校長，以「忘年之交」，長伴左右，看顧他們共同深愛的清華。

▲ 清華之子，清華之師

▲ 人在深山有遠知

附錄：2012兩岸清華研討會致詞

2012年9月5日　星期三

很高興參加兩岸清華研討會，昨天晚上與今天早上我在台灣都有重要會議，所以未能參加開幕式，後來我注意到在金門會議後北京清華同仁還會訪問新竹清華，所以打算在新竹再與各位見面；據主辦單位告知，到新竹後會依領域分組，沒有大家聚在一起的機會；後來我說安排把大家聚在一起並非難事，又得知北京清華同仁有部分會直接回北京，因而與大家在此見面，一方面表示歡迎，另一方面也感謝金門大學熱誠協助接待。

剛才看到台上金門大學李金振校長題的「兩岸清華同根生，千里金大一線牽」佳句，真正反應三校的情誼；上個月我參加101年暑期大陸交換學生歡送會，在北京清華交換學生表演時，安排了一個唱校歌的節目，結果是兩岸清華師生合唱，看得其他學校交換學生驚訝羨慕不已；兩岸清華不僅同根同源，而都有同是一家人的認知；目前北京清華陳吉寧校長預定於十月八日訪問新竹清華，顧秉林前校長則預定於十月下旬來參加「梅貽琦校長逝世五十周年紀念會」，都將對深化兩校交流，有很實質的助益。

很高興看到近年來兩岸清華都有長足的進度。大陸清華「三個九年，分三步走」計畫，在1994-2002與2003-2011執行的前兩個九年計畫，成績斐然，今年起，第三個九年，目標是整體推進，全面提高，努力在總體上達到世界第一流大學水準，2020年後爭取早日成為世界著名一流大學；七月底在南京舉行的「兩岸四地大學校長會議」中得知，北京清華今年的總經費達到十八億美金，以學生人均經費來說要比台灣任何一個大學要高許多，也為第三個九年計畫，奠立了良好基礎，可喜可賀。

兩岸清華聯合研究，最主要的目的還是提升研究水準，往高層次發展。在比較容易量化的科學領域，如果我們看世界學術研究大勢，以科學引用指

標（Science Citation Index, SCI）期刊論文數來說，美國在2007-2011年五年間，每年都巧合的發表約50萬篇論文，中國大陸自2007年15萬篇增加至2011年22.1萬篇，增幅達47.4%，日本自2007年11萬篇減少至2011年9.7萬篇，減幅達11.7%，與此對應的，台灣增幅為16.4%而韓國增幅為17.5%；可見美國大致持平，中國大陸快速增加，日本則在下跌中，解讀這些數字變化雖只是反應學術實力的一種方式，但也與印象中各國的經濟甚至國力消長趨勢一致。

在頂尖標竿期刊方面，「科學」與「自然」兩期刊是科學界公認的涵蓋各科學領域論文的頂尖標竿期刊。

在1991-2000年（前十年）與2001-2010年（後十年）間，「科學」期刊各出版9,710與8,452篇論文（article），「自然」期刊對應的數字是9,804與9,192篇論文。在世界研發經費與人力於後十年較前十年均大增背景下，可能是基於希望維持高影響指數的考量，「科學」與「自然」兩期刊所出版論文數沒有大增而反各減少13%與6%，也表示投稿被接受難度更高。在1991-2000年，台灣、韓國、中國大陸與日本在「科學」期刊發表論文比率在前十年各為0.22%、0.17%、1.01%與5.43%。2001-2010年間各為0.75%、1.21%、4.70%與9.54%；在「自然」期刊發表論文比率在前十年各為0.19%、0.25%、0.85%與

▲ 與廈門清華校友會會長等合影

8.35%，後十年各為0.65%、1.27%、3.82%與10.16%。可看出日本在1991-2000年間科學已嶄露頭角，到2001-2010年更為強勁；韓國進步速度較臺灣快，但考慮人口因素，兩者在伯仲之間；中國大陸則進步驚人，且後勢看好。

再看科學超強美國，在「科學」期刊發表論文比率在前十年與後十年各為百分之53.07%與72.73%；在「自然」期刊發表論文比率在前十年與後十年各為44.42%與65.09%。與一般印象相反的是，美國主導地位，更為顯著。不可忽視的是，各地與美國合作而在「科學」與「自然」兩期刊發表論文均有顯著增加，一方面反應國際合作趨勢，另一方面，也難免有實際考量。

再看兩岸清華，在「科學」期刊發表論文，2003-2007年新竹與北京清華各6與2篇，2008-2012年各5與13篇，2012年各2與6篇，在「自然」期刊發表論文，2003-2007年新竹與北京清華各2與2篇，2008-2012年各5與19篇，2012年各2與4篇。北京清華在近五年有長足進步，而今年兩岸清華均表現突出，相信這種正向趨勢能在大家的共同努力下，尤其在兩校進行共同研發合作架構下，屢見亮點，發揚光大。

去年上海交大的大學評比結果，在兩岸四地三千多個大學中，北京清華第一，新竹清華第四，如果考慮規模因素，新竹清華是第一。兩岸清華合作，打遍天下無敵手，一加一遠大於二，相信在大家共同努力下，在不久的將來，達成共建華人首學，邁進世界頂尖目標。[1]

[1] 陳力俊，《一個校長的思考（一）：清華文史與校務》，338-340，致出版，台北（2018）。

附錄：2013年兩岸清華合作研究成果發表會致詞

2013年10月9日　星期三

　　本人今天很高興再次有機會參加兩岸清華合作研究成果發表會，去年約此時兩岸清華合作研究成果發表會在廈門對岸金門大學舉行，所以不少兩次盛會都參加的同仁，去年在金門近身看到「三民主義統一中國」大字標語之後，今番在廈門又有機會親見「一國兩制統一中國」巨型標語立牌，世遷事易，相映成趣；同時廈門在面對金門的海岸邊，除林蔭大道外，還有一長條很漂亮的綠帶，據說是因當年兩岸關係劍拔弩張時大規模禁建而得以保留下來，這就是歷史的弔詭了。

▲①與廈門大學朱崇實校長相見歡
　②廈大有「南方清華」之譽，活動可謂三地清華的共同盛會

很感謝廈門大學協助安排此次「兩岸清華合作研究成果發表會」，廈大在國立廈門大學時期，第一任校長薩本棟先生原是清華教授，薩校長到廈大得到清華的全力支持，可由廈大初期五十一位教授中有四十七位是清華人，而讓廈大有「南方清華」之譽；另一方面，1949年後，廈門大學第一任校長，任期長達二十年的王亞南先生也曾是清華教授，這是兩校關係又一佳話；所以今天的活動可謂三地清華的共同盛會。

廈門大學的校訓是「自強不息，止於至善」，「自強不息」取自《易經》乾卦卦辭「天行健，君子以自強不息」，「止於至善」取《易·艮卦》「道止於至善」之意，「自強不息」與清華校訓「自強不息，厚德載物」相輝映，《大學》開章明義即曰：「大學之道在明明德，在親民，在止於至善」。《大學》為四書之一，為南宋著名理學家朱熹取《禮記》中的《中庸》、《大學》兩篇文章，與《論語》、《孟子》合為「四書」，自宋代以來是中國人必讀的書。朱熹在《朱子語類》中曾說「先讀《大學》，以定其規模；次讀《論語》，以立其根本；次讀《孟子》，以觀其發越；次讀《中庸》，以求古人之微妙處。」而「朱子四書集注」在元、明、清三朝是科舉標準教科書，影響深遠。

在座許多先進可能知道廈門大學朱崇實校長是朱熹先生的第二十五代後裔，在約四年前與朱校長結識後，對朱子著作更加注意，不久前，閱讀朱子與著《東萊博議》的呂祖謙先生合編《近思錄》，選輯北宋理學家周敦頤、程顥、程頤、張載四人語錄而成書，以為學習四子著作的階梯。國學大師錢穆說：「後人治宋代理學，無不首讀《近思錄》」。書中第二卷〈為學篇〉中，有許多名言警句，如孔子說：「古之學者為己，今之學者為人」，伊川先生認為「古之學者為己，欲得之於己也；今之學者為人，欲見之於人也」，又如《中庸》云：「博學之，審問之，慎思之，明辨之，篤行之」。伊川先生曰：「博學、審問，慎思、明辨、篤行，五者廢其一，非學也」，孔子說：「知之者不如好之者，好之者不如樂之者」，伊川先生則曰：「知之必好之，好之必求之，求之必得之。古人此個學，是終身事。果能顛沛造次必於是，豈有不得道理？」皆有很精到闡釋，而對現代為學研究有啟發性。

去年在金門時，我曾提到「2011年上海交大兩岸四地大學排名」，北京清華與台灣大學並列第一名，新竹清華排名第四，最近公布的「2012年上海交大

兩岸四地大學排名」，喜見兩岸清華均有進步，北京清華與新竹清華分為第一與第三名，台灣大學則為第二名，第四至十名分為香港科大、香港中文大學、香港大學、北京大學、新竹交通大學、浙江大學、復旦大學；清華雖次於北京清大、台大，但是受限於規模以及資源投入，如將此兩項因素納入考慮，則新竹清華平均表現為最佳，是兩岸清華共同的榮耀。

最後向大家預告，新竹清華籌劃已久的「清華名人堂」，即將完成內裝工程；「清華名人堂」除在前壁上有梅校長與「國學院四大導師」浮雕以及胡適先生墨寶，內部首批胡適、楊振寧與李遠哲三先生半身銅雕已分別洽請兩岸三位雕塑大師進行，如一切順利，預定於十二月十九揭幕，目前已邀請到楊振寧與李遠哲兩先生共同揭幕，盛況可期，未來成為新竹清華高人氣景點，也邀請大家「共襄盛舉」。[1]

[1] 陳力俊，《一個校長的思考（一）：清華文史與校務》，341-343，致出版，台北（2018）。

附錄：清華三亞數學論壇致詞

2010年12月23日　星期四

　　首先我謹代表「國立清華大學」（又稱新竹清華），或者僅僅是「另一個清華」，對於成立清華三亞「數學論壇」表示熱烈的祝賀。由於新竹清華由梅貽琦校長於1956年在台灣新竹創立，而梅校長在1931-1949年間曾擔任北京清華校長，新竹清華與北京清華有著同樣的根源。此外，當新竹清華建立時，它繼續成為「清華基金會」的支持受益者，該基金會是由美國政府退還多索的義和團的償款而設立的，並且運用該基金在1911年建立北京清華。

　　今天，兩個清華有著相同的名字，同樣的大學校訓，同樣的大學校歌，非常相似的校徽，以及相同的建築物命名體系，兩校的一致性和相似性的清單可以不勝枚舉；總而言之，兩校之間的聯結非常密切和強大。這種緊密關係，在世界大學名校之間不是空前，也算是極為少見的。

▲ 兩岸清華大學校長聚首首屆三亞國際數學論壇

1949年，在國共內戰北京陷落之前的最後一刻，梅校長被國民政府派往北京的專機接往南京，而相當巧合的是，同年我隨家人經過此地（三亞）轉往台灣。在我的腦海裡對兩岸清華演變發思古之幽情之際，我特別興奮地見證在海南島上由另一個清華分支機構建立了世界級的中心。作為台灣「國家科學委員會」、「國家理論科學中心」主辦大學的校長，我預見「理論科學中心」中心與「數學論壇」之間的密切合作和積極互動，尤其是「數學論壇」主持人是由丘成桐教授擔任。而丘教授正是新竹清華2000年名譽博士，值得一提的是，丘教授是與其博士學位指導教授，也是清華校友的偉大的數學家陳省身教授於同年榮獲新竹清華名譽博士。

　　最後，讓我再次祝賀論壇的成立。謝謝！[1]

[1]　陳力俊，《一個校長的思考（一）：清華文史與校務》，348-350，致出版，
　　　台北（2018）。

附錄：兩岸清華研究生論文發表會致詞：
以文會友，以友輔仁

2012年3月10日　星期六

　　今天很高興來參加兩岸清華研究生論文發表會，此次論文發表，以藍色革命為主題，並依據兩岸清華研究的優勢領域，分設生物科技、新材料、新能源、社會科學、綠色供應鏈五個主子題，進行研討，以期開拓視野，啟迪智慧、增強創新意識，提高創新能力以及促進學術交流，營造濃厚的創新學術研究氛圍。規模與範圍都較以往擴大，允為可喜可賀。《論語・顏淵》篇中有曾子曰：「君子以文會友，以友輔仁」。今天各位在藍色革命領域各有學術專長，進行研討，希望藉初步交流而奠定未來建立深厚友誼的基礎，相互砥礪，造福人類社會，做到「以文會友，以友輔仁」。

　　今年適逢兩岸清華的永久校長梅貽琦校長逝世五十周年紀念。梅校長是清華第一屆直接留美生（1909），清華大學物理教授（1916年），教務長（1926年），代理校務（1928年），留美學生監督（1928-31年），清華大學校長（1931-48年），新竹清華大學校長（1956-62年）。終身服務清華，一生盡瘁清華大學，未曾一日間斷。清華事業就是他的事業。常言有云：見果知樹，兩岸清華今日均為兩岸數一數二世界名校，梅校長貢獻獨多且要。

　　梅校長素有寡言君子之稱，話少而切要。清華國學院四大導師之一的陳寅恪先生曾說：「假如一個政府的法令，可以像梅先生說話那麼嚴謹，那麼少，那個政府就是最理想的」。事實上，培養君子是清華的教育目標。民國三年，清華國學院另一位導師梁啟超先生來清華演講「君子論」，引用《易經》乾坤二卦卦辭「天行健，君子以自強不息；地勢坤，君子以厚德載物。」來勉勵清華學生，後來濃縮為「自強不息，厚德載物」，成為代表清華的校訓。清華大學文學院前院長，有民國百年哲學第一人之譽的洪友蘭先生有人生四境界之

說：即人生分自然、功利、道德、宇宙四境界；自然境界追求本能的善，功利境界追求個體的善，道德境界追求社會的善，宇宙境界追求宇宙的善，認為梅校長是道德境界的典範。梁啟超先生在「君子論」中更期勉知識份子改良我社會，促進我政治。我國古訓有「道、德、仁、義、禮，五者一體」之說。仁者愛人：人之所親，有慈慧惻隱之心，以遂其生成。

今天看到兩岸清華優異學子齊聚一堂，切磋砥礪，甚為感動與欣慰，同時讓我想起梅校長講過的一個笑話：有一個公司老闆以懼內出名，想要了解如何可以不怕老婆，所以在一次聚會裡要求員工說，怕老婆的站到右邊，不怕老婆的站到左邊，結果只有一個員工站到左邊，他趕緊向他請教，不料這位員工告訴他，我老婆叫我不要到人多的地方去。怕老婆事實上在中外名人中常見，包括蘇格拉底、蘇東坡、林肯以及清華第二屆直接留美生胡適先生。胡適先生更組織PTT（怕太太）協會，以幽默方式處理，可見清華人的智慧。最後祝論壇圓滿成功。[1]

[1] 陳力俊，《一個校長的思考（一）：清華文史與校務》，351-352，致出版，台北（2018）。

附錄：第二屆北京清華
——頂新兩岸領袖生來訪

2012年8月15日　星期三

　　首先歡迎北京清華——頂新兩岸領袖生來訪，這次除兩岸清華外，兩岸各有六校領袖生參與，是難得的增進了解，互相學習，建立友誼的機會。

　　新竹清華大學於1956年由梅貽琦校長在現址建校。梅校長於1931-1948年擔任北京清華校長，1956-62擔任新竹清華校長，是公認的兩岸清華永久校長。在去年4月24日校慶前一天，北京「中央電視台」、「新華社」與「中新社」記者曾連袂到新竹清華大學採訪。他們報導說：走進校園，馬上感受著同一個名字下兩所學校的親緣。兩岸清華同根同源，兩岸清華不僅有同樣的校名、校歌和校訓，觸目可見的紫色，「新竹清華的前五任校長都出自北京清華，他們把治學理念、育人精神和校風都帶到了新竹清華。兩岸清華人在一起，總有著別樣的親切。」清華在去年歡慶百周年時發動以「校友百人會」方

▲ 現今世界的問題，也就是中國的問題，反之
　中國的問題，也是世界的問題

式籌募建造多功能體育館經費，北京清華台灣校友會沈會承會長與香港清華校友會李佳林會長也共襄盛舉，顯示兩岸清華同為一家人的深厚情誼。

新竹清華建校後第一屆校友林多樑（Duo—Liang Lin）教授，為美國紐約州立大學水牛城分校退休物理學榮譽教授。他在北京奧運前名氣大噪，是因為在網路上網友狂傳在美國《華盛頓郵報》上發表的英文詩〈你們究竟要我們怎樣生存？〉並引起中西方網友熱議。這首詩主要內容是：西方列強當年侵略中國，鄙視中國人，在中國崛起時，又認為中國為主要威脅，一方面從殖民時代巧取豪奪資源，至今仍漫無節制消耗資源，種下地球暖化、氣候變遷、資源枯竭禍因，一方面又強烈譴責以中國為首的開發中國家發展工業促成污染加劇、摧殘地球，處處防堵，以雙重標準嚴格批判，充滿偽善；在北京奧運前後，西方媒體妖魔化中國可謂「無所不用其極」，中國做什麼都不對，點出問題，自然大快人心，獲得極大迴響。但暴露出兩個問題，第一這首詩根本不是林教授寫的，他只是覺得部分有道理，而曾轉寄一些有人分享，這告訴我們資通訊發達時代，要冷靜接收訊息，不要隨意傳播；第二是儘管部分西方人得了便宜而賣乖，不懷好意，但人口暴增、資源枯竭、地球暖化、氣候變遷等是事實，不管公不公平，所有人類要面對；這也告訴我們，不能單向思考。美國作家，《大亨小傳》（The Great Gatsby）作者F. Scott Fitzgerald曾說：「the test of a first—rate intelligence is the ability to hold two opposed ideas in the mind at the same time, and still retain the ability to function.」也就是說有一流智慧的領導人

▲ 新竹清華的前五任校長都出自北京清華

要容納兩種相反的概念在心中盤桓，從中衡量，做出明智的抉擇，而不要被教條、迷信、口號、習俗甚至情緒誤導與迷惑，聞風起舞。重要的是認清事實，冷靜以對，西方媒體的偏見不會消失，人類面臨的生存危機，也真實存在，需要人類共同解決。

另一方面，現今世界的問題，也就是中國的問題，反之中國的問題，也是世界的問題。有學者估計，從永續發展觀點，目前全球七十億人對資源的消耗要1.5個地球才能支撐。有人說，西方自工業革命以來，放出溫室氣體，換來富足生活，到東亞開始步入小康，就大喊要限制使用化石能源，是多麼的不公平？這是我們面對的現實；山雨欲來風滿樓，中國處於暴風圈中，瀕臨危急存亡之秋，期盼兩岸領袖生未來面對關係人類生存發展的嚴峻局面，充實自己，發揮領導力量，協助尋求解決之道。[1]

[1] 陳力俊，《一個校長的思考（一）：清華文史與校務》，353-355，致出版，台北（2018）。

「百年追憶
——王國維之女王東明回憶錄」序言

2013年3月16日　星期六

　　王國維先生是一位傳奇人物，不幸在八十五年前以英年早逝，而他的長女王東明女士，正以百歲人瑞，撰寫傳奇，而這本「百年追憶」正是兩個傳奇的交會。

　　去年清華大學慶祝一百周年，歷數奠定建校璀璨百年之基的清華人，國學院四大導師自是首選之一；今年有機緣自大陸邀請清華名師後裔參加校慶，適見中國時報報導高齡逾百的王東明女士在台北每週仍票戲的新聞；經與王女士聯絡，得以面邀參加校慶活動，而當王女士於校慶日應邀出現於慶祝大會、午宴，並參與下午座談時，以健朗之姿，穩健台風，親切溫馨聲調，侃侃而談，立即風靡全場，成為活動焦點，並贏得許多粉絲（fan）。

　　在與王女士的晤談中，得知其正在寫回憶錄，當即表達希由清華大學出版的願望，王女士也很爽快的應允，後來「台灣商務印書館」也來邀約；基於王國維先生在身前身後與兩個單位的深厚淵源以及王女士的首肯，決定共同出版「百年追憶」是兩全其美的辦法。

　　王國維先生於1925年受任清華國學院導師；清華在此前以留美預備學校著稱，王先生與梁啟超先生等受聘清華國學院，振動學術界，開啟清華迅速成為國內學術重鎮之先河；近一年來，我在清華活動中曾屢次引用他的人生三境界說以及對詩人的看法：「詩人對宇宙人生，須入乎其

▲百年追憶是兩個傳奇的交會

內，又須出乎其外。入乎其內，故能寫之。出乎其外，故能觀之。入乎其內，故有生氣。出乎其外，故有高致」，同時日本京都大學松本紘校長在清華演說中也提到王先生對文化交流的見解，都可看到王先生對清華與國內外文史思想界的影響，仍方興未艾；王先生身後，知友陳寅恪先生撰文的《清華大學王觀堂先生紀念碑銘》有云「惟此獨立之精神，自由之思想，歷千萬祀，與天壤而同久，共三光而永光」。誠如王女士所言，王先生學術是我中華民族的文化瑰寶，也是全球的文物遺產，我們有責任維護它！宣揚它！

本書分兩部分；上編「記憶中的父親」記述王先生之家世背景、為學歷程、生平軼事、家庭與休閒生活、清華園故事、親子互動以及投湖經過等，引人入勝，並能使讀者對王先生行誼有進一步了解；下編「國學大師之女回憶錄」，包括百歲自述與生活雜記，可看出王女士平凡中之不平凡；她在父親身後，不足十四歲時無意中看到母親遺書，能冷靜的設法說服母親打消死志；抗日戰爭爆發先逃難至浙西一帶，後隨叔父在上海英租界集資為流亡失學青年辦建「浙光中學」；太平洋戰爭爆發，日本入侵上海英租界，「浙光中學」被迫解散，再輾轉到達後方；1948年，由上海至台灣高雄任教師；1950年秋與陳秉炎先生結婚並在私立泰北中學任教。1953年春起，負責台北縣永和鎮消費合作社中央公教人員實物配給，工作了二十多年，一直到1982年，年屆七十歲，隨消費合作社停辦而離職。退休後在家養老，除了整理父親的遺物外，有時到各地旅遊探親訪友；1994年開始迷上京劇，堅持學唱了十多年，增進身心健康，

▲ 王東明女士風靡全場

延年益壽，順利達成「唱到九十九」的願望，可看出她剛毅進取、開朗豁達的個性，行文亦莊亦諧，充滿人生智慧，可讀性甚高。

清華校友胡適之先生在晚年常闡述：「交友以自大其身」，王女士結識愛京劇，又愛閱讀、寫作的「忘年交」李秋月女士，願意悉心採訪整理王女士的記述，促成這本精彩的「百年追憶」早日問世，亦為王氏傳奇，再添佳話。最後也感謝「台灣商務印書館」共襄盛舉！[1]

[1] 陳力俊，《清華行思與隨筆（上）》，103-105，致出版，台北（2019）。

介紹岳南先生與梁帆女士記者會致詞

2011年11月30日　星期三

　　很高興今天有機會向大家介紹兩位最新的清華人，一位是來自中國大陸，馳名考古紀實文學作家岳南先生，現擔任教學發展中心駐校作家，另一位是大陸倫理學、環境倫理學學者梁帆女士，擔任科技管理學院經濟系客座助理教授，這兩位專家入駐清大，使原已多元的清大校園學術文化，更顯得豐富。

　　兩位專家所以入駐清大，梁啟超先生可謂串起二位駐校教師的關鍵人物。民國三年，清華國學院四大導師之一的梁啟超先生，到清華演講時引用《易經》乾坤二卦卦辭「天行健，君子以自強不息；地勢坤，君子以厚德載物」來勉勵清華學生，學校因而訂定「自強不息，厚德載物」為清華校訓，沿襲至今，對清華優良學風和樸實校風的養成產生了深遠的影響。岳南先生在2007年的著作《1937-1984：梁思成、林徽因和他們那一代文化名人》，以及2011年以介紹梁啟超等大師故事完成巨著《南渡北歸──南渡、北歸、傷別離》，其

▲ 兩位專家入駐，豐富清大校園學術文化

中梁啟超，梁思成、林徽因夫婦與梁從誡先生分別是梁帆女士的曾祖父，祖父、母及父親。在《南渡北歸》第一章中，即敘及梁思成、林徽因夫婦在抗戰初期，倉惶南渡，當時五歲的梁從誡先生後來回憶說：「我父母原來是一對年青、健康、漂亮的夫妻，九年後北歸，已成為蒼老、衰弱的病人」，讀來令人惻然。清大建校百年之際，在因緣巧合安排下，這二位學有專精又與清大有密切關聯的傑出人士，現在都從中國大陸北京來到海峽對岸的新竹清大聚首，對我們三方而言意義重大。

前一陣子，台灣有家企業被大陸某商業團體評為馳名企業，我才了解出名分有名、知名、著名與馳名等級，以此分類而言，岳南先生著作至今暢銷數百萬冊，無疑是遠近馳名作家。他是中國大陸首位在全球具影響力的考古紀實文學作家。主要作品有《風雪定陵》、《陳寅恪與傅斯年》、《南渡北歸》三部曲等，多次在中國大陸內外獲獎。岳南先生既不是歷史學者，也不是考古學者，卻因秉持對文化的熱愛，力求以嚴謹認真、處處有典的態度來書寫歷史，部部暢銷、本本精采，也因此奠定其紀實文學大師的寫作地位。岳南先生將自12月起在清大進行多場學術講座，包括：「二十世紀知識份子的南渡北歸──以西南聯大為主軸的起承轉合（清華通識講堂）」、「中國盜墓傳奇與考古大發現」、「曾侯乙墓超級青銅編鐘的發現」，以及講授「非虛構文學創作技巧」。

梁帆女士自幼即受有「中國民間環保第一人」之稱父親梁從誡的身教影響，對環境議題有很深的體認。她2010年自美國紐約市立大學獲得哲學博士學位後，受聘於中國社會科學院中─英─瑞中國適應氣候變化專案課題組擔任特聘專家，研究重點為「氣候移民當中的公平問題」。除此之外，梁帆目前最關注的學術問題涉及可持續發展（或「永續發展」）的文化內涵，尤其是中國民間傳統文化中的「綠色」智慧。梁帆女士雖然以倫理學，尤其是與經濟相關的倫理議題，包括環境倫理、生態資源配置、以及經濟學的倫理與價值論基礎等為主要專長，她對環境永續性、公平分配、以及經濟成長之間的複雜關係的議題也涉獵很深。她目前在清大經濟系教授「經濟學與倫理學」課程。並預計會承擔生態經濟學及與氣候變化相關的課程。這些以英語為主要授課語言的課程，既向學生介紹了可用來考慮經濟與環境問題之間關係的新思路，新視角，又同時從哲學層面深化了學生對現實困境的理解。以豐富學識，及對環境資源

永續維護的踐行力，教育大學部同學能從多元的角度，思考全球經濟快速發展造成環境變遷、全球暖化、資源短缺、以及所得分配惡化等問題。

　　清大前校長梅貽琦著名的格言：「所謂大學者，非謂有大樓之謂也，有大師之謂也」，影響清華近八十年，也足見「人」的因素在成就一所頂尖大學所扮演的重要角色。百歲清大鍾靈毓秀，在邁向華人首學目標努力的過程，不斷從各領域吸納人才，讓校園在多元且開放的文化激盪下，能迸發更多學術潛能，也建構更優質的教與學環境。[1]

[1]　陳力俊，《一個校長的思考（二）：清華校務與教育成果》，295-296，致出版，台北（2019）。

附錄：「梁任公來台百年紀念會」致詞

2011年12月28日　星期三

　　今天很歡迎大家來參加「梁任公來台百年紀念會」。今年適逢民國百年、清大建校百年亦為梁任公來臺百年，是三個百年同慶的佳年，且均與清大有緣。大約兩、三個禮拜前，楊儒賓教授建議舉辦「梁任公來台百年紀念會」，並願配合捐贈有關梁任公來台珍貴文物，感謝圖書館與楊儒賓教授在很短的時間內，積極籌辦此次紀念會，如期在梁任公來台百年舉行，並展示梁任公主題館藏與珍貴文物。

　　民國3年梁啟超先生在清華的演講「君子論」，引用《易經》乾坤二卦卦辭「天行健，君子以自強不息；地勢坤，君子以厚德載物」來勉勵清華學生，後來濃縮為「自強不息，厚德載物」，成為代表清華的校訓與清華精神，民國14年清華大學國學院成立時，梁啟超先生與王國維、陳寅恪、趙元任先生並列為四大導師，震動中國學術界，也讓北大黯然失色。值得一提的是梁啟超先生

▲楊儒賓教授捐贈有關梁任公來台珍貴　▲紀念會海報
　文物

哲嗣梁思成與梁思永先生均為清華人，而於民國37年同時當選為中央研究院首屆院士。梁氏一族與清華淵源深厚。

梁啟超先生是百科全書式學者，是百年來中國最重要的思想家、哲學家、教育家、史學家、文學家和、新聞出版家和政論家之一。二十二歲時，即領導「公車上書」，反對清廷簽訂《馬關條約》，二十五歲時，因參與戊戌變法失敗而流亡。一生除積極參與社會與政治改革運動，倡導新文化外，浸淫古今中外多家學說，文思泉湧，著作等身，最膾炙人口的是曾應邀為蔣百里先生《歐洲文藝復興時代》作序，寫成之後，序的篇幅和蔣百里書相當，於是以《清代學術概論》為題，單獨成書。日後更對《清代學術概論》作了重要的補充，出版《中國近三百年學術史》，計25萬餘字，反請蔣百里先生作序，一時傳為佳話。

梁啟超先生〈新民說〉、〈論新民為今日中國第一急務〉等宏文，曾有多篇載入台灣中學課本中。梁啟超先生以「飲冰室」為齋號。源自《莊子・人間世》中「吾朝受命而夕飲冰，我其內熱歟」，意為早上接受任命，晚上就得飲冰，以解心中之焦灼。梁啟超先生用此號表現出他一貫的憂國憂民之心。本人在新竹中學唸高一時，作文比賽忝得第一名，獎品即為一本《飲冰室文集》，可謂與梁啟超先生有特別緣分。梁任公百年前來台，對當時正在萌發的台灣民族民主運動以及文化及文學上，都產生相當的影響力。今天大家有幸共同慶三個光輝百年，也要感謝駐校作家岳南主講「梁啟超與西方科學」，台師大國文系許俊雅教授主講「百年之遊：梁任公來台始末」，本校客座教授亦即梁任公曾孫女梁帆女士參與，以最恰當的方式紀念梁任公來台百年。[1]

[1] 陳力俊，《一個校長的思考（一）：清華文史與校務》，365-367，致出版，台北（2018）。

清華人在台灣：「東方隆美爾」孫立人

　　孫立人（1900-1990）於1914年以安徽省第一名的成績考取清華學校（今清華大學）庚子賠款留美預科，接受八年的留美預備訓練。在眾多球類運動中最擅長的是籃球。1920年他任清華籃球隊隊長，獲得華北大學聯賽冠軍。1921年入選中國國家男子籃球隊，獲得第五屆遠東運動會籃球冠軍。孫立人進清華後的第二個學期，因玩蹺蹺板受傷而住院治療，又因輸尿管障礙，休學一年，終於治癒，故在清華九年，於1923年畢業。

　　後赴美國留學，獲普渡大學土木工程學士、維吉尼亞軍校博雅教育學士，是抗日戰爭時期少數留美、不是黃埔軍校出身的軍官，二次大戰緬甸戰場重要將領。孫立人1942年任師長指揮新38師在緬甸仁安羌之戰，以寡敵眾擊退日軍，救出7000名英軍及500名西方記者和傳教士，後來就被英軍和美軍暱稱他為東方隆美爾（與隆美爾一樣勇猛善戰）。國共內戰前期，孫立人在東北戰場與共軍林彪相持，參與第二次四平戰役、臨江戰役等，但與上級杜聿明將帥不和，於1947年4月被調閒職，沒參與第二階段大戰。

　　1947年11月被調台灣，曾任陸軍訓練司令，在臺灣建立新軍。1949年1月21日蔣中正發布「引退文告」。2月11日，美國麥克阿瑟將軍派一名中將特使到台灣，以專機邀請孫立人到東京會談。同月，青年軍第201師調臺灣受訓。並在10月在金門參加古寧頭戰役。1955年，[1]指揮作戰的胡璉將軍在所著《泛述古寧頭之戰》提及「論功行賞時，以友軍201師為第一首功。」[2]

　　1950年3月1日，蔣介石宣布復行視事，以孫為陸軍總司令，兼任臺灣防衛總司令。1951年5月，孫立人晉升陸軍二級上將。1954年6月24日，蔣中正將孫立人調任至無實權之總統府參軍長。

　　1955年6月，政府當局以其部屬少校郭廷亮預謀發動兵變為由，對孫實施看管偵訊。8月20日，孫立人兵變事件公開化，政府以「縱容」部屬武裝叛

亂、「窩藏共匪」、「密謀犯上」等罪名，公開革除孫總統府參軍長職務，孫被判處「長期拘禁」在台中市向上路寓所，出入都遭到特務監視，不能與人交談。但監察院由「五人小組」自行發動調查孫立人「兵變案」，結果認為郭廷亮等確係主張軍事改革，但絕無興兵叛亂之情節，孫立人對此應毫無責任。2001年1月8日，監察院通過決議，稱孫案乃「被陰謀設局的假案」。

　　1988年1月13日蔣經國過世後，同年5月接任總統的李登輝，下令解除了孫長達33年的軟禁，恢復其自由。1990年11月19日，孫立人病逝於臺中市西區的寓所，享壽89歲。喪禮中靈柩由清華大學校旗覆旗委員洪同、李幹、劉兆玄、張昌華覆蓋校旗，備極哀榮，是孫立人與清華自1914年結緣的淒美句點。[1]

　　孫立人與清華的交會，另有：

一、1944年，緬北反攻，孫立人親自到西南聯大做宣講，「一寸山河一寸血、十萬青年十萬軍」，鼓勵學生參軍。

二、孫立人在緬甸戰場任新38師師長、新一軍軍長，有堅強清華團隊，包括齊學啟（1923級，新38師少將副師長，政治部主任）、潘白堅（1923級，少將軍法處長　政治部主任）、賈幼慧（1925級，新一軍少將副軍長）。[3]

三、其兒女多就讀清華大學，如長女中平1974年畢業於清華大學核子工程系，幼女太平1979年畢業於清華大學化學系，1978年年長子安平畢業於中原理工學院，考入清華大學物理研究所，其義子「揭鈞」曾任清華大學化學系客座教授，可見孫將軍與清華關係特深。1979年幼女太平自清華大學化學系畢業，孫將軍幾經抗爭，才被獲准低調出席。

　　按孫立人始終認為「中國安定，天下太平」，因此其四位子女即取其中「中」、「安」、「天」、「太」再加上「平」字做為他們的名字。

四、孫將軍曾在清華園「二校門」模型前手植杜鵑花。

五、梅校長日記記載，於1956年1月14日晤蔣經國，談及擬往看孫立人，蔣表示可以往看，同年2月8月在台北與葉公超前教授，同往看孫立人，攜王陽明傳，嚴誓齋傳贈與，談約三刻別出。[4]

六、梅校長日記記載，1956年8月13日記曾為孫將軍重用的清華校友，美國炮兵學校畢業，時任陸軍副總司令賈幼慧將軍來寓，稍談立人近狀，現在台中某地休養，情形尚好。

七、2000年11月13日－12月7日，清大藝術中心展覽廳展出「孫立人百年冥誕

文物紀念展」。

八、2012年9月21日，新竹清華舉辦「清華文武雙傑紀念會」，紀念孫將軍與
曾任台灣省主席的吳國楨校友（1921級）。

九、2018年10月13日，「清華學子抗日名將孫立人圖片展」在北京清華大學校
史館開幕。

[1] 維基百科：https://zh.wikipedia.org/wiki/孫立人

[2] 胡璉，《泛述古甯頭之戰 [修訂本]》），《傳記文學》雜誌總第186-187號，
（1977）。

[3] 薛軍，《孫立人將軍和他的清華抗日團隊》，15-19，《清華校友通訊》
2015年（下）。

[4] 楊儒賓、陳華編，《梅貽琦文集1：日記1956-1957》，清華大學出版社，
新竹（2005）。

▶①1954年4月孫立人宴請梅
　貽琦校長
　②參訪紀念館與孫將軍次子
　孫天平（右三）合影
　③孫將軍長女孫中平榮膺清
　華傑出校友

附錄：清華文武雙傑紀念會致詞

2012年9月21日　星期五

　　首先歡迎及感謝各位來參加清華文武雙傑紀念會。去年清華大學歡慶一百周年以及在台建校五十五周年校慶，是一個盤點過去，策勵將來的好時機。當時大家在思索的一個重要問題是「清華大學對台灣社會發展有甚麼貢獻與影響」？對我個人而言，除了較為熟知的孫立人校友事蹟外，很驚奇的發現1949-1953年擔任台灣省主席的吳國楨先生也是校友。在1949年，中原板蕩，國民政府播遷台灣，風雨飄搖之際，吳國楨省主席與孫立人將軍，一文一武分別擔任台灣軍政首長，文武雙傑對台灣社會政治、軍事局勢發揮了中流砥柱的作用，奠定後來穩定發展，建設台灣為自由民主基地良好基礎。

▲ 孫立人將軍　　　　▲ 吳國楨省主席

今年適逢梅貽琦校長逝世五十周年，梅校長一生奉獻清華，在兩岸清華擔任校長二十四年期間，奠定了北京清華與新竹清華在兩岸分別成為數一數二名校的基礎，是兩岸清華永久共同校長。梅校長在清華服務期間，培育無數人才，歷數對台灣生存發展卓有貢獻清華校友，始自吳國楨省主席與孫立人將軍，因此在紀念梅校長逝世五十周年系列活動中，安排了「清華文武雙傑紀念會」，同時彰顯清華人對台灣的貢獻。

　　吳國楨省主席與孫立人將軍雖然一文一武，但有共同的背景與發展軌跡，相似的際遇、命運，唯有身後遺緒相當不同；吳國楨校友於1954年留亡美國後，台灣報刊雜誌鮮少報導，吳又屬歷史學者唐德剛先生所云「有將無兵」的「政學系」，吳出走後幾近被「連根拔除」；孫立人將軍則門生故舊遍布軍中，又有子女、義子等人在台灣成長，解嚴後獲得大眾注目。據Google中文檢索，吳與孫各約64,200與1,930,000辭條，Yahoo中文檢索，吳與孫各約20,500與81,300辭條，吳與孫在華人世界的話題性有相當的差距。

　　吳國楨省主席與孫立人將軍除均為清華傑出校友，保送留學美國深造，返國後歷任要職，先受蔣介石先生重用，分別在文治武功上嶄露頭角，有功於家國，在政府遷台，風雨飄搖之際，也同膺重命，對台灣安定發展，卓有貢獻，終因與蔣介石、蔣經國父子有根本矛盾，不容於當道，吳先出走美國，遭撤職查辦，旋與政府達成和解，從此流亡異邦，直到一九八四年逝世未再踏入台灣一步；孫則以「縱容」部屬武裝叛亂、「窩藏共匪」、「密謀犯上」等罪名，被革除職務，判處「長期拘禁」，軟禁三十三年後平反，病逝後獲得褒揚，兩人宦海大起大落，情節離奇，均顯有相當的冤屈與悲劇性。

　　吳國楨先生為清華1921級校友，1926年，23歲時，獲得普林斯頓大學政治學博士。曾任蔣介石機要秘書，漢口、重慶與上海市市長、臺灣省主席等要職，蔣介石曾說：「平生待人，未有如待吳（國楨）者」。吳在省主席任內，致力於推動台灣人地方自治、農業改革，允許某些地方官員職位由普選產生，並試圖減少濫用警權，而與蔣經國先生系統激烈爭執而著稱，1953年5月24日，吳與妻子前往美國。吳出走後，國民政府有一連串打壓動作，先是立法院長三次質詢，列舉罪狀，1954年3月17日國民大會通過臨時動議要求政府除撤免職務並依法究辦，同日再以「總統命令」：「據行政院呈：『本院政務委員吳國楨於去年5月借病請假赴美，託故不歸，自本年2月以來，竟連續散布荒

誕謠諑，多方詆毀政府，企圖淆亂國際視聽，破壞反共復國大計，擬請予撤職處分。另據各方報告，該員前在臺灣省主席任內，多有違法和瀆職之處，自應一並依法查明究辦，請鑒核明令示遵』等情。查該吳國楨歷任政府高級官吏，負重要責職20餘年，乃出國甫及數月，即背叛國家污衊政府，妄圖分化國軍，離間人民與政府及僑胞與祖國之關係，居心叵測，罪跡顯著，應即將所任行政院政務委員一職予以撤免，以振綱紀，至所報該吳國楨前在臺灣省政府主席任內違法與瀆職情事，並應依法澈底查究辦，此令。」將吳撤職查辦，並開除吳國楨的國民黨籍。耐人尋味的是，吳五次上書蔣介石，隔海公開叫陣，四月中旬，蔣與吳達成和解。此後國府不再攻擊，吳也停戰。吳國楨從此流亡美國，直到一九八四年逝世。

本紀念會在邀請吳校友家人參加上也不十分順利；年初曾面邀吳校友女婿中央研究院院士厲鼎毅與其夫人參加，不意厲院士夫婦以及吳校友另一女兒都因健康因素未克前來。由於台灣長期戒嚴，吳與台灣各界互動非常有限，吳事件不得在公共媒體上討論，有關他的著作也很少見，似在台灣集體記憶中消失，以致解嚴後的今天，大眾對曾在關鍵時刻擔任省主席三年多（1949.12-1953.4）的吳校友所知幾乎一片空白，正顯示到本紀念會的切時性，今天很感謝兩位對吳校友有研究的國史館呂芳上館長與《夜來臨：吳國楨見證的國共爭鬥》校訂者馬軍教授能幫吳校友行宜有所補白，在紀念之餘，也希望能夠吸引更多歷史學者與吳校友親友故舊能共同建立其更清晰的音容像貌。

▲ 往者已矣，來者可追，不讓青史化成灰

孫立人將軍為清華1923級校友，1927年美國維吉尼亞軍校畢業，他的行宜大部分可以孫立人於1990年11月19日病逝後，總統李登輝頒發褒揚令呈現：

> 總統府前參軍長除役陸軍二級上將孫立人，學精韜略，性秉剛方，早歲自美國維吉尼亞軍校畢業，歸國陳力，歷經剿匪、抗戰、戡亂諸役，南北馳騁，戰績彪炳，洊膺團、師、軍長、陸軍副總司令、總司令兼台灣防衛總司令等職，勳猷卓著。尤以抗戰時遠征緬甸，解仁安羌盟軍之圍，復破頑敵，打通中印公路，揚威異域，馳聲宇內；來台後，組訓新軍，鞏固復興基地，益宏靖獻。茲聞溘逝，軫悼殊深，應予明令褒揚，用昭勳藎。

總統李登輝

行政院長郝柏村

中華民國七十九年十二月七日

典璽官　甯紀坤

　　在褒揚令中略而未提的是孫將軍於1954年6月陸軍總司令任期屆滿，調任無實權之總統府參軍長，1955年6月，政府當局以孫立人將軍與其部屬少校郭廷亮預謀發動兵變為由，對孫實施看管偵訊。8月20日「總統府」發佈「徹查令」以「縱容」部屬武裝叛亂、「窩藏共匪」、「密謀犯上」等罪名，革除孫總統府參軍長職務。10月23日，9人調查委員會，報告出爐，結論是：孫的部下「為中共工作」，利用孫的關係在軍中聯絡軍官，準備發動「兵諫」，孫未及時「舉報」亦未「採取適當防範之措施」，「應負責任」。孫被判處「長期拘禁」，軟禁三十三年後平反，1988年5月時任總統的李登輝才解除孫長達33年的「監護」。1990年11月19日病逝。孫將軍為何遭到罷黜，並被長期軟禁，這部分相信在紀念會中應多有剖析；這裡我特別要提孫將軍有三位子女為清華大學校友，曾在清華園手植杜鵑花；1979年，長子安平和么女太平同時從清華畢業，在軟禁中的孫將軍獲准參加畢業典禮。逝世後靈柩由清華大學校旗覆旗委員洪同、李翰、劉兆玄、張昌華覆蓋校旗。

　　另一方面，據梅校長日記記載，於1956年1月14日晤蔣經國，談及擬往看

孫立人，蔣表示可以往看，同年2月8月在台北與葉公超前教授，同往看孫立人，攜《王陽明傳》、《嚴習齋傳》贈與，談約三刻別出。另8月13日記曾為孫將軍重用的清華校友，美國炮兵學校畢業，時任陸軍副總司令賈幼慧將軍來寓，稍談立人近狀，現在台中某地休養，情形尚好。

梅校長日記有言簡意賅特色，但短短數語，可看到梅校長對孫校友的關心。梅校長於五十年前逝世，而吳孫兩校友也分別於二十八年與二十二年前辭世，今天的紀念會是紀念一生奉獻清華的梅校長與兩位對國家社會有重大貢獻的傑出校友，他們是清華人的代表，也是清華人的驕傲；先賢孟子強調「知人論世」，認為應站在前人、當事人的立場去設想去體會，不苛求前人，「以今非古」，不溢美不隱惡。在大時代的洪流下，兩位校友在功成名就，處於人生高峰之際都陡遭奇變，黯然退出歷史舞台，「往者已矣，來者可追」，清華人在唏噓之餘，更應奮發有為，以文字語言與行動，「不讓青史化成灰」，以致類似悲劇發生在現世代，而如杜牧在〈阿房宮賦〉中所說「後人復哀今人」。[1]

[1] 陳力俊，《一個校長的思考（一）：清華文史與校務》，318-322，致出版，台北（2018）。

清華人在台灣：「文藝復興人」葉公超

　　葉公超（1904-1981），於1929-1935年間為清華大學外文系教授，後在西南聯大曾代理外文系主任，對日抗戰期間，轉任外交工作，曾任中華民國駐美大使（1958-1961）、外交部長（1949-1958）、總統府資政。

　　從文學到外交，葉公超都是一流與風流人物。他是將艾略特（T.S. Eliot）詩作引進中國的第一人。葉公超是一個才子，不論在文學還是外交的領域。胡適說他的英文是第一等的，他擅書畫，且是極出色的文藝批評家，美國漢學家費正清（John Fairbank）稱他為「學貫中西的中國文藝復興人」。1949年國府來臺前夕，開啟他近十年的外交部長任期，他代表臺灣簽下《中日和約》與《中美共同防禦條約》，並於1958年臺海危機時，接下駐美大使之職，1950年代是葉公超的黃金歲月，任何與國府打交道的外國人，無人不識喬治葉（George Yeh）的大名。「飛揚跋扈為誰雄」，葉公超是中國近代外交史扛鼎之人。[1]有「文學的天才，外交的奇才」的美譽，英語之好，梁實秋亦贊「英

▲1957年胡適、葉公超與梅校長合影

文造詣特深，說寫都很出色」。

　　1961年因與蔣介石在外蒙古入聯問題上持不同策略，於10月13日奉急召返國，旋被免職：先遭「留在總統身邊以備顧問」為由不得返任，後在當年11月改聘為行政院政務委員，從此遭到長期監視，並被禁止出國長達16年。1978年5月後轉任總統府資政閒職。離開仕途後寄情書畫，「怒而寫竹，喜而繪蘭，閒而狩獵，感而賦詩」，稱自己是「悲劇的一生」，梁實秋亦形容其晚年「情況相當落寞」。

　　1981年，葉公超病逝於台北榮民總醫院。《聯合報》刊登一篇署名楊子的文章，題目為〈紅粉知己〉，評價葉道「既有器識過人、恃才傲物的名士風度，又是一個才華橫溢而終為俗吏所讒的悲劇英雄」。[2]

　　葉公超與新竹清華的交會，有記載者包括：

一、時任外交部長的葉公超回憶說：「梅貽琦在美國的時候，我每次至紐約都去看他，都勸他回臺灣來，而且要把清華的錢用在臺灣。他每次都說：『我一定來，不過我對清華的錢，總要想出更好的用法來我才回去。』有一次，他拿出許多計畫來，他說：『我不願意把清華的錢去蓋大房子，去作表面上的工作。』他一直在想如何拿有限的錢為國家作長期的研究工作。那時候國內就有些人對梅先生不甚滿意，認為他是一個守財奴，只肯把錢用在國外，不肯用在臺灣。我最初也這樣想，後來我才知道他並非如此，而是比我想的周到。他是第一個想到現在的長期發展科學，至少胡適

▲1957年5月葉公超（左）與孫立人（右）合影

之先生是這樣告訴我的。」[3]

二、在台北與梅貽琦前校長以及胡適校友會面合照,

三、在《遠路不須愁日暮》一書中,收錄有1960年時任駐美大使葉公超在華盛頓雙橡園與參加「中基會」第三十一次年會董事合影照片。[4]

四、清華校園「八角亭」題字:「八角亭」在「成功湖」步道的一端,與垂岸的楊柳並依,小巧獨特。此亭是由08級(1936年畢業)校友於畢業四十年(即1976年)所共同捐建,其亭中的匾額上乃由葉公超先生題字「八極四秩」,取「和道八極,賞樂四序,顏曰八極四秩蓋亦諧意八級四十也」,亦即第八級畢業四十年之意。按八極指八方極遠之地,四序即四季。

五、閻振興前校長擔任教育部長時,常與時任政務委員葉公超在行政院院會見面,據閻振興回憶說:「每次葉公超來開會,使會場氣氛很輕鬆融洽。他人很幽默,常常講一些笑話。」[1]

六、2013年,清華大學成立「亞洲政策中心」,並設置「葉公超講座」。該中心結合清華相關學術及研究資源,扮演中立的智庫角色,發揮政策建議功能。同時,首任中心主任兼「葉公超講座教授」由美國在臺協會(American Institute in Taiwan, AIT)臺北辦事處前處長司徒文博士(Dr. William A. Stanton)擔任。[5]

[1] 湯晏,《葉公超的兩個世界:從艾略特到杜勒斯》,衛城出版,台北(2015)。

[2] 維基百科:https://zh.wikipedia.org/wiki/葉公超

[3] 岳南,《「大學與大師」(下冊)1930-1960,烽火中的大學如何奠基百年教育》繁體字版,時報出版,台北(2019)。

[4] 楊翠華、龐桂芬編,《遠路不須愁日暮:胡適晚年身影》,中央研究院近代史研究所,台北(2005)。

[5] 陳力俊,《一個校長的思考(二)》,170-171,致出版,台北(2019)。

胡適與「中華教育文化基金董事會」

　　胡適先生在1927.6.29-1929.1.3及1929.6.29-1962.2.4擔任「中華教育文化基金董事會」（「中基會」，China Foundation for the Promotion of Education and Culture, CFPEC）的董事，前後達35年。「中基會」於1929.6.29第5次年會，議決接受國民政府教育部及清華基金保管委員會之委託，負責永久保管與營運「清華大學基金」。

　　根據「中基會」檔案，在1929.1.3-4第3次董事會常會中，通過由趙元任取代胡適為董事，但旋即於同年6.29第5次年會，以胡適取代為汪精衛為董事，並任秘書之職。同年7.9第18次執行委員會修正通過接收「清華大學基金」及代管「清華大學基金」每月退還庚款的辦法。1930.7.2第6次董事會年會中，通過改組科學委員會為編譯委員會，核定經費五萬元，聘任胡適為委員長。[1]

　　對應梁實秋年表，1930.12.23胡適因任事於中華教育文化基金會的編譯委員會，向梁實秋先生正式提出翻譯莎士比亞全集的計畫，斥款五萬元。[2]

▲胡適（後排左三）於1960年在華盛頓參加中基會第三十一次年會（「胡適紀念館」授權）

在《遠路不須愁日暮》一書中，收錄有胡適參加「中基會」第六次（南京，1930）、第二十八次（華盛頓，1957，胡適為代理幹事長）、第三十一次（華盛頓，1960，胡適作回顧分析）等合影照片。[3]

在胡適逝世後，「中基會」在胡適墓左前方立有紀念碑，銘文中文部分為：「胡適先生，在擔任中基會董事（一九二七－一九六二）三十五個漫長的年頭裡，不斷地給人們一種興奮與鼓勵。他領導的活動，向追求人類的光明路上走著。」後署「中華教育文化基金會」全體董事敬上，中華民國五十三年四月。顯示胡先生與「中基會」深厚關係以及部分宏大貢獻。

[1] 〈1924-2018業務報告〉，台北：財團法人「中華教育文化基金會」，2019年3月。

[2] 〈梁實秋年表〉：http://archives.lib.ntnu.edu.tw/theLianghouse/liang_01.jsp

[3] 楊翠華、龐桂芬編，《遠路不須愁日暮：胡適晚年身影》，中央研究院近代史研究所，台北（2005）。

▲ 他領導的活動，向追求人類的光明路上走著

清華人在台灣：「一代哲人」胡適

　　胡適（1891-1962）因提倡文學革命而成為新文化運動的領袖之一，曾擔任國立北京大學校長、中央研究院院長、中華民國駐美大使等職。胡適興趣廣泛，著述豐富，在文學、哲學、史學、考據學、教育學、倫理學、紅學等諸多領域都有深入的研究。主張少談主義，主張先疑後信，主張科學佐證，盡信書不如無書。他擁有三十六個博士，是世界上擁有最多博士學位的人之一。

　　1910年考取庚款第二屆「清華直接留美班」留學美國，入康乃爾大學選讀農科。1915年入哥倫比亞大學哲學系，師從於約翰‧杜威。

　　1917年初，在《新青年》上發表《文學改良芻議》。同年回國任北京大學教授，參加編輯《新青年》，1919年接辦《每周評論》，發表《多研究些問題，少談些主義》，主張改良主義，引發「問題與主義論戰」。1920年離開《新青年》。

　　1922年，任國立北京大學教務長兼代理文科學長，創辦《努力周報》。1924年創辦《現代評論》周刊。1925年2月，參加北京善後會議，並參與起草部分會議文件。1926年與其師郭秉文等人在美國發起成立華美協進社。1926年7月－1927年5月遊歷英國、法國、美國、日本諸國。1927年與徐志摩等組織成立新月書店。

　　1928年創辦《新月》月刊。任中國公學校長。1929年在《新月》雜誌上發表《人權與約法》一文，標誌著「人權運動」的開始，隨後發表《我們什麼時候才可有憲法——對於建國大綱的疑問》、《知難，行亦不易——孫中山先生的「行易知難」說述評》、《新文化運動與國民黨》。1930年1月，胡適、羅隆基、梁實秋三人有關人權問題的文章結集為《人權論集》交新月書店出版，後被國民黨政府查禁。4月10日在《我們走那條路》中提出：「要剷除打倒的是貧窮、疾病、愚昧、貪污、擾亂五大仇敵」。

1932年任國立北京大學文學院院長兼中國文學系主任，並創辦《獨立評論》，胡適先後共為其撰寫了1309篇文章。

1938年任中華民國駐美國大使。1942年9月8日，辭去駐美大使一職，旅居紐約，從事學術研究。1943年，應聘為美國國會圖書館東方部名譽顧問。1944年9月，在哈佛大學講學。1946年7月5日，國立北京大學校長胡適由美國返回中國抵達上海。

1948年12月15日，蔣中正派專機接運留在北平之學人胡適等到南京。1949年4月6日，胡適應中華民國政府要求，從上海前往美國當說客，為和平解決國共內戰問題尋求美國政府的介入，胡適在美國發表《共產黨統治下決沒有自由：跋所謂〈陳垣給胡適的一封公開信〉》；《自由中國》創刊，胡適任名義上的「發行人」。6月19日，新任閣揆閻錫山發表胡適為外交部長，但胡適拒絕上任。

1950年應聘為普林斯敦大學葛思德東亞圖書館館長。6月23日，主管亞太事務的美國助理國務卿迪安·臘斯克約見胡適，試圖說服胡適出面領導流亡海外及臺灣的反共親美的人士，以取代蔣中正的政權，不過胡適對此表示全無興趣。當時美國對蔣完全喪失信心，希望建立第三勢力以對抗共產黨擴張，因胡適無此興趣而不了了之。他於1950年代初期偶回臺灣參與政治活動與講學。例如：以國大代表參與總統選舉投票、擔任光復大陸設計研究委員會副主任委員及協辦由雷震主筆的《自由中國》雜誌等等。

1954年至1955年，以批判俞平伯《紅樓夢研究》為導火線，中國大陸掀起了批判胡適運動。1957年11月，胡適當選中華民國最高研究機構中央研究院院長，並於隔年4月回到臺灣定居就任。自此，胡適多時往返臺、美兩地。1959年兼任國家長期科學發展委員會主席。

1961年2月胡適身體不適，醫生診斷為冠狀動脈栓塞症加狹心症。此次住院2月，後回家自養，但身體已日漸衰弱。11月病情惡化，至臺大醫院療養，隔年2月出院。1962年2月24日，參與中央研究院第五屆院士歡迎酒會時，心臟病突發病逝。蔣中正以「新文化中舊道德的楷模；舊倫理中新思想的師表」敬輓。中華民國政府將胡適於臺北的公配居所改建為胡適紀念館。另外，臺北南港當地士紳，也捐出一片面積達兩公頃，位於研究院附近的個人私地闢建為胡適公園，作為胡適的墓地。[1]

梁啟超與胡適是近代影響中國思想最大的兩位學者，梁啟超是清末到新文化運動期間引領社會思潮和思想文化進步的一個人物。胡適是新文化運動以後引領中國社會和中國思想文化思潮進步的人物。[2]胡適在1922年日記裡說：「現今的中國學術界半新半舊的過渡學者，也只有梁啟超和我們幾個人。」這是胡適對包括自己在內的評價。「清華國學院」籌備期間，胡適受先向校長曹雲祥推薦梁為導師，而梁啟超亦對胡適甚為推崇。[3]胡適很喜歡「談墨」，梁啟超將作品《墨子》箋注輯為《墨經校釋》四卷，送請胡適作序。胡適在這篇長序讚美任公的貢獻，但也提出自己的看法。他認為墨子不曾見到戰國名將吳起的死——吳起死時，墨子已去世多年，而且墨學已是一種宗教。任公常說：「績溪諸胡多才，最近更有胡適之」。[1]

胡適與林語堂是現代中國兩個代表性人物；林語堂在悼念老友的文章中，稱其為「當代中國第一人」，「道德文章，人品學問，足為我輩師表」，對胡適有極其崇高的評價。[4]

史學大師陳寅恪在1940年「中央研究院」選舉新院長時，為胡適是一票，從昆明赴重慶參會，並說：「院長人選必須是國際學術界的知名學者，胡適對中國的幾部小說的研究和考證的文章，在國外學術界是很有影響的。」[5]

[1]　節錄自維基百科：https://zh.wikipedia.org/wiki/胡適，並稍作修改

[2]　耿雲志，《半新半舊的過渡學者：胡適與梁啟超》，北京：北京日報，2014年07月28日。

[3]　岳南，《「大學與大師」（上冊）1910-1930，民初學人如何在洪流中力挽狂瀾》繁體字版，時報出版，台北（2019）。。

[4]　周質平，《胡適與林語堂，自由的火種》，允晨文化，台北（2018）。

[5]　吳應瑜，《陳寅恪家族舊事》，中國文史出版社，北京（2016）。

▲①遠路不須愁日暮
　②與長子、媳、孫兒於台北合影（「胡適紀念館」授權）
　③晚年歲月與台灣
　④中研院故居書房（「胡適紀念館」授權）
　⑤南港墓園
　⑥1959年2月長期科學發展委員會成立擔任主任委員（「胡適紀念館」授權）

清華人在台灣：「現代太史公」錢穆與家族

　　錢穆（1895-1990），中央研究院院士，歷史學家，儒學學者，教育家，香港新亞書院及新亞中學創校人。錢穆一生以教育為業，五代弟子冠蓋雲集，余英時、嚴耕望等人皆出門下。著有《中國近三百年學術史》、《國史大綱》上下冊、《四書釋義》、《中國歷史研究法》、《論語新解》上下冊、《中國文化叢談》（一）（二）、《朱子新學案》一至五冊、《中國學術通義》、《中國學術思想史論集》（1）-（8）、《中國文學論叢》、《現代中國學術論衡》、《晚學盲言》、《中國史學發微》等。與呂思勉、陳垣、陳寅恪並稱為中研院院士嚴耕望所評選的「現代四大史學家」。[1]

　　錢穆雖是廣義的「清華人」，曾在清華授課，並曾任清華、北大、南開合組的「西南聯大」教授，但從未擔任清華專任教授。另一方面，錢穆家族則與清華淵源深厚，其親侄錢偉長為清華校友與教授，並曾擔任副校長，其子錢遜以及莫逆之子族侄錢鍾書亦為清華校友與教授。「西南聯大」初立時，北大與清華師生曾群議分校，爭主獨立，錢先生力排眾議，一言九鼎，才平息下來。[2]

〔附記〕：錢偉長、錢遜與錢鍾書

一、錢偉長[3]

　　錢偉長父親是錢穆長兄錢摯。「偉長」這個名字為錢穆所取。1931年錢穆成為北大副教授，錢偉長聽從建議，去清華就讀。

　　1931年9月16日，錢偉長到清華大學報到，一開始招生時並不分專業，九一八事變發生後，錢偉長轉學物理，以振興中國的軍力。1935年，錢偉長以優異的成績從清華大學物理系畢業。

1935年夏天，錢偉長考取中央研究院南京物理研究所的實習研究員以及清華物理系的研究生。錢穆認為他應該繼續學習，於是便去了清華大學研究院。1939年赴昆明在西南聯合大學講授熱力學。1939年，錢偉長通過第七屆中英庚款會公費留學力學專業的考試，1940年1月赴加拿大多倫多大學學習。錢偉長和指導教授辛格用50天時間完成了論文《彈性板殼的內稟理論》，發表於世界飛彈之父馮‧卡門的60歲祝壽文集內。

抗日戰爭結束後，錢偉長於1946年5月回國。應清華大學之邀，擔任機械系教授。直到1949年，他幾乎包辦了清華、北大、燕京大學所有的應用力學、材料力學的課程。

1949年3月，清華大學成立委員會，錢偉長為常委兼副教務長。1952年院系調整後，錢偉長被任命為純工科的清華大學教務長。1954年，當選為中科院學部委員兼中科院學術秘書。1980年代被任命為清華大學副校長，仍兼教務長和力學教授。

1957年1月發表《高等教育的培養目標》，反對蘇聯教育體制中的一些工作思路，提倡理工合校，重視基礎學科，在清華大學內引發三個月的大討論，並最終在反右中被劃為右派分子，批判為反動學術權威、萬能科學家，停止一切工作。被劃為右派之後，錢偉長被強制「勞動改造」，1968年至1971年被下放到北京特種鋼廠煉鋼車間勞動鍛鍊。1979年中央撤銷把錢偉長劃為右派分子的決定。

1980年恢復為中國科學院學部委員，擔任全國政協常委、中國文字改革委員會委員。1987年任全國政協副主席、《中國應用數學和力學進展》雜誌主編。1990年任中國海外交流協會會長。1983年被鄧小平親自下調令，調任至上海工業大學，任校長一職，並寫明此任命不受年齡限制。1992年率先在上海市提倡並實行學分制。1993年上海工業大學、上海科技大學、原上海大學、上海科技高等專科學校合併成立為現在的上海大學，並於1996年成為國家211工程重點建設高校之一。2010年在上海逝世，享年98歲。

二、錢遜

錢遜（1933-2019），錢穆之子。1952年－1953年先後畢業於清華大學歷史系、中國人民大學馬列主義研究班。1953-1981年先後在清華大學馬列主義

基礎教研組、哲學教研組任教，曾任教課程《論語》和《道德經》。1982年後轉攻中國思想史。1982年至1985年3月任清華大學文史教研組主任，1985年3月至1994年任清華大學思想文化研究所副所長，1995年1月至1999年9月任所長。2019年於8月22日病逝，享年85歲。[4]

　　錢穆在上世紀60年代著有《論語新解》，錢遜則把自己對《論語》的研究寫成《論語淺解》一書，並不斷修訂完善。通過自己的精心研究，錢遜認為《論語》是教人修身做人的書，他說：「自天子以至於庶人，壹是皆以修身為本。這句話很好地概括了《論語》的思想核心。」在他看來，修身不只為自己，還要使別人也能夠得到安樂，更進一步還要使百姓都能過得好。論者認為「錢遜老師為代表的這一代學者，是清華文科的靈魂，是國學的精髓。」、「清華大學歷史系教授錢遜不遺餘力傳播國學，以恆地研究著《論語》，研究著儒家傳統文化，他踏踏實實地、一章一句地為我們解讀，他的這種平實的態度深深感動著我們」。[5]

三、錢鍾書

　　錢鍾書（1910-1998）之父錢基博（字子泉）是最早欣賞錢穆的學者。兩人都是無錫人，同宗不同支。1923年秋，經已在無錫省立第三師範任教多年的錢基博推薦，錢穆應聘到該校教國文。課餘，兩人常在一起晤談。錢穆在《師友雜憶》中記道：「時其子鍾書方在小學肄業，下學，亦常來室，隨父回家。子泉時出其課卷相示，其時鍾書已聰慧異常。」

　　錢鍾書曉暢多種外文，包括英、法、德語，亦懂拉丁文、義大利文、西班牙文等。台灣著名作家、詩人兼講座教授余光中分析當代中文時，常稱道錢西學列於中國人之第一流。

　　1929年，鍾書考上清華大學，1933年夏，畢業於清華大學外文系，獲文學學士，赴上海光華大學任教。1935年考取第三屆庚子賠款公費留學資格，名列榜首，留學英國牛津大學埃克塞特學院。1937年獲得文學學士學位，隨後赴法國巴黎大學從事一年的研究。

▲ 錢鍾書有清華才子之稱

1938年9月回國，赴昆明西南聯大任教授，後轉湖南藍田國立師範學院教書。錢鍾書留居藍田兩年。《談藝錄》問世後，廣受好評。1941年暑假，去上海探親，再也沒有回藍田。錢鍾書在小說《圍城》中成功塑造了一批特點鮮明的知識分子，生動地再現當時知識分子的普遍狀態與心態。1949年任清華大學外文系教授，後獲評為一級教授。

1950年到1953年，錢鍾書擔任《毛澤東選集》1-3卷英譯委員會委員。1957年，錢鍾書的《宋詩選注》出版，不久即遭到批判。1960年，錢鍾書又參加毛澤東詩詞英譯本的定稿工作。1969年11月，下放至「五七幹校」，1972年3月回京，開始寫作《管錐編》。1979年，在其學術代表作《管錐編》中，錢鍾書不僅通過傳統的訓詁方法澄清了許多學術史上之公案，更在大量文獻梳理與互證的基礎上，作了精闢與獨到的評論。是集數十年功力的學術鉅著，尤其對比較文學有所貢獻，自成一家之言，他也因此被推為現在中國的文化批評大師。[6]

在蘇州中學任教時，錢穆的《國學概論》最終完稿，即請錢基博作序。由於工作繁忙，加上想藉此考考兒子，錢基博就將這項任務交給正在清華大學讀書的錢鍾書。1931年，《國學概論》由商務印書館出版發行，其中赫然印著錢基博的序。他在《自序》中提到：「又承子泉宗老作序，加以針砭」，對此深表謝意。[7]

1949年後，錢基博錢鍾書父子留在了大陸。1985年蘇州建城2500周年，由錢鍾書出面寫信邀請錢穆先生回來參加紀念大會，可惜錢先生因為身體原因未能與會。[8]

1980年代之後，錢鍾書逐漸受到中外學界的重新肯定，一股錢鍾書熱愈燒愈旺，隱然有「錢學」成形之勢；多少人到了北京，都要慕名前往三里河的錢宅一訪。然而，對照錢鍾書一生—青年意氣風發，惜墨如金；中年身處鋪天蓋地的鬥爭浪潮中，立說無著，美志不遂；晚年即使有意創作，也有時不我與之憾。[9]

[1] 錢穆紀念館網址：http://web.utaipei.edu.tw/~chienmu/bigEvent.html

[2] 錢穆，《八十憶雙親、師友雜憶（合刊）（二版）》，三民書局，台北（2009）。

[3]　節錄自維基百科：https://zh.wikipedia.org/wiki/錢偉長

[4]　節錄自維基百科：https://zh.wikipedia.org/wiki/錢遜

[5]　〈驚聞：國學大師之子錢遜教授逝世〉，原文網址：https://kknews.cc/culture/5rzy8a3.html

[6]　節錄自維基百科：https://zh.wikipedia.org/wiki/錢鍾書

[7]　錢鍾書，〈為錢穆《國學概論》作序〉。原文網址：https://read01.com/0doQO3.html#.Xi-GCjIzam0

[8]　〈錢穆與錢鍾書父子〉，原文網址：https://kknews.cc/culture/v8jkq2l.html

[9]　湯晏，《民國第一才子錢鍾書》，時報出版，台北（2001）。

▲①錢穆在台北故居誨人不倦
　②錢偉長留學前與親叔錢穆合影
　③錢遜教授不遺餘力傳播國學
　④錢穆台北故居素書樓

清華人在台灣：「幽默大師」林語堂

　　「文學大家、幽默大師」林語堂（1895-1976）是一代國學大師，著有《吾國與吾民》、《生活的藝術》、《京華煙雲》等，並將孔孟老莊哲學和陶淵明、李白、蘇東坡、曹雪芹等人的文學作品英譯推介海外，是第一位以英文書寫揚名海外的中國作家，也是集語言學家、哲學家、文學家於一身的知名學者。[1]

　　林語堂於1916年（21歲）應邀任北京清華大學中等科英文教員，鑽研中國古典文學、語言學，及改革漢字索引的方法。林語堂說道：「蓋自任清華教席之後，我即努力於中國文學，今日之能用中文寫文章者皆得力於此時之用功也。」

　　據另一文學大師梁實秋在《清華八年》中回憶，林語堂在中等科教過他英文。林先生活潑風趣，當時對於胡適白話詩甚為傾倒，嘗於英文課中在黑板上大書「人力車夫，人力車夫，車來如飛……」，然後朗誦，擊節稱賞。學生們1924級的「級呼」是請林語堂給學生們作的：Who are, Who are, Who are we? we are, we are, twenty-three。[2] 另據後來擔任教務長的吳澤霖回憶：「當時的清華，為了促進學生有組織、有領導的課外活動，在中學部發起了一種半軍事性質的童子軍組織。梅貽琦教授與一些年輕教師如林語堂等都響應參加，充當了中隊長，與學生們共同操練，並不時同他們遠足旅行或宿營。在這些頗費時間的活動中，梅先生始終認真負責。我當時就是他那個中隊的隊員。」[3]

　　1919年（25歲），於清華任滿三年，向學校申請半官費獎學金擬赴美深造。清華規定，任教三年的在職教師，可由校方資助出國。林語堂在

▲ 兩腳踏東西文化，一心評宇宙文章

1919年獲得了留美的機會。但清華又規定，特別年輕的教師和課業不佳的留美學生，只能獲得半額獎學金，即每月只有四十美元。因為林語堂屬於特別年輕的教師，所以只能得到半額獎學金。林語堂去美國的海輪「哥倫比亞」，同船的有六十二位清華畢業生，包括桂中樞、錢端升、錢昌祚等，還有像林語堂一樣拿半公費的郝更生、吳南軒、樊逵羽等人。[4]

　　8月同夫人赴美，9月入哈佛大學比較文學研究所。1920年（26歲），清華半官費遭取消，遂向北大申請預支，胡適慷慨匯款救濟。有關林氏清華半官費遭取消一事，林語堂在自傳中提到：「我必須要提一下留美學生監督施秉元。我在哈佛讀完了一年，各科成績都是A。這時使我感到詫異的一件事是，我的半額獎學金忽然被取消了，有關方面也並沒提出理由。這位施秉元等於砍了我的頭。等後來我聽見他死亡的消息之時，我聞人死而感到歡喜雀躍，未有如此次之甚者，後來才知道他是自殺身死的。他原是清華學校的校醫，由於他叔父是駐美大使施肇基這項人事關係，他才弄到這個多人覬覦的差事。他大概是做股票投機生意失敗而自己上吊吊死的。他若不把我的獎學金取消，我就不致因為一般的貨幣貶值被迫到法國去半工半讀，後來又到德國去，我就這樣兒成了一個窮學生。」[5]

　　在哈佛讀完一年，因經費不足，申請前往法國為華工服務，從事平民教育工作。1922年（28歲），獲哈佛大學碩士學位。再度獲胡適資助。進入以語言學馳名的萊比錫大學攻讀博士，研究中國音韻學。1923年（29歲）以論文《古代中國語音學》獲語言學博士學位。1924年（30歲），五月將Humor譯為「幽默」，為「幽默」一詞出現之始。1932年（38歲），九月創辦《論語》半

▲ 在台北演講，右為羅家倫

月刊，以「兩腳踏東西文化，一心評宇宙文章」為編寫範圍與態度（翌年提出），提倡幽默文學。《論語》的成功，使先生得到「幽默大師」的美稱。[4]

　　林語堂曾短暫任新設「南洋大學」（後併入國立新加坡大學）校長，據報導：「南大執委會也曾與前清華大學校長梅貽琦博士接觸，梅貽琦對南洋華人有意創辦一間華文大學，覺得意義重大。當時他有一位女兒住在吉隆坡，他表示想從美國過來先看看，然後再作決定。據說僑領李光前曾極力推薦梅貽琦：認為他是一個很合乎理想的人選。因為李光前認為，辦大學的，一個作家不如一個學者，一個學者不如一個教育家，一個教育家又不如一個教育事業家，而梅貽琦正好是一個有辦大學經驗的教育事業家。」但為何林語堂成為首任校長，原因不明。[6]

[1]　厲向君，《蜚聲世界文壇的中國作家林語堂》，巴蜀書社，四川（2012）。

[2]　〈梁實秋八年黃金歲月在清華度過〉：https://kknews.cc/zh-tw/history/p4bxqpz.html

[3]　岳南，《「大學與大師」（下冊）1930-1960，烽火中的大學如何奠基百年教育》繁體字版，時報出版，台北（2019）。

[4]　林語堂年表：https://www.linyutang.org.tw/big5/years.asp

[5]　林語堂，《林語堂自傳》，群言出版社，北京（2010）。

[6]　「國學大師林語堂與南洋大學恩怨」：https://kknews.cc/history/kjakpp.html

①台北故居
②故居書房一角
③故居墓園

清華人在台灣：「文學大師」梁實秋

　　梁實秋先生（1903-1987）是一位中外聞名的文學大師。1915秋考入清華學校，1923年8月赴美留學，先後進入科羅拉多大學、哈佛大學深造。馳騁於文壇五十多年，集散文家、翻譯家、評論家、學者與教育家於一身，有「中國新文學的瑰寶」、「國之寶」的美譽。是清華「四大才子」之一。[1]

　　梁實秋在清華讀過八年書，由14歲到22歲，自然有不可磨滅的印象，難以淡忘的感情。他曾寫過一篇《清華八年》，敘述了八年的求學經歷，偏重他所接觸的師友及一些瑣事之回憶。[2]

　　梁實秋回憶，北平（北京的舊稱）清華園的大門，上面橫匾「清華園」三個大字。字不見佳，是清朝大學士那桐題的。遇有慶典之日，門口交叉兩面國旗——五色旗。通往校門的馬路是筆直一條碎石路，上面鋪黃土，經常有清道夫一勺一勺地潑水。校門前小小一塊廣場，對面是一座小橋。橋畔停放人力車，並繫著幾匹毛驢。

▲ 台北雅舍

▲ 故居書房

校門以內是一塊大空地，綠草如茵。有一條小河橫亘草原，河以南靠東邊是高等科，額曰「清華學堂」，也是那桐手筆。校長辦公室在高等科樓上。民國四年（1915）梁實秋考取清華，由父執陸聽秋（震）先生送他入校報到。陸先生是校長周詒春（寄梅）先生的聖約翰同學。學生們進校先去拜見校長。校長指著牆上的一幅字要梁實秋念，他站到椅子上才看清楚。梁實秋沒有念錯，校長點頭微笑。

大禮堂是後造的。起先集會都在高等科的一個小禮堂里，凡是演講、演戲、俱樂會都在那裡舉行。新的大禮堂在高等科與中等科之間，背著小河，前臨草地，是羅馬式的建築，有大石柱，有圓頂，能容千餘人，可惜的是傳音性能不甚佳。

科學館是後建的，體育館也是。科學館在大禮堂前靠右方。梁實秋在裡面曾飽聞科羅芳的味道，切過蚯蚓，宰過田雞（事實上是李先聞替他宰的，他怕在田雞肚上劃那一刀）。後來校長辦公室搬在科學館樓上。教務處也搬進去了。原來的校長室變成了學生會的會所，好神氣！

體育館在清華園的西北隅，雖然不大，有健身房，有室內游泳池，在當年算是很有規模的了。在健身房裡梁實秋練過跳木馬、攀杆子、翻斛斗、爬繩子、張飛賣肉……游泳池梁實秋不肯利用，水太涼，不留心難免喝一口，所以到了畢業之日游泳二考試不及格者有兩個人，一個是趙敏恆，一個不用說就是他。

▲ 與胡適先生合影

圖書館在園之東北，中等科之東，原來是平房一座，後建大樓，後又添兩翼，踵事增華，蔚為大觀。閱覽室二，以軟木為地板，故走路無聲，不驚擾人。書庫裝玻璃地板，故透光，不需開燈。在當時都算是新的裝備。清華圖書館藏書相當豐富，每晚學生麕集，閱讀指定參考書，座無虛席。大部頭的手鈔四庫全書，梁實秋還是在這裡首次看到。

　　校醫室在體育館之南，小河之北。小小的平房一幢，也有病床七八張。

　　工字廳在河之南，科學館之背後，乃園中最早之建築，作工字形，故名。房屋寬敞，几淨窗明，為招待賓客之處，平素學生亦可借用開會。工字廳的後門外有一小小的荷花池，池後是一道矮矮的土山，山上草木蓊鬱。凡是純中國式的庭園風景，有水必有山，因為挖地作池，積土為山，乃自然的便利。有昆明湖則必安有萬壽山，不過其規模較大而已。清華的荷花池，規模小而景色佳，廳後對聯一副頗為精彩——

　　　　檻外山光歷春夏秋冬萬千變幻都非凡境
　　　　窗中雲影任東西南北去來澹蕩洵是仙居

　　橫額是「水木清華」四個大字。聯語原為廣陵駕鶴樓杏軒沈廣文之作，此為祁雋藻所書。祁雋藻是嘉慶進士、大學士。所謂「仙居」未免誇張，不過在一片西式建築之中保留了這樣一塊純中國式的環境，的確別有風味。英國詩人華次渥茲說，人在情感受了挫沮的時候，自然景物會有療傷的作用。

　　梁實秋在清華最後兩年，時常於課餘之暇，陟小山，披荊棘，巡遊池畔一周，不知消磨了多少黃昏。聞一多臨去清華時用水彩畫了一幅「荷花池畔」贈梁實秋。梁實秋寫了一首白話新詩〈荷花池畔〉刊在《創造季刊》上，不知是郭沫若還是成仿吾還給他改了兩個字。

　　工字廳的西南有古月堂，是幾個小院落組成的中國式房屋，裡面住的是教國文的老先生。有些位年輕的教英文的教師，記得好像是住在工字廳。美籍教師則住西式的木造洋房，集中在圖書館以北一隅。從住房的分配上，也隱隱然可以看出不同的身份。

　　清華園以西是一片榛莽未除的荒地，也有圍牆圈起，中間有一小土山聳立，學生們稱之為西園。小河經過處有一豁口，可以走進沿牆巡視一周，只見

一片片的「萑葦被渚，蔥苹抽涯」，好像是置身於陶然亭畔。

學生們的制服整齊美觀，厚呢的帽子寬寬的帽沿，燙得平平的。戶外活動比較有趣，圓明園舊址就在學生們隔壁，野徑盤紆，荒纖交互，正是露營的好去處。用一根火柴發火炊飯，不是一件容易事。飯煮成焦粑或稀粥，也覺得好吃。五四之後清華學生排隊進城，隊伍整齊，最能贏得眾人喝彩。

進高等科之後，生活環境一變，梁實秋已近成年，對於文學發生熱烈的興趣。組織「小說研究社」，出版了一冊《短篇小說作法》，還占據了一間寢室作為社址。稍後擴大了組織，改名為「清華文學社」，共約30餘人。梁實秋和聞一多所作之《冬夜草兒評論》即成於此時。

《清華周刊》是梁實秋在高四時致力甚勤的一件事。周刊為學生會主要活動之一，由學校負責經費開支，雖說每期50-60頁不超過100頁，但裡面有社論、有專論、有新聞、有文藝，儼然是一本小型綜合雜誌，每周一期，編寫頗為累人，常常秉燭不眠，務期斟酌於至當，而引以為樂。周刊的文藝一欄特別豐富，有時分印為增刊，厚達200頁。

高四的學生受到學校的優遇。全體住進一座大樓，內有暖氣設備，有現代的淋浴與衛生設備。高四一年功課並不鬆懈，惟心情愉快，即將與校園告別，反覺依依不捨。

教梁實秋英文的美籍教師有好幾位，梁實秋最懷念的是貝德女士，她教學生們《作文與修辭》，梁實秋受益良多。她教學生們作文，注重草擬大綱的方法。題目之下分若干部分，每部分又分若干節，每節有一個提綱挈領的句子。有了大綱，然後再敷演成為一篇文字。這方法其實是訓練思想，使不枝不蔓層次井然，用在國文上也同樣有效。她又教學生們議會法，一面教學生們說英語，一面教學生們集會議事的規則（也就是孫中山先生所講的民權初步），於是學生們從小就學會了什麼動議、附議、秩序問題、權利問題，等等，終身受用。大抵外籍教師教學生們英語，使用各種教材教法，諸如辯論、集會、表演、遊戲之類，而不專門致力於寫、讀、背。是於實際使用英語中學習英語。

教梁實秋體育的馬約翰先生黑頭髮綠眼珠，短小精悍，活力過人，每晨10時，一聲鈴響，全體自課室蜂湧而出，排列在一個廣場上，「一、二、三、四，二、二、三、四……」連作15分鐘的健身操，風霜無阻，也能使大家出一頭大汗。

梁實秋的國文老師當中，舉人、進士不乏其人，他們滿腹詩書自不待言，不過傳授多少給學生則是另一問題。清華不重國文，課都排在下午，畢業時成績不計，教師全住在「古月堂」自成一個區域。梁實秋懷念徐鏡澄先生，他教梁實秋作文莫說廢話，少用虛字，句句要挺拔，這是梁實秋永遠奉為圭臬的至理名言。梁實秋曾經寫過一篇記徐先生的文章。

[1]　徐虹主編，《清華四才子》，東北師範大學出版社，吉林（1997）。
[2]　〈梁實秋八年黃金歲月在清華度過〉：https://kknews.cc/history/p4bxqpz.html

清華人在台灣：民主鬥士殷海光

在台北有紀念館的「清華人」中，殷海光較為特別，因為殷先生是英年早逝的異議份子，而非如胡適、錢穆、林語堂與梁實秋等馳名文壇而高壽的人物，但其在台灣約二十年的時間，對台灣的反威權與民主化。仍留下不可磨滅的影響。

殷海光先生1919年生，1969年去世，今年恰是其百年冥誕。他是台灣自由主義的開山大師。早年求學於西南聯大哲學系、清華大學哲學研究所，1949年來台。曾任《中央日報》、《自由中國》主筆，台灣大學哲學系教授。殷海光是1950-1960年代台灣最有影響力的知識份子之一，他深受羅素、海耶克、波柏等哲學大師的影響，極力宣揚反抗權威、追求自由思想。著作極豐，他的著述以深刻的思想、縝密的邏輯，以及充滿激情的文字，影響海外的知識界與民眾，代表著作有《海耶克和他的思想》、《思想與方法》、《邏輯新引》、《怎麼判別是非》、《中國文化的展望》等。

▲「自由中國雜誌社」同仁與胡適（中排左四）
　合影，後排右二、右四分別為殷海光、雷震

殷海光7歲時入學受教育，有關他的小學、中學兩階段，分別是在家鄉和武昌完成。自幼年起，就是一位非常喜愛自由、且任性發展的人。在武昌的中學唸書時，他往往對喜歡的功課孜孜不倦，因此成績特別好，反之則常不及格。[1,2]

高中時期殷海光便迷上哲學，十六歲便於《東方雜誌》發表文章，17歲念高中二年級時，就在正中書局出版了一部長達40萬字的譯著《邏輯基本》。受到當時哲學大師金岳霖的影響與幫助，1938年考取西南聯合大學哲學系，1942年大學畢業後隨即考取清華大學哲學研究所，專攻西方哲學。殷海光在晚年曾回憶金岳霖與學生沈有鼎的互動，認為金岳霖很有雅量。[3]

高中畢業後，殷海光到北平，親自向金岳霖、熊十力等人問學；直到1938年時考入西南聯大，正式師從金岳霖。抗戰結束初期，殷先生開始在重慶謀職，由於以言詞激烈的反共著作，深獲國民黨內高層所注意，結果經徐復觀的引薦，曾一度蒙蔣介石召見。

1945年抗日戰爭中，投筆從戎加入青年軍，八個月後因為不適應軍隊生活回到了重慶。日本投降後，以筆名殷海光踏入出版界。1946年加入中國國民黨之後便於中國國民黨中央宣傳部任職，後獲聘為《中央日報》主筆，並擔任金陵大學講師，講授「哲學與邏輯」課程。1948年11月4日，在《中央日報》上發表《趕快收拾人心》的社論，猛烈抨擊門閥貴族和國共內戰中中國國民黨的內外政策。

▲ 1917年在美國留學期間合影，左起趙元任、金岳霖、胡適、張奚若

▲ 金岳霖（左）與趙元任

1949年，隨《中央日報》到臺灣，仍任該報主筆，代總主筆，同時兼任《民族報》總主筆。同年5月12日，又因在《中央日報》上發表社論《設防的基礎在人心》，直論跟隨蔣中正遷臺的軍政人員為「政治垃圾」，再次觸怒當局，受到中國國民黨的圍攻、批判，並被迫離開《中央日報》，轉任臺灣大學講師，先後開設課程有：邏輯、邏輯經驗論、羅素哲學、理論語意學、科學的哲學、現代符號邏輯、歷史與科學等。同年11月參加在胡適、雷震、傅斯年等創辦的《自由中國》雜誌，為主要編輯之一。

　　1954年，以訪問學者名義赴哈佛大學研究講學一年。一年後回到臺灣，一面在臺灣大學任教，另一方面為《自由中國》和香港《祖國週刊》撰寫了大量的政論文章，他堅持以筆的力量來對抗言論思想禁制。殷海光以科學方法、個人主義、民主啟蒙精神為準繩，批判黨化教育、反攻大陸問題等時政，為臺灣第一代自由主義代表之一。

　　1960年，他在中國民主黨組黨運動中曾提供理論分析，認為組黨乃時勢所趨。同年更被《中國季刊》推崇為臺灣自由主義思想的領袖，為臺灣自由主義的開山人物與啟蒙者。因經常直論時政以致最終引起當權者的不滿。其中社論《大江東流擋不住》最為有名。但是在雷震入獄與《自由中國》被查禁後，他的大部分作品也成為禁書。至此以後，不斷受到中國國民黨政府壓力，或許因此而開始有學者指其為「偽自由主義者」、「文字賣國者」、「知識詐欺者」，甚至於指責他「從事煽動顛覆」。

▲ 故居陳列室一角

1964年，中國國民黨政府停止他在國家長期發展科學補助金每月六十美元補助，這筆補助佔他最低生活費用的一半；接著，又查禁他交由文星書店出版的著作《中國文化的展望》，版稅收入因而中斷。

　　1965年9月14日，他修正《到奴役之路》自序時，寫道：「我近年來常常想，人生就過程來說，有些像一支蠟燭。這支蠟燭點過了以後，永遠不會再燃了。我從來不做秦始皇帝那種求長生不老的痴夢。那些藉語言和幻想編織一幅圖象來把自己躲藏在它裡面的人實在是軟弱的懦夫。世界上最剛強的人是敢於面對逆意的現實真相的人，以及身臨這樣的真相而猶懷抱理想希望的人。現在，我像冰山上一隻微細的蠟燭。這隻蠟燭在蒙古風裡搖曳明滅。我只希望這支蠟燭在尚未被蒙古風吹滅以前，有許多支蠟燭接著點燃。這許多支蠟燭比我更大更亮，他們的自由之光終於照過東方的大地。」

　　1966年4月8日，殷海光應政治大學西潮學社之邀，在政治大學發表題為《人生的意義》演講，非常受學生歡迎，這是他發表最後一次公開演講。此後，該篇演講文稿被收錄於香港的中學語文課本之中。這次演講受有關方面壓力，差一點被取消。同年7月，受到政治壓力，臺灣大學不再續聘，受到教育部邀聘為教育部委員，卻因理念不符而嚴正拒絕。

　　1967年，哈佛大學邀其前往研究中國近代思想，國民黨政府不允許其出境。當年國民黨稱殷海光言論帶有「毒素」，而迫使殷海光離開臺灣大學，與青年人隔離，隨後凡是被冠以「殷海光的餘孽」的臺灣大學哲學系教師被停聘，人數之多幾乎使哲學系關門。不久，弗里德里希‧哈耶克教授到臺灣訪問，政府也禁止殷海光與之晤談。而且殷海光生活起居也受到監視。他不堪身心雙重折磨，是年罹患胃癌，病中嗜食芒果，並堅持閱讀著作不輟。1969年病逝，享年49歲。他的弟子李敖認為，殷海光是因為國民黨的壓力，引致生病、致癌。

　　經《國立臺灣大學出版中心》統整重新出版《殷海光全集》共二十二冊。除了香港先後出版了多卷本殷海光著作，中國多家出版社也先後出版了殷海光的《中國文化的展望》（上下卷）、《殷海光、林毓生書信集》，多卷本《殷海光文集》、18卷本《殷海光全集》及兩種《殷海光學術研討會論文集》。湖北人民出版社在2000年出版了筆名為辛夫的汪幸福先生兩本傳記文學《殷海光傳》、《殷海光與蔣介石》，又推出4卷本《殷海光文集》。臺灣哲學

家、臺大哲學系教授劉福增先生亦捐款在南京大學設立了「殷海光邏輯獎學金」。[1,2]

[1]　殷海光紀念館：http://www.yin.org.tw/about_yin.html
[2]　維基百科：https://zh.wikipedia.org/wiki/殷海光
[3]　岳南：《南渡北歸（套書），南渡》，時報出版，台北（2011）。

後記

在新冠肺炎正在全球延燒之際，將「水清木華──清華的故事」完稿送印，聯想著前面幾個庚子年對中國帶來的災難，包括1840年鴉片戰爭，1900年八國聯軍，1960年人民公社引致大飢荒，都對中國造成重創，橫在眼前的則是深不可測世界性危機，史蹟斑斑，秉持「為後人講可信的故事」想法，使命感更為加重。

在疫情緊張期間，絕大部分的公眾活動都叫停，空出了許多時間來積極為本書作最後整理，原定趕本年校慶前出版，適逢學校配合政府防疫措施，取消校慶大會，所以時程上較不匆促，抱持「出版早不如盡力而為」的態度，也就較無急迫感。

完稿期間，想起義大利文藝復興時期作家喬萬尼‧薄伽丘在1348年殘酷的「黑死病」瘟疫隔年寫的短篇寫實小說集《十日談》（Decameron），其次是牛頓為躲避1665年席捲英國的大瘟疫，回到鄉下兩年，構築了他一生中最重要的科學成就。推想出萬有引力定律、發展了三大運動定律，也發明了微積分，同時完成了一系列有關光學的實驗。雖然無意妄與前賢成就相比，本書在大疫未歇中完成境況則一，歷史的臨場感，仍然非常深刻。白雲千載空悠悠，疫情總會過去，撥雲見日的一天應在不遠。

本書不敢稱歷史，作者嘗試的是寫「可信的故事」，其中不免主觀成分。同時內容之選擇，也礙於本人之體驗有限。書中所用引號「」，乃依台灣用法，主要作為標示之用。而並無大陸用法代表可討論之意。另一方面，本書多有取材於許多為清華寫故事的同道或同好書文，其中受益最多者，特輯於書後主要參考書籍中，在此一併致謝。至於圖片選擇，則盡量經授權或自拍，少數版權不明者，還望知者指正。

由於本書疏漏之處必多，希望將來有機會加以增補，更盼望未來識者能「繼往開來」，續寫清華之華美篇章。

網上（部落格）附錄

兩岸分治以前清華大事記：

https://lihjchen1002.blogspot.com/2020/01/blog-post_10.html

新竹清華大學大事記：

https://lihjchen1002.blogspot.com/2020/01/blog-post_9.html

2011年清華建校百年校慶大會致詞：

https://lihjchen1001.blogspot.com/2011/04/2011.html

「陳守信院士回憶錄」序言：

https://lihjchen1004.blogspot.com/2014/05/blog-post.html

頒授張懋中院士名譽博士學位典禮致詞：

https://lihjchen1001.blogspot.com/2013/11/blog-post_14.html

2010年校長就職典禮致詞：

https://lihjchen1001.blogspot.com/2010/02/

2013年校長卸任惜別會致詞：

https://lihjchen1001.blogspot.com/2014/01/blog-post_24.html

2014年清華大學新舊任校長交接典禮致詞：

https://lihjchen1001.blogspot.com/2014/02/2014-2-7.html

清華名人堂上樑典禮致詞：

https://lihjchen1001.blogspot.com/2012/10/b.html

小清華原民專班畢旅慶功晚會致詞：

https://lihjchen1001.blogspot.com/2013/07/blog-post_4.html

屏北高中清華原住民專班(小清華)成立五週年慶祝會致詞：

https://lihjchen1001.blogspot.com/2015/08/blog-post.html

梅貽琦校長逝世五十周年紀念會致詞：

https://lihjchen1001.blogspot.com/2012/10/blog-post.html

「中華教育文化基金董事會」簡介：

https://lihjchen1002.blogspot.com/2020/01/blog-post_90.html

胡適故居（一）：安徽績溪故居：

https://lihjchen1004.blogspot.com/2019/11/blog-post_28.html

胡適故居（二）：南港故居：

https://lihjchen1004.blogspot.com/2019/12/blog-post_13.html

「現代太史公」錢穆傳略與年表：

https://lihjchen1002.blogspot.com/2020/01/blog-post_87.html

「國學大師」錢穆台北故居：

https://lihjchen1004.blogspot.com/2020/02/blog-post_7.html

「幽默大師」林語堂台北故居：

https://lihjchen1004.blogspot.com/2020/02/blog-post_6.html

「中國新文學的瑰寶」梁實秋傳略與年表：

https://lihjchen1002.blogspot.com/2020/01/blog-post_68.html

「清華才子」梁實秋台北故居：

https://lihjchen1004.blogspot.com/2019/12/blog-post_19.html

殷海光先生故居：

https://lihjchen1004.blogspot.com/2019/11/blog-post_27.html

主要參考書籍（以作者姓名筆畫為序）

王仕琦採訪撰稿，《父子雙傑－清華傳奇》，國立清華大學出版社，新竹（2012）。

王樹槐，《庚子賠款》，中央研究院近代史研究所專刊（31），台北（1974）。

中華教育文化基金會，〈1924-2018業務報告〉，財團法人「中華教育文化基金會」，台北（2019）。

岳南，《「大學與大師」（上冊）1910-1930，民初學人如何在洪流中力挽狂瀾》繁體字版，時報出版，台北（2019）。

岳南，《「大學與大師」（下冊）1930-1960，烽火中的大學如何奠基百年教育》繁體字版，時報出版，台北（2019）。

岳南，《南渡北歸（套書），南渡》，時報出版，台北（2011）。

岳南，《南渡北歸（套書），北歸》，時報出版，台北（2011）。

岳南，《南渡北歸（套書），傷別離》，時報出版，台北（2011）。

吳泉源主編，國立清華大學圖書館特藏組策劃整理，《話說清華》，國立清華大學出版社，新竹（2011）。

周文業、史際平、陶中原等，《清華名師風采（文科卷）》，山東畫報出版社，山東濟南（2012）。

周文業、史際平、陶中原等，《清華名師風采（理科卷）》，山東畫報出版社，山東濟南（2012）。

梅貽琦，《梅貽琦日記（1941-1946）》，清華大學出版社，北京（2001）。

梅貽琦，《梅貽琦文集1：日記（1956-1957）》，楊儒賓、陳華編輯，國立清華大學出版社，新竹（2006）。

梅貽琦，《梅貽琦文集2：日記（1956-1957）》，楊儒賓、陳華編輯，國立清華大學出版社，新竹（2007）。

許明德，《相約清華》，國立清華大學出版社，新竹（2011）。

許明德，《千山萬水　清華尋根》，國立清華大學出版社，新竹（2016）。

許明德，《居里夫人研習營》，國立清華大學出版社，新竹（2018）。

黃延復、鐘秀斌，《一個時代的斯文——清華校長梅貽琦》，九州出版社，北京（2011）。

陳力俊，《一個校長的思考（一）：清華文史與校務》，致出版，台北（2018）。

陳力俊，《一個校長的思考（二）：清華校務與教育成果》，致出版，台北（2019）。

陳力俊，《一個校長的思考（三）：科學技術與人文藝術》，致出版，台北（2019）。

陳力俊，《清華行思與隨筆（上）》，致出版，台北（2019）。

陳力俊，《清華行思與隨筆（下）》，致出版，台北（2019）。

楊翠華、龐桂芬編：《遠路不須愁日暮：胡適晚年身影》，中央研究院近代史研究所特刊（5），台北（2005）。

楊翠華、《中基會對科學的贊助》，中央研究院近代史研究所專刊（65），台北（1991）。

趙賡颺編著，《梅貽琦傳稿》，邦信文化資訊公司，台北（1989）。

謝小芩主編，國立清華大學圖書館特藏組策劃整理，《圖像清華》，國立清華大學出版社，新竹（2011）。

蘇雲峰，《從清華學堂到清華大學，1911-1929》，中央研究院近代史研究所專刊（79），臺北（1996年）。

蘇雲峰，《抗戰前的清華大學，1928-1937》，中央研究院近代史研究所專刊（84），臺北（2000年）。

國立清華大學數位校史館：國立清華大學圖書館整理編撰。

圖片授權列表

以頁次與圖次為序，圖次由上而下、從左至右，如圖19-2，指第19頁第2圖；若無分圖次，則僅列頁次

國立清華大學（圖書館、計算機與通訊中心、出版社、校友服務中心）
19-2、39-3、41-1、49-1、49-2、52-1、52-2、169、176-2、177-1、177-2、179、185-1、185-2、188、191、195、198-1、198-2、198-3、199-1、199-2、201-1、201-2、201-3、203-2、204-2、204-3、207-3、208、215-1、215-2、219-1、219-2、220、241、242、243、244、248-1、250、251、252、255-1、255-2、257-2、257-3、259-1、259-2、259-4、261、264-1、264-2、266、268、271、275-1、275-2、276、279-1、279-2、280-2、286-1、292-2、292-3、292-4、292-5、292-6、293-1、293-2、293-4、294-1、294-2、294-3、294-4、295-1、296-3、297、298-2、304-1、304-2、306、309、312、315、319、322、326、327、328、333-1、333-2、336、344、348、469

中央研究院近代史研究所胡適紀念館
35、141-1、176-1、204-1、248-2、472、477-2、477-4、477-6

感謝許明德校友、林宜敏副主秘、王仕琦女士與朱耀炘女士提供或同意使用版權圖片

歷史與現場 324

水清木華：清華的故事【增訂版】

作者	陳力俊
編輯	黃鈴棋
編輯協力	謝翠鈺
企劃	鄭家謙
封面設計	陳文德

董事長	趙政岷
出版者	時報文化出版企業股份有限公司
	108019 台北市和平西路三段二四〇號七樓
	發行專線｜（〇二）二三〇六六八四二
	讀者服務專線｜〇八〇〇二三一七〇五｜（〇二）二三〇四七一〇三
	讀者服務傳真｜（〇二）二三〇四六八五八
	郵撥｜一九三四四七二四時報文化出版公司
	信箱｜一〇八九九　台北華江橋郵局第九九信箱
時報悅讀網	http://www.readingtimes.com.tw
法律顧問	理律法律事務所｜陳長文律師、李念祖律師
印刷	勁達印刷有限公司
初版一刷	二〇二二年九月九日
初版二刷	二〇二二年九月十九日
定價	新台幣五八〇元

（缺頁或破損的書，請寄回更換）

時報文化出版公司成立於一九七五年，
並於一九九九年股票上櫃公開發行，於二〇〇八年脫離中時集團非屬旺中，
以「尊重智慧與創意的文化事業」為信念。

水清木華：清華的故事【增訂版】/ 陳力俊作 . – 初版 . --
臺北市：時報文化出版企業股份有限公司, 2022.09
　面；　公分 . -- (歷史與現場；324)
　ISBN 978-626-335-880-5(平裝)

1.CST: 國立清華大學　2.CST: 歷史

525.833/112　　　　　　　　　　　　　111013669

ISBN 978-626-335-880-5
Printed in Taiwan